Kodifikationsbestrebungen und Wissenschaft
in Hessen-Darmstadt im vorkonstitutionellen Zeitalter

Rechtshistorische Reihe

Band 311

Peter Lang
Frankfurt am Main · Berlin · Bern · Bruxelles · New York · Oxford · Wien

Christina Wicke

Kodifikationsbestrebungen und Wissenschaft in Hessen-Darmstadt im vorkonstitutionellen Zeitalter

Zu der Beteiligung der Gießener Rechtsprofessoren an den Gesetzgebungsarbeiten in Hessen-Darmstadt in der Zeit zwischen 1769 und 1820

Peter Lang
Europäischer Verlag der Wissenschaften

Bibliografische Information Der Deutschen Bibliothek
Die Deutsche Bibliothek verzeichnet diese Publikation in der Deutschen Nationalbibliografie; detaillierte bibliografische Daten sind im Internet über <http://dnb.ddb.de> abrufbar.

Zugl.: Gießen, Univ., Diss., 2004

Diese Arbeit wurde von
Herrn Prof. Dr. Martin Lipp
zur Aufnahme in diese Reihe empfohlen.

D 26
ISSN 0344-290X
ISBN 3-631-53706-9

www.peterlang.de

Meinen Eltern

Vorwort

Die vorliegende Arbeit wurde im Sommersemester 2004 vom Fachbereich Rechtswissenschaft der Justus-Liebig-Universität Gießen als Dissertation angenommen.

Danken möchte ich allen, die in unterschiedlichster Weise am Entstehen der Arbeit Anteil genommen haben.

Mein aufrichtiger Dank gilt dabei zunächst Herrn Prof. Martin Lipp für die Begleitung der Dissertation. Seine Gesprächsbereitschaft und die konstruktive Kritik haben zum Gelingen der Arbeit beigetragen. Durch die Tätigkeit als wissenschaftliche Mitarbeiterin an seiner Gießener Professur für Deutsche Rechtsgeschichte, Neuere Privatrechtsgeschichte und Bürgerliches Recht hatte ich zudem Gelegenheit, wertvolle Erfahrungen zu sammeln und fundierte Kenntnisse zu erwerben. Danken möchte ich auch Frau Prof. Barbara Dölemeyer für die Erstellung des Zweitgutachtens.

Den Herausgebern und dem Peter Lang Verlag bin ich für die Aufnahme meiner Dissertation in die „Rechtshistorische Reihe" sehr verbunden.

Herzlicher Dank gebührt Herrn Armand Maruhn und Frau Gabriele Wicke für das geduldige Korrekturlesen des Manuskripts. Meinem Kollegen Heiko Kriewald danke ich für die angenehme Zusammenarbeit.

Nicht zu vergessen sind meine Freunde, die mich immer aufmunternd unterstützt haben: Frau Christine Börstler, Herrn Thomas Fuchs, Frau Cornelia Glagla und Frau Simone Glomb-Schmidt möchte ich meinen Dank aussprechen.

Ganz besonders danke ich schließlich Herrn Martin Nattermann, der die Arbeit von ihren Anfängen an begleitet und mir unermüdlich den erforderlichen Rückhalt gegeben hat.

Meinen Eltern, die mich immer unterstützt und mich in jeder erdenklichen Hinsicht gefördert haben, ist dieses Arbeit gewidmet.

Gießen, im März 2005 Christina Wicke

Inhaltsverzeichnis

Abkürzungsverzeichnis

a.A.	andere Ansicht
ABGB	Allgemeines Bürgerliches Gesetzbuch für die gesamten Deutschen Erbländer der Österreichischen Monarchie von 1811
Abs.	Absatz
AcP	Archiv für die civilistische Praxis
ADB	Allgemeine Deutsche Biographie
AHG NF	Archiv für hessische Geschichte und Altertumskunde, Neue Folge
Allg. Bibl.	Allgemeine Bibliothek für Staatskunst, Rechtswissenschaften und Critik, hrsg. von der Historischen Kommission bei der Bayerischen Akademie der Wissenschaften
ALR	Allgemeines Landrecht für die Preußischen Staaten von 1794
a.M.	am Main
Anm.	Anmerkung
Art.	Artikel
Aufl.	Auflage
Bd.	Band
Beil.	Beilage
Bü	Büschel
ca.	circa
C.c.	Code civil
CCC	Constitutio Criminalis Carolina von 1532
C.N.	Code Napoleon
Diss.	Dissertation
DJZ	Deutsche Juristen-Zeitung
etc.	et cetera
f., ff.	folgende
Fn.	Fußnote
franz.	französischen
Frhr.	Freiherr
FS	Festschrift
gem.	gemäß

GHT	Großherzogtum
Großh. Hess. Reg.Bl.	Großherzoglich Hessisches Regierungsblatt
Heidelb. Jahrb.	Heidelberger Jahrbücher
HRG	Handwörterbuch zur deutschen Rechtsgeschichte
Hrsg.	Herausgeber
hrsg.	herausgegeben
HStA	Hauptstaatsarchiv
insb.	insbesondere
i.V.m.	in Verbindung mit
JuS	Juristische Schulung
JZ	Juristenzeitung
Konv.	Konvolut
NDB	Neue Deutsche Biographie, hrsg. von der Historischen Kommission bei der Bayerischen Akademie der Wissenschaften
P.G.O.	Peinliche Gerichtsordnung Karls V. von 1532
Prof.	Professor
Prot.	Protokoll
RDHS	Reichsdeputationshauptschluss
Rhein. Bund	Der Rheinische Bund
S.	Seite
sog.	so genannte
Sp.	Spalte
SS	Sommersemester
StA	Staatsarchiv
StADa	Staatsarchiv Darmstadt
SZGerm	Zeitschrift der Savigny-Stiftung für Rechtsgeschichte - Germanistische Abteilung
u.	und
u.a.	unter anderem
UAGi	Universitätsarchiv Gießen
Univ.	Universität
u.s.w.	und so weiter
v.	von
vgl.	vergleiche
VO	Verordnung

VU	Verfassungsurkunde
WS	Wintersemester
z.B.	zum Beispiel
zit.	zitiert
ZivilR	Zivilrecht
Zt. dt. R.	Zeitschrift für Deutsches Recht und Deutsche Rechtswissenschaft
ZNR	Zeitschrift für neuere Rechtsgeschichte
zugl.	zugleich

Erster Teil

Einführung und Forschungsstand

§ 1 Einleitung

„Es ist die würdigste Aufgabe der Wissenschaft, wenn sie als die herrlichste Frucht ihrer Forschungen ein allgemeines Civilgesetzbuch für Deutschland oder doch vorerst gute Gesetzbücher für einzelne Staaten hervorbringt, und einer der interessantesten Zweige der Rechtswissenschaft ist unfehlbar die Förderung der Gesetzgebungskunst, welche die Grundsätze aufstellt, die die Gesetzgebung leiten sollen und zwar in materieller und formeller Rücksicht.[1]"

Dieser Ausspruch des Professors der Rechte *Karl Joseph Anton Mittermaier*[2] aus dem Jahre 1853 steht zeitlich gesehen beinahe am Ende vieler Kodifikationsbestrebungen deutscher Einzelstaaten und zugleich am Beginn der Schaffung eines gesamtdeutschen Rechts. Aus ihm scheint sich eine enge Verwobenheit zwischen Wissenschaft und Gesetzgebung – insbesondere auch im Zusammenhang mit einer territorialen Gesetzgebung – in der Mitte des 19. Jahrhundert zu ergeben. Auch deutet der Ausspruch auf eine Phase der deutschen Kodifikationsgeschichte hin, die erst in der neueren Forschung Berücksichtigung gefunden hat – die der territorialen Gesetzgebung in der Zeit zwischen den Naturrechtskodifikationen und der Reichsgesetzgebung. In der Forschung wurde lange Zeit allein zwischen zwei „Wellen"[3] von Kodifikationsarbeiten unterschieden.
Die erste Welle war Ende des 18. und zu Beginn des 19. Jahrhunderts durch Gesetzgebungsarbeiten geprägt, die auf der Kodifikationsidee beruhten. Die Kodifikationsidee wurde in der Rechtstheorie der Aufklärung entwickelt.[4] Danach sollte die Kodifikation ein Rechtsgebiet bzw. einen Lebensbereich vollständig und lückenlos regeln. Da eine Rechtseinheit durch das gemeine Recht auf Grund

---

[1] Mittermaier, Die neusten Gesetzgebungsarbeiten auf dem Gebiete der Civilgesetzgebung, in: AcP 36, S. 97.

[2] *Karl Joseph Anton Mittermaier* (1787-1867), 1811 Ernennung zum ordentlichen Professor der Rechte in Landshut, ab 1826 Mitglied der badischen Gesetzgebungskommission, 1831-1840 sowie 1846-1849 badischer Landtagsabgeordneter; vgl. Kleinheyer/ Schröder, Deutsche und Europäische Juristen, S. 273ff.

[3] Wieacker, Aufstieg, Blüte und Krisis der Kodifikationsidee, in: FS Boehmer, S. 43; vgl. Coing, Zur Privatrechtsgesetzgebung, in: Handbuch III/1, S. 7; vgl. Caroni, Abschnitt „Kodifikation", in: HRG II, Sp. 918.

[4] Coing, Zur Privatrechtsgesetzgebung, in: Handbuch III/1, S. 4.

dessen Subsidiarität nicht hergestellt werden konnte, sollte das Recht vereinheitlicht werden.[5] Ein weiteres Ziel war die Vereinfachung des Rechtszustands.[6] Dass die Kodifikationsidee auch tatsächlich umgesetzt wurde, lag an der Verlagerung des Schwergewichts der Gesetzgebung nach dem Autoritätsverlust und Machtverfall der Reichsgewalt auf die einzelnen, sich aus dem Reichsverband lösenden Territorien.[7] Deren absolute Herrscher beanspruchten nach der Zurückdrängung des Einflusses der Stände[8] nunmehr das Rechtsetzungsmonopol – die potestas legislatoria.[9] Aus dieser Kodifikationsidee gingen die großen zivilrechtlichen (Naturrechts-)Kodifikationen einzelner Staaten hervor. In Preußen trat am 1. Juni 1794 das Allgemeine Preußische Landrecht (ALR) in Kraft, in Frankreich galt ab dem 21. März 1804 der Code civil[10] und in Österreich trat 1. Januar 1812 das österreichische Allgemeine Bürgerliche Gesetzbuch (ABGB) vom 1. Juni 1811 in Kraft.[11] Parallel zu den zivilrechtlichen Naturrechtskodifikationen schufen diese drei Staaten Strafgesetze (Preußen 1794, Österreich 1803 und Frankreich 1811) und Prozessordnungen.
An der Schaffung dieser Gesetzbücher waren zum Teil Rechtsprofessoren beteiligt. Die Vorarbeiten zum Code civil leistete der Professor für französisches Recht an der Universität von Orléans, *Robert-Joseph Pothier*[12].[13] Das ABGB selbst ist maßgeblich von dem Professor für Natur- und Strafrecht *Franz von Zeiller* beeinflusst.[14] *Zeiller* und sein Lehrer *Carl Anton von Martini* gelten bei-

---

5 Coing, Europäisches PrivatR II, S. 9.
6 Dölemeyer, Einflüsse von ALR, C.c. und ABGB, in: Ius commune VII, S. 179.
7 Eckert, Gesetzesbegriff, in: Der Staat 37, S. 573.
8 Caroni, Privatrecht, S. 62.
9 Eckert, Gesetzesbegriff, in: Der Staat 37, S. 573; vgl. zum Begriff der potestas legislatoria Mohnhaupt, Potestas legislatoria, in: Ius commune IV, S. 189; Link, Naturrecht und Gesetzgebung, S. 27.
10 Der Code civil wurde1807 neu verkündet als Code Napoléon; 1814 wieder Code civil; von 1852-1870 erneut Code Napoleon; vgl. Wieacker, Privatrechtsgeschichte, S. 342; Schlosser, Neuere Privatrechtsgeschichte, S. 130.
11 Vgl. Wieacker, Privatrechtsgeschichte, S. 322ff.; Schlosser, Neuere Privatrechtsgeschichte, S. 116ff.
12 *Robert Joseph Pothier* (1699-1772), 1720 Berufung zum Präsidialgerichtsrat, 1749 Erlangung eines Lehrstuhls für französisches Recht an der Universität Orléans; vgl. Kleinheyer/ Schröder, Deutsche und Europäische Juristen, S. 321ff.
13 Boehmer, Einfluß des Code civil auf die Rechtsentwicklung, in: AcP 151, S. 291; Schwarz, Professoren und Rechtsentwicklung, S. 201.
14 Schlosser, Neuere Privatrechtsgeschichte, S. 138; Schwarz, Professoren und Rechtsentwicklung, S. 201; Oberkofler, Franz von Zeiller, in: Brauneder, Juristen in Österreich, S. 100; zu *Franz von Zeiller* vgl. Kleinheyer/Schröder, Deutsche und Europäische Juristen, S. 459ff.; Oberkofler, Franz von Zeiller, in: Brauneder, Juristen in Österreich, S. 97ff.

de als die eigentlichen Schöpfer der Kodifikation.[15] Zugleich hatten die Kodifikationen Auswirkungen auf die Rechtswissenschaft. Es entstand die Gesetzgebungswissenschaft, die sich mit dem Vorgang der Entstehung und der Gestaltung von Gesetzen beschäftigte.[16] Damit begann eine intensive wissenschaftliche Auseinandersetzung mit den Grundsatzfragen der Gesetzgebung.[17] Dies hatte seinen Grund in der Tatsache, dass es in der zweiten Hälfte des 18. Jahrhunderts zu einer Wende im naturrechtlichen Denken gekommen war. Die Wissenschaft ging nicht mehr von einem einheitlichen Naturrecht für die gesamte Menschheit aus, sondern von der Bindung des Rechts an die konkreten historischen Situationen und an die jeweiligen Staaten, in denen es verwirklicht werden sollte.[18] Hiernach war das Gesetz zeitbedingt und flexibel und damit ständiger Modifikation, Überarbeitung und Ergänzung unterworfen.[19] Erst diese Ansicht eines an die jeweilige Gesellschaft anpassungsfähigen Naturrechts ermöglichte die Gesetzgebungstätigkeit und die Gesetzgebungswissenschaft.[20]

Die unmittelbaren Auswirkungen der geschaffenen Gesetze auf den Rechtsunterricht an den Universitäten waren unterschiedlich. Die französischen und die österreichischen Universitäten stellten sich durch geänderten Lehrplan auf die jeweiligen neuen Zivilgesetzbücher als Lehrgegenstand ein.[21] Das Gegenteil ist an deutschen Universitäten festzustellen. Trotz des Vorhandensein des ALR blieb das gemeine Recht Grundlage des Rechtsunterrichts an preußischen Universitäten.[22] Auch an den im französischen Rechtskreis lehrenden Rechtsfakultäten Bonn, Freiburg und Heidelberg blieben das römische Recht und das ius germanicum, das Deutsche Privatrecht, und damit nicht das französische Recht die Hauptfächer.[23]

---

[15] Schlosser, Neuere Privatrechtsgeschichte, S. 137.

[16] Vgl. zur „Philosophie der Gesetzgebung“ Klippel, Die Philosophie der Gesetzgebung, S. 225 ff; Coing, Europäisches PrivatR I, S. 76.

[17] Dilcher, Gesetzgebungswissenschaft und Naturrecht, in: JZ 1969, S. 1; Coing, Europäisches PrivatR I, S. 76.

[18] Dilcher, Gesetzgebungswissenschaft und Naturrecht, in: JZ 1969, S. 2f.

[19] Eckert, Gesetzesbegriff, in: Der Staat 37, S. 573.

[20] Dilcher, Gesetzgebungswissenschaft und Naturrecht, in: JZ 1969, S. 3.

[21] Coing, Europäisches PrivatR II, S. 40.

[22] Eckert, Gesetzesbegriff, in: Der Staat 37, S. 584; Sohm, Rechtsentwicklung und Kodifikationsfrage, in: Zs. für PrivatR der Gegenwart, S. 272.

[23] Neumayer, Wissenschaftliche Behandlung des kodifizierten Privatrechtsstoffes in Baden, S. 204f.

Die zweite Kodifikationswelle setzte ab 1849 ein. Sie hatte ihre Grundlage in der – seit den Freiheitskriegen – in den Vordergrund rückenden Forderung nach Einheit und Freiheit der Deutschen Nation, die durch Vereinheitlichung des Rechtswesens geschaffen werden sollte.[24] An ihrem Ende waren das Reichsstrafgesetzbuch von 1871, die vier „Reichsjustizgesetze" von 1877 (Gerichtsverfassungsgesetz, Konkursordnung, Strafprozess- und Zivilprozessordnung; alle in Kraft getreten am 1. Oktober 1879) und das Bürgerliche Gesetzbuch (in Kraft getreten am 1. Januar 1900) für das Deutsche Reich geschaffen worden.
Auch bei den Justizgesetzen des Bismarckreiches ist der Einfluss der Rechtswissenschaft zu erkennen. Allerdings waren die Justizgesetze nicht oder zumindest nicht allein von Rechtswissenschaftlern redigiert worden, sondern von Richtern und Ministerialbeamten, die aber durch die Pandektenwissenschaft geprägt waren.[25] Ebenso gehörten die Mitglieder der Redaktionskommission des BGB vorwiegend der ministeriellen Bürokratie und dem Richterstand an. Dennoch hatte ein Professor der Rechte – *Bernhard Windscheid* – starken Einfluss auf den ersten Entwurf des BGB.[26] Erst jetzt stellten sich die deutschen Universitäten auf die neu geschaffenen Gesetze ein. Insbesondere auf dem Gebiet des bürgerlichen Rechts traten Vorlesungen über das Bürgerliche Gesetzbuch in den Vordergrund – das römische Recht wurde als Lehrgegenstand zurückgedrängt.

Zwischen der ersten und der zweiten Welle der nationalstaatlichen Kodifikationen lag nach der lange in der Forschung vorherrschenden Ansicht ein „tiefes Wellental"[27]. Unstreitig war während dieses von *Wieacker* so genannten Zeitabschnitts die von der Aufklärung getragene Idee einer nationalen Kodifikation für die Staaten des Deutschen Bundes auf den Gebieten des Zivil- und Strafrechts sowie der Prozessrechte gescheitert. Dies ist zum einen darauf zurückzuführen, dass es in der Zeit des Deutschen Bundes (1815-1866) keine einheitliche gesetzgebende Gewalt gab, so dass die einzelnen Bundesstaaten nur gleichlautende Gesetze hätten schaffen können.[28] Einen wesentlichen Anteil an dem Scheitern hatte zum anderen die Rechtswissenschaft. Das Programm der Historischen Rechtsschule, das die Forderung nach einer gesamtdeutschen Kodifikation zu-

---

[24] Schlosser, Neuere Privatrechtsgeschichte, S. 142.
[25] Wieacker, Privatrechtsgeschichte, S. 459.
[26] Schwarz, Professoren und Rechtsentwicklung, S. 201; kritisch Kroeschell, Rechtsgeschichte Deutschlands im 20. Jahrhundert, S. 11.
[27] Wieacker, Aufstieg, Blüte und Krisis der Kodifikationsidee, in: FS Boehmer, S. 43.
[28] Coing, Europäisches PrivatR II, S. 20.

rückwies, schien sich durchgesetzt zu haben.[29] Die Historische Rechtsschule, die insbesondere mit dem Namen *Friedrich Carl von Savigny*[30] verbunden ist, sah im Gegensatz zu der Aufklärung nicht in einem Gesetz die ausschließliche Quelle des Rechts und schon gar nicht in einer Kodifikation.[31] Vor allem die Privatrechtseinheit sollte durch die Dogmatik des gemeinen Rechts, also durch die Wissenschaft, herbeigeführt werden.[32] Aus diesen Tatsachen wird häufig geschlossen, dass es auch in den übrigen Rechtsgebieten nicht zu nennenswerten Gesetzeswerken gekommen sei.[33]

Dagegen darf nicht übersehen werden, dass viele Einzelstaaten trotz der Probleme um die Rechtseinheit in Deutschland und der Ansichten der Vertreter der Historischen Rechtsschule versuchten, in der ersten Hälfte des 19. Jahrhunderts für ihr gesamtes Herrschaftsgebiet geltende Zivil- und Strafgesetzbücher sowie Prozessordnungen einzuführen. Diese Gesetzgebungsarbeiten fanden überraschender Weise in der älteren Forschung oftmals keine Erwähnung.[34] Daher muss die ältere Ansicht insofern revidiert werden, als es um die territorialen Kodifikationsarbeiten geht – von einem „tiefen Wellental" kann in diesem Rahmen nicht gesprochen werden. Es muss vielmehr zwischen den nationalen Gesetzgebungsarbeiten, die zu der Rechtseinheit im Deutschen Bund führen sollten, und den Gesetzgebungsarbeiten der einzelnen Staaten des Deutschen Bundes differenziert werden.

Obwohl sich die Vertreter der Historischen Rechtsschule vorwiegend gegen Kodifikationen des Zivilrechts wandten, fanden in nahezu allen deutschen Einzelstaaten Versuche der Vereinheitlichung des Zivilrechts statt. Allerdings blieb es häufig nur bei den Entwürfen. Keinen Abschluss fanden die Kodifikationsar-

---

29 Vgl. insofern Wieacker, Privatrechtsgeschichte, S. 458f.

30 *Friedrich Carl von Savigny* (1779-1861), Studium der Rechtswissenschaften im Marburg, „Gründer" der historischen Rechtsschule; ausführlich bei Kleinheyer/ Schröder, Deutsche und Europäische Juristen, S. 352ff.

31 Coing, Europäisches PrivatR II, S. 41.

32 Lipp, Wächters Bemühungen um die Vereinheitlichung des Privatrechts in Deutschland, S. 74; Becker, Das Rheinische Recht, in: JuS 1985, S. 338.

33 Schröder, R., Strafgesetzgebung in Deutschland, in: FS Gagnér, S. 403.

34 Vgl. Wieacker, Aufstieg, Blüte und Krisis der Kodifikationsidee, in: FS Boehmer, S. 43; ders., Privatrechtsgeschichte, S. 348ff.; Caroni, Abschnitt „Kodifikation", in: HRG II, Sp. 907ff.; Schöler, Deutsche Rechtseinheit, S. 223.

beiten Bayerns,[35] Nassaus[36] und Württembergs[37]. Allein dem Königreich Sachsen gelang 1863 die Einführung eines Bürgerlichen Gesetzbuches, nachdem erste Versuche im Vormärz nicht zum Erfolg geführt hatten.[38]
Während die zivilrechtlichen Kodifikationsarbeiten – mit der Ausnahme Sachsens – nicht über die Entwürfe hinauskamen, waren die Gesetzgebungsvorhaben der Einzelstaaten auf den Gebieten des Strafrechts und der Prozessrechte erfolgreicher. Nachdem Preußen, Österreich und Frankreich parallel zu den Naturrechtskodifikationen Strafrechtskodifikationen geschaffen hatten, begannen die meisten deutschen Einzelstaaten in der ersten Hälfte des 19. Jahrhunderts neue Strafgesetzbücher auszuarbeiten. Diese erlangten zumeist Gesetzeskraft.[39] So traten beispielsweise 1813 in Bayern, 1814 in Oldenburg, 1838 in Sachsen, 1839 in Württemberg und Sachsen-Weimar, 1840 in Hannover und Braunschweig, 1841 in Sachsen-Altenburg, 1845 in Baden und 1849 in Nassau Strafgesetzbücher in Kraft.[40] Gegen Kodifikationen auf dem Gebiet des Strafrechts hatte sich im Übrigen auch *Savigny* nicht gewandt.[41] Auch gelangten einige strafprozessuale Gesetzgebungsvorhaben über die Entwürfe hinaus. Zwar publizierten Sachsen 1826 und 1842/1843, Bayern 1828 und 1831 und Kurhessen 1841 lediglich ihre Entwürfe.[42] In Württemberg trat aber nach der Veröffentlichung mehrerer Entwürfe 1843 eine Strafprozessordnung in Kraft. Hannover erließ 1840 das „Gesetz über das Verfahren in Polizeistrafsachen“. Ein weiteres verwirklichtes Kodifikationsprojekt war die braunschweigische Strafprozessordnung vom 22. August 1849.[43] Ebenso gab es in vielen Einzelstaaten Bemühungen um die zivilprozessrechtliche Kodifikationen. Auf dem Gebiet des Zivilprozessrechts traten in Baden 1831, in Hannover 1847, 1850 und 1853, in Braun-

---

[35] Vgl. hierzu Dölemeyer, Die bayerischen Kodifikationsbestrebungen, in: Ius commune V, S. 138ff.
[36] Vgl. hierzu Zimmermann, R., Privatrechtskodifikation im Herzogtum Nassau.
[37] Vgl. insofern Elsener, C.G.v. Wächter und die Rechtsvereinheitlichung, in: FS Baltl, S. 193ff.
[38] Zur Kodifikationsgeschichte Sachsens vgl. Ahcin, Zur Entstehung des Bürgerlichen Gesetzbuches für das Königreich Sachsen von 1863/65; Buschmann, Das sächsische BGB, in: JuS 1980, S. 553ff.; Dölemeyer, Kodifikationen und Projekte, in: Handbuch III/2, S. 1540ff.
[39] Vgl. Schröder, R., Strafgesetzgebung in Deutschland, in: FS Gagnér, S. 404f.
[40] Dazu umfassend: Schröder, R., Strafgesetzgebung in Deutschland, in: FS Gagnér, S. 405.
[41] Schröder, R., Strafgesetzgebung in Deutschland, in: FS Gagnér, S. 404.
[42] Ignor, Geschichte des Strafprozesses, S. 259.
[43] Zu der Braunschweigischen Prozessordnung vgl. Mittermaier, Strafverfahren, S. 19.

schweig 1850, in Lippe-Detmold 1859 und in Bayern 1869 Zivilprozessordnungen in Kraft.[44]

Viele der Einzelstaaten beteiligten Rechtsprofessoren – vornehmlich ihrer Landesuniversitäten – an den Gesetzgebungsarbeiten. *Anselm von Feuerbach*[45] war 1804 als Professor nach Landshut mit dem Auftrag berufen worden, ein bayerisches Strafgesetzbuch zu entwerfen; im Jahre 1808 wurde er beauftragt, ein bayerisches Zivilgesetzbuch auf der Grundlage des Code civil auszuarbeiten.[46] Der ebenfalls an der Universität Landshut lehrende *Nikolaus Thaddäus von Gönner*[47] wurde 1811 Mitglied der Geheimratskommission zur Ausarbeitung eines neuen Strafgesetzbuches in München.[48] Da sein im Auftrag der bayerischen Regierung geschaffener Entwurf für ein bayerisches Zivilprozessgesetzbuch keine Gesetzeskraft erlangte, publizierte er ihn privat.[49] Dieser Entwurf hatte starken Einfluss auf das bernische Zivilprozessgesetzbuch von 1821.[50] 1826 begann *Gönner*, ein Zivilgesetzbuch für Bayern auszuarbeiten. Der eingangs zitierte Heidelberger Rechtsprofessor *Karl Joseph Anton Mittermaier* war seit 1826 Mitglied der badischen Gesetzgebungskommission.[51] Während die badische Prozessordnung wesentlich durch *Mittermaier* zustande kam, war er nach seinem – durch private Gründe bedingtem – Ausscheiden aus der Kommission Mitte der vierziger Jahre an der Veröffentlichung des badischen Strafgesetzbuches und der Strafprozessordnung nicht mehr unmittelbar beteiligt.[52] Dennoch sind auch die Entwürfe dieser Gesetzbücher wesentlich auf *Mittermaier* zurückzuführen.[53] Der Tübinger Rechtsprofessor *Carl Georg von Wächter*[54] wurde

---

[44] Vgl. Grawert, Gesetzgebung im Wirkungszusammenhang konstitutioneller Regierung, in: Der Staat/ Beiheft 7, S. 140f.

[45] Zu *Paul Johann Anselm von Feuerbach* (1775-1833) vgl. Kleinheyer/ Schröder, Deutsche und Europäische Juristen, S. 126ff.

[46] Vgl. Kleinheyer/ Schröder, Deutsche und Europäische Juristen, S. 126f.

[47] Zu *Nikolaus Thaddäus von Gönner* (1764-1827) vgl. Ullmann, Gönner, in: ADB, Bd. 9, S. 367f.

[48] Ullmann, Gönner, in: ADB, Bd. 9, S. 367.

[49] Nörr, Naturrecht und Zivilprozess, S. 35.

[50] Nörr, Das bernische Zivilprozessgesetzbuch 1821, in: FS Elsener, S. 209ff.

[51] Stintzing/Landsberg, Geschichte der Deutschen Rechtswissenschaft III/2, S. 416; Kleinheyer/ Schröder, Deutsche und Europäische Juristen, S. 274.

[52] Marquardsen, Mittermaier, in: ADB, Bd. 22, S. 27.

[53] Marquardsen, Mittermaier, in: ADB, Bd. 22, S. 28.

[54] Zu *Carl Georg von Wächter* (1797-1880) vgl. Eisenhart, Wächter, in: ADB, Bd. 40, S. 435ff.

1847 Vorsitzender einer Kommission zur Einführung eines Zivilgesetzbuches für Württemberg.[55]

Zugleich fand in der Literatur eine Auseinandersetzung mit den neuen Gesetzgebungswerken statt. Die Kodifikationsarbeiten der Einzelstaaten hatten die Gründungen verschiedener Zeitschriften zur Folge, in denen die einzelnen Gesetzgebungsarbeiten besprochen wurden.[56] In dem „Archiv des Criminalrechts" und dem „Neuen Archiv des Criminalrechts" wurden fast alle Strafrechtsentwürfe der deutschen Einzelstaaten diskutiert.[57] Insbesondere *Karl Josef Anton Mittermaier* setzte sich intensiv mit den territorialen Gesetzesvorhaben auseinander. Er verfasste Abhandlungen zu dem Stand der Gesetzgebungsarbeiten auf dem Gebiet des Zivilrechts und zu allen neuen Strafrechtsentwürfen.[58] Der Gießener Rechtsprofessor *Justin Timotheus Balthasar von Linde*[59] setzte sich in der Zeit-

---

[55] Elsener, C.G.v. Wächter und die Rechtsvereinheitlichung, in: FS Baltl, S. 197.

[56] Schröder, R., Strafgesetzgebung in Deutschland, in: FS Gagnér, S. 409.

[57] Besprochen wurden unter anderen der sächsische Entwurf von Mittermaier, Entwurf eines Criminalgesetzbuchs für Sachsen, in: Archiv des Criminalrechts N.F. 1836, S. 395ff.; der bayerische Strafrechtsentwurf von demselben, Entwurf des Strafgesetzbuchs für Baiern, in: Neues Archiv des Criminalrechts 1822, S. 173ff.; zum revidierten bayerischen Strafgesetzentwurf ders., Revidierter Entwurf des bayerischen Strafgesetzbuchs, in: Neues Archiv des Criminalrechts 1828, S. 144ff.; die Verhandlungen zu dem Strafgesetzbuch für Hannover von Zachariä, H. A., Strafgesetzgebung für Hannover, in: Archiv des Criminalrechts N.F. 1836, S. 430ff.; die badischen Strafrechtsentwürfe von Hesster, Entwurf eines Strafgesetzbuchs für das GHT Baden, in: Archiv des Criminalrechts, N.F. 1837, S. 325ff. und Trefurt, Entwurf eines Strafgesetzbuchs für das GHT Baden, in: Archiv des Criminalrechts 1838, S. 273ff., S. 405ff.; der Entwurf des Großherzogtums Weimar von Mittermaier, Über den neuesten Zustand der Strafgesetzgebung, in: Archiv des Criminalrechts, N.F. 1839, S. 325ff.; vgl. auch Schöler, Deutsche Rechtseinheit, S. 243.

[58] Mittermaier, Die neusten Gesetzgebungsarbeiten auf dem Gebiete der Civilgesetzgebung, in: AcP 36, S. 94ff.; ders., Ueber die neuesten Fortschritte der Strafgesetzgebung in: Archiv des Criminalrechts, N.F. 1837, S. 537ff.; ders., Über den neuesten Zustand der Strafgesetzgebung, in: Archiv des Criminalrechts, N.F. 1839, S. 325ff; weitere Nachweise in Fn. 56; vgl. auch Schröder, R., Strafgesetzgebung in Deutschland, in: FS Gagnér, S. 409.

[59] *Justin Timotheus Balthasar von Linde* (1797-1870), studierte Rechtswissenschaft ab 1816 in Münster, Göttingen und Bonn; Promotion in Bonn 1820; Habilitation 1821. 1823 folgte er einem Ruf als außerordentlicher Professor der Rechte an die Ludoviciana, da er sich in Bonn als Katholik zurückgesetzt fühlte und sich keine Aussicht auf die Erlangung einer Professur machte. 1824 Ernennung zum ordentlichen Professor; 1826 Ernennung zum Kirchen- und Schulrat; 1829 Ernennung zum Geheimen Regierungsrat und Ministerialrat im Ministerium des Inneren und der Justiz in Hessen-Darmstadt; 1830 errichtete er die Katholisch-Theologische Fakultät; 1832 Ernennung zum außerordentlichen Staatsrat und Direktor des Oberstudienrates; 1833 Kanzler der Universität; 1836-1847 Geheimer Staatsrat im Ministerium des inneren und der Justiz; 1848 Mitglied der Frankfurter Nationalversammlung; 1850 Bundestagsgesandter. Nach der Auflösung des Bundestags 1866 Rückzug aus

schrift „Archiv für die Civilrechtliche Praxis“ mit den zivilrechtlichen und zivilprozessrechtlichen Gesetzgebungsarbeiten in Hessen-Darmstadt auseinander.[60]
Die allgemeine Tendenz zur Schaffung umfassender Gesetzeswerke auf den Gebieten des Zivilrechts, des Strafrechts und der Prozessrechte zeigt sich auch in Hessen-Darmstadt. Dort gab es seit dem Ende des 18. Jahrhunderts verschiedene Versuche, die jeweiligen Rechtsgebiete durch partikulare Gesetzbücher zu vereinheitlichen. Nach dem Scheitern mehrerer Gesetzgebungsvorhaben wurde die Schaffung eines Zivilgesetzbuches, eines Strafgesetzbuches und der entsprechenden Prozessrechte in Art. 103 der Hessischen Verfassung von 1820[61] zum Verfassungsziel erhoben. An den Vorarbeiten zu den Gesetzen und an der Redaktion derselben waren in Hessen-Darmstadt Juristen aus der Praxis, aber vornehmlich auch aus der Wissenschaft – vertreten durch die Rechtsprofessoren der Landesuniversität – beteiligt.[62] Gerade auf Grund der Vielzahl der Gesetzgebungsversuche bis zur Mitte des 19. Jahrhunderts und der Beteiligung verschiedener Professoren eignet sich Hessen-Darmstadt als Untersuchungsobjekt dafür, dass es in der ersten Hälfte des 19. Jahrhunderts territoriale Gesetzgebungsarbeiten gab, und die Einzelstaaten nicht erst ab der zweiten Hälfte des 19. Jahrhunderts begannen, zumeist zivilrechtliche Gesetzesentwürfe vorzulegen.[63]
Bisher wurde dem Einfluss der Professoren auf die nationalen, aber gerade auch auf die territorialen Kodifikationsarbeiten wenig Beachtung geschenkt.[64] Die gegenseitigen Einflüsse von Gesetzgebungstheorie und -praxis sind noch nicht ausreichend untersucht worden.[65] *Schwarz*[66] hat soweit ersichtlich erstmals die Frage nach dem Einfluss von Rechtsprofessoren auf die „großen“ europäischen Kodifikationen gestellt und damit den Blick auf einen besonderen juristischen Personentypus gelenkt, dessen Wirkung sich primär im Hörsaal ex cathedra ent-

---

dem öffentlichen Leben; vgl. Dölemeyer, Kodifikationen und Projekte, in: Handbuch III/2, S. 1536.

60 Linde, Über die legislative Thätigkeit im Großherzogtum Hessen, in: AcP 20, S. 290ff.

61 Verfassungsurkunde vom 17. Dezember 1820 in: Großh. Hess. Reg.Bl. Nr. 60 v. 22. Dezember 1820, S. 535ff.; abgedruckt bei Huber, Dokumente zur dt. Verfassungsgeschichte 1, S. 221ff.

62 So zu den zivilrechtlichen Kodifikationsarbeiten Dölemeyer, Kodifikationen und Projekte, in: Handbuch III/2, S. 1522.

63 So Wieacker, Privatrechtsgeschichte, S. 459; vgl. auch Schöler, Deutsche Rechtseinheit, S. 232.

64 Vgl. hinsichtlich des Einflusses des Tübinger Professors *Gustav von Mandry* auf das Deutsche BGB: Lutz, Gustav von Mandry, in: Tübinger Juristenfakultät, S. 33ff.

65 Vgl. insofern Klippel, Die Philosophie der Gesetzgebung, S. 227.

66 Schwarz, Professoren und Rechtsentwicklung, S. 181ff.

falte.[67] Trotz der Tatsache, dass die Gesetzgebung eine politische und nicht eine wissenschaftliche Aufgabe sei, sei der gelehrte Jurist für Kodifikationen jeder Art nicht zu entbehren gewesen.[68] Sowohl die juristische Vorarbeit wie auch die Redaktion der Kodifikationen seien auf akademisch professorale Beiträge zurückzuführen. Daher könne die Frage gestellt werden, ob diese Gesetzgebungswerke „Professorenwerke" – so die Bezeichnung von *Schwarz* für Werke dieses juristischen Personentypus – darstellten.[69]

Ebenso sind die Gesetzgebungsaktiviäten der einzelnen Staaten des Deutschen Bundes allenfalls punktuell untersucht.[70] Die ältere Forschung legte ihren Untersuchungsschwerpunkt auf die gesamtdeutsche Gesetzgebungsgeschichte, zumeist ohne Berücksichtigung der partikularen Gesetzgebung. Erst in jüngerer und jüngster Zeit schenkt die Forschung den partikularen Gesetzgebungsarbeiten Aufmerksamkeit.[71]

Für Hessen-Darmstadt fehlt trotz einiger Untersuchungen der Kodifikationsgeschichte[72] eine Monographie, die die Gesamtheit der Versuche der partikularen Gesetzgebung in Hessen-Darmstadt im vorkonstitutionellen Zeitalter darstellt. Der Einfluss der Rechtsgelehrten der Gießener Landesuniversität auf die verschiedenen Gesetzgebungsarbeiten wurde – soweit ersichtlich – aus rechtsgeschichtlicher Sicht noch nicht umfassend behandelt.[73] Mit der vorliegenden Arbeit sollen diese beiden Gesichtspunkte verknüpft und die in der Forschung vorhandenen Lücken geschlossen werden.

---

67 Schwarz, Professoren und Rechtsentwicklung, S. 182.
68 Schwarz, Professoren und Rechtsentwicklung, S. 200.
69 Vgl. Schwarz, Professoren und Rechtsentwicklung, S. 201.
70 Klippel, Die Philosophie der Gesetzgebung, S. 229.
71 Vgl. zum Strafrecht die von Werner Schubert, Jürgen Regge, Werner Schmid und Rainer Schröder herausgegebenen Nachdrucke strafrechtlicher Gesetzesentwürfe deutscher Einzelstaaten „Kodifikationsgeschichte Strafrecht", Frankfurt a.M. 1989; zum Zivilprozessrecht die von Werner Schubert herausgegebenen Nachdrucke zivilprozessualer Gesetzesentwürfe deutscher Einzelstaaten „Kodifikationsgeschichte Zivilprozessrecht".
72 Vgl. zu den Gesetzgebungsarbeiten auf dem Gebiet des Zivilrechts Dölemeyer, Kodifikationspläne in deutschen Territorien, S. 201ff.; dies.; Einflüsse von ALR, C.c. und ABGB, in: Ius commune VII, S. 180, 186f., 190ff.; dies.; Kodifikationen und Projekte, in: Handbuch III/2, S. 1518ff.; Schubert, Französisches Recht in Deutschland, S. 242ff.; ders., Französisches Recht in Deutschland (1814-1820), in: SZGerm 94, S. 170ff.; zu den Gesetzgebungsarbeiten auf dem Gebiet des Strafrechts siehe Christ, Entstehung des Strafgesetzbuches für das GHT Hessen; auf dem Gebiet des Strafprozessrechts siehe Amrhein, Entwicklung des hessischen Strafprozessrechts, S. 10ff.; Blass, Strafverfahren in Hessen-Darmstadt.
73 Zu der Beteiligung der Professoren *Höpfner*, *Grolman* und *Jaup* an Gesetzgebungsarbeiten vgl. Dölemeyer, Iura et cameralia, S. 152, 154f.; zu *Grolman* vgl. Röger, Karl Ludwig Wilhelm von Grolman, S. 86ff.

§ 2 Zeitliche Begrenzung, Aufbau und Methodik der Arbeit

Die neuere Forschung hat – wie bereits erwähnt[74] – begonnen, die Vielzahl der partikularen Gesetzgebungsprojekte in der Zeit zwischen den großen Naturrechtskodifikationen und der Schaffung eines gesamtdeutschen Rechts zu erforschen. An diesen Forschungsansatz soll mit der vorliegenden Arbeit angeknüpft werden. Hessen-Darmstadt wurde dabei als räumliches Forschungsgebiet gewählt, da sich hier bis zur Mitte des 19. Jahrhunderts eine Vielzahl partikularer Gesetzgebungsvorhaben mit dem Ziel der Vereinheitlichung des Rechts findet. Erfolgreich war in Hessen-Darmstadt letztlich nur die Kodifizierung des Strafrechts.[75] Am 1. April 1842 trat das „Strafgesetzbuch für das Großherzogthum Hessen"[76] in Kraft – eine umfassende und abschließende Regelung auf dem Gebiet des Strafrechts. Nach Art. 2 des „Gesetzes, die Einführung des Strafgesetzbuches im Großherzogthum betreffend", wurden alle bestehenden Rechte durch das Strafgesetzbuch aufgehoben.[77] Die übrigen Gesetzgebungsversuche scheiterten jedoch. Obwohl die erste Abteilung des hessischen Entwurfs eines Zivilgesetzbuchs, der Personenrechtsentwurf,[78] bereits vom Landtag angenommen war und die Entwürfe der zweiten Abteilung (Sachenrecht),[79] der dritten Abteilung (Erbrecht)[80] sowie der vierten Abteilung (Schuldrecht)[81] veröffentlicht worden waren,[82] wurde das Gesetzbuch[83] nicht mehr fertig gestellt. Nachdem die

---

[74] Siehe oben Einführung, S. 10.

[75] Vgl. hierzu Christ, Entstehung und Grundgedanken des Strafgesetzbuches für das Großherzogtum Hessen vom 1. April 1842; Schubert (Hrsg.), Entwürfe zu einem Strafgesetzbuch für das Großherzogtum Hessen, 1831 und 1836 (...); Entwurf eines Strafgesetzbuchs für das Großherzogthum Hessen: Uebergeben an die zweite Kammer der Stände des Großherzogthums Hessen, Darmstadt 1839.

[76] Strafgesetzbuch für das Großherzogthum Hessen nebst den damit zusammenhängenden Nebengesetzen, Darmstadt 1841.

[77] Art. 2 des „Gesetzes die Einführung des Strafgesetzbuchs im Großherzogtum betreffend", abgedruckt in: Strafgesetzbuch für das Großherzogthum Hessen nebst den damit zusammenhängenden Gesetzen, S. 164.

[78] Entwurf Personenrecht I, Darmstadt 1842; Entwurf Personenrecht II, Darmstadt 1844, hrsg. v. Werner Schubert; zu den hessischen Personenrechtsentwürfen vgl. Schubert, Personenrechtsentwürfe, in: SZGerm. 88, S. 110ff.; Dölemeyer, Einflüsse von ALR, C.c. und ABGB, in: Ius commune VII, S. 199ff.; Zöpfl, Entwurf eines bürgerlichen Gesetzbuchs, in: Heidelb. Jahrb. 1843, S. 49ff.

[79] Entwurf Sachenrecht, Darmstadt 1845, hrsg. von Werner Schubert; StADa G 26 A 86/2.

[80] Entwurf Erbrecht, Darmstadt 1845, hrsg. von Werner Schubert.

[81] Entwurf Schuldrecht, Darmstadt 1853, hrsg. von Werner Schubert.

[82] Dölemeyer, Kodifikationen und Projekte, in: Handbuch III/2, S. 1522.

[83] Vgl. zu den Entwürfen Arndts, Entwürfe bürgerlicher Gesetzbücher für Hessen-Darmstadt und Zürich, in: Gesammelte Schriften III, S. 280ff; ders., Des hessischen Entwurfs zweite

politischen Ereignisse der Jahre 1848/49 zunächst weitere Beratungen im Landtag verhindert hatten, wurden die Gesetzesentwürfe auch nach 1849 nicht mehr beraten.[84] Auf den Gebieten des Zivil- und des Strafprozessrechts beendeten erst die das Partikularrecht ablösende Reichsstraf- und die Reichszivilprozessordnung für das Deutsche Reich die Rechtszersplitterung in Hessen-Darmstadt. Dieses Scheitern der Gesetzgebungsarbeiten war zum einen in dem Widerstand der rechtsrheinischen Abgeordneten begründet, die die Rechtsgemeinschaft mit dem großen Geltungsgebiet des französischen Rechts nicht zu Gunsten einer gemeinschaftlichen Gesetzgebung des Großherzogtums aufgeben wollten.[85] Vor allem aber hinderte seit Mitte der 19. Jahrhunderts die durch die Reichsverfassung von 1849 geschaffene Aussicht auf ein umfassendes gemeinsames Recht der Staaten des Deutschen Bundes, dass die Gesetzgebungsarbeiten zu Ende geführt wurden.[86]

Die einzig fertiggestellte partikulare Kodifikation – das hessische Strafgesetzbuch – hatte Auswirkungen auf die Vorlesungen an der Ludoviciana. Zunächst scheint es, dass die Universität die strafrechtliche Kodifikation in ihrem Lehrplan nicht berücksichtigen wollte. Der Studienplan von 1842 sah noch immer Vorlesungen im französischen Strafrecht vor, obwohl das in den linksrheinischen Gebieten geltende französische Strafrecht mit der Einführung des hessischen Strafgesetzbuches vom 1. April 1842 aufgehoben worden war. Dieses Vorgehen stieß bei Zeitgenossen auf Kritik. Der großherzoglich hessische Geheime Rat *Schleiermacher* hegte Zweifel am praktischen Sinn dieser Regelung. Für ihn war nicht zu erkennen, welche Studenten die entsprechende Vorlesung besuchen sollten.[87] Auf diese Kritik *Schleiermachers* hin gestand der Kanzler der Universität, *Linde*, ein, dass sich nur wenige Zuhörer für diese Vorlesungen finden würden, mit Ausnahme von Ausländern aus Gegenden, wo das französische Recht noch Geltung habe.[88] Tatsächlich wurde aber die neue Gesetzeslage

---

Abtheilung, in: Gesammelte Schriften III, S. 349ff.; Dölemeyer, Kodifikationen und Projekte, in: Handbuch III/2, S. 1525ff.; Purgold, Entwurf eines Bürgerlichen Gesetzbuchs Teil 1, in: Zt. dt. R. 7, S. 345ff.; Schubert, Personenrechtsentwürfe, in: SZGerm. 88, S. 110ff.

[84] Dölemeyer, Kodifikationen und Projekte, in: Handbuch III/2, S. 1528f.

[85] Schwartz, Privatrechtliche Kodifikationsbestrebungen, in: Archiv f. Bürgerl. Recht 1, S. 126f.

[86] Vgl. Dölemeyer, Kodifikationen und Projekte, in: Handbuch III/2, S. 1529; Schwartz, Privatrechtliche Kodifikationsbestrebungen, in: Archiv f. Bürgerl. Recht 1, S. 127; Schubert, Bürgerliches Gesetzbuch für das Großherzogthum Hessen, Einführung Bd. 1, S. Vf.

[87] Schleiermacher, Studienplan der Landesuniversität, S. 33.

[88] Linde, Erwiderungen auf Schleiermacher, S. 36.

an der Universität – entgegen dem eigenen Studienplan – berücksichtigt. Bereits im Sommersemester 1842 wurde eine Vorlesung über „das gemeine deutsche und das Großherzoglich Hessische Kriminalrecht“ angeboten.[89] Ab dem Wintersemester 1848/49 wurde das „gemeine deutsche Criminalrecht in Vergleichung mit dem Gr. hessischen und dem französischen Strafgesetzbuche“ gelesen.

A. Zeitliche Begrenzung

Trotz der umfangreichen partikularen Gesetzgebungsarbeiten in Hessen-Darmstadt im ausgehenden 18. und der ersten Hälfte des 19. Jahrhunderts beschränkt sich die Untersuchung auf das vorkonstitutionelle Zeitalter.

Die zeitlichen Grenzen wurden 1769 und 1820 gezogen. Das Jahr 1769 wurde als Anfangspunkt gewählt, da in diesem Jahr Landgraf Ludwig IX. im Rahmen eines Reformprogramms erklärte, ein Landrecht zur Verbesserung der Rechtssicherheit ausarbeiten zu lassen. Die entsprechende Verordnung vom 5. Januar 1769[90] bildet den Ausgangspunkt für Arbeiten mit dem Ziel einer einheitlichen, umfassenden und verständlichen Gesetzgebung in Hessen-Darmstadt. Zuvor gab es keine Versuche, das Recht mit den Zielen der Verständlichkeit und Verbesserung der Rechtssicherheit zu vereinheitlichen. Der Gedanke der modernen Kodifikation hatte sich erst in der Rechtstheorie der Aufklärung entwickelt.[91] Die Untersuchung endet im Jahr 1820 mit der Schaffung der Hessischen Verfassung. Nachdem die Gesetzgebungsarbeiten im vorkonstitutionellen Zeitalter ergebnislos geblieben waren, wurde in der hessischen Verfassung vom 17. Dezember 1820 die Schaffung einheitlicher Gesetzbücher unter dem „Titel IX. Allgemeine Bestimmungen“ in Art. 103 der Verfassungsurkunde (VU) zum Verfassungsziel erhoben: „Für das ganze Großherzogthum soll ein bürgerliches Gesetzbuch, ein Strafgesetzbuch und ein Gesetzbuch über das Verfahren in Rechtssachen eingeführt werden“.[92]

Die gewählte zeitliche Begrenzung findet ihre Rechtfertigung – neben der Fülle des Materials – vor allem in der Zäsur, die das Jahr 1820 sowohl allgemein für

---

[89] Vorlesungsverzeichnis vom SS 1842, abgedruckt bei Köbler, Gießener juristische Vorlesungen, S. 200f.

[90] Verordnung vom 5. Januar 1769, teilweise abgedruckt bei Bopp, Civil- und Criminalgesetzgebung des Großherzogthums Hessen, in: Archiv für die neueste Gesetzgebung aller Deutschen Staaten 3, S. 72; teilweise abgedruckt bei Breidenbach, Commentar I, Einleitung, S. 6, der allerdings als Datum für die Verordnung den 25. Januar 1769 nennt.

[91] Coing, Zur Privatrechtsgesetzgebung, in: Handbuch III/1, S. 4.

[92] Art. 103 der hessischen Verfassung vom 17. Dezember 1820, abgedruckt bei Huber, Dokumente zur dt. Verfassungsgeschichte 1, S. 235.

das Großherzogtum als auch im speziellen für das dortige Gesetzgebungswesen bedeutete. Die Epoche des beginnenden 19. Jahrhunderts charakterisiert sich durch erhebliche politische, soziale und wirtschaftliche Umbrüche, Veränderungen im Denken der Rechtswissenschaft und dem Drängen, den Rechtsstoff durch Gesetze auf vielen Gebieten neu zu fassen.[93] Im Laufe der Untersuchung hat sich ergeben, dass sich diese Charakteristika nicht nur in Hessen-Darmstadt – gerade in der Zeit bis 1820 – wieder finden, sondern, dass die Merkmale dort auch einen starken Bezug zueinander aufweisen.

Zunächst stehen in Hessen-Darmstadt die Forderungen nach einheitlichen Gesetzen zumindest auch in engem Zusammenhang mit den politischen und territorialen Umbrüchen. In der Umbruchphase zwischen 1769 und 1820 finden sich mehrere Gesetzgebungsversuche, die unter verschiedenen Vorzeichen begonnen wurden. Bereits Ende des 18. Jahrhunderts begannen, als Teil eines Reformprogramms zur Verbesserung der schlechten finanziellen und organisatorischen Struktur des Landes, Arbeiten zur Schaffung eines Landrechts. Im Weiteren hatte die gesamteuropäische politische Situation des 19. Jahrhunderts Einfluss auf die Gesetzgebungsarbeiten. Der Reichsdeputationshauptschluss, die napoleonische Ära und der Wiener Kongress führten – wie in ganz Deutschland – auch in Hessen-Darmstadt zu erheblichen Gebietsveränderungen, die letztlich in den einzelnen Territorien staatliche Neuordnungen erforderlich machten. Dabei wurde die Gesetzgebung zu einem wesentlichen Element der Neuordnung. Dies zeigt sich darin, dass Hessen-Darmstadt im Zusammenhang mit den territorialen Veränderungen auch Veränderungen der Gesetzgebungsarbeiten festzustellen sind. Alte Gesetzgebungsvorhaben wurden aufgegeben und neue begonnen. Im engen zeitlichen Zusammenhang zum Reichsdeputationshauptschluss sollten das Zivilrecht, das Strafrecht und die Prozessrechte reformiert werden. Der Beitritt Hessen-Darmstadts zum Rheinbund führte zur Aufgabe der Gesetzgebungsarbeiten. Nunmehr wollte der hessische Regent Ludwig I. unter dem Einfluss Napoleons den Code Napoleon als Zivilgesetzbuch in Hessen-Darmstadt einführen. Die Niederlage Napoleons beendete die Arbeiten. Nach dem Wiener Kongress erhielt Hessen-Darmstadt ehemals französische Gebiete zugesprochen, in denen die französischen Gesetzbücher galten. Um den dadurch entstandenen unterschiedlichen Rechtszustand aufzuheben, kam es zu erneuten Gesetzgebungsarbeiten: Das österreichische ABGB sollte als Zivilgesetzbuch in Hessen-Darmstadt eingeführt und eine Zivilprozessordnung ausgearbeitet werden. Bis

[93] Schröder, R., Kodifikationsgeschichte Strafrecht, S. 5.

1820 gab es somit Gesetzgebungsarbeiten auf den Gebieten des Zivilrechts, des Strafrechts und der Prozessrechte, die in engem Zusammenhang zu den politischen Umbrüchen standen. In einem Zeitalter, in dem das Gesetz – insbesondere in Form einer Kodifikation – die wichtigste Form der Rechtsetzung wurde, die Rechtsprechung und Rechtswissenschaft in den Hintergrund treten lies,[94] eignet sich das Territorium Hessen-Darmstadts zu Beginn des 19. Jahrhunderts, um die Verknüpfung der politischen und territorialen Umbrüche mit der Entwicklung der Gesetzgebung vor dem Hintergrund der Kodifikationsidee aufzuzeigen. Dabei stellt sich bereits zu Beginn des 19. Jahrhunderts die Frage des Verhältnisses partikularer zu nationalen Kodifikationen. Dagegen fehlt nach 1820 – im Gegensatz zur vorkonstitutionellen Zeit – ein konkreter Bezug der Gesetzgebungsarbeiten zu den territorialen Veränderungen in Hessen-Darmstadt. In der Zeit zwischen 1820 und 1850 kam es zu keinen territorialen Veränderungen im Großherzogtum Hessen-Darmstadt, die damit auch keinen Einfluss auf die Gesetzgebungsarbeiten entfalten konnten. Vielmehr beeinflussten die Territorialveränderungen bis 1820 die weiteren Gesetzgebungsarbeiten.

Auch der Schwerpunkt der Arbeit, den die Beteiligung der Professoren der Landesuniversität an den Gesetzgebungsarbeiten bildet, rechtfertigt die zeitliche Begrenzung der Untersuchung. Die hessen-darmstädtische Staatsregierung beteiligte an allen Gesetzgebungsvorhaben in dem zu untersuchenden Zeitraum Rechtsprofessoren ihrer Landesuniversität. Dabei kann der Blick allein auf die Professoren der Gießener Ludoviciana fokussiert werden, da zu dieser Zeit die Ludoviciana die einzige Universität in Hessen-Darmstadt war.[95] Den Untersuchungszeitraum auf die genannten Jahrzehnte zu beschränken, legen aber auch neue Forschungsansätze nahe. Entgegen der Ansicht, nach der das 19. Jahrhundert als Zeit der Überwindung naturrechtlichen Denkens galt,[96] war nach neuerer Forschung das späte Naturrecht im beginnenden 19. Jahrhundert „keineswegs so überwunden, wie schon die Historische Schule glauben machen wollte und auch

---

[94] Coing, Zur Privatrechtsgesetzgebung, in: Handbuch III/1, S. 3.

[95] Zwar war die Stadt Mainz auf Grund des Art. 47 der Wiener Kongressakte an Hessen-Darmstadt gefallen. Die Hohe Schule der Stadt Mainz war aber bereits 1797 aufgelöst worden. Wiedereröffnet wurde sie erst nach dem zweiten Weltkrieg (1946); vgl. Moraw, Geschichte der Universität Gießen, S. 95.

[96] Vgl. Klippel, Naturrecht und Politik, S. 27.

keineswegs so unwirksam, wie es in *Bergbohms*[97] Verdammung erscheint."[98] Gerade die der Forschung lange weitgehend unbekannte[99] „Wissenschaft der Gesetzgebung" scheint dabei einen interessanten Ansatzpunkt für die Untersuchung zu bieten. Seit der zweiten Hälfte des 18. Jahrhunderts war die „Wissenschaft der Gesetzgebung" eine anerkannte Teildisziplin der Rechtswissenschaft.[100] Gegen Ende des 18. Jahrhunderts entwickelte sich eine spezifisch naturrechtliche Gesetzgebungswissenschaft, die sich mit dem Problem des Verhältnisses zwischen Naturrecht, positivem Recht und Gesetzgebung befasste.[101] Dabei bestanden deutliche Unterschiede zwischen dem älteren Naturrecht der Aufklärung und dem Naturrecht der Reformzeit und des Vormärz.[102] Auf Grund der stetigen Beteiligung von Rechtsprofessoren an Gesetzgebungsarbeiten könnte die Gesetzgebungswissenschaft das Bindeglied zwischen Theorie und Praxis darstellen, das es ermöglichte, theoretische – an der Universität entwickelte – Ansichten in für die Praxis relevante Gesetze umzusetzen. Die Gesetzgebungsarbeiten im ausgehenden 18. Jahrhundert wurden dem Professor der Rechte *Ludwig Julius Friedrich Höpfner*, einem Vertreter der älteren Naturrechts übertragen. An späteren Gesetzgebungsarbeiten beteiligte die Staatsregierung Professor *Karl Ludwig Wilhelm von Grolman*, der der jüngeren Naturrechtslehre zuzurechnen ist, so dass zu untersuchen ist, ob sich die Unterschiede in der Naturrechtslehre der Professoren auf deren Gesetzgebungswissenschaft und schließlich auf die Gesetzgebungsarbeiten auswirkten.

Während zahlreiche Lehrbücher, Kompendien und Abhandlungen zu Einzelfragen der Gesetzgebung publiziert wurden,[103] setzte im beginnenden 19. Jahrhundert zugleich eine vom Naturrecht gelöste und in der Literatur vornehmlich behandelte Entwicklung ein. Nach Beendigung der Freiheitskriege war die Forderung nach Einheit und Freiheit der deutschen Nation, mit der aufs engste die Frage nach Rechtseinheit verbunden war, entstanden.[104] Dabei bestand Konsens, dass das Ziel der politischen Einigung über die Vereinheitlichung des Rechtswe-

---

[97] *Bergbohm* forderte 1892: „Es muß m. e. W. das Unkraut Naturrecht in welcher Form und Verhüllung es auch auftreten möge, offen oder verschämt, ausgerottet werden, schonungslos, mit Stumpf und Stil", Bergbohm, Jurisprudenz und Rechtsphilosophie, S. 118 .

[98] Schröder, R. Kodifikationsgeschichte Strafrecht, S. 11; vgl. zu diesem Forschungsansatz auch Klippel, Naturrecht und Politik, S. 27ff.

[99] Klippel, Die Philosophie der Gesetzgebung, S. 226.

[100] Klippel, Die Philosophie der Gesetzgebung, S. 225.

[101] Klippel, Die Philosophie der Gesetzgebung, S. 227.

[102] Klippel, Die Philosophie der Gesetzgebung, S. 233f.

[103] Klippel, Die Philosophie der Gesetzgebung, S. 225f. unter Nennung von Beispielen.

[104] Schlosser, Neuere Privatrechtsgeschichte, S. 142.

sen erreicht werden sollte.[105] Allein das Verfahren war umstritten. Während *Anton Friedrich Justus Thibaut* eine nationale Kodifikation forderte, lehnte *Friedrich Carl von Savigny* eine gesamtdeutsche Zivilrechtskodifikation ab und plädierte für die Beibehaltung des römischen Rechts.[106] Da die von *Thibaut* geforderte nationale Kodifikation nicht zustande kam, wird dieses Scheitern in der rechtshistorischen Forschung gerade auch der Wissenschaft der Historischen Rechtsschule zugerechnet, die *Savigny* als Sieger des Kodifikationsstreits bezeichnet.[107] *Savigny* und die Anhänger der Historischen Rechtsschule wandten sich dabei auch gegen die Philosophie des Naturrechts. Vor allem in dieser Übergangszeit,[108] in der die naturrechtliche Gesetzgebungswissenschaft und die Lehre der entstehenden Historischen Rechtsschule nebeneinander traten, wirft die Beteiligung von Rechtsprofessoren die Frage auf, ob die Professoren vom Naturrecht beeinflusst waren oder ob sie sich insbesondere nach 1814 den kodifikationsfeindlichen Ansichten der Historischen Rechtsschule zuwandten. Dabei ist aber zu berücksichtigen, dass sich die Bearbeitung auf die Betrachtung der an den Gesetzgebungsarbeiten beteiligten Professoren beschränkt. Auf Grund dieser Begrenzung kann keine allgemeine Aussage getroffen werden, wie die Professorenschaft der Landesuniversität insgesamt zur naturrechtlichen Gesetzgebungswissenschaft, zur Historischen Rechtsschule und zur Kodifikationsfrage stand.

Für die Festlegung des Endpunktes auf 1820 spricht weiter, dass die Verfassung eine Zäsur in den Gesetzgebungsarbeiten bildet. Vor der Verfassungsgebung hatten die althessischen Landstände kein Mitwirkungsrecht an der Gesetzgebung. Allein über ihr Beschwerde- und Petitionsrecht versuchten die Stände gelegentlich auf Gesetzgebung Einfluss zunehmen. Nach dem Beitritt Hessen-Darmstadts zum Rheinbund im Jahre 1806 löste der Großherzog die althessischen Landstände schließlich auf. Die Hessische Verfassung vom 17. Dezember

---

105 Schlosser, Neuere Privatrechtsgeschichte, S. 142.

106 Klippel, Die Philosophie der Gesetzgebung, S. 229.

107 Vgl. Schöler, Deutsche Rechtseinheit, S. 87.

108 Dass die Gesetzgebungswissenschaft in Hessen-Darmstadt nicht sofort von der Historischen Rechtsschule abgelöst wurde, sondern beide Lehren nebeneinander vertreten wurden zeigt auch das noch im Jahre 1840 erschienene Werk des Darmstädter Hofgerichtsadvokaten Friedrich Purgold, Die Gesetzgebungswissenschaft in Entwicklung der für den Entwurf eines neuen, namentlich deutschen, Gesetzbuchs sich ergebenden Grundsätze; vgl. zu Purgold auch Getz, Rechtseinheit, S. 53ff.

1820[109] führte zu erheblichen Änderungen im Gesetzgebungsverfahren. Zwar war nach dem in der Verfassung verwirklichten monarchischen Prinzip der Herrscher, trotz Mitwirkens anderer an der Gesetzgebung, die maßgebliche Instanz bei der Gesetzgebung.[110] Bei ihm lag die Gesetzesinitiative.[111] Dennoch darf die Möglichkeit der Mitwirkung der Landstände nicht unterschätzt werden. In der Verfassungsurkunde (VU) von 1820 war den Landständen das Recht der Teilnahme an der Gesetzgebung zugestanden worden. Nach Art. 72 VU konnte ohne Zustimmung der Stände kein Gesetz erlassen, aufgehoben oder abgeändert werden. Während vormals die Gesetzgebungsarbeiten auf Initiative des Herrschers erfolgten, wurden nunmehr – trotz der fehlenden Gesetzesinitiative – die Stände die treibende Kraft bei der Umsetzung des Art. 103 VU. Es waren vor allem die Abgeordneten der zweiten Kammer, die seit den ersten Landtagen immer wieder mit ihren Anträgen zur Umsetzung des Art. 103 VU auf die Verwirklichung des Verfassungsauftrags drängten.[112] Den ersten entsprechenden Antrag stellte der Abgeordnete *Kröncke* (1771-1843) in der Sitzung der zweiten Kammer der Landstände am 22. März 1821: „Nach Art. 103 der Verfassungsurkunde soll für das ganze Großherzogthum ein bürgerliches Gesetzbuch, ein Strafgesetzbuch und ein Gesetzbuch über das Verfahren in Rechtssachen eingeführt werden. Die große Wichtigkeit der Bestimmungen dieses Artikels veranlaßt mich zu dem Antrage, die Staatsregierung zu bitten, die Entwürfe zu den hiernach erforderlichen Gesetzbücher, in so weit es unbeschadet der inneren Güte derselben geschehen kann, baldmöglichst ausarbeiten zu lassen, und der ersten, nach Vollendung derselben Statt findenden Ständeversammlung, mitzutheilen.“[113] Aus der Vielzahl der folgenden Anträge ist ersichtlich, dass sich der Schwerpunkt in der Diskussion um eine einheitliche Gesetzgebung in Hessen-Darmstadt auf die Ständeversammlung verlagerte. Allerdings versuchte der Großherzog seine – gerade auch die Gesetzgebung betreffenden – Interessen durchzusetzen und auf die Landstände einzuwirken, indem er mehrfach von der Möglichkeit der Ausübung seines Rechts zur Landtagsauflösung Gebrauch

---

[109] Verfassungsurkunde vom 17. Dezember 1820, in: Großh. Hess. Reg.Bl. Nr. 60 v. 22. Dezember 1820, S. 535ff.; abgedruckt bei Huber, Dokumente zur dt. Verfassungsgeschichte 1, S. 221ff.

[110] Hesse, H., Gesetzgeber und Gesetzgebung in Bayern, S. 9.

[111] Felschow, Geld für die Landesuniversität, in: FS Franz, S. 192.

[112] Dölemeyer, Einflüsse von ALR, C.c. und ABGB, in: Ius commune VII, S. 195; Blass, Strafverfahren in Hessen-Darmstadt, S. 79.

[113] Verhandlungen der zweiten Kammer der Landstände auf dem Landtag 1820/1821, Heft XV, Prot. 132, S. 118f.

machte, was bereits den Beginn der Gesetzgebungsarbeiten verhinderte. Es dauerte daher allein fünfzehn Jahre, bis sich Regierung und Stände endgültig auf entsprechende Gesetzgebungsarbeiten einigen konnten. Erst der Landtag von 1835/1836 führte zu einer Verständigung zwischen den Landständen und Staatsregierung über die Kodifikationsarbeiten. Dies allerdings nur, weil es der Staatsregierung gelungen war, in der zweiten Kammer der Landstände eine konservative Mehrheit herbeizuführen.[114] Vierzehn liberalen Abgeordneten der zweiten Kammer, die zugleich hessische Beamte waren, wurde der Urlaub für die Dauer des Landtags verweigert.[115] Im Gegensatz zu den vorherigen Landtagen war der Landtag von 1835/1836 damit von diesem Zeitpunkt an vornehmlich mit Anhängern der Regierung besetzt.[116]
Des Weiteren wurden die Landtagsdebatten direkt nach 1820 unter einer anderen Schwerpunktsetzung geführt. Zum einen ging es um die Frage nach der Weitergeltung der französischen Gesetzbücher in Rheinhessen. Daneben rückte – wenn auch schon im vorkonstitutionellen Zeitalter aufgeworfen – in den Kodifikationsdebatten der Ständeversammlungen die Diskussion um das Verhältnis von territorialer zu nationaler Kodifikation in den Vordergrund.[117] Dabei wurde schon zu Beginn der zwanziger Jahre in den Verhandlungen der Landstände in Hessen-Darmstadt – wie sonst nur in Baden – die Rechtsvereinheitlichung in einem größeren territorialen Rahmen diskutiert, während entsprechende Debatten beispielsweise in Bayern oder Sachsen erst auf den Landtagen in den vierziger Jahren geführt wurden.[118] Bereits auf dem ersten Landtag 1820/1821 empfahl der Abgeordnete *Floret* in seinem Ausschussbericht der zweiten Kammer, „daß es sehr wünschenswerth sein dürfte, wenn bey der Bearbeitung der neuen Gesetzgebung ein übereinstimmendes Verfahren von Seiten derjenigen deutschen Staaten, deren Verfassungsurkunde, in Beziehung auf diesen Gegenstand, von gleicher Ansicht ausgeht, wenigstens in Hinsicht auf die allgemeinen Gesichtspunkte, begründet werden könnte. Es kann keinem Zweifel unterworfen seyn, daß eine solche Uebereinstimmung wesentlich dazu beytragen würde, den Zweck des Unternehmens, von welchem hier die Rede ist, eben dadurch mehr zu sichern, daß demselben in seinen Grundlagen eine größere Ausdehnung gegeben

[114] Dölemeyer, Einflüsse von ALR, C.c. und ABGB, in: Ius commune VII, S. 199.
[115] Christ, Entstehung des Strafgesetzbuches für das GHT Hessen, S. 125.
[116] Schubert, Strafgesetzbuch von Hessen-Darmstadt, S. 19.
[117] Dölemeyer, Einflüsse von ALR, C.c. und ABGB, in: Ius commune VII, S. 205.
[118] Dölemeyer, Einflüsse von ALR, C.c. und ABGB, in: Ius commune VII, S. 205.

wird".[119] Die Problematik um eine nationale Gesetzgebung blieb auch in den folgenden Landtagsdebatten Gegenstand der Verhandlungen. Dass die Forderung nach möglicher Übereinstimmung der neuen Gesetzbücher mit denen anderer Staaten nicht nur eine theoretische war, zeigt die Dienstreise, die der Vorsitzende der württembergischen Gesetzgebungskommission *Wächter* im Jahre 1847 nach Darmstadt unternahm.[120] In dem dritten Teil seines Reiseberichts an den Justizminister nahm *Wächter*, nachdem er die Arbeitsweise der hessendarmstädtischen Gesetzgebungskommission und den Stand der Gesetzgebungsarbeiten beschrieben hatte, zu seinem Vorschlag einer Zusammenarbeit zwischen den Gesetzgebungskommissionen in Darmstadt und Stuttgart Stellung.[121] Wenn auch die württembergischen 1848er Unruhen entsprechende Versuche der Zusammenarbeit verhinderten,[122] so war letztlich ein wesentlicher Grund des Scheiterns der hessischen Gesetzgebungsarbeiten das – sich nach 1849 konkretisierende – Streben nach nationaler Rechtsvereinheitlichung.[123]

Schließlich ist nach 1820 der unmittelbare Einfluss der Professoren auf die Gesetzesentwürfe schwierig nachzuweisen. Zwar waren auch an den Gesetzgebungsarbeiten nach 1820 weiterhin Rechtsprofessoren beteiligt. Allerdings achtete die Regierung bereits bei der Errichtung der Kommissionen darauf, „daß sowohl das practische, als das theoretische, namentlich das gelehrte Element, nicht mangele",[124] so dass letztlich nach 1820 die Beteiligung von Praktikern und damit, wie auch bei den Arbeiten zur Einführung eines gesamtdeutschen Rechts, der Einfluss von Richtern und Ministerialbeamten verstärkt wurde. Professoren der Landesuniversität waren nicht mehr an allen Gesetzgebungsarbeiten

---

[119] Floret, Ständeversammlung von 1820/21, S. 162f.; Verhandlungen der zweiten Kammer der Landstände Heft XVII, Beil. 273, S. 23.

[120] Vgl. den Reisebericht *Wächters* vom 28. Mai 1847, HStA Stuttgart E 302 Bü 554; in Auszügen abgedruckt bei Elsener, C.G.v. Wächter und die Rechtsvereinheitlichung, in: FS Baltl, S. 197ff.

[121] Vgl. den Reisebericht *Wächters* vom 28. Mai 1847, HStA Stuttgart E 302 Bü 554; Elsener, C.G.v. Wächter und die Rechtsvereinheitlichung, in: FS Baltl, S. 197.

[122] C.G.v. Wächter und die Rechtsvereinheitlichung, in: FS Baltl, S. 209.

[123] So für das hessische BGB: Dölemeyer, Kodifikationen und Projekte, in: Handbuch III/2, S. 1529.

[124] Für die Revisionskommission zum hessischen BGB zitiert nach Breidenbach, Commentar I, Einleitung, S. 117. Die Regierung wollte keine Gesetzgebungskommission in dem Sinne zu schaffen, dass diese eine ständige, für alle Teile der Gesetzgebung zuständige Behörde bildete. Allerdings wurde für jedes der zu entwerfenden Gesetzbücher die Einführung einer besonderen Prüfungskommission beschlossen. Diese sollte mit Praktikern und Theoretikern besetzt werden.

beteiligt. Die ersten Gesetzgebungsarbeiten nach der Errichtung der hessischen Verfassung, die Arbeiten zur Einführung eines Zivilgesetzbuchs und eines Strafgesetzbuchs, wurden im Jahre 1821 allein zwei Praktikern, den Oberappellationsgerichtsräten *Johann Friedrich Knapp* und *Peter Josef Floret* übertragen.[125] Nach der Einigung zwischen Regierung und Ständen über die Gesetzgebungsarbeiten wurden Wissenschaftler und Praktiker am 17. Dezember 1836 sowie am 2. Januar 1837 zur Umsetzung des Art. 103 VU bestellt. Das bürgerliche Gesetzbuch wurde zwei Praktikern, den Oberappellations- und Kassationsgerichtsrat *Weyland* (zuständig für das Vertrags- und Personenrecht) und den Geheimen Staatsrat *Eigenbrodt* (zuständig für das Sachenrecht), übertragen. Erst nach dem Tode *Eigenbrodts* im Jahre 1839 wurde der Gießener Professor der Rechtswissenschaften, *Wilhelm Müller*, mit der Bearbeitung des Sachenrechts mit Ausnahme des Hypothekenrechts beauftragt. Das Verfahren in bürgerlichen Rechtsstreitigkeiten sollte von dem ehemaligen Professor der Rechte *Justin Timotheus Balthasar von Linde* und das Verfahren in Strafsachen von dem ebenfalls ehemaligen Professor *Friedrich Freiherr von Lindelof*[126] bearbeitet werden. *Lindelof* war zudem in die Arbeiten zu einem hessischen Strafgesetzbuch involviert. Zwar war bereits am 10. Juli 1821 dem Oberappellationsgerichtsrat *Knapp* die Ausarbeitung eines Strafgesetzbuches übertragen worden. Dieser legte auch mehrere Entwürfe vor. Dennoch fertigte *Lindelof*, nachdem er zum Referenten für die Strafgesetzgebung im Staatsrat ernannt worden war, im Jahre 1837 neben einem Gutachten[127] über den Entwurf *Knapps* einen eigenen Entwurf eines Strafgesetzbuchs, in den er seine Änderungsvorschläge eingearbeitet hatte.[128] Daneben wurden aber auch vermehrt auswärtige Wissenschaftler[129] und Prakti-

---

[125] Auftrag vom 10. Juli 1821, abgedruckt in: Großh. Hess. Reg.Bl. Nr. 56 v. 3. Dezember 1821, S. 684; ebenfalls zitiert von Breidenbach, Commentar I, Einleitung S. 32; Christ, Entstehung des Strafgesetzbuches für das GHT Hessen, S. 51f.

[126] *Friedrich Freiherr von Lindelof* (1794-1882), studierte Rechtswissenschaften in Heidelberg, Dijon, Paris und Göttingen; 1816 Promotion; 1818 Assessor der Justizkanzlei Oldenburg; 1823 Ruf an die Ludoviciana; 1830 Ernennung zum Oberappellationsgerichtsrat; 1838 Ernennung zum Ministerialrat im Ministerium des Inneren und der Justiz; 1853 Präsident des Justizministeriums; 1858-1872 Justizminister; 1860-1875 Präsident des Staatsrates; 1870-1872 Minister des großherzoglich Hauses; vgl. Teichmann, Lindelof, in: ADB Bd. 18, S. 673f.

[127] (Lindelof), Vortrag über den Entwurf eines Strafgesetzbuchs für das Großherzogthum Hessen, unterzeichnet auf Seite 384 mit: „Oct.1837, Dr. v. Lindelof“ (Darmstadt 1837).

[128] Christ, Entstehung des Strafgesetzbuches für das GHT Hessen, S. 144; Schubert, Strafgesetzbuch von Hessen-Darmstadt, S. 22.

[129] Nach entsprechendem Auftrag der Staatsregierung legte der Heidelberger Professor und badische Geheimrat *Karl Josef Anton Mittermaier* 1830 und 1831 Gutachten über den

ker[130] mit Stellungnahmen über die Gesetzesentwürfe beauftragt. Auf Grundlage der Gutachten wurden dann wiederum Änderungen vorgenommen,[131] was es erschwert, den unmittelbaren Einfluss des beteiligten Professors auf einen konkreten Gesetzesentwurf zu untersuchen.

Trotz dieser Beteiligung der Professoren ist es nach 1820 problematisch, konkrete Bezüge zwischen der Lehre und den Entwürfen der Professoren herzustellen. Bei den Professoren, die an den Gesetzgebungsarbeiten beteiligt waren, erschweren tatsächliche Gründe die Feststellung ihres konkreten Einflusses auf die Gesetzgebungsarbeiten. Dadurch kann keine kontinuierliche Untersuchung erfolgen. Dies soll anhand der Arbeiten zu einem hessischen Strafgesetzbuch und einer hessischen Zivilprozessordnung aufgezeigt werden.

Es ist nicht in ausreichender Weise möglich, den konkreten Einfluss des Professors der Rechte *Lindelof* auf das letztlich einzig erfolgreiche Gesetzgebungsvorhaben nach 1820 – das hessische Strafgesetzbuchs – nachzuweisen. Da *Lindelof* kein strafrechtliches Lehrbuch veröffentlichte, kann kein auf seinem Lehrbuch beruhender Vergleich zwischen der Lehre *Lindelofs* und seinem Entwurf zu einem Strafgesetzbuch erfolgen. Einen Ansatzpunkt bietet allenfalls der in der damaligen Diskussion im Vordergrund stehende Streit um den Zweck der Strafe.[132] *Lindelof* hatte seinen kriminalrechtlichen Vorlesungen zunächst das Lehrbuch *Grolmans* zu Grunde gelegt, später nach *Feuerbachs* Lehrbuch gelesen. Damit legte er seinen Vorlesungen die Lehrbücher zweier Professoren zu Grunde, die in der Strafzweckdiskussion völlig konträre Ansichten vertraten.[133] Die Tatsache, dass *Lindelof* das Lehrbuch von *Feuerbach* an die Stelle von *Grolmans* Lehrbuch treten ließ, mag zu der Schlussfolgerung führen, dass *Lindelof* sich der Generalpräventionstheorie *Feuerbachs* anschloss, was allerdings nicht geklärt ist. Jedenfalls hatte die theoretische Auseinandersetzung um den Zweck der Strafe keine Auswirkung auf das Strafgesetzbuch. In Hessen-Darmstadt

---

hessischen Entwurf zu einem Strafgesetzbuch von 1824 vor, vgl. Christ, Entstehung des Strafgesetzbuches für das GHT Hessen, S. 79.

[130] Mit Verfügung vom 29. April 1842 wurde dem großherzoglich hessischen Hofgericht zu Gießen durch das großherzoglich hessische Ministerium des Inneren und der Justiz aufgegeben, das neue bürgerliche Gesetzbuch, insbesondere dessen ersten Titel, aus Sicht der Praxis zu beurteilen, vgl. StADa G 26 A Nr. 86/1.

[131] Auf der Grundlage des Mittermaierschen Gutachtens überarbeitete *Knapp* seinen Entwurf zum hessischen Strafgesetzbuch, Christ, Entstehung des Strafgesetzbuches für das GHT Hessen, S. 89.

[132] Vgl. hierzu Schröder, R., Strafgesetzgebung in Deutschland, in: FS Gagnér, S. 406; ders., Kodifikationsgeschichte Strafrecht, S. 11.

[133] Zu *Grolmans* Spezialpräventionstheorie siehe unten Dritter Teil, § 6 C. III.

führte damit die Beteiligung eines Strafrechtswissenschaftlers an dem Gesetzentwurf nicht dazu, dass dem Entwurf eine bestimmte Theorie zu Grunde gelegt wurde.[134] Vielmehr erklärte die Regierung in dem Vortrag, mit dem der Strafrechtsentwurf an die Stände gelangte, keiner der mannigfachen Strafrechtstheorien ausschließlich gefolgt zu sein: „ (...) und so wenig ein leitendes Princip mangeln darf, welches die Wissenschaft durch Abstraction aus den positiven Bestimmungen gewinnen mag, eben so traurig wäre es im practischen Erfolge, wollte man eine oder die andere Theorie, welche die Schule lehrt, als die allein richtige adoptiren, und in starrer Consequenz gesetzgebend durchführen."[135] Der Gesetzgeber müsse allein aus allen Theorien „das Richtige" herausziehen und für die Praxis umsetzten.[136] Damit bestätigen die strafrechtlichen Gesetzgebungsarbeiten in Hessen-Darmstadt, was *Rainer Schröder* allgemein für die Strafrechtskodifikationen im Vormärz festgestellt hat: In den Strafrechtsentwürfen wurden die theoretischen Ansätze der Strafzweckdiskussion zwar zur Kenntnis genommen, aber die Entwürfe folgten – mit Ausnahme von *Feuerbachs* Entwurf eines Bayerischen Strafgesetzbuchs – keiner Theorie stringent.[137] Da insofern kein Einfluss der Lehre *Lindelofs* auf seinen Strafrechtsentwurf untersucht werden, rechtfertigt bereits dies eine Ausklammerung der Gesetzgebungsarbeiten nach 1820 aus der Untersuchung. Des Weiteren durchlief der Entwurf des Strafgesetzbuchs bis zu seinem Inkrafttreten so viele Phasen, dass es letztlich schwierig ist, herauszufinden, welchen unmittelbaren Einfluss der Professor letztlich hatte. *Lindelofs* Entwurf baute bereits auf dem Entwurf *Knapps* auf. Dieser hatte seinen Entwurf zuvor nach einem entsprechenden Gutachten *Mittermaiers* überarbeitet. Des Weiteren wurde der Entwurf im Ministerium des Inneren und der Justiz beraten, wo zusätzlich der Kanzler der Universität und Geheime Staatsrat *Justin Timotheus Balthasar von Linde* und der Ministerialrat *Moritz Wilhelm August Breidenbach* schriftliche Vorträge erstatteten. In den darauffolgenden Beratungen im Ministerium wurde der Entwurf umgearbeitet und ein neuer Entwurf eines Strafgesetzbuchs (der sog. Regierungsent-

---

[134] So auch Schubert, Strafgesetzbuch von Hessen-Darmstadt, S. 25.

[135] Zitiert nach Breidenbach, Commentar I, Einleitung, S. 145; so auch Schubert, Strafgesetzbuch von Hessen-Darmstadt, S. 25.

[136] Breidenbach, Commentar I, Einleitung, S. 145.

[137] Schröder, R., Strafgesetzgebung in Deutschland, in: FS Gagnér, S. 410.

wurf) beschlossen, welcher am 22. April 1839 den beiden Kammern der Landstände übergeben wurde.[138]

Im zivilprozessualen Bereich ist – aus anderen Gründen – ebenfalls kein ausreichender Vergleich zwischen Lehre und Gesetzentwurf möglich. Zwar war die Ausarbeitung einer Zivilprozessordnung dem Gießener Professor *Justin Timotheus Balthasar von Linde* durch den hessischen Staatsminister *Karl Heinrich du Bos du Thil* gerade deshalb übertragen worden, da *Linde* sich auf Grund seiner Tätigkeit als Professor für diese Aufgabe ausgezeichnet hatte. Als Professor lese *Linde* das Zivilprozessrecht an der Ludoviciana und gehöre auf diesem Fachgebiet zu den beliebtesten Schriftstellern,[139] so dass sich *du Thil* fragte: „Wer konnte mehr dazu [zum Entwurf einer hessischen Zivilprozessordnung] geeignet scheinen?“[140] Zugleich bezog *Linde* auch in seinen zivilprozessualen Lehrbüchern zu Kodifikationen Stellung. So zeichnete sich nach *Linde* seine Zeit durch das Begehren nach neuen Gesetzen aus.[141] Allerdings stand *Linde* den enthusiastischen Forderungen nach neuen Gesetzen kritisch gegenüber: „ (...) und wenn man hört, wie es überall nicht blos von Nichtjuristen, sondern auch von Rechtsgelehrten vom Fache, als das dringendste Bedürfnis dargestellt wird, neue Gesetzbücher zu erlassen, so sollte man glauben, daß in einer Zeit, wo freilich mehr von Rechten als von Pflichten gesprochen wird, alles Recht nicht etwa blos verloren gegangen, sondern vertilgt worden sey, und nicht mehr im Nachforschen des vorhandenen Rechtsstoffes, sondern einzig und allein im Schaffen neuer Rechtsquellen Heil, Ruhe, Zufriedenheit und Volksglück zu erwarten stehe.“[142] Auch wenn er den neuen Gesetzgebungen gegenüber nicht gänzlich abgeneigt sei, so sei er jedenfalls zu der Überzeugung gekommen, dass die Bearbeitung einer neuen Gesetzgebung nur dann dem Bedürfnis entsprechend gelingen könne, wenn der vorhandene Rechtszustand berücksichtigt würde.[143] *Linde*

---

[138] Christ, Entstehung des Strafgesetzbuches für das GHT Hessen, S. 146; Blass, Strafverfahren in Hessen-Darmstadt, S. 115.

[139] Als *Lindes* Veröffentlichungen auf dem Gebiet des Zivilprozessrechts sind zu nennen: Das „Lehrbuch des deutschen gemeinen Civilprozesses“, welches von 1825 bis 1850 in sieben Auflagen erschien; ein Handbuch über die Lehre von Rechtsmitteln I und II; sowie die Aufsätze„Ueber den Gerichtsstand vertragsmäßig eingegangener Verpflichtungen“, in: AcP 7, S. 59ff.; „Ueber die Appellationssumme“, in: AcP 11, S. 91ff., 204ff; „Bemerkungen über die Zweckmäßigkeit der in Deutschland geltenden Grundsätze über das Armenrecht im Prozesse“, in: AcP 16, S. 51ff.

[140] Du Thil, Aus dem Dienstleben des Staatsministers du Thil, S. 231.

[141] Linde, Lehre von den Rechtsmitteln I, Vorrede, S. VII.

[142] Linde, Lehre von den Rechtsmitteln I, Vorrede, S. VII.

[143] Linde, Lehre von den Rechtsmitteln I, Vorrede, S. IX.

beschäftigte sich ausgiebig mit den neuen Gesetzgebungen. Er war auch der einzige Gießener Professor, der in Gesetzgebungsarbeiten involviert war und öffentlich zu den Gesetzgebungsarbeiten in Hessen-Darmstadt Stellung nahm.[144] Hierin zeigen sich die konservativen und regierungstreuen Ansichten *Lindes*, der als Kanzler der Universität auch Mitglied der ersten Kammer der Landstände war. Ein Vergleich zwischen Lehre und Gesetzgebung ist allerdings müßig, da *Linde* trotz mehrfachen Aufforderungen von Seiten des Staatsministers *du Thil* dem Gesetzgebungsauftrag nicht nachkam.[145] Er legte keinen Entwurf einer Zivilprozessordnung vor. *Du Thil* vermutete, dass dies darin begründet gewesen sei, dass *Linde* nicht gegen seine Ansicht schreiben wollte. So habe *Linde* erkannt, dass er – entgegen seiner Ansicht – Rücksicht auf den französischen Prozess nehmen müsse und dass die Schwurgerichte zur Sprache kommen würden.[146]

B. Aufbau und Methodik der Arbeit

Die Arbeit ist – neben Einleitungs- und Schlussteil – in zwei Hauptteile untergliedert. In erstem werden die Grundbedingungen für die Kodifikationsarbeiten und die Beteiligung der Professoren untersucht, da die Beschaffenheit eines Gesetzbuches aus den Bedingungen seiner Entstehung, d.h. aus dem Geist der Zeit und der Art und Weise seiner Bearbeitung, zu erklären ist.[147] Sie bilden daher die Grundlagen für die im zweiten Hauptteil erfolgende Untersuchung der Hauptproblematik der Arbeit. Anhand der einzelnen hessen-darmstädtischen Gesetzgebungsprojekte soll hier die Beteiligung der Gießener Rechtsprofessoren und ihr möglicher Einfluss auf die Arbeiten herausgearbeitet werden.

Am Anfang des ersten Hauptteils steht eine Darstellung der territorialen Entwicklung und des Rechtszustandes in Hessen-Darmstadt. Als Grund für die Gesetzgebungsarbeiten wird in den Gesetzgebungsquellen immer wieder das Ziel der Rechtsvereinheitlichung genannt.[148] Insofern sind die Gründe für diese

---

[144] Linde, Über die legislative Thätigkeit im GHT Hessen, in: AcP 20, S. 290ff.
[145] Du Thil, Aus dem Dienstleben des Staatsministers du Thil, S. 231f.
[146] Du Thil, Aus dem Dienstleben des Staatsministers du Thil, S. 232.
[147] Jakobs, Wissenschaft und Gesetzgebung, S. 10.
[148] Vgl. Edikt vom 4. November 1816, abgedruckt bei Breidenbach, Commentar I, Einleitung S. 18; Einleitung zu den Motiven des Gesetzentwurfs über die Beurkundung des Personenstandes, über das Ehe- und Elternrecht, über die Vormundschaft und Curatel, Darmstadt 1842, abgedruckt bei Schubert, Bürgerliches Gesetzbuch für das Großherzogthum Hessen, Bd. 1, S. 1.

Rechtszersplitterung in Hessen-Darmstadt herauszuarbeiten. Hierzu muss die territoriale Entwicklung Hessen-Darmstadts aufgezeigt werden, da infolge dieser – neben der bereits bestehenden Rechtszersplitterung – weitere verschiedenartige Gesetze und Verordnungen in dem Staatsgebiet Geltung erlangten. Daher erfolgt im Anschluss hieran eine Untersuchung des Rechtszustandes in Hessen-Darmstadt in dem zu untersuchenden Zeitraum. Auf Grund der Vielfalt der geschichtlichen Erscheinungen des Gesetzes und des Vorgangs der Gesetzgebung selbst,[149] ist es weiterhin erforderlich, den in Hessen-Darmstadt verwendeten Begriff des Gesetzes und das Gesetzgebungsverfahren darzustellen. Durch Letzteres können auch die Möglichkeiten der Beteiligung der Professoren an den Gesetzgebungsarbeiten aufgezeigt werden. Daneben ist die rechtliche Stellung der Professoren in Hessen-Darmstadt zu untersuchen.[150] Nur so kann eine Einschätzung erfolgen, ob die Professoren bei den Gesetzgebungsarbeiten eigene, theoretisch entwickelte rechtliche Ideen verwirklichen konnten oder ob die Ergebnisse der Gesetzgebungsentwürfe von der Staatsregierung vorgegeben waren und diese lediglich in juristisch korrekte Arbeiten umgesetzt werden sollten.

Mit dieser Darstellung sind die Voraussetzungen geschaffen, die einzelnen Gesetzgebungsarbeiten und die Beteiligung der Professoren hieran näher zu betrachten. Der zweite Hauptteil umfasst daher die Hauptproblematik der Arbeit. Hier werden anhand der chronologischen Abfolge der Gesetzgebungsversuche – ausgehend von der Kodifikationsidee – die Inhalte der Gesetzesentwürfe, die Motive, die Ziele und der Verlauf der Arbeiten dargestellt. Genauer betrachtet wird dabei die Beteiligung der Professoren der Landesuniversität an den Arbeiten. Da eine Würdigung der Gesetzgebungswerke ohne die Kenntnis ihrer Urheber nicht möglich ist,[151] wird dabei zunächst auf die Biographien der beteiligten Professoren eingegangen. Zudem wird herausgearbeitet, in welcher Funktion die Professoren in Hessen-Darmstadt die Arbeiten durchführten. Nach der Darstellung der einzelnen Gesetzgebungsarbeiten der Professoren wird deren Lehre näher beleuchtet, wobei der Schwerpunkt auf die theoretischen Ansichten der Professoren in Bezug auf die Gesetzgebung sowie auf wissenschaftliche Neuerun-

---

[149] Schulze, Vorkonstitutionelle Gesetzgebung, in: SZGerm 98, S. 157.

[150] Zu der Stellung der Professoren im hessischen Staatswesen Ende des 19. und zu Beginn des 20. Jahrhunderts vgl. Krüger, Denkschrift über die Stellung der Landesuniversität und ihrer Professoren im hessischen Staatswesen; Biermer, Die Rechtsverhältnisse der deutschen Universitätsprofessoren, S. 51ff.

[151] Wieacker, Privatrechtsgeschichte, S. 472.

gen, die sich in den Gesetzesentwürfen wieder finden könnten, gelegt wird. Dazu werden Lehrbücher, Kommentare und Aufsätze der Professoren untersucht. Dies ermöglicht es, hieran anschließend die Gesetzgebungsarbeiten mit der Lehre der Professoren zu vergleichen und Einflüsse bzw. Wechselwirkungen zwischen der Theorie der Professoren und ihren Gesetzgebungsentwürfen herauszuarbeiten. Hierbei wird zu fragen sein, ob sich der eingangs zitierte Gedanke *Mittermaiers*, dass es die Aufgabe der Wissenschaft sei, zumindest Gesetzbücher für einzelne Staaten hervorzubringen und die Gesetzgebungskunst zu fördern, auch unter den Gießener Professoren der Rechtswissenschaft wieder findet und wie er sich auf die Kodifikationsbestrebungen in Hessen-Darmstadt ausgewirkt hat. Zudem soll die Frage nach den Motiven der Professoren beantwortet werden. Sahen sie die Beteiligung an Gesetzgebungsarbeiten als eine Chance an, ihre theoretisch konzipierten Ideen praktisch umzusetzen,[152] konnten insbesondere die Naturrechtler ihre naturrechtlichen Ansätze in den Gesetzgebungsarbeiten verwirklichen oder vertraten sie lediglich den Willen des Landesherrn, um ihre materielle Stellung zu sichern und hatten somit nur geringen Einfluss auf den Inhalt der Gesetze? Insofern müssen auch die Auswirkungen der Historischen Rechtsschule, die eine Kodifikation des Zivilrechts ablehnte, auf die beteiligten Gießener Professoren untersucht werden. Betrachtet werden können aber auch mögliche Auswirkungen der Gesetzgebungsarbeiten auf die Landesuniversität. So ist zu untersuchen, ob die Professoren auf Grund ihrer Beteiligung an den Gesetzgebungsarbeiten ihre Lehre änderten. Durch die konkrete Betrachtung des jeweiligen Verhältnisses des beteiligten Professors zu der Regierung in Darmstadt soll schließlich geklärt werden, ob im Gegenzug die Wissenschaft zur Landesjurisprudenz degradiert wurde und die wissenschaftlichen Grenzen in der Jurisprudenz mit den politischen zusammenfielen, wie es der Gießener Professor *Rudolf von Jhering* im Jahre 1872,[153] bemängelte.

Als Quellengrundlage wird bei der Untersuchung der Kodifikationsbestrebungen auf die Akten des Staatsarchivs Darmstadt und des Hauptstaatsarchivs Stuttgart zurückgegriffen. Die Erforschung der Kodifikationsbestrebungen wurde dabei durch die erheblichen Kriegsverluste des Staatsarchivs in Darmstadt hinsichtlich

---

[152] So über die Beteiligung *Karl Ludwig Wilhelm von Grolmans* an hessen-darmstädtischen Gesetzgebungsarbeiten Franz, Karl Ludwig von Grolman, in: Persönlichkeiten der Verwaltung, S. 123, vgl. auch Röger, Karl Ludwig Wilhelm von Grolman, S. 86f.

[153] Jhering, Der Kampf um`s Recht, zitiert nach Coing, Europäische PrivatR II, S. 27.

der Gesetzgebungsakten im Zweiten Weltkrieg erschwert.[154] Dennoch sind ausreichend Materialien vorhanden, die eine Bearbeitung ermöglichen. Die Arbeit stützt sich insofern in großem Umfang auf die zeitgenössische Literatur und Sekundärquellen. Sollte der Bezug auf die Kodifikationsarbeiten nach 1820 erforderlich sein, erfolgt ein Rückgriff auf die Unterlagen der Verhandlungen der zweiten Kammer der hessen-darmstädtischen Landstände. Die Betrachtung des Einflusses der Professoren erfolgt vor allem durch die Auswertung der Lehrbücher, der Kommentarliteratur und der Aufsätze der beteiligten Professoren. Zudem werden die damaligen Vorlesungsverzeichnisse der Ludoviciana[155] und die Akten des Universitätsarchivs Gießen herangezogen.

---

[154] Vgl. Dölemeyer, Kodifikationspläne in deutschen Territorien, S. 203, Fn. 12; dies., Kodifikationen und Projekte, in: Handbuch III/2, S. 1530; Schubert, Strafgesetzbuch von Hessen-Darmstadt, S. 11; Christ, Entstehung des Strafgesetzbuches für das GHT Hessen, S. 53.

[155] Abgedruckt bei Köbler, Gießener juristische Vorlesungen.

Zweiter Teil

Hessen-Darmstadt im beginnenden 19. Jahrhundert

§ 3 Die Grundbedingungen für die Kodifikationsarbeiten

A. Territoriale Entwicklung und Rechtszustand in Hessen-Darmstadt

Die Bemühungen Hessen-Darmstadts im ausgehenden 18. Jahrhundert und im beginnenden 19. Jahrhundert um einheitliche Gesetze können nicht ohne die umfassenden territorialen Veränderungen des hessen-darmstädtischen Herrschaftsgebiets und die damals dort vorherrschende Rechtszersplitterung erläutert werden. Die Gesetzgebungsquellen nennen als Grund für die Gesetzgebungsarbeiten immer wieder das Ziel der Rechtsvereinheitlichung.[156] Die Rechtszerrissenheit in Hessen-Darmstadt hatte ihren Grund zum einen in den immensen Veränderungen des hessen-darmstädtischen Territorialbestandes in der „Sattelzeit“[157], durch die verschiedenartige Gesetze und Verordnungen in dem Staatsgebiet Geltung erlangten.[158] Zum anderen fehlte es bereits im Stammland an einheitlichen, abschließenden Gesetzen; jeder der Landesteile besaß eigene, zum Teil allgemein für veraltet gehaltene Partikularrechte.

I. Die territoriale Entwicklung in Hessen-Darmstadt

Allgemein war die „Sattelzeit“ von großen territorialen, politischen und wirtschaftlichen Umbrüchen geprägt. Der Reichsdeputationshauptschluss, die napoleonische Ära und der Wiener Kongress führten zu erheblichen Gebietsveränderungen. Es kam zu einer grundlegenden Neugestaltung der Verhältnisse in Deutschland, insbesondere zu einer staatlichen Neuordnung verbunden mit einer Neugestaltung des Rechtswesens – auch in Hessen-Darmstadt. Hier fällt dieser Zeitraum vor allem mit der Regierungszeit Landgraf Ludwigs X. (des späteren

---

156 Vgl. Edikt vom 4. November 1816, abgedruckt bei Breidenbach, Commentar I, Einleitung S. 18; Einleitung zu den Motiven des Gesetzentwurfs über die Beurkundung des Personenstandes, über das Ehe- und Elternrecht, über die Vormundschaft und Curatel, Darmstadt 1842, abgedruckt bei Schubert, Bürgerliches Gesetzbuch für das Großherzogthum Hessen, Bd. 1, S. 1.

157 Als Sattelzeit wird die etwa zwischen 1750 und 1850 angesiedelte Übergangszeit von der Frühen Neuzeit zur Moderne bezeichnet. Der Begriff wurde von *Reinhart Koselleck* geprägt: Koselleck, Geschichtliche Grundbegriffe, Einleitung, S. XV.

158 Schmidt, Bürgerliches Recht in Hessen, S. 3; Dernburg/ Wolf, Hessisches Landesprivatrecht, S. 3; 5ff.

Großherzogs Ludwig I.)[159] zusammen. Dessen Regierungszeit begann mit dem Regierungsantritt am 6. April 1790 und wurde durch seinen Tod am 6. April 1830 beendet.

1. Das Territorium vor dem Frieden von Lunéville

Hessen-Darmstadt war als selbstständige Landgrafschaft im Jahre 1567 nach dem Tode Philipps des Großmütigen von Hessen entstanden, der das Territorium testamentarisch unter seinen vier Söhnen aufgeteilt hatte. Seinem Sohn Georg I. vererbte er die Obergrafschaft Katzenelnbogen – das Stammland Hessen-Darmstadts – und damit etwa ein Achtel der ehemaligen Landgrafschaft. In den nachfolgenden zwei Jahrhunderten vergrößerte sich das Herrschaftsgebiet, vorwiegend durch Erbschaften, stetig.

Als Landgraf Ludwig X. 1790 die Regierung antrat, hatte Hessen-Darmstadt eine Größe von ca. 6.000 km², bei etwa 300.000 Einwohnern.[160] Die Landgrafschaft hatte kein zusammenhängendes Herrschaftsgebiet, sondern war in zehn Gebietsteile zersplittert.[161] Sie bestand aus der Obergrafschaft Katzenelnbogen und einem Teil der Niedergrafschaft Katzenelnbogen, den im 16. und 17. Jahrhundert auf Grund von Erbschaften erworbenen Teilgebieten des Fürstentums Oberhessen mit der Exklave Vöhl und der 1736 ererbten Grafschaft Hanau-Lichtenau, deren größte Gebietsteile im Elsass lagen.[162] Zudem umfasste das Staatsgebiet die Herrschaft Eppstein im Taunus, das mit Hessen-Kassel gemeinschaftliche Amt Umstadt und die mit Württemberg gemeinsame Vogtei Kürnbach.
Die zehn Gebietsteile waren organisatorisch in drei Verwaltungseinheiten/ Gerichtssprengel unterteilt. Zu dem ersten Gerichtssprengel gehörte die Obergrafschaft Katzenelnbogen mit der Haupt- und Residenzstadt Darmstadt. Der zweite Gerichtssprengel bestand aus dem Oberfürstentum Hessen (Oberhessen) und der dritte aus der Grafschaft Hanau-Lichtenberg. Jeder dieser Gerichtssprengel war wiederum in einzelne Ämter unterteilt. Der Gerichtssprengel der Obergrafschaft

---

[159] Landgraf Ludwig X., ab 1. August 1806 Großherzog Ludwig I. (1753-1830); zu Ludwig I. vgl. Walther, Ludwig I., in: ADB, Bd. 19, S. 551ff.

[160] Bopp, Rechtsgesetzgebung des GHT Hessen 19, S. 185; Moraw, Geschichte der Universität Gießen, S. 94.

[161] Demandt, Geschichte des Landes Hessen, S. 311; Moraw, Geschichte der Universität Gießen, S. 94.

[162] Demandt, Geschichte des Landes Hessen, S. 311f.

Katzenelnbogen bestand aus zwölf Ämtern, unter ihnen die Ämter Darmstadt, Kelsterbach, Rüsselsheim, die Herrschaft Eppstein, das Amt Umstadt und die Vogtei Kürnbach. Zu der Provinz Oberhessen gehörten 24 Ämter, wie die Ämter Alsfeld, Biedenkopf, Butzbach, Gießen, Grünberg, Hüttenberg, Nidda, Schotten, und Ulrichstein. Die Grafschaft Hanau-Lichtenberg umfasste zwölf Ämter, von denen zehn Ämter, unter ihnen das Amt Schaafheim, im Elsass lagen. Ebenfalls linksrheinisch, aber dem deutschen Reich zugehörig, war das Amt Lemberg.[163] Hinzu kamen die rechtsrheinisch in Schwaben gelegenen Ämter Willstätt und Lichtenau.

Justiz und Verwaltung waren in Hessen-Darmstadt zu diesem Zeitpunkt nicht getrennt. Die Ämter wurden von Einzelbeamten verwaltet, die die Gerichtsbarkeit in Zivilsachen in erster Instanz über die Amtsansässigen ausübten und in Strafsachen die Voruntersuchungen führten.[164] Zugleich waren sie Verwaltungsbeamte, Polizeibeamte und Richter der freiwilligen Gerichtsbarkeit. Jeder der drei Landesteile besaß eine eigene Regierung, ansässig in Darmstadt, Gießen und Buchsweiler.[165] Die Regierungen waren Verwaltungs- und Polizeibehörden zweiter Instanz. Als Gerichtsbehörde waren sie Justizkollegien zweiter Instanz für amtssässige Personen und Sachen in Zivilsachen.[166] In Strafsachen konnte die Regierung bei geringfügigen Vergehen – nach entsprechender Voruntersuchung durch die Einzelbeamten – sofort ein Urteil fällen.[167] Eine Besonderheit bestand in der Grafschaft Hanau-Lichtenberg. Sie wurde durch besondere Kollegien verwaltet, deren Wirkungskreis allerdings auf das Amt Schaafheim und die rechtsrheinischen Gebiete beschränkt war.[168] Die landesherrlichen Rechte und Einkünfte hinsichtlich der elsässischen Teile Hanau-Lichtenbergs waren durch Beschluss der französischen Nationalversammlung vom 4. August 1789 über die Aufhebung der Feudalabgaben bereits beträchtlich geschmälert worden.[169] Diese Gebiete waren insoweit der französischen Oberhoheit unterworfen.[170]

---

[163] Nahmer, Handbuch III, S. 363.
[164] Blass, Strafverfahren in Hessen-Darmstadt, S. 3.
[165] Zu den Regierungen vgl. Acker, Verwaltungskontrolle in Hessen-Darmstadt, S. 18ff.
[166] Eigenbrodt, Hessische Verordnungen I, S. 21f.
[167] Blass, Strafverfahren in Hessen-Darmstadt, S. 4.
[168] Eigenbrodt, Hessische Verordnungen I, S. 22;
[169] Demandt, Geschichte des Landes Hessen, S. 312.
[170] Bopp, Hessen-Darmstadt, Großherzogthum, in: Weiskes Rechtslexikon, S. 281; Blass, Strafverfahren in Hessen-Darmstadt, S. 2.

2. Die Arrondierungen nach dem Reichsdeputationshauptschluss

Im ersten Koalitionskrieg, in dem die hessen-darmstädtischen Truppen auf Seiten des Kaisers kämpften, eroberten französische Truppen 1795 die Rheinlande. Nach dem – den ersten Koalitionskrieg beendenden – Vertrag von Campo Formio[171] vom 17. Oktober 1797 stimmte Österreich prinzipiell der Abtretung des linken Rheinufers an Frankreich zu.[172] Die linksrheinisch gelegenen hessischen Gebiete wurden dem Departement Donnersberg zugeteilt. Den zweiten Koalitionskrieg zwischen Österreich und Frankreich beendete der am 9. Februar 1801 geschlossene Frieden von Lunéville.[173] Er zwang das Reich, das gesamte linke Rheinufer nun auch offiziell an Frankreich abzutreten. Damit war das linke Rheinufer völker- und staatsrechtlich mit Frankreich vereint worden; das Reich hatte die französische Herrschaft anerkannt.[174] Hessen-Darmstadt verlor durch den Frieden von Lunéville seine gesamten linksrheinischen Besitztümer, insbesondere die der Grafschaft Hanau-Lichtenberg zugehörigen Ämter im Elsass mit Ausnahme des Amtes Schaafheim. Die enteigneten weltlichen Landesherren sollten nach Art. 7 des Friedens-traktats entschädigt werden.[175] Dazu sollten ihnen rechtsrheinische Gebiete säkularisierter geistlicher Reichsterritorien und mediatisierter Herrschaften und Städte zugewiesen werden. Die entsprechende Verwirklichung wurde von Kaiser und Reichstag einer eigens hierfür gebildeten Reichsdeputation übertragen.[176] Wie alle entschädigungsberechtigten Fürsten ergriff Ludwig X. bereits vor Abschluss des Reichsdeputationshauptschluss (im Jahre 1802) von säkularisierten Gebieten vorläufig Besitz.[177] Gemeinsam mit Hessen-Kassel übernahm er Hegershausen und Sickenhofen. Die Entschädi-

---

171 Sonderfrieden von Campo Formio vom 17. Oktober 1797, teilweise abgedruckt bei Hufeld, Reichsdeputationshauptschluss, S. 54ff.

172 Härter, Reichstag und Revolution: 1789-1806, S. 539.

173 Frieden von Lunéville vom 9. Februar 1801, abgedruckt bei Hufeld, Reichsdeputationshauptschluss, S. 57ff.; teilweise abgedruckt bei Kissel, Territorialgeschichte Hessens, S. 119.

174 Becker, Das Rheinische Recht, in: JuS 1985, S. 339; Dernburg, Hessisches Landesprivatrecht, S. 4.

175 Schulz, Herrschaft durch Verwaltung, S. 68; Nipperdey, Deutsche Geschichte 1800-1866, S. 11; Huber, Dokumente zur dt. Verfassungsgeschichte, S. 1; Art 7 des Friedens v. Lunéville, abgedruckt bei Kissel, Territorialgeschichte Hessens, S. 119.

176 Huber, Dokumente zur dt. Verfassungsgeschichte, S. 1.

177 Vgl. Eigenbrodt, Hessische Verordnungen I, S. 23.

gungslande wurden zunächst – unter Beibehaltung der dort bestehenden Lokalbehörden – durch Kommissionen verwaltet.[178]
Der schließlich zur Umsetzung der Konsequenzen aus dem Frieden von Lunéville geschlossene Reichsdeputationshauptschluss (RDHS) vom 25. Februar 1803[179] führte zu einer territorialen Neuorganisation des Reiches. Zum einen wurden die geistlichen Herrschaftsgebiete säkularisiert. Zum anderen wurden fast alle Reichsstädte und eine Reihe kleinerer Herrschaften mediatisiert. Dabei gingen die neu erworbenen Gebiete häufig weit über die linksrheinisch erlittenen Verluste hinaus.[180] Zu den großen Gewinnern des RDHS gehörte auch Hessen-Darmstadt. Der RDHS führte zu einem großen Umbruch in der geschichtlichen Entwicklung Hessen-Darmstadts, in dem sich das territoriale Bild grundlegend änderte.[181] Die Landgrafschaft war zwar zunächst gezwungen, ihre linksrheinischen Gebiete mit Ausnahme des Amtes Schaafheim offiziell an Frankreich abzutreten. Zudem verlor sie gemäß § 5 RDHS die rechtsrheinisch gelegenen Ämter Lichtenau und Willstett an Baden und nach § 12 RDHS u.a. die Herrschaft Eppstein an Nassau-Usingen. Demgegenüber stand jedoch ein Gebietsgewinn Hessen-Darmstadts, den nur der Gebietsgewinn weniger Staaten überstieg.[182] Nach § 7 Abs. 2 RDHS erwarb die Landgrafschaft als größten Gebietsgewinn das kurkölnische Herzogtum Westphalen. Auf Grund der Säkularisation gelangten die rechtsrheinischen Teile des Erzbistums Mainz, wie die Ämter Gernsheim, Starkenburg und Bensheim an Hessen-Darmstadt. Durch die Säkularisation des Bistums Worms kam es zu einem Gebietszuwachs, der sich auf die Ämter Lampertheim und Neckar-Steinbach erstreckte. Aus kurpfälzischen Gebieten wurden die Ämter Lichtenfels, Otzberg sowie die Anteile an Umstadt, Bensberg und Nieder-Kainsbach und die Reste der Ämter Alzey und Oppenheim der Landgrafschaft zugesprochen. In Oberhessen vergrößerte sich das Staatsgebiet um die freie Reichsstadt Friedberg (ohne die Burg und die Burggrafschaft), die Abteien Seligenstadt und Marienschloß sowie die Propstei St. Peter in Wimpfen.

---

178 Blass, Strafverfahren in Hessen-Darmstadt, S. 38; Eigenbrodt, Hessische Verordnungen I, S. 23.

179 Reichsdeputationshauptschluss vom 25.Februar 1803, abgedruckt bei Huber, Dokumente zur dt. Verfassungsgeschichte 1, S. 1ff.

180 Nipperdey, Deutsche Geschichte 1800-1866, S. 11.

181 Demandt, Die Mittelrheinlande, in: Territorien-Ploetz I, S. 208f.

182 Schmidt Bürgerliches Recht in Hessen, S. 13; Nipperdey, Deutsche Geschichte 1800-1866, S. 12; Einzelheiten zu den hessischen Gebietsgewinnen und -verlusten bei Schmidt, Bürgerliches Recht in Hessen, S. 14ff.

Die immensen Territorialveränderungen erforderten eine Neuorganisation des Landes. Durch § 1 des ersten Organisationsediktes vom 12. Oktober 1803[183] wurde die Landgrafschaft in drei Provinzen aufgeteilt: das neu erworbene Herzogtum Westphalen, die Provinz Oberhessen und die Provinz Starkenburg, die aus dem Gebiet der Obergrafschaft Katzenelnbogen und den angrenzenden Entschädigungslanden gebildet wurde.

3. Die Gebietsveränderungen unter dem Einfluss Napoleons

Zu weiteren tiefgreifenden Gebietsveränderungen kam es unter dem Einfluss Napoleons. Zunächst hatte Hessen-Darmstadt versucht, Neutralität unter der Protektion Preußens zu wahren. Daher widersetzte sich Landgraf Ludwig X. im Jahre 1805 noch den wiederholten Aufforderungen Napoleons, mit Frankreich ein Bündnis nach dem Vorbild Bayerns, Badens und Württembergs einzugehen.[184] Nach dem Verlust des Neutralitätsschutzes durch Preußen und der daraufhin erfolgten Besetzung Hessens durch französische Truppen im Januar 1806 wurde Ludwig X. zum Eintritt in die laufenden Bündnisverhandlungen zwischen den süddeutschen Nachbarstaaten und Napoleon, die zum Bündnis mit Napoleon führen sollten, genötigt.[185] Zur Rettung seiner Souveränität schloss er sich am 12. Juli desselben Jahres durch den Pariser Vertrag mit weiteren 15 Reichsfürsten zum Rheinbund[186] unter dem Protektorat Napoleons zusammen. Damit schieden diese Reichsfürsten aus dem Reichsverband aus. Am 6. August 1806 legte Kaiser Franz II. die Kaiserkrone nieder, das Reich ging unter.
Der Beitritt zum Rheinbund führte dazu, dass Landgraf Ludwig X. nach Art. 5 der Rheinischen Bundesakte am 1. August 1806 den Titel des Großherzogs erlangte. Er nannte sich fortan Großherzog Ludwig I. Zudem wurde ihm „volle Souveränität" verliehen. Daneben brachte der Beitritt zum Rheinbund – da erneut mehrere kleinere Herrschaften und die Reichsritter von den Mittelstaaten

[183] § 1 des ersten Organisationsedikts vom 12. Oktober 1803, abgedruckt bei: Eigenbrodt, Hessische Verordnungen I, S. 27; Bopp, Hessen-Darmstadt, Großherzogthum, in: Weiskes Rechtslexikon, S. 284.
[184] Rieger, Landstände und Absolutismus, S. 67.
[185] Franz, Der Staat der Großherzöge zu Hessen, in: Das Werden Hessens, S. 482; Demandt, Geschichte des Landes Hessen, S. 562; Rieger, Landstände und Absolutismus, S. 67; ausführlich: Wierichs, Napoleon und das Dritte Deutschland, S. 76ff.
[186] Der Rheinbund muss als lose Föderation der deutschen Staaten bezeichnet werden; eine bundesstaatliche Organisation war bereits 1807/1808 am Widerstand Bayerns und Württembergs gescheitert. Vor allem aber war der Rheinbund das Instrument französischer Hegemonie. Im Inneren versuchte Frankreich die Gleichförmigkeit von Verwaltung, Rechtsnormen und Verfassung, die Gleichschaltung mit Frankreich durchzusetzen.

mediatisiert wurden[187] – dem nunmehrigen Großherzogtum weitere erhebliche Gebietszuwächse. Nach Art. 24, 25 der Rheinbundakte erwarb das Großherzogtum u.a. die Grafschaft Erbach und die Herrschaft Breuberg, die Burggrafschaft Friedberg, die Herrschaft Ilbenstadt und die Grafschaft Wittgenstein sowie den Besitz der Grafen zu Solms in der Wetterau, der Grafen von Stolberg, der Grafen zu Schlitz und der Freiherren Riedesel im Vogelsberg. Schließlich erhielt Großherzog Ludwig I. die Landgrafschaft Hessen-Homburg, da diese den Beitritt zum Rheinbund abgelehnt hatte.
Der nunmehrige Großherzog Ludwig I. hatte dadurch eine territoriale Verbesserung erreicht, ein einheitliches Staatsgebiet wurde aber weiterhin durch eine Unterbrechung im Maingebiet verhindert. Allerdings hoffte Großherzog Ludwig I. Herrscher über die gesamten hessischen Lande zu werden, nachdem der Kasseler Kurfürst auf Grund seiner Bündnisentscheidung für Preußen 1806 sein Land verloren hatte.[188] Großherzog Ludwig I. erhielt indessen aus den zunächst für Napoleon reservierten hanau-fuldischen Gebieten durch den Vertrag mit Frankreich vom 11. Mai 1810 im Vergleich zu seinem Ziel nur wenige Ämter, unter ihnen das Amt Babenhausen.[189] Mit dem am 8. September 1810 mit Baden geschlossenen Staatsvertrag erhielt Ludwig X. schließlich die Souveränität über die Ämter Amorbach, Miltenberg und Heubach sowie das Dorf Laudenbach.[190]

Der Beitritt zum Rheinbund führte zu einer erheblichen Umgestaltung des Großherzogtums. Nachdem der Großherzog durch Edikt vom 13. August 1806[191] sämtliche landgräflichen Gebiete zum souveränen Großherzogtum erklärt hatte, hob er mit Verordnung vom 1. Oktober 1806 die landständischen Einrichtungen in den einzelnen Gebietsteilen unter Berufung auf seine Souveränitätsrechte mit dem Argument auf, in seinem Gesamtstaat eine einheitliche Verfassung schaffen zu wollen.[192] Der wirkliche Aufhebungsgrund lag in den drückenden Staatsschulden.[193] Das Staatsministerium wollte das exorbitant hohe Defizit in der Generalkasse neben der Veräußerung auswärtiger Domanialein-

---

187 Nipperdey, Deutsche Geschichte 1800-1866, S. 13f.
188 Franz, Der Staat der Großherzöge von Hessen, in: Das Werden Hessens, S. 483.
189 Franz, Der Staat der Großherzöge von Hessen, in: Das Werden Hessens, S. 483; Kissel, Territorialgeschichte Hessens, S. 48.
190 Ewald, Territorialveränderungen in Hessen-Darmstadt, S. 28; Rotteck/ Welcker, Staatslexikon Bd. 7, S. 709.
191 Abgedruckt bei Schmidt, Bürgerliches Recht in Hessen, S. 21ff.
192 Murk, Hessen-Darmstädtische Landtagsabschiede 1648-1806, Einleitung, S. XXXII.
193 Stolleis, Geschichte des öffentlichen Rechts II, S. 205.

künfte durch die Einführung einer außerordentlichen einmaligen Vermögenssteuer unter Aufhebung aller Steuerbefreiungen mindern.[194] Die zu erwartenden Widerstände der Landstände machten für das Staatsministerium die Auflösung der Landstände erforderlich.[195] Nach Ansicht des Großherzogs und seiner Berater seien die Landstände „in einem souveränen Staate (...) unnötig, unnütz und in manchen Hinsichten gefährlich“[196]. Dass Großherzog Ludwig I. die alten Landstände aus eigener Machtvollkommenheit aufheben konnte, war darin begründet, dass die seitherige Landesverfassung durch den Untergang des Alten Reiches ihren Rechtsschutz verloren hatte.[197]

Des Weiteren musste, da durch die Rheinbundakte Hessen-Darmstadt vormals reichsständische Gebiete sowie Güter der ehemaligen unmittelbaren Reichsritterschaft zugewiesen worden waren, deren Gerichtsbarkeit geklärt werden. Durch § 13 der Deklaration über die staatsrechtlichen Verhältnisse der Standesherren des Großherzogtums vom 1. August 1807 wurden den nunmehrigen Standesherren und ihren Familien zugesichert, dass sie nur von einem aus ihren Standesgenossen gebildeten Gericht abgeurteilt werden würden.[198] Den Mitgliedern der ehemaligen unmittelbaren Reichsritterschaft wurde durch § 9 der Deklaration über die standesrechtlichen Verhältnisse der ehemaligen unmittelbaren Reichsritterschaft vom 1. Dezember 1807 für ihre Person und ihre Familie in allen peinlichen und bürgerlichen Rechtssachen ein privilegierten Gerichtsstand vor den Hofgerichten zugesichert.[199]

4. Die Auswirkungen des Wiener Kongresses

Die Niederlage Napoleons und die Auflösung des Rheinbundes veränderten das Staatsgebiet Hessen-Darmstadts erneut. Als letzter Rheinbundfürst hatte sich Großherzog Ludwig I. am 2. November 1813 vom Rheinbund losgesagt. Er wechselte nach der Schlacht bei Leipzig durch die Dörnigheimer Allianzkonvention von der Seite Napoleons auf die Seite der Alliierten.[200] Nach dem Sieg über die napoleonische Armee in den Befreiungskriegen sollte Europa auf dem

---

194 Murk, Hessen-Darmstädtische Landtagsabschiede 1648-1806, Einleitung, S. XXXIII.
195 Murk, Hessen-Darmstädtische Landtagsabschiede 1648-1806, Einleitung, S. XXXIII.
196 StADa Ablieferungen des Ministeriums des Inneren II Abteilung. Nr. 6, zitiert nach Müller, Die Entstehung der hessischen Verfassung von 1820, S. 7.
197 Fleck, Fürst und Verfassung im Vormärz, in: Hessen: Geschichte und Politik, S. 266.
198 Vgl. Blass, Strafverfahren in Hessen-Darmstadt, S. 55.
199 Vgl. Blass, Strafverfahren in Hessen-Darmstadt, S. 56.
200 Formell erfolgte der Beitritt zur Allianz durch den Akzessionsvertrag von Frankfurt vom 23. November 1813, vgl. Germann, Entschädigungsverhandlungen, S. 333 und Fn. 161.

Wiener Kongress von 1814/15 territorial neu geordnet werden. Auf dem Wiener Kongreß verlor Hessen-Darmstadt nach Art. 47 der Wiener Kongreßakte vom 9. Juni 1815 i.V.m. dem Wiener Vertrag vom 10. Juni 1815 zwar das Herzogtum Westphalen und die Grafschaft Wittgenstein an Preußen sowie einige kleinere Gebiete an Bayern und das restituierte Kurhessen. Auch verzichtete Hessen-Darmstadt gemäß Art. 48 der Wiener Kongreßakte auf das Amt Homburg vor der Höhe, welches als Landgrafschaft Hessen-Homburg wieder errichtet wurde. Als Ausgleich für diese Verluste erhielt Großherzog Ludwig I. gemäß Art. 47 der Wiener Kongreßakte i.V.m. dem Wiener Vertrag aber Gebiete auf dem linken Rheinufer, insbesondere mit den Städten Worms, Bingen und Mainz, sowie den Kreis Alzey.[201] Diese Gebiete entsprachen dem nördlichen Teil des seit den Revolutionskriegen französisch verwalteten Departements Donnersberg (Mont Tonnère). Neben den großen linksrheinischen Gebietszuwächsen erhielt das Großherzogtum auch einige rechtsrheinische Gebiete. In Oberhessen fiel ein Teil des in der Rheinbundzeit selbstständig gebliebenen Fürstentums Isenburg an das Großherzogtum ebenso wie die Gebiete der Grafen zu Solms-Rödelheim.[202] Mit diesem – zunächst nur auf dem Papier – vergrößerten Staatsgebiet trat Großherzog Ludwig I. 1815 dem Deutschen Bund bei.

Tatsächlich wurden die in Folge des Wiener Kongresses erworbenen Gebiete im Juli 1816 mit dem Großherzogtum Hessen vereinigt.[203] Mit Besitzergreifungspatent vom 8. Juli 1816[204] nahm Ludwig I. das ihm zugewiesene Gebiet in Besitz. Damit war das Staatsgebiet des Großherzogtums auf 8.200 km² mit etwa 627.000 Einwohnern angewachsen. Das Staatsgebiet samt Einwohnerzahl hatte sich insofern seit dem Ende des Ancien Régime mehr als verdoppelt.[205] Die territorialen Veränderungen – darunter der Verlust Westphalens und der Erwerb linksrheinischer Gebiete – führten abermals zu einer Neuaufteilung der Provinzen. Hessen-Darmstadt wurde in die Provinz Starkenburg, die Provinz Oberhessen und die Provinz Rheinhessen aufgeteilt. Regierungssitz von Oberhessen war

---

201 Demel, Vom aufgeklärten Reformstaat zum bürokratischen Staatsabsolutismus, S. 35; eine genaue Aufstellung der politischen Einteilung Rheinhessens befindet sich bei Hesse, W., Rheinhessen, S. 10f.

202 Spangenberg, Hessen-Darmstadt und der Deutsche Bund 1815-1848, S. 7.

203 Hesse, W., Rheinhessen, S. 119.

204 Teilweise abgedruckt bei Breidenbach, Commentar I, S. 14.

205 Franz, Der Staat der Großherzöge von Hessen, in: Das Werden Hessens, S. 484; Moraw, Geschichte der Universität Gießen, S. 95, der aber bei gleicher Einwohnerzahl von einer Quadratkilometerzahl von 8.400 ausgeht.

Gießen. Zu Starkenburg gehörten das rechtsrheinische Gebiet südlich des Mains mit dem Regierungssitz Darmstadt.[206] Die Provinz Rheinhessen umfasste das fast ausschließlich linksrheinische Gebiet mit dem Regierungssitz Mainz.[207] Die Übernahme der Provinz Rheinhessen führte zu einer Erweiterung des Großherzogtitels. Seit dem 7. Juni 1816 führte der Großherzog den Titel „Großherzog von Hessen und bei Rhein", der an die einst mit Alzey verbundene Pfalzgrafschaft erinnerte.[208]

Die Gebietszuwächse dürfen allerdings nicht darüber hinwegtäuschen, dass auch sie nicht zu einem territorialen Zusammenschluss der beiden nördlich und südlich des Mains gelegenen Gebietsteile führten. Zudem standen sich nunmehr auf der einen Seite das unter französischer Herrschaft modernisierte Rheinhessen, auf der anderen Seite die in stärkerer Weise traditionsgebundenen und strukturell rückschrittlichen Provinzen Oberhessen und Starkenburg gegenüber.[209] Diese drei Provinzen hatten nur geringe Verbindungen zueinander, insbesondere besaß jede von ihnen eine Provinzialregierung und selbstständige Verwaltungseinrichtungen.[210]

5. Weitere kleinere Gebietsveränderungen

In den Jahren zwischen 1817 und 1819 kam es nur noch zu kleineren Gebietsveränderungen. Die durch Staatsvertrag vom 8. September 1810 mit Baden erhaltenen Ämter Amorbach, Miltenberg und Heubach (das Amt Heubach jedoch ohne die Dörfer Reichartshausen und Windischbuchen) sowie das Dorf Laudenbach übertrug Großherzog Ludwig I. bereits sechs Jahre später mit Staatsvertrag vom 30. Juni 1816 an Bayern. Durch Tauschvertrag vom 29. Januar 1817 gelangten Reichhardtshausen, Windischbuchen, Umpfenbach und Laubach gegen die Orte Dorndiel, Mosbach und Radheim ebenfalls an Bayern. Im selben Jahr erhielt Hessen-Darmstadt die volle Souveränität über die Burggrafschaft Friedberg. Am 11. September 1819 gelangte das Dorf Stammheim zum Großherzogtum.

---

[206] Demandt, Geschichte des Landes Hessen, S. 565.
[207] Jung, Die zivilrechtliche Stellung der Frau im Großherzogtum Hessen, S. 52.
[208] Franz, Der Staat der Großherzöge von Hessen, in: Das Werden Hessens, S. 484; Dieffenbach, Geschichte von Hessen, S. 218.
[209] Felschow, Geld für die Landesuniversität, in: FS Franz, S. 190.
[210] Büttner, Anfänge des Parlamentarismus in Hessen-Darmstadt, S. 2.

Damit waren die Gebietsveränderungen zunächst abgeschlossen. In den Jahren zwischen 1819 und 1866 blieben die Grenzen des Großherzogtums Hessen unverändert. Erst der am 3. September 1866 mit Preußen geschlossene Friedensvertrag führte zu erneuten Gebietsveränderungen. Hessen-Darmstadt trat einen größeren Teil Oberhessens an Preußen ab und erhielt im Gegenzug einige kleinere Gebiete, darunter das zuvor kurhessische Amt Nauheim.[211] Im 19. Jahrhundert kam es hiernach zu keinen weiteren Gebietsveränderungen im Großherzogtum mehr.

II. Der Rechtszustand in Hessen-Darmstadt

Der Rechtszustand in Hessen-Darmstadt war im 19. Jahrhundert von Rechtszersplitterung und Rechtsunsicherheit geprägt. Zudem waren viele der bestehenden Vorschriften und Regelungen veraltet.

1. Die Rechtszersplitterung

Die in Hessen-Darmstadt bestehende Rechtszersplitterung[212] hatte ihren Grund zum einen darin, dass bereits in den althessischen Gebieten kein einheitliches Recht galt. Es galt eine Vielzahl von Einzelgesetzen. Zum anderen war sie eine Folge der territorialen Entwicklung Hessen-Darmstadts und der damit verbundenen Darmstädter Politik in Bezug auf die Ausdehnung der älteren hessischen Gesetze und Verordnungen auf die neuerworbenen Gebiete. Diese sollten nicht en bloc in den neuen Gebieten eingeführt werden. Die Problematik um die Rechtszersplitterung wurde nach dem Wiener Kongress noch verstärkt. Nach dem Erwerb Rheinhessens galten in Hessen-Darmstadt zwei Rechtssysteme: In den rechts des Rheins gelegenen älteren Provinzen Oberhessen und Starkenburg galten Partikularrechte und das gemeine Recht; in der Provinz Rheinhessen links des Rheins galt kodifiziertes französisches Recht.

a. Darstellung des geltenden Zivilrechts, Strafrechts und Prozessrechts

aa. Die Zivilrechtsgesetzgebung

Die größte Rechtszersplitterung fand sich auf dem Gebiet des Zivilrechts. Hier galt eine Vielzahl von Gesetzen und Verordnungen. Bereits in den althessischen

---

[211] Vgl. hierzu Christ, Entstehung des Strafgesetzbuches für das GHT Hessen, Anhang, S. 56f.
[212] Vergleiche insofern die Rechtskarte des Großherzogtums Hessen in Schmidt, Die geschichtlichen Grundlagen des bürgerlichen Rechts im Großherzogtum Hessen.

Gebieten fehlte ein einheitliches und umfassendes zivilrechtliches Gesetzgebungswerk. Nach dem Erwerb Rheinhessens kam in den Gebieten links des Rheins die Geltung des französischen Code Napoleon hinzu. Auf Grund der großen Rechtszersplitterung in Hessen, die nur vom Königreich Bayern übertroffen wurde, zählt das hessische Privatrecht des 19. Jahrhunderts zu den kompliziertesten deutschen Partikularrechten der Vergangenheit.[213]

(1) Rechtsrheinische Gebiete

In den rechtsrheinischen Gebieten galten verschiedene Rechtsquellen. Wie in vielen anderen europäischen Staaten bestand in den rechtsrheinischen Gebieten Hessen-Darmstadts ein Gemengelage aus Gewohnheitsrecht, staatlicher Rechtsetzung und gemeinem Recht.[214] Nach dem Zeitgenossen *Breidenbach* wurde durch die Territorialveränderungen seit 1803 – insbesondere durch den Erwerb der Länderparzellen von Kurmainz, Pfalz, Solms und Erbach – und der damit zusammenhängenden Vermehrung der in Hessen-Darmstadt geltenden Landrechte „das Durcheinander dergestalt vergrößert, daß man in der That eines förmlichen alphabetisch geordneten Repertoriums bedurfte, um nachzusehen, was für Recht oder Rechte in einem jeden Orte, beziehungsweise in dieser oder jener Straße einiger Orte gelten“[215]. Den mit den verschiedenen territorialen Veränderungen auf rechtsrheinischer Seite einhergehende Zuwachs an in Hessen-Darmstadt geltenden Landrechten bezeichnete er als „eine besonders reichliche Quelle der Verwirrung und ein Hauptingredienz zu dem Amalgan, zu welchem sich im Verlauf der Zeit das bürgerliche Recht knetete“[216].

Grundlage des geschriebenen bürgerlichen Rechts war in den rechtsrheinischen Gebieten Hessen-Darmstadts das römische und kanonische Recht sowie die Reichsgesetzgebung.[217]
Die Rechtszersplitterung hatte ihre Ursache aber vor allem in der Geltung verschiedener Stadt- und Landrechte in Hessen-Darmstadt. Diese waren das Ergebnis einer verstärkten territorialen Gesetzgebung des Einzelstaates auf dem Ge-

---

[213] Jung, Die zivilrechtliche Stellung der Frau im Großherzogtum Hessen, S. 55.
[214] Holthöfer, Zivilgesetzgebung nach dem Code civil, in: Ius commune, Sonderheft 15, S. 123.
[215] Breidenbach, Commentar I, Einleitung, S. 3.
[216] Breidenbach, Commentar I, Einleitung, S. 3.
[217] Bopp, Civil- und Criminalgesetzgebung des Großherzogthums Hessen, in: Archiv für die neueste Gesetzgebung aller Deutschen Staaten 3, S. 61.

biet des Privatrecht in der Zeit zwischen dem 16. und dem 18. Jahrhundert.[218] Vor dem Reichsdeputationshauptschluss fanden folgende Partikularrechte in Hessen-Darmstadt Anwendung: Das Solmser Landrecht[219] (die Solmser Gerichts- und Landesordnung vom 4. April 1571) galt in einem großen Teil der Provinz Oberhessen sowie in den Ämtern Schaafheim und Isenburg. Die Solmser Gerichts- und Landesordnung enthielt prozess- und zivilrechtliche Regelungen.[220] In der Provinz Starkenburg und in der Stadt Darmstadt galt das Landrecht der Obergrafschaft Katzenelnbogen, das 1589 auf Befehl Landgraf Georgs I. aus Gewohnheiten gesammelt worden war.[221] In Erbach wurde das Erbacher Landrecht von 1520-1552 angewandt. Der Erwerb der Entschädigungslande auf Grund des Reichsdeputationshauptschlusses brachte die Geltung weiterer Partikularrechte mit sich. Das Mainzer Landrecht von 1755[222] galt außer in den mainzischen Gebieten in den ehemals kurmainzischen Landesteilen Heppenheim und Lorsch. Das Kurpfälzische Landrecht von 1582, abgeändert 1610 und 1700,[223] fand in den ehemals pfälzischen Ämtern Lindenfels und Otzberg Anwendung. In der Stadt Wimpfen und den angrenzenden Orten galt das Wimpfener Stadtrecht von 1775.[224] In Worms schließlich galt die Wormser Reformation.

Die verschiedenen Partikularrechte waren keine geschlossenen Gesetzbücher im modernen Sinne, sondern regelten einzelne, besonders wichtige Materien des Privatrechts.[225] Daher mussten die zahlreichen Lücken durch gemeines Recht geschlossen werden. Dieses gemeine Recht war auf Grund fehlenden Partikularrechts zudem in der größeren Hälfte Oberhessens und einigen kleinen Teilen Starkenburgs primäre Grundlage des Zivilrechts.

Ergänzt und modifiziert wurden diese Rechtsquellen durch eine Vielzahl von landesherrlichen Verordnungen.[226] Allein während der vierzigjährigen Regierungszeit Großherzog Ludwigs I. wurden zahlreiche zivilrechtliche Einzelgeset-

---

[218] Dernburg/ Wolf, Hessisches Landesprivatrecht, S. 2.

[219] Abgedruckt bei Nahmer, Handbuch I, S. 1 ff; zum Solmser Landrecht vgl. Welkoborsky, Das Solmser Landrecht, in: AHG NF 30, S. 1ff; Wieacker, Privatrechtsgeschichte, S. 197.

[220] Stobbe, Handbuch des Deutschen Privatrechts, S. 89.

[221] Löhr, Landrecht der Obergrafschaft Katzenelnbogen, S. 9; Mittermaier, Gemeines deutsches Privatrecht, Fn. 20, S. 74.

[222] Abgedruckt bei Nahmer, Handbuch II, S. 683ff.

[223] Abgedruckt bei Nahmer, Handbuch I, S. 401ff.

[224] Abgedruckt bei Nahmer, Handbuch II, S. 1044ff.

[225] Schmidt, Bürgerliches Rechts in Hessen, S. 100.

[226] Bopp, Civil- und Criminalgesetzgebung des Großherzogthums Hessen, in: Archiv für die neueste Gesetzgebung aller Deutschen Staaten 3, S. 63.

ze erlassen.[227] Diese landesherrlichen Verordnungen regelten zivilrechtliche Einzelbereiche, so z.B. die Verordnung von 2. März 1795 die weiblichen Rechtswohltaten u.s.w. betreffend oder die Verordnung vom 15. Mai 1812 die Aufhebung der im Großherzogthum üblichen Retrakte oder Abtriebsrechte betreffend.[228] In einigen Gebieten galten zudem noch Einzelverordnungen und Dekrete der ehemaligen Territorialherren.[229] Erst ab 1806 erging die Gesetzgebung des Großherzogthum Hessens – zumindest für das rechtsrheinische Hessen – zumeist einheitlich;[230] ab 1820 war sie parlamentarisch legitimiert. Als weitere Rechtsquelle wurden schließlich die Präjudizien des Oberappellationsgerichts herangezogen.

Was das Verhältnis der verschiedenen Rechtsquellen im Falle einer Kollision betraf, so ist zwischen dem Verhältnis der Reichsgesetze zu den Partikularrechten und den Partikularrechten zu dem römischen Recht zu differenzieren.
Vor der Auflösung des Reiches gingen die Reichsgesetze den Partikularordnungen (Land- und Stadtrechten) vor. Nach der Auflösung des Reichs blieb bei einer Kollision von Partikularrechten mit Reichsgesetzen das beschriebene Verhältnis nur noch insofern bestehen, als es nicht durch die nunmehr mit der unbeschränkten gesetzgeberischen Gewalt ausgestatteten Partikularstaaten ausdrücklich abgeändert worden war.[231] Im Verhältnis der Partikularrechte zum römischen und kanonischen Recht galt Letzteres subsidiär. Die Subsidiarität des römischen Rechts gegenüber den Partikularrechten war das Ergebnis der sog. Statutentheorie, die in Deutschland während der Zeit des usus modernus die Frage nach der Anwendbarkeit von römischen Recht oder den Partikularrechten zu lösen versuchte.[232] Demnach sollte das römische Recht nur dort Anwendung finden, wo die Partikularrechte Lücken aufwiesen. Auch nach der Auflösung des Reichs blieb dieses Subsidiaritätsverhältnis zwischen dem römischen Recht und den Partikularrechten bestehen. Die festgelegte Subsidiarität des römischen Rechts darf aber nicht darüber hinwegtäuschen, dass das römische Recht in den

---

[227] Eine Aufzählung findet sich bei Bopp, Rechtsgesetzgebung des GHT Hessen 20, S. 81ff.
[228] Vgl. Bopp, Civil- und Criminalgesetzgebung des Großherzogthums Hessen, in: Archiv für die neueste Gesetzgebung aller Deutschen Staaten 3, S. 64.
[229] Bopp, Hessen-Darmstadt, Großherzogthum, in: Weiskes Rechtslexikon, S. 303; zu einzelnen Verordnungen und Dekrete vgl. Dernburg/ Wolf, Hessisches Landesprivatrecht, S. 7.
[230] Dernburg/ Wolf, Hessisches Landesprivatrecht, S. 8.
[231] Rühl, Gemeines teutsches Privatrecht, S. 48f.
[232] Zur Statutentheorie vgl. Schlosser, Neuere Privatrechtsgeschichte, S. 45f; Coing, Europäisches PrivatR I, S. 137ff.; Wieacker, Privatrechtsgeschichte, S. 138ff.

meisten Rechtsstreitigkeiten zumeist auf Grund einer Beweisnot Anwendung fand. Trotz seiner grundsätzlichen Subsidiarität bestand für das römische Recht die Vermutung (Präsumtion), dass es bei dem Gerichte gelte und zwar solange, bis der Gegner das Gegenteil beweisen konnte bzw. aufzeigte, dass das Gesetz auf die heutige Verfassung nicht mehr passe oder dass ein konträres deutsches Recht vorhanden sei.[233] Demnach stand beweisrechtlich demjenigen, der sich auf das römische Recht berief, eine „fundata intentio" zu.[234]

In der Zunahme der partikularen Rechte in Hessen-Darmstadt durch die Gebietserwerbungen machte sich das Fehlen eines einheitlichen, erschöpfenden bürgerlichen Gesetzbuches im hessen-darmstädtischen Kernland bemerkbar. Wäre ein solches vorhanden gewesen, hätte es auf die neuen Landesteile per Gesetz erstreckt werden können, wie dies beispielsweise in Preußen[235] und Baden für Gebietserweiterungen in der ersten Hälfte des 19. Jahrhunderts geschehen war.[236]

(2) Linksrheinische Gebiete

Vor der Vereinigung der Gebiete des linken Rheinufers mit Frankreich hatte in den hessischen linksrheinischen Gebieten ebenfalls das römische und kanonische Recht neben dem „deutschen Privatrecht" gegolten.[237] Dies änderte sich nach der Inbesitznahme dieser Gebiete durch Frankreich nach dem Frieden von Campo Formio (17. Oktober 1797). Das französische Recht erlangte in den linksrheinischen Gebieten Geltung. Die bereits geltenden französischen Gesetze, insbesondere die Revolutionsgesetze der 1790er Jahre, wurden zumindest teilweise auf das Gebiet des linken Rheinufers erstreckt.[238] Das Réglement vom 6. Germinal VI (26. März 1798) führte die französischen Gesetze über die Aufhebung der Leibeigenschaft, der Lehensrechte, der Zehnten und der Zünfte ein. Damit waren nach der Inbesitznahme der linksrheinischen Gebiete durch Frankreich dort der Zunftzwang, der Zehnte, die Frohnden und andere Feudallasten

---

[233] Vgl. hierzu Höpfner, Commentar 4, § 17, S. 32.
[234] Coing, Europäisches PrivatR I, S. 135.
[235] Zu den preußischen Einführungsgesetzen vgl. Rehbein/ Reincke, Allgemeines Landrecht, S. 10ff.
[236] Schmidt, Bürgerliches Recht in Hessen, S. 91.
[237] Hesse, W., Rheinhessen, S. 92.
[238] Dernburg/ Wolf, Hessisches Landesprivatrecht, S. 4.

aufgehoben.[239] Durch Gesetz vom 18. Ventôse IX (9. März 1801) wurden die linksrheinischen Gebiete zu integrierten Teilen Frankreichs erklärt.[240] Alle nach diesem Tag erlassenen französischen Gesetze traten ohne weiteres in Rheinhessen in Kraft. Damit wurde auch der Code civil unmittelbar mit seinem Erlass am 30. Ventôse XII (21. März 1804) in Rheinhessen geltendes Recht. Er galt in seiner Ursprungssprache, dem Französischen. Zugleich wurde die Geltung des gemeinen Rechts und der Stadt- und Landrechte – hier insbesondere das Mainzer, das Pfälzer und das Solmsische Landrecht sowie die Wormser Stadtrechtsreformation – bis auf wenige Ausnahmen beseitigt.[241]
Nach dem Ende der französischen Herrschaft im Jahre 1814 und der nachfolgenden Übergangsverwaltung wurde Rheinhessen 1816 von Hessen-Darmstadt in Besitz genommen. In dem hessischen Besitzergreifungspatent vom 8. Juli 1816 wurde zunächst die Weitergeltung des französischen Rechts in der neuen rheinhessischen Provinz garantiert (sog. Garantie der rheinhessischen Institutionen).[242] Zusätzlich galten ab 1816 in Rheinhessen die großherzoglichen Gesetze.

bb. Die Zivilprozessrechtsgesetzgebung

(1) Rechtsrheinische Gebiete

Dem bürgerlichen Prozess lag in den alten rechtsrheinischen Gebieten eine unter Landgraf Ernst Ludwig von Hessen-Darmstadt im Jahre 1724 publizierte Zivilprozessordnung zu Grunde.[243] Die Zivilprozessordnung war in drei Teile geteilt, die ausführliche Vorschriften über das prozessuale Verfahren bei den Untergerichten, den Mittelgerichten (Regierungen) und dem Oberappellationsgericht enthielten. Für letzteres galt ab dem Jahre 1777 die Oberappellationsgerichtsordnung vom 12. April 1777. Eine Reihe das Verfahren in bürgerlichen Rechtsstreitigkeiten betreffenden landesherrlichen Verordnungen[244] füllten Lücken der Prozessordnung bzw. modifizierten sie. So wurde das Prozessrecht beispielsweise durch die Verordnung vom 17. März 1797, die „zur Beförderung und Be-

---

[239] Hesse, W., Rheinhessen, S. 90.
[240] Kuechler, Die Gesetzgebung des Großherzothums Hessen, S. 218.
[241] Dernburg/ Wolf, Hessisches Landesprivatrecht, S. 4.
[242] Vgl. dazu unten Zweiter Teil § 3 A. II. 1. b.
[243] Bopp, Civil- und Criminalgesetzgebung des Großherzogthums Hessen, in: Archiv für die neueste Gesetzgebung aller Deutschen Staaten 3, S. 64; bzgl. des Vollstreckungsverfahrens vgl. Knorr, Executionsverfahren, Vorrede, S. IV.
[244] Eine genaue Aufstellung findet sich bei Bopp, Civil- und Criminalgesetzgebung des Großherzogthums Hessen, in: Archiv für die neueste Gesetzgebung aller Deutschen Staaten 3, S. 66-69.

schleunigung einer unpartheiischen Justiz“ geschaffen wurde, verbessert.[245] Als subsidiäres Recht fanden die Grundsätze des gemeinen deutschen Zivilprozesses Anwendung.[246]

Bereits im Jahre 1802 wurde die Zivilprozessordnung von 1724 durch ein Schreiben der Generalorganisationskommission in Darmstadt vom 11. Dezember 1802 an alle Beamte der Entschädigungslande auf diese Landesteile – mit Ausnahme von Westphalen – ausgedehnt.[247] Im folgenden wurden die Zivilprozessordnung von 1724 und die mit ihr in Zusammenhang stehenden Verordnungen in allen bis 1810 erworbenen Landesteilen des Großherzogtums publiziert.[248] In den im Jahre 1816 erworbenen Gebieten wurden dagegen weder die Prozessordnung noch die älteren prozessualen Verordnungen veröffentlicht.[249] Erst im Jahre 1847 wandten sämtliche hessischen Gerichte in stetiger Rechtsprechung die Prozessordnung von 1724 sowie die das Verfahren vor den Gerichten betreffenden Verordnungen und Gesetze in allen Teilen des Landes an.[250]

(2) Linksrheinische Gebiete

In den nach dem Wiener Kongress in Besitz genommenen linksrheinischen Gebieten galt der Code de procédure civile von 1807. Das französische Verfahrensrecht erfuhr lediglich hinsichtlich der Zwangsversteigerung durch das Gesetz vom 29. April 1824 eine Vereinfachung, ansonsten galt es in den linksrheinischen Gebieten unverändert weiter.[251]

cc. Die Straf- und Strafprozessgesetzgebung

(1) Rechtsrheinische Gebiete

In den rechtsrheinischen Provinzen Hessen-Darmstadts beruhte das Strafrecht in dem zu betrachtenden Zeitraum auf dem gemeinen deutschen Kriminalrecht bestehend aus den Vorschriften des römischen und kanonischen Rechts, der Peinlichen Halsgerichtsordnung Kaiser Karls V. – der Carolina Constitutio Crimina-

---

[245] Zitiert nach Eigenbrodt, Hessische Verordnungen III, S. 439; Bopp, Rechtsgesetzgebung des GHT Hessen 19, S. 311ff.
[246] Bopp, Hessen-Darmstadt, Großherzogtum, in: Weiskes Rechtslexikon, S. 305.
[247] Eigenbrodt, Hessische Verordnungen III, S. 440.
[248] Zimmermann, K., Sonderrechte, S. 66.
[249] Zimmermann, K., Sonderrechte, S. 66.
[250] Zimmermann, K., Sonderrechte, S. 67.
[251] Schubert, Das französische Recht in Deutschland, in: SZGerm 94, S. 171.

lis von 1532 – in Verbindung mit den übrigen Reichsgesetzen.[252] Hinzu kam eine Vielzahl von Partikularverordnungen, die das gemeine Strafrecht modifizierten, wie die Verordnung vom 15. August 1763 wegen Bestrafung des gefährlichen und dritten Diebstahls.[253] Die einzelnen Partikulargesetze, die häufig nur in bestimmten Gebieten Geltung hatten und stark voneinander abwichen, folgten zumeist einem Bedürfnis der Zeit und der Praxis.[254] Eine weitere wichtige Rechtsquelle bildeten schließlich die Entscheidungen der Gerichte, die häufig in ihren Urteilen von den veralteten, aber noch Geltung beanspruchenden Bestimmungen des Reichs- und Landesrechts abwichen.[255] Als letzte Rechtsquelle ist die Wissenschaft des gemeinen Strafrechts zu nennen.[256]

Auch im Strafprozess spielte die Carolina eine wesentliche Rolle. Zwar hatte Philipp der Großmütige 1535 eine Halsgerichtsordnung, die Philippina, erlassen.[257] Diese stimmte aber weitgehend mit den prozessualen Vorschriften der Carolina überein und erlangte insofern in der Praxis keine große Bedeutung, als die Richter sie weitgehend ignorierten und sich an das Reichsgesetz hielten, welches zudem das materielle Strafrecht im wesentlichen allein enthielt.[258] Die – wenn auch in der Praxis nicht relevante – Philippina wurde durch die von Landgraf Ernst Ludwig am 13. September 1726 zum Gesetz erhobene peinliche Gerichtsordnung[259] außer Kraft gesetzt.[260] Verfasst worden war diese von einem Praktiker, dem Regierungsrat und Strafrichter *Theophil Schmidt*.[261] Die Prozessordnung war im Reich insofern eine Besonderheit, als sie nicht allein den Inquisitionsprozess zu Grunde legte.[262] Auf das reine inquisitorische Vorverfahren

---

252 Bopp, Hessen-Darmstadt, Großherzogthum, in: Weiskes Rechtslexikon, S. 294.

253 Bopp, Civil- und Criminalgesetzgebung des Großherzogthums Hessen, S. 69, 70; weitere wichtige Verordnungen bei Bopp, Hessen-Darmstadt, Großherzogthum, in: Weiskes Rechtslexikon, S. 294f., Fn. 34.

254 (Bopp), Verfahren in Strafsachen im GHT, in: Annalen der dt. Criminal-Rechts-Pflege 18, S. 290ff.

255 Blass, Strafverfahren in Hessen-Darmstadt, S. 7; Christ, Entstehung des Strafgesetzbuches für das GHT Hessen, S. 16 f.; Breidenbach, Commentar I, Einleitung, S. 131; Berner, Strafgesetzgebung in Deutschland, S. 172.

256 Christ, Entstehung des Strafgesetzbuchs für das GHT Hessen, S. 17.

257 Christ, Entstehung des Strafgesetzbuchs für das GHT Hessen, S. 23.

258 Christ, Entstehung des Strafgesetzbuchs für das GHT Hessen, S. 24.

259 Fürstliche Hessen-Darmstädtische Criminal- und peinliche Gerichts-Ordnung, StADa R 1 A Konv. 24, fol. 936 ff.

260 Christ, Entstehung des Strafgesetzbuchs für das GHT Hessen, S. 30, 32ff.

261 Amrhein, Entwicklung des hessischen Strafprozessrechts, S. 10; Blass, Strafverfahren in Hessen-Darmstadt, S. 5.

262 Amrhein, Entwicklung des hessischen Strafprozessrechts, S. 10.

folgte ein mit der Anklageerhebung eingeleitetes akkusatorisches Verfahren unter Mitwirkung eines amtlichen Anklägers.[263] Die Prozessordnung hatte den Strafprozess zumindest teilweise reformiert, beließ aber die prozessualen Bestimmungen der Carolina als subsidiäre Rechtsquelle in Kraft.[264] Auch auf dem Gebiet des Strafprozessrecht kam es zu Modifikationen durch partikulare Verordnungen. Erste Auswirkungen der Aufklärung führten zu der Verordnung vom 20. August 1771[265]. Mit dieser Verordnung wurde in Hessen-Darmstadt die Folter beseitigt und damit diesbezüglich die Geltung der Carolina abgeschafft.[266] Damit benötigte das Beweisverfahren eine neue Grundlage. War zuvor eine Verurteilung nur möglich, wenn die Tat auf Grund des Geständnisses des Angeklagten oder durch das Zeugnis zweier unverwerflicher Zeugen erwiesen war, mussten die Gericht nunmehr dazu übergehen, auch den Indizienbeweis für ausreichend zu erklären.[267] Ansonsten hätte bei einem fehlendem „freiwilligen" Geständnis des Angeklagten nach der Abschaffung der Folter eine Verurteilung nur erfolgen können, wenn zwei unverwerfliche Zeugen vorhanden waren. Wäre dies nicht der Fall gewesen, hätte der Täter trotz schlüssiger Beweise freigesprochen werden müssen. Die Geltung der Strafprozessordnung wurde auch auf die neu erworbenen Gebietsteile der beiden älteren Provinzen ausgedehnt.[268] Allerdings waren viele Vorschriften der Strafprozessordnung Ende des 18. Jahrhunderts bereits veraltet und wurden nicht mehr angewandt oder waren gesetzlich abgeändert worden, so dass letztlich in Hessen-Darmstadt der gemeine deutsche Inquisitionsprozess galt.[269] Hinzu traten auf dem Gebiet des Strafprozessrechts ebenfalls landesherrliche Verordnungen.[270] Subsidiär galt das gemeine Recht und – wie bereits erwähnt – die Carolina als Reichsstrafprozessgesetz.

---

263 Amrhein, Entwicklung des hessischen Strafprozessrechts, S. 10.

264 Christ, Entstehung des Strafgesetzbuches für das GHT Hessen, S. 31.

265 Verordnung vom 20. August 1771, abgedruckt bei Christ, Entstehung des Strafgesetzbuchs für das GHT Hessen, S. 18f.; Blass, Strafverfahren in Hessen-Darmstadt, S. 29.

266 Dies wurde in zwei Entschließungen des Landgrafen bzw. des Ministeriums aus dem Jahre 1772 an das peinliche Gericht in Darmstadt und die Regierung in Gießen klargestellt; vgl. Blass, Strafverfahren in Hessen-Darmstadt, S. 29f., Fn. 36.

267 Blass, Strafverfahren in Hessen-Darmstadt, S. 30.

268 Bopp, Hessen-Darmstadt, Großherzogthum, in: Weiskes Rechtslexikon, S. 298.

269 Breidenbach, Commentar I, Einleitung, S. 142.

270 Vgl. Bopp, Civil- und Criminalgesetzgebung des Großherzogthums Hessen, in: Archiv für die neueste Gesetzgebung aller Deutschen Staaten 3, S. 71f.

(2) Linksrheinische Gebiete

In starkem Kontrast zu den linksrheinischen Gebieten stand die strafrechtliche Lage in Rheinhessen. Dort galt auf dem Gebiet des Strafrechts der Code pénal vom 22. Februar 1810. Nach dem Staatsstreich Napoleons vom 18. Brumaire des Jahre VIII (9. November 1799), mit dem er zunächst als erster Konsul die Macht ergriffen hatte, drohte Frankreich in völlige Anarchie zu versinken; es bestand keine funktionierende Strafjustiz mehr.[271] Ein Ziel Napoleons war daher die Wiederherstellung der öffentlichen Ordnung, was er durch eine erhebliche Verschärfung der Strafen zu erreichen versuchte.[272] Der Code pénal von 1810 ist daher von harten Strafen geprägt, auch wenn er weiterhin von den aus der Zeit der französische Revolution stammenden Prinzipien der Gleichheit aller vor dem Gesetz und der Unterwerfung der persönlichen Freiheit und des Eigentum allein unter die gesetzlichen Bestimmungen sowie von dem Grundsatz nullum crimen, nulla poena sine lege ausging.[273] Dennoch lag der Schwerpunkt des Code pénal auf dem Prinzip der Nützlichkeit und der Strafe als Mittel eines effektiven Schutzes der Gesellschaft und ihrer Rechtsgüter, hinter dem das aufklärerische Postulat einer humanen Strafgesetzgebung weitgehend zurücktrat.[274]

Das Strafverfahren beruhte auf dem Code d`instruction criminelle vom 27. November 1808. Hervorgegangen aus der französischen Revolution, waren in diesem Gesetz Grundsätze verwirklicht, denen die Gelehrten in Deutschland zumeist noch negativ gegenüberstanden. Hauptgrundsätze dieses Gesetzbuches und damit des französischen Strafverfahrens waren der Grundsatz der Mündlichkeit und der Öffentlichkeit sowie das Anklageverfahren. Die vorhandenen Institutionen des Geschworenengerichts und der Staatsanwaltschaft (ministère public) waren dem deutschen Rechtskreis fremd. Die Staatsanwaltschaft war in dem Strafverfahren öffentlicher Ankläger.[275] Ihr oblag auch die Vollstreckung der Urteile. Diese wesentlichen Punkte des französischen Strafprozesses standen in starkem Widerspruch zum deutschen Inquisitionsprozess.[276]

---

[271] Brandt, Entstehung des Code pénal, S. 100.
[272] Brandt, Entstehung des Code pénal, S. 101.
[273] Brandt, Entstehung des Code pénal, S. 101f.; Hesse, W., Rheinhessen, S. 104.
[274] Brandt, Entstehung des Code pénal, S. 102.
[275] Planitz, Aus Rheinischer Vergangenheit und Gegenwart, in: DJZ 31, Sp. 1225.
[276] Blass, Strafverfahren in Hessen-Darmstadt, S. 65.

b. Die hessen-darmstädtische Politik

In den bis vor dem Wiener Kongress neu erworbenen Landesteilen galten – wie bereits oben dargestellt[277] – eigene Rechte. Bei der Frage, ob diese weitergelten oder durch althessisches Recht ersetzt werden sollten, entschied sich die hessische Regierung, die in den alten hessischen Ländern geltenden Gesetze und Verordnungen nicht sofort und en bloc auf die neuerworbenen Gebiete zu erstrecken. Vielmehr sollten nach § 16 der ersten und § 10 der zweiten Deklaration vom 1. August 1807 die Gesetze, Statuten und Gewohnheiten in den Souveränitätslanden zunächst in Kraft bleiben.[278] So regelte § 10 der Deklaration vom 1. August 1807: „In den mediatisirten Landen bleibt es bei den bisherigen Gesetzen und Gewohnheiten, bis Wir etwas anderes zu verordnen gut finden"[279]. Somit wurden zu Beginn des 19. Jahrhunderts alle territorialen Neuerwerbungen (die Mainzer und Kurpfälzer Gebiete, die Länder der Solms und Erbachs) unter Beibehaltung ihres bisherigen Rechts dem hessischen Staatsgebiet eingegliedert.[280] Diese Politik behielt Hessen-Darmstadt bei. Im Fortgang der Gebietserweiterungen stand für das Darmstädter Ministerium im Jahre 1811 fest, „daß es keinesfalls die Absicht seyn könne, die althessischen Gesetze, Rechte und Verordnungen in den neuaquirierten Länder mit einmal einzuführen (...)"[281]. Zunächst sollten allein die in den Entschädigungs- und älteren Souveränitätslanden bestehenden Verordnungen in den neuen Landesteilen nach und nach erlassen werden. Zur Erreichung dieses Zieles wurden durch Verfügung vom 2. Januar 1811 den Regierungen, Kirchen- und Schulräten sowie den Hofkammern der Provinzen Starkenburg und Oberhessen aufgetragen, alle in ihr Ressort fallenden Verordnungen zu sammeln und in den mit diesen Provinzen neuerdings vereinigten Landesteilen zu publizieren.[282] Daher sandten die Regierung in Gießen und die Regierung in Darmstadt im Dezember 1811 allen Hoheitsämtern eine Sammlung von großherzoglich hessischen Verordnungen[283] mit der Weisung zu, diese den zuständigen Behörden, bzw. deren Beamten zur Befolgung bekannt zumachen. Vor dem Erwerb der linksrheinischen Gebiete war somit die Einfüh-

---

[277] Siehe oben Zweiter Teil § 3 A. II. 1. a.
[278] Kuechler, Die Gesetzgebung des Großherzogthums Hessen, S. 105.
[279] Abgedruckt bei Schmidt, Bürgerliches Recht in Hessen, S. 92, Fn. 108.
[280] Schmidt, Bürgerliches Recht in Hessen, S. 92.
[281] StADa, G 26 A 837/11, fol. 1.
[282] Kuechler, Die Gesetzgebung des Großherzogthums Hessen, S. 106.
[283] Aufzählung der Verordnungen in den Beständen des StADa, G 26 A 837/11. Die Einführung des Großherzoglichen Gesetze und Verordnungen in den neuaquirierten Ländern betreffend.

rung der in den alten Ländern geltenden Verordnungen in den neu erworbenen Ländern vorrangig.[284] Dies kann damit erklärt werden, dass zunächst nur Länder erworben wurden, in denen – wie auch in den althessischen Gebieten – partikulare Landrechte galten, ergänzt durch das subsidiäre römische Recht.
Problematisch erwies sich schließlich der Erwerb der linksrheinischen – ehemals französischen – Gebiete durch die Wiener Kongressakte. In diesen Gebieten galt kodifiziertes, französisches Recht. Dieses sollte dort zunächst ebenfalls weitergelten, was insofern überraschend erscheint, als nach der Völkerschlacht bei Leipzig und der begeistert begrüßten Befreiung von der Fremdherrschaft die sofortige Abschaffung des französischen Rechts als fremdländisches, aufgezwungenes Recht zu erwarten gewesen wäre.[285] In dem Besitznahmepatent vom 8. Juli 1816,[286] der später so genannten „Garantie der rheinhessischen Institutionen", durch welches Ludwig I. entsprechend den Beschlüssen des Wiener Kongresses die Provinz Rheinhessen in Besitz genommen hatte, hatte Ludwig I. den Bewohnern Rheinhessens folgendes zugesichert: „Nur besondere Rücksichten des allgemeinen Besten werden Uns zu Aenderungen bestehender und durch Erfahrung erprobter Einrichtungen bewegen; die Reste des Feudalsystems, die Zehnten und Frohnden, sind und bleiben in diesen Landen unterdrückt; das wahrhaft Gute, was die Aufklärung und Zeitverhältnisse herbeigeführt, wird ferner bestehen (...); eine sichere Justizverwaltung, die Unverletzlichkeit jedes erworbenen Eigentums, die Wohltaten eines gut eingerichteten öffentlichen Unterrichts, die Freiheit des Glaubens, und die Pressefreiheit, haben sich Unseres Schutzes, Unserer vorzüglichen Pflege zu erfreuen (...)"[287]. In Hessen-Darmstadt wurde folglich nie beabsichtigt, das geltende, zersplitterte Recht, in den neuerworbenen linksrheinischen Gebieten einzuführen.[288] Damit galten in Hessen-Darmstadt zwei Rechtssysteme.
Während der zuvor beschriebenen territorialen Entwicklung Hessen-Darmstadts hatte sich somit die bereits vorhandene Rechtszersplitterung in Hessen-Darmstadt stetig vergrößert. Der ehemalige hessische Staatsminister *du Thil*[289]

---

[284] Eine genaue Auflistung der auf die neu erworbenen rechtsrheinischen Gebiete übertragenen Verordnungen findet sich bei Zimmermann, K., Sonderrechte, S. 69ff.
[285] Vgl. Becker, Das Rheinische Recht, in: JuS 1985, S. 340.
[286] Zu dem Besitznahmepatent vom 8. Juli 1816 vgl. Kraus, Die Garantie der französischen Einrichtungen in der Provinz Rheinhessen, S. 17ff.
[287] Besitznahmepatent vom 8. Juli 1816, abgedruckt in: Verordnungssammlung 1817, S. 16f.; teilweise abgedruckt bei Breidenbach, Commentar I, Einleitung, S. 14.
[288] Dölemeyer, Einflüsse von ALR, C.c. und ABGB, in: Ius commune VII, S. 190.
[289] 1777-1859, seit 1829 hessischer Staatsminister.

beurteilte in seiner Selbstbiographie die Lage der gesamten hessen-darmstädtischen Gesetzgebung nach dem Wiener Kongress als „eine überaus buntscheckige und unvollkommene“[290].

2. Die Rechtsunsicherheit

Neben der Rechtszersplitterung war ein weiteres, damit zusammenhängendes Problem in Hessen-Darmstadt die Rechtsunsicherheit. Diese war ebenfalls in der Vielzahl der Rechtsquellen begründet. Es gab keine Behörde, kein Gericht und keine Privatperson in Hessen-Darmstadt, die alle partikularen Rechtsquellen, die zum Teil ungedruckt waren, mit einiger Vollständigkeit besaß.[291] Vielmehr waren die Partikulargesetze auf die Registraturen eines oder mehrerer Gerichte bzw. einzelner Staatsbehörden und spezielle Sammlungen verteilt.[292] Manche Verordnungen waren allein durch den Abdruck in anderen Schriften zugänglich. Zum Teil musste bei ausländischen Behörden angefragt werden, um Kenntnis von Verordnungen bzw. deren Verkündigung zu erhalten.[293] Daher wurden viele langwierige und kostspielige Prozesse zunächst darüber geführt, ob eine Verordnung vorhanden bzw. in einem Ort verkündet worden war.[294] Auch die Einzelverordnungen und Dekrete der ehemaligen Landesherren waren oftmals nicht auffindbar, so dass zunächst darüber Beweis erhoben werden musste, ob sie existierten oder publiziert worden waren.[295] Erst von August 1806 an (bis Ende Juni 1819) wurden die Verordnungen in der Großherzoglich Hessischen Zeitung veröffentlicht.[296] Ab 1. Juli 1819 erschienen die von diesem Zeitpunkt an für das Großherzogtum erlassenen gesetzlichen Bestimmungen vollständig im Großherzoglich Hessischen Regierungsblatt.[297] Zudem förderten bestehende Widersprüche zwischen dem gemeinen Recht und den Partikularrecht die Rechtsunsicherheit.

---

[290] Du Thil, Aus dem Dienstleben des Staatsministers du Thil, S. 223.
[291] Kuechler, Die Gesetzgebung des Großherzogthums Hessen, Vorrede, S. IV.
[292] Vgl. Eigenbrodt, Hessische Verordnungen I, Vorrede, S. IV.
[293] Kuechler, Die Gesetzgebung des Großherzogthums Hessen, Vorrede, S. IV.
[294] Kuechler, Die Gesetzgebung des Großherzogthums Hessen, Vorrede, S. IV.
[295] Bopp, Hessen-Darmstadt, Großherzogthum, in: Weiskes Rechtslexikon, S. 303.
[296] Rühl, Gemeines teutsches Privatrecht, S. 46.
[297] Kuechler, Gesetzgebung im Großherzogthum Hessen, Vorrede, S. V; Rühl, Gemeines teutsches Privatrecht, S. 46.

3. „Veraltete“ Gesetze

Ein dritter Grund für die Gesetzgebungsarbeiten war schließlich, dass Zeitgenossen – insbesondere im Strafrecht – die vorhandenen Gesetze als veraltet empfanden. Diese würden den Anforderungen und Gerechtigkeitsvorstellungen nicht mehr genügen. Nach Einschätzung *Esselborns* waren die in den althessischen Gebieten geltenden Strafgesetze so veraltet und lückenhaft, dass sie „bei jeder wichtigen Entscheidung die Einholung der Sanktion des Gesetzgebers erforderlich machten“.[298] Um diesem Zustand entgegenzutreten, wichen die Gerichte von den alten Gesetzen ab.

III. Resümee

Auf den Gebieten des Zivilrechts, des Strafrechts und der Prozessrechte bestand in Hessen-Darmstadt Bedarf an neuen Gesetzbüchern. Dieser war in der bestehenden Rechtszersplitterung und der daraus folgenden Rechtsunsicherheit sowie der Tatsache, dass einige Gesetze veraltet waren, begründet.

Es ist festzuhalten, dass bereits vor den immensen Gebietsgewinnen auf dem Gebiet des Zivilrechts kein einheitliches Recht in Hessen-Darmstadt galt. Die verschiedenen in den linksrheinischen Gebieten geltenden Partikularrechte verursachten eine allgemeine Rechtsunsicherheit. Die Gebietsveränderungen unter der Herrschaft Napoleons und die auf seine Niederlage folgenden erneuten Gebietsveränderungen erweiterten den Zustand der Rechtszersplitterung im Großherzogtum. Eine Besonderheit dabei war, dass nach dem Wiener Kongress Gebiete erworben wurden, in denen bereits kodifiziertes Rechts galt. Damit teilte der Rhein Hessen-Darmstadt – gerade auch rechtlich gesehen – in zwei Teile. In dem kleineren, linksrheinischen Teil galt das französische Recht, in dem rechtsrheinischen Teil fanden das gemeine Recht und verschiedene Partikularrechte Anwendung. Vor allem erforderte der Erwerb der Provinz Rheinhessen auf dem Gebiet des Strafrechts auf Grund der harten Strafen des Code pénal eine Modernisierung und eine Vereinheitlichung.[299] Das zu erstrebende Ziel in Hessen-Darmstadt war damit vor allem eine Vereinheitlichung des Rechts. Nach dem Wiener Kongress wurde den verbliebenen Einzelstaaten die Aufgabe zuteil, die verschiedenen Ländermassen zu einem einheitlichen Staat auszubauen.[300] Auch in Hessen-Darmstadt erwuchs aus den Gebietsveränderungen die wichtige

---

[298] Esselborn, Grolman, S. 428.
[299] Schubert, Strafgesetzgebung von Hessen-Darmstadt, S. 13.
[300] Mitteis/ Lieberich, Deutsche Rechtsgeschichte, S. 427.

Aufgabe, die alten und neuen Landesteile – gerade auch in rechtlicher und administrativer Hinsicht – zu einem Gesamtstaat zusammenzuführen.[301] Daneben musste das in vielen Teilen veraltete Recht, das zum Teil allein durch Verordnungen oder abweichende Gerichtsurteile eine Anpassung an die veränderten Verhältnisse erfahren hatte, modernisiert werden. Das Mittel zur Lösung dieser Aufgabe war die Gesetzgebung. Das Gesetz wurde im 19. Jahrhundert die wichtigste Form der Rechtsetzung.[302]

B. Gesetzesbegriff und Gesetzgebungsverfahren in Hessen-Darmstadt

Wenn in dem Titel der vorliegenden Arbeit von Gesetzgebungsarbeiten gesprochen wird, so ist es zunächst wichtig den in Hessen-Darmstadt in der Amtssprache verwendeten Begriff des Gesetzes herauszuarbeiten und das Gesetzgebungsverfahren darzustellen. Der Grund liegt in der Vielfalt der geschichtlichen Erscheinungen des Gesetzes und des Vorgangs der Gesetzgebung selbst.[303] Insofern ist die Erörterung unabdingbar, um die (unterschiedlichen) Beteiligungsmöglichkeiten der Professoren an den Gesetzgebungsarbeiten aufzeigen und untersuchen zu können.

Gesetzgebung ist die Schaffung abstrakter Rechtsnormen mit dem Willen zur generellen Geltung.[304] Auf Grund des Autoritätsverlustes und des Machtverfalls der Reichsgewalt sowie der Ausbildung der nationalen Souveränität verlagerte sich das Schwergewicht der Gesetzgebung im 18. Jahrhundert auf die sich aus dem Reichsverband lösenden Territorien.[305] Deren – dem Gemeinwohl und der Vernunft verpflichtete – Souveräne beanspruchten als Majestätsrecht die potestas legislatoria als das Recht, Gesetze zu geben, wieder aufzuheben und zu interpretieren.[306] Damit wurde im Zeitalter des Absolutismus die Gesetzgebung zu einer ausschließlichen Funktion des Herrschers, wobei der Befehlscharakter in den Vordergrund rückte.[307] In der Zeit des Absolutismus verschwamm allerdings der Gesetzesbegriff in den deutschen Territorien völlig, nachdem dieser

301 Franz, Der Staat der Großherzöge zu Hessen, in: Das Werden Hessens, S. 484.
302 Coing, Zur Privatrechtsgesetzgebung, in: Handbuch III/1, S. 3.
303 Schulze, Vorkonstitutionelle Gesetzgebung, in: SZGerm 98, S. 157.
304 Krause, Art. „Gesetzgebung", in: HRG I, Sp. 1606.
305 Eckert, Gesetzesbegriff, in: Der Staat 37, S. 573.
306 Eckert, Gesetzesbegriff, in: Der Staat 37, S. 573.
307 Krause, Art. „Gesetzgebung", in: HRG I, Sp. 1617; Ebel, Gesetzgebung, S. 71.

bereits zuvor wenig konturenscharf gewesen war.[308] Zumeist wurde in der Amtssprache nicht der Begriff des „Gesetzes“ selbst gebraucht. Mit den häufiger verwendeten Begriffen wie „Verordnung“, „Ordnung“, „Edikt“, „Mandat“ oder „Reskript“ konnten ebenso allgemeine wie individuelle Regelungen oder Anordnungen gemeint sein.[309] Allerdings kann die Vermutung aufgestellt werden, dass das, was als „Gesetz“ bezeichnet wurde, auch ein solches im später aufkommenden verfassungsrechtlichen Sinne war.[310] Erst die frühkonstitutionellen Verfassungen, die den Ständen Mitwirkungsrechte bei der „Gesetzgebung“ zustanden, hatten eine Begriffsdefinition als Abgrenzungskriterium zu der übrigen – allein dem Landesfürsten zustehenden – Rechtsetzung erforderlich gemacht.[311] Die Festschreibung der ständischen Mitwirkung an der Legislative in den frühkonstitutionellen Verfassungen erfuhr allerdings in den verschiedenen Territorien eine unterschiedliche Ausprägung.[312] Auch in Hessen-Darmstadt wurde der Begriff des Gesetzes in der vorkonstitutionellen Zeit nicht einheitlich gebraucht, und erst nach dem Erlass der hessischen Verfassung im Jahre 1820 – in der den Ständen Mitwirkungsrechte an der Gesetzgebung eingeräumt wurden – wurde zwischen Gesetzen im formellen und materiellen Sinn unterschieden.[313]

I. Der Gesetzesbegriff in Hessen-Darmstadt

Bei der Begriffsbestimmung des Gesetzes ist zwischen der Zeit vor und nach dem Erlass der hessischen Verfassung am 17. Dezember 1820 zu differenzieren. Wie bereits erwähnt, wurde der Begriff des „Gesetzes“ vor dem Erlass der hessischen Verfassung in der hessischen Amtssprache nicht einheitlich verwendet. Damit konnten allgemeinverbindliche Vorschriften für die Untertanen, aber auch Anordnungen an staatliche Behörden oder Beamte gemeint sein.[314] Auch wurde häufig nicht streng zwischen Gesetz und Verordnung unterschieden. In der Regel wurden beide als Verordnungen bezeichnet.[315] Nach *Calker* konnte allein ein formales Kriterium als Abgrenzungskriterium herangezogen werden: Unter „Gesetzen“ waren ausdrücklich gewollte, förmlich aufgestellte, geschrie-

---

[308] Ebel, Gesetzgebung, S. 89.
[309] Ebel, Gesetzgebung, S. 89.
[310] Ebel, Gesetzgebung, S. 89.
[311] Ebel, Gesetzgebung, S. 89.
[312] Grawert, Gesetzgebung im Wirkungszusammenhang konstitutioneller Regierung, in: Der Staat/ Beiheft 7, S. 117ff.
[313] Calker, Das Staatsrecht des Großherzogthums Hessen, S. 151.
[314] Calker, Das Staatsrecht des Großherzogthums Hessen, S. 151.
[315] Kuechler, Die Gesetzgebung des Großherzogthums Hessen, S. 2.

bene und wohl auch offiziell publizierte Vorschriften zu verstehen, während im Gegensatz hierzu die auf bloßer Rechtsgewohnheit beruhenden Grundsätze der staatlichen Ordnung als „Herkommen", „Observanz" oder schlechthin als „Recht" bezeichnet wurden.[316] Trotz des unterschiedlichen Sprachgebrauchs zeigt sich bei den hier untersuchten „großen" Gesetzgebungsarbeiten ein Zusammenhang zwischen der Verwendung des Gesetzesbegriffs und der Entwicklung von Einzelbestimmungen zu Kodifikationen.[317] Die noch keine Kodifikation darstellende Sammlung, Aufzeichnung und Verbesserung des geltenden Rechts durch den Gießener Professor *Ludwig Julius Friedrich Höpfner* wurde 1769 noch als „Landrecht" und nicht als „Gesetz" bezeichnet. Dies entspricht der Tatsache, dass der Begriff des Landrechts zu dieser Zeit zumeist für große Gesetzgebungsarbeiten verwandt wurde.[318] Ab 1800 finden sich die Begriffe des Gesetzes, des Gesetzbuchs und der Gesetzgebungskommission bei allen hier untersuchten Kodifikationsarbeiten. Durch § 5 des ersten Organisationsedikts vom 12. Oktober 1803 wurde eine unter der Leitung des Ministeriums des Inneren stehende „Gesetzgebungskommission" errichtet, deren Aufgabe die Ausarbeitung eines neuen „Zivil- und Kriminalgesetzbuchs" war. In der Rheinbundzeit sollte der Code Napoleon als allgemeines „Gesetzbuch" eingeführt werden. Insofern kann bei diesen Arbeiten mit *Ebel*[319] die Vermutung aufgestellt werden, dass auf Grund der Bezeichnung als „Gesetze" bzw. „Gesetzbücher" auch solche im Sinne der frühkonstitutionellen Verfassungen gemeint waren.

Zwischen Gesetzen im formellen und materiellen Sinn wurde erst mit der Einführung einer konstitutionellen Gesetzgebung in den Länderverfassungen des 19. Jahrhunderts unterschieden. Es entstand der Begriff des Gesetzes im formellen Sinn als ein verfassungsgemäß im Wege des Zusammenwirkens von Monarch und Landständen zustandegekommener rechtsetzender Willensakt des Staates.[320] Die Bestimmung des Gesetzesbegriff war erforderlich geworden, nachdem in den ersten Verfassungen die Gesetzgebung unter die mitwirkende Kontrolle des Landtages gestellt und damit die landesfürstliche Gesetzgebung

---

[316] Calker, Das Staatsrecht des Großherzogthums Hessen, S. 151.

[317] Allgemein hierzu Grawert, Gesetzgebung im Wirkungszusammenhang konstitutioneller Regierung, in: Der Staat/ Beiheft 7, S. 137.

[318] Ebel, Gesetzgebung, S. 89.

[319] Ebel, Gesetzgebung, S. 89.

[320] Ebel, Gesetzgebung, S. 89; Calker, Das Staatsrecht des Großherzogthums Hessen, S. 151; Grawert, Gesetzgebung im Wirkungszusammenhang konstitutioneller Regierung, in: Der Staat/ Beiheft 7, S. 149.

beschränkt wurde.[321] Auch in Hessen-Darmstadt wurde nach dem Erlass der hessischen Verfassung aus dem Jahre 1820 zwischen Gesetzen im formellen und im materiellen Sinne differenziert. [322] Daneben wurde allerdings auch – so in Art. 23 VU – die Unterscheidung zwischen dem „Gesetz" im Sinne von gesetztem Recht und dem „Recht" im Sinne von Gewohnheitsrecht beibehalten.[323] In dem hier entscheidenden Art. 72 der hessischen Verfassung wird der Gesetzesbegriff allerdings im materiellen Sinn verstanden und zudem werden die formalen Voraussetzungen für die Beteiligung der Landstände begründet. In Art. 72 VU, der in Zusammenhang mit Art. 73 VU gesehen werden muss, heißt es: „Ohne Zustimmung der Stände kann kein Gesetz, auch in Bezug auf das Landes-Polizey-Wesen gegeben, aufgehoben oder abgeändert werden. Wenn bei bestehenden Gesetzen die doctrinelle Auslegung nicht hinreicht, so tritt nicht authentische Auslegung, sondern die Nothwendigkeit einer neuen Bestimmung durch einen Act der Gesetzgebung ein."[324] Art. 73 VU bestimmt: „Der Großherzog ist befugt, ohne ständische Mitwirkung die zur Vollstreckung und Handhabung der Gesetze erforderlichen, so wie die aus dem Aufsichts- und Verwaltungsrecht ausfließenden Verordnungen und Anstalten zu treffen und in dringenden Fällen das Nöthige zur Sicherheit der Staates vorzukehren."[325] Nicht in die Verfassung übernommen wurde die noch in dem – der Verfassung vorausgegangen – Märzedikt vom 18. März 1820 anklingende Definition des Gesetzesbegriffs.[326] In Art. 20 S. 2 des Märzedikts hieß es zunächst: „Bei allen anderen neu zu erlassenden allgemeinen Gesetzen dagegen werden Wir eine definitive Wirksamkeit nicht eintreten lassen, bevor Wir das Gutachten Unserer getreuen Stände vernommen." Bezugnehmend auf Art. 20 S. 2 lautete Art. 20 S. 4 des Märzediktes: „Gesetze dieser Art werden Wir, vor dem vernommenen Gutachten Unserer Stände, auch nicht provisorisch vollziehen lassen, ausgenommen, wenn sie sich nicht direkt auf das Eigentum und die Freiheit der Person beziehen, (wie die Gesetze über den Zivilprozeß) und dringende Verhältnisse die pro-

---

[321] Ebel, Gesetzgebung, S. 89.

[322] Calker, Das Staatsrecht des Großherzogthums Hessen, S. 151.

[323] Calker, Das Staatsrecht des Großherzogthums Hessen, S. 151.

[324] Art. 72 der Hessischen Verfassungsurkunde vom 17. Dezember 1820, abgedruckt bei Huber, Dokumente zur dt. Verfassungsgeschichte 1, S. 230.

[325] Art. 73 der Hessischen Verfassungsurkunde vom 17. Dezember 1820, abgedruckt bei Huber, Dokumente zur dt. Verfassungsgeschichte 1, S. 230.

[326] Büttner, Anfänge des Parlamentarismus in Hessen-Darmstadt, S. 55.

visorische Vollziehung als notwendig oder rätlich erscheinen lassen."[327] Insbesondere die Ähnlichkeit zu dem Gesetzesbegriff der bayerischen und der badischen Verfassung führte dazu, dass diese Formulierungen nach Vorschlägen des Verfassungsausschusses des Landtags nicht in die Artikel 72 und 73 VU übernommen wurden.[328] Trotz fehlender ausdrücklicher Begriffsbestimmung war fraglich, ob die hessische Verfassung nicht dennoch eine Bestimmung des materiellen Gesetzesbegriffs enthielt. Allgemein wurde hierzu in anderen Staaten die Freiheits- und Eigentumsklausel herangezogen.[329] Auch in Hessen-Darmstadt gab es Stimmen, die sich zur Erläuterung des Gesetzesbegriff der Verfassung auf Art. 23 VU beriefen.[330] In diesem Artikel hieß es: „ Die Freyheit der Person und des Eigenthums ist in dem Großherzogthume keiner Beschränkung unterworfen, als welche Recht und Gesetz bestimmen."[331] Demnach wären unter Gesetzen im materiellen Sinn solche zu verstehen, die die Freiheit der Person oder des Eigentums beschränkten. Diese Ansicht wurde mit der Begründung abgelehnt, dass sich aus den gesetzgeberischen Verhandlungen und dem Standort in der Verfassung gerade nicht ergebe, dass die Begriffsbestimmung des Art. 23 VU als Legaldefinition des Gesetzes im materiellen Sinne gewollt sei.[332] Unter Gesetz im materiellen Sinne wurde nach der Literaturansicht vielmehr jede in der Aufstellung eines Rechtssatzes bestehende staatliche Willenserklärung verstanden, die öffentliche und Privatverhältnisse begründete, ordnete und festlegte.[333]

Neben der Frage, ob bereits der in Art. 72 VU genannte Begriff des Gesetzes auch solche im formellen Sinne umfasste,[334] war in der Praxis vor allem die Abgrenzung problematisch, wann ein Gesetz zustimmungsfrei oder zustimmungsbedürftig war. Dieser Punkt war ein Streitfaktor zwischen Regierung und der

---

[327] Art. 20 S. 2 und 4 des Märzedikts vom 18. März 1820, zitiert nach Büttner, Anfänge des Parlamentarismus in Hessen-Darmstadt, S. 55.

[328] Büttner, Anfänge des Parlamentarismus in Hessen-Darmstadt, S. 55f.

[329] Grawert, Gesetzgebung im Wirkungszusammenhang konstitutioneller Regierung, in: Der Staat/ Beiheft 7, S. 119.

[330] Vgl. zu dieser Ansicht die Darstellung bei Calker, Das Staatsrecht des Großherzogthums Hessen, S. 152.

[331] Art. 23 der Hessischen Verfassungsurkunde vom 17. Dezember 1820, abgedruckt bei Huber, Dokumente zur dt. Verfassungsgeschichte 1, S. 224.

[332] Calker, Das Staatsrecht des Großherzogthums Hessen, S. 152.

[333] Calker, Das Staatsrecht des Großherzogthums Hessen, S. 151; Kuechler, Die Gesetzgebung des Großherzogthums Hessen, S. 4.

[334] Vgl. hierzu Calker, Das Staatsrecht des Großherzogthums Hessen, S. 152.

zweiten Kammer der Landstände.[335] Die Regierung, die von der ersten Kammer der Landstände gestützt wurde, zog dabei zunächst den Gesetzesbegriff selbst unter Berufung auf das monarchische Prinzip in Zweifel und berief sich auf die umfassende gesetzgebende Gewalt des Landesherrn.[336] Des Weiteren wurde behauptet, die Landstände besäßen Mitwirkungsrechte nach Art. 72 VU nur für den Teil der Gesetzgebung, den Art. 73 VU nicht für den Großherzog reserviert habe.[337] Auch in anderen Staaten blieb die Bestimmung der Reichweite des Gesetzesvorbehalts ein entscheidendes Problem des konstitutionellen Verfassungsrecht, das letztlich erst durch den Übergang zur demokratischen Parlamentsgesetzgebung abgelöst wurde.[338] Für die hier untersuchten Gesetzgebungsarbeiten – genauer für die von dem Gießener Professor *Karl Ludwig Wilhelm von Grolman* erarbeitete Zivilprozessordnung – wurde allerdings allein die in dem Märzedikt noch enthaltene Möglichkeit des provisorischen Vollzugs, relevant. Auf diesen Art. 20 des Märzediktes berief sich der Abgeordnete der ersten Kammer *Arens* auf dem ersten Landtag von 1820/21, in dem er vorschlug, den bereits ausgearbeiteten Teil der Zivilprozessordnung durch die Großherzogliche Staatsregierung provisorisch in Kraft zu setzen, wozu die „Staatsregierung nach dem Art. 20 des Verfassungsedicts (vom 18. März 1820) wohl befugt" sei.[339] Der Abgeordnete der zweiten Kammer *Wieger* lehnte die provisorische Einführung in seinem Vortrag vor dem zweiten Ausschuss der zweiten Kammer mit der Begründung ab, dass Art. 20 des Märzedikts durch die Verfassung vom 17. Dezember 1820 aufgehoben sei.[340] Nach dem nunmehr in der Verfassung vorgeschriebenen Verfahren könnten Gesetzbücher i.S.d. Art. 103 VU nur mit Zu-

---

[335] Vgl. insbesondere zu der Problematik um die Zuordnung der Justizorganisation und der Landespolizeigesetzgebung unter Art. 72 Büttner, Anfänge des Parlamentarismus in Hessen-Darmstadt, S. 56f.

[336] Büttner, Anfänge des Parlamentarismus in Hessen-Darmstadt, S. 56.

[337] Büttner, Anfänge des Parlamentarismus in Hessen-Darmstadt, S. 56f.

[338] Grawert, Gesetzgebung im Wirkungszusammenhang konstitutioneller Regierung, in: Der Staat/ Beiheft 7, S. 119.

[339] Antrag des Abgeordneten Arens in der ersten Kammer der Landstände, zitiert dem Vortrag von *Wieger*, in: Verhandlungen der zweiten Kammer der Landstände auf dem Landtag 1820/21, Heft XII, Beilage 215, S. 80

[340] Vortrag des zweiten Ausschusses über den Erlaß der ersten Kammer, die Vollendung und provisorische Einführung er neuen Civilprozessordnung betreffend, erstattet von dem Abgeordneten *Wieger*, in: Verhandlungen der zweiten Kammer der Landstände auf dem Landtag 1820/21, Heft XII, Beilage 215, S. 81.

stimmung der Stände eingeführt werden – ein provisorischer Vollzug eines solchen Gesetzes sei eine offensichtliche Verletzung der Verfassung.[341]

II. Das Gesetzgebungsverfahren in Hessen-Darmstadt

Bei der Darstellung des Gesetzgebungsverfahrens in Hessen-Darmstadt wird der Schwerpunkt auf den für die Arbeit entscheidenden vorkonstitutionellen Zeitraum gelegt. Da allerdings die nach dem Wiener Kongress begonnene Ausarbeitung einer Zivilprozessordnung durch den Gießener Professor *Grolman* nicht mit der Errichtung der Verfassung beendet wurde, sondern letztlich auf dem Landtag von 1826 scheiterte,[342] wird auch das Gesetzgebungsverfahren nach 1820 erläutert.

1. Die Zeit vor 1820: Absolutistische Gestaltungsfreiheit

In den althessischen Gebieten hatte zunächst eine landständische Verfassung gegolten. Danach stand den Landständen ein Steuerbewilligungsrecht zu. Die Gesetzgebung zählte dagegen zu den landgräflichen Reservatrechten, bei denen den Landständen formell keine Mitwirkungsbefugnisse zustanden.[343] Über ihr Beschwerde- und Petitionsrecht versuchten die Stände dennoch gelegentlich auf diesen Bereich Einfluss zunehmen, indem sie die Forderung nach dem Erlass von Verordnungen mit der Sorge um das Wohl und Wehe der Untertanen rechtfertigten.[344] Darüber hinaus waren die Machtbefugnisse der Landstände in Hessen-Darmstadt bereits insofern sehr beschränkt, als sie kein Selbstversammlungsrecht besaßen.[345] Nachdem Hessen-Darmstadt unter dem Einfluss Napoleons zum souveränen Großherzogtum erhoben worden war, hob Großherzog Ludwig I. mit Edikt vom 1. Oktober 1806 die bis dahin in den althessischen Gebieten geltende landständische Verfassung und die landständische Verfassung des damals zu Hessen-Darmstadt gehörenden Herzogtums Westphalen auf. Nach der Auflösung der Landstände stand Großherzog Ludwig I. von dem Jahre 1806 an bis zu dem Erlass der Verfassungsurkunde 1820 als Souverän das allei-

[341] Vortrag des zweiten Ausschusses über den Erlaß der ersten Kammer, die Vollendung und provisorische Einführung er neuen Civilprozessordnung betreffend, erstattet von dem Abgeordneten *Wieger*, in: Verhandlungen der zweiten Kammer der Landstände auf dem Landtag 1820/21, Heft XII, Beilage 215, S. 81.

[342] Siehe unten Dritter Teil § 8 B. I. 3. b.

[343] Murk, Hessen-Darmstädtische Landtagsabschiede 1648-1806, Einleitung, S. XXXI.

[344] Murk, Hessen-Darmstädtische Landtagsabschiede 1648-1806, Einleitung, S. XXXI.

[345] Murk, Hessen-Darmstädtische Landtagsabschiede 1648-1806, Einleitung, S. XIX.

nige Recht zur Gesetzgebung ohne jegliche Einflussnahmemöglichkeit durch die Stände zu. Die Grundlage hierfür lag in Artikel 26 der Rheinbundakte. Hierin wurde den Rheinbundfürsten als Souveränitätsrecht zuerst das Recht der Gesetzgebung zugesichert.[346] Die Gesetzgebungsbefugnis lag damit allein beim Oberhaupt des Staates; kein Landeskolleg hatte diese Befugnis.[347] Dies führte dazu, dass der Großherzog hinsichtlich der inneren Angelegenheiten keinen Beschränkungen unterworfen war und der Wille des Souveräns als das einzige Gesetz galt.[348] Insofern gab es bis zur Verfassungsgebung im Jahre 1820 vierzehn Jahre lang in Hessen-Darmstadt keine Landstände, die auf die Gesetzgebung Einfluss nehmen konnten, da auch die althessischen Landstände – wie bereits dargestellt – nur über ihr Beschwerde- und Petitionsrecht auf die Gesetzgebung hatten Einfluss nehmen können.

In dieser Zeit erließ und unterzeichnete der Großherzog grundsätzlich die wichtigsten Gesetze selbst, der zuständige Minister oder dessen Stellvertreter zeichnete sie gegen und siegelte sie.[349] Alle übrigen Gesetze wurden im Auftrag des Großherzogs von dem Geheimen Rat[350] oder dem Ministerium erlassen, von dem Minister oder dessen Stellvertreter und gewöhnlich dem Referenten unterzeichnet und von dem Geheimen Sekretär ohne Beidrückung eines Siegels gegengezeichnet.[351]

Hinsichtlich des Verlaufes der Gesetzgebungsarbeiten regelte § 1 Ziff. 4 des zweiten Organisationsediktes vom 12. Oktober 1803[352], dass das Geheime Staatsministerium in Fällen, in den Gesetze zu erlassen waren, solche nicht beschließen durfte, sondern dem Landesherrn ein schriftliches Votum erstatten musste. In besonders dringenden Fällen musste der Minister oder der zuständige Referendar dem Landesherrn mündlich referieren. Die abschließende Prüfung

---

346 Art. 26 der Rheinbundakte, abgedruckt bei Huber, Dokumente zur dt. Verfassungsgeschichte 1, S. 32.
347 Eigenbrodt, Hessische Verordnungen I, S. 1.
348 Hofmann, A., Gesetzgebung und Verwaltung des GHT Hessen, S. 1.
349 Kuechler, Die Gesetzgebung des Großherzogthums Hessen, S. 2.
350 Zum Geheimen Rat siehe Acker, Verwaltungskontrolle in Hessen-Darmstadt, S. 13ff., 63ff.
351 Kuechler, Die Gesetzgebung des Großherzogthums Hessen, S. 2.
352 Zweites Organisationsedikt vom 12. Oktober 1803, abgedruckt bei Eigenbrodt, Hessische Verordnungen I, S. 36 ff.

und Redaktion der Gesetze wurde gem. § 3 Ziff. 2 des ersten Organisationsediktes vom 12. Oktober 1803[353] einer Gesetzgebungskommission übertragen.

In der Zeit des Absolutismus in Hessen-Darmstadt konnten die Professoren folglich an den Vorarbeiten in Form von Gutachten oder unmittelbar an der Ausarbeitung der Gesetzesentwürfe in entsprechenden Gesetzgebungskommissionen beteiligt werden.

2. Die Zeit nach 1820: Erfordernis der Beteiligung der Landstände

Die Hessische Verfassung vom 17. Dezember 1820[354] führte zu erheblichen Änderungen im Gesetzgebungsverfahren.

Zunächst führte die hessische Verfassung die konstitutionelle Monarchie männlicher Erbfolge und ein Zweikammersystem ein.[355] Die erste Kammer der Landstände bestand nach Art. 52 der hessischen Verfassung (VU) aus Mitgliedern kraft Geburt, wie den Prinzen des großherzoglichen Hauses, und Mitgliedern kraft Amtes, wozu nach Art. 52 Nr. 6 VU auch der Kanzler der Landesuniversität zählte. Hinzu kamen gem. Art. 52 Nr. 7 VU Mitglieder, die der Großherzog auf Lebenszeit ernannte. Nach Art. 53 der hessischen Verfassung von 1820 bestand die zweite Kammer aus sechs Abgeordneten des im Großherzogtum „genügend mit Grundeigentum angesessenen Adels", aus zehn Abgeordneten aus den Städten Darmstadt und Mainz (je zwei Abgeordnete), Gießen, Offenbach, Friedberg, Alsfeld, Worms und Bingen sowie aus 34 Abgeordneten aus den Wahldistrikten der übrigen Städte und Landgemeinden. Nach Art. 63 I VU hatte der Großherzog das alleinige Recht, die Stände zu berufen und die ständische Versammlung zu vertagen, aufzulösen und zu schließen. Artikel 63 II VU erklärte die willkürliche Vereinigung der Stände ohne Einberufung sowie nach der Vertagung, Auflösung oder Beendigung für gesetzwidrig und strafbar. Die Stände sollten gem. Art. 64 VU wenigstens alle drei Jahre versammelt werden.

Nach Art. 4 I der hessischen Verfassung von 1820 war der Großherzog das Oberhaupt des Staates. Die Folge des Art. 4 I der hessischen Verfassung war,

---

[353] Erstes Organisationsedikt vom 12. Oktober 1803, abgedruckt bei Eigenbrodt, Hessische Verordnungen I, S. 27 ff.

[354] Hessische Verfassung vom 17. Dezember 1820 in: Hessisches Regierungsblatt 1820, S. 535ff.; abgedruckt bei Huber, Dokumente zur dt. Verfassungsgeschichte 1, S. 221ff.

[355] Christ, Entstehung des Strafgesetzbuches für das GHT Hessen, S. 47f.

dass der Monarch kein Organ des Staates war, sondern als souveräner Herrscher über ihm stand und alleiniger Träger der Staatsgewalt war.[356] Der Großherzog vereinigte in sich alle Rechte der Staatsgewalt – mithin auch das Recht der Gesetzgebung – und übte sie unter den von ihm gegebenen, in dieser Verfassungsurkunde festgesetzten Bestimmungen aus. Dies entsprach dem durch Art. 57 der Schlussakte des Wiener Kongresses für den gesamten Deutschen Bund – mit Ausnahme der freien Städte – für verbindlich erklärten monarchischen Prinzip, wonach der Regent „durch eine landständische Verfassung nur in der Ausübung bestimmter Rechte an die Mitwirkung der Stände gebunden werden“ konnte.[357] Das monarchische Prinzip stellte den Herrscher, trotz Mitwirkens anderer an der Gesetzgebung, als maßgebliche Instanz dar.[358] Dementsprechend lag die Gesetzesinitiative nach Art. 76 VU beim Großherzog; nur er konnte ein Gesetz an die Stände bringen. So bestimmte Art. 76 S. 1 VU explizit: „Gesetzesentwürfe können nur vom Großherzog an die Stände, nicht von den Ständen an den Großherzog gebracht werden.“[359] Insofern hatten die Stände keine Gesetzesinitiative. Den Ständen wurde allerdings in Art. 76 S. 2 VU die Möglichkeit zuerkannt, im Wege der Petition auf neue Gesetze bzw. die Abänderung oder Aufhebung bereits bestehender Gesetze hinzuwirken. Des Weiteren wurde den Landeständen in der Verfassungsurkunde neben der Finanzgewalt, dem Steuerbewilligungs- und Budgetrecht in dem bereit zuvor[360] erörterten Art. 72 VU die Mitwirkung an der Gesetzgebung zugestanden. Hiernach konnte ohne Zustimmung der Stände kein Gesetz erlassen, aufgehoben oder abgeändert werden. Insofern wurde durch Art. 72 VU eine bestimmte Form für die Aufstellung von Rechtssätzen, nämlich das verfassungsgemäß näher geregelte Zusammenwirken der gesetzgebenden Faktoren, geschaffen.[361] Ein starkes Druckmittel der Staatsregierung gegen die Landstände war jedoch die Möglichkeit der Ausübung des Rechts zur Landtagsauflösung.

---

[356] So für die bayerische Verfassung von 1818, deren § 1 des II. Titels wortgleich mir Art. 4 der hessischen Verfassung ist: Hesse, H., Gesetzgeber und Gesetzgebung in Bayern, S. 9.

[357] Art. 57 der Wiener Schlussakte, abgedruckt bei Huber, Dokumente zur dt. Verfassungsgeschichte 1, S. 99.

[358] Hesse, H., Gesetzgeber und Gesetzgebung in Bayern, S. 9.

[359] Art. 76 der Hessischen Verfassungsurkunde vom 17. Dezember 1820, abgedruckt bei Huber, Dokumente zur dt. Verfassungsgeschichte 1, S. 231.

[360] Siehe oben Zweiter Teil § 3 B. I.

[361] Calker, Das Staatsrecht des Großherzogthums Hessen, S. 154.

Regelungen über das Gesetzgebungsverfahren selbst enthielten die Verfassung und die diese näher ausgestaltende landständische Geschäftsordnung vom 21. März 1820. Diese Regelungen über das Gesetzgebungsverfahren waren allerdings für umfangreiche Gesetzgebungswerke wenig geeignet.[362] Für das Gesetzgebungsverfahren regelte Art. 92 VU in Verbindung mit der landständischen Geschäftsordnung vom 21. März 1820, dass sich in den Kammern jeweils der zweite Ausschuss mit den Gesetzgebungsangelegenheiten befasste. Dabei sollten die Ausschüsse unmittelbar nach der Eröffnung des Landtags gewählt werden, obwohl zu diesem Zeitpunkt nicht zu überblicken war, welche Gesetzesvorlagen eingebracht werden würden.[363] Gemeinschaftliche Beratungen der Ausschüsse beider Kammern waren nicht ausdrücklich vorgesehen. Ein Hindernis für die Vollendung umfangreicher Gesetzgebungsvorhaben war schließlich die Regelung, dass die Ausschüsse ihre Tätigkeit bei Auflösung und Vertagung des Landtags einstellen mussten.[364] Als Folge verloren solche Vorlagen, die bis zur Auflösung oder Vertagung des Landtags noch nicht in den Kammern verabschiedet waren, ihre Existenz.[365] Erst nach der Verständigung zwischen Regierung und Ständen über die Grundlagen der neuen Gesetzgebung auf dem Landtag 1835/1836 wurde ein Gesetz über den Beratungs- und Abstimmungsmodus in den Kammern beschlossen.[366] Das am 18. Juni 1836 in Kraft getretene „Gesetz die Ausführungen des Art. 92 der Verfassungsurkunde hinsichtlich größerer Werke der Gesetzgebung betreffend",[367] sollte die parlamentarische Behandlung größerer Gesetzgebungsvorhaben erleichtern und beschleunigen. Neben gemeinsamen Beratungen der Ausschüsse wurde festgelegt, dass die Ausschüsse auch über den Schluss des Landtags hinaus versammelt blieben, wenn die Beratung und Vorbereitung eines Gesetzentwurfs nicht innerhalb der Dauer des Landtags beendet werden konnte.

Nachdem ein Gesetzesentwurf vom Landtag genehmigt worden war, war es schließlich erforderlich, dass der Großherzog diesem Gesetzentwurf durch seinen landesherrlichen Befehl, die sog. Sanktion, verpflichtende Kraft verlieh und

---

[362] So auch Christ, Entstehung des Strafgesetzbuches für das GHT Hessen, S. 133.
[363] Christ, Entstehung des Strafgesetzbuches für das GHT Hessen, S. 133.
[364] Christ, Entstehung des Strafgesetzbuches für das GHT Hessen, S. 133.
[365] Christ, Entstehung des Strafgesetzbuches für das GHT Hessen, S. 133.
[366] Dölemeyer, Kodifikationen und Projekte, in: Handbuch III/2, S. 1520f.
[367] Abgedruckt bei Reh/ Heyer/ Gros, Gesetz-Sammlung des GHT Hessen, Bd. 1, S. 205f.; Großh. Hess. Reg.Bl. Nr. 27 vom 18. Juni 1836, S. 305ff.

den Entwurf im Regierungsblatt verkündete.[368] In Kraft trat das Gesetz – sofern nichts anderes bestimmt war – 14 Tage nach der Verkündung im Regierungsblatt.[369]

---

[368] Cosack, Staatsrecht des GHT Hessen, S. 55.
[369] Cosack, Staatsrecht des GHT Hessen, S. 55.

§ 4 Die Landesuniversität

Bei der Untersuchung des Einflusses der Professoren auf die Gesetzgebung darf schließlich nicht die Stellung der Professoren in Hessen-Darmstadt unberücksichtigt bleiben. Das Ausmaß der eigenen Einflussnahmemöglichkeit auf die Gesetzgebung hängt von der gesetzlichen Garantie der rechtlichen Stellung der beteiligten Professoren, aber auch von der Führung der Beamtenschaft im Sinne einer freien Meinungsbildung und -äußerung durch den Herrscher ab. Bei der Frage, welche Stellung die Professoren der Ludoviciana in Hessen-Darmstadt hatten, ist auch zu beachten, dass die Ludoviciana eine Landesuniversität war, mit der Folge, dass den Professoren als primäre Aufgabe die Ausbildung von künftigen Staatsdienern zukam. In diesem Kontext ist die Berufungspolitik zu beachten, da die Berufung der Universitätsprofessoren bereits im Vorhinein eine besondere Möglichkeit der Einflussnahme des Herrschers auf seine Beamten darstellte.

A. Die Professoren als Beamte

Die Professoren der Ludoviciana waren Staatsbeamte. Bereits im Zeitalter der Aufklärung waren die Professoren vom Staat besoldete und abhängige Beamte geworden.[370] Allgemein fand im 19. Jahrhundert ein Wandel vom absolutistischen Dienstverhältnis zum öffentlichen Beamtenrecht statt.[371] In Hessen-Darmstadt war die Verwaltungsorganisation seit dem Jahre 1820, vor allem im Jahr 1821, zahlreichen Wandlungen unterworfen, die zum Teil die Folge der territorialen Veränderungen, zum Teil die Folge der Verfassungsgebung waren.[372] Zu Beginn des 18. Jahrhunderts war die Rolle der Führungsschichten vor allem durch die Zielsetzung und Bedürfnisse des monarchischen Obrigkeitsstaates bestimmt.[373] Prägendes Element dieser Epoche der Aufklärung war der absolute Fürstenstaat.[374] Die Herrscher benötigten Juristen als Fachleute bei dem Aufbau der Territorialstaaten. Dabei waren die Juristen vollständig von ihrem Landesherrn abhängig, da sie immer befürchten mussten, beim Landesherrn in Ungnade zu fallen und entlassen zu werden.[375] Im 18. Jahrhundert wurde zwar die ehr-

---

370 Hammerstein, Geschichte der deutschen Universität, S. 153.
371 Willoweit, Öffentlicher Dienst, in: Deutsche Verwaltungsgeschichte 1, S. 348.
372 Klein, Hessische Staaten, in: Deutsche Verwaltungsgeschichte, S. 660.
373 Kunisch, Führungsschichten im Absolutismus, S. 111.
374 Kunisch, Führungsschichten im Absolutismus, S. 111.
375 Hattenhauer, Grundlagen des deutschen Rechts, Rn. 697.

volle, d.h. eine dem Dienstvertrag gemäße, Entlassung die übliche Form der Vertragsbeendigung, die aber dennoch dem Dienstherrn freie Hand bei der Entlassung eines Staatsdieners ließ.[376] Wie in vielen deutschen Territorien setzte auch in Hessen-Darmstadt erst im Zusammenhang mit der Verkündung der Verfassung eine umfassende Kodifikation des Beamtenrechts ein. Das Edikt über die öffentlichen Dienstverhältnisse der Zivilstaatsbeamten vom 12. April 1820[377] schuf die Grundlage für ein einheitliches, „modernes" Beamtenrecht in Hessen-Darmstadt. Ziel dieses Ediktes war zum einen, den Staatsdienern eine ehrenvolle Unabhängigkeit zu verschaffen, zum anderen die Ordnung ihrer Dienstpflichten.[378] Diese von *Heinrich Karl Jaup*[379] verfasste Dienstpragmatik schützte die Beamten weitgehend vor willkürlicher Entlassung, in dem sie die Quoten für die Pensionen sehr hoch ansetzte.[380] Zwar konnte nach Art. 13 der Dienstpragmatik jeder Staatsbeamte nach Verfügung der obersten Staatsverwaltung zu jeder Zeit in den Ruhestand versetzt werden. Er behielt aber seinen Titel und eine Pension, die je nach Dienstjahren zwischen 7/10 bis 9/10 seiner Besoldung betrug.[381] Zusätzlich wurden die Pensionsquoten in Art. 49 I der hessischen Verfassung von 1820 unter Verfassungsschutz gestellt. Damit beschritt Hessen-Darmstadt keinen Sonderweg. Der Schutz vor Entlassung der Staatsdiener in Form der Gewährung eines Pensionsanspruchs war im vormärzlichen Deutschland allmählich zur Regel geworden.[382]

Dieser gesetzlich geschützten rechtlichen Stellung der Beamten stand allerdings seit den Karlsbader Beschlüssen eine systematische Unterdrückung der Meinungs- und politischen Handlungsfreiheit der Beamten in Hessen-Darmstadt entgegen, während noch zuvor unter Ludwig I. weitgehende Freiheit der Meinungsbildung und -äußerung geherrscht hatte.[383] An der Universität führten die Karlsbader Beschlüsse vom 1. bzw. 20 September 1819 einen starken Einschnitt in die einzelstaatlichen Hochschulrechte herbei.[384] Sie ordneten die politische

---

[376] Wunder, Privilegierung und Disziplinierung, S. 19f.
[377] Abgedruckt bei Reh/ Heyer/ Gros, Gesetz-Sammlung des GHT Hessen, Bd. 1, S. 3ff.; Großh. Hess. Reg.Bl. Nr. 23 v. 19. April 1820, S. 189ff.
[378] Hofmann, A., Gesetzgebung und Verwaltung des GHT Hessen, S. 17.
[379] Zu *Heinrich Karl Jaup* und seiner Beteiligung an hessen-darmstädtischen Gesetzgebungsarbeiten siehe unten Dritter Teil § 7 Kodifikationsversuche in der Rheinbundzeit.
[380] Büttner, Anfänge des Parlamentarismus in Hessen-Darmstadt, S. 108.
[381] Bopp, Hessischer Rechtsfreund, S. 470.
[382] Wunder, Privilegierung und Disziplinierung, S. 14.
[383] Büttner, Anfänge des Parlamentarismus in Hessen-Darmstadt, S. 109.
[384] Moraw, Geschichte der Universität Gießen, S. 125.

Überwachung der Universitäten und die Einführung einer Vorzensur für Schriften und Zeitungen an. Zudem verpflichteten sie jede Universität, einen Regierungsbevollmächtigten anzustellen, der Studenten, aber auch Professoren politisch überwachen und bei Verdacht revolutionärer Umtriebe verfolgen sollte.[385] Dadurch konnte die Staatsverwaltung den gesamten Universitätsalltag regelmäßig kontrollieren.[386] Neben der Zentraluntersuchungskommission in Mainz wurde an der Ludoviciana ein außerordentlicher Universitätsbevollmächtigter eingesetzt. Dieses Amt des außerordentlichen Universitätsbevollmächtigten fiel an der Ludoviciana mit dem Amt des Kanzlers zusammen.[387] Es wurde erst im April 1848 – allerdings als eines der ersten im deutschen universitären Vergleich – aufgehoben.

Daneben waren auch die politischen Aktivitäten der Professoren als Abgeordnete in der Ständeversammlung sehr beschränkt. Im Jahre 1829 erließ die Regierung ein Verbot der Mitteilungen von „Aufschlüssen" durch die Staatsdiener an die Mitglieder der Ständeversammlung.[388] Als weiteres Mittel diente die Urlaubsverweigerung für in das Parlament gewählte Beamte.[389] So wurde beispielsweise dem Liberalen *Ernst Höpfner* von dem Staatsminister *Karl Ludwig Wilhelm von Grolman* konsequent der zur Teilnahme an der Ständeversammlung erforderliche Urlaub verweigert, sobald er in den Landtag gewählt war.[390] Nach der Auflösung des Landtags von 1833 wurden diejenigen Beamten, die sich der Opposition angeschlossen hatten, pensioniert oder mit ähnlichen Maßnahmen bestraft.[391] Zu diesen Beamten gehörte auch der ehemalige Professor der Rechte *Heinrich Karl Jaup*. Um oppositionelles Verhalten der Beamten zu unterbinden, wurde in einer den öffentlichen Dienst betreffenden Bekanntmachung vom 13. Dezember 1833 angekündigt, dass künftig auf solches und ähnliches staatsfeindliche Handeln, auch wenn es keine Treueverletzung darstelle, bei Anstellung, Beförderungen oder dergleichen, Rücksicht genommen werde.[392] Nach der Auflösung des Landtages von 1833 entwickelte sich das Großherzog-

---

[385] Turner, Universitäten, in: Handbuch deutsche Bildungsgeschichte III, S. 236.
[386] Turner, Universitäten, in: Handbuch deutsche Bildungsgeschichte III, S. 236.
[387] Dette/ Schneider, Studentische Disziplin, Einleitung, S. II.
[388] UAGi Allg. A. Nr. 9 Fasz. 10.
[389] Vgl. auch oben Zweiter Teil § 3 B II. 2.
[390] Büttner, Anfänge des Parlamentarismus in Hessen-Darmstadt, S. 109.
[391] Büttner, Anfänge des Parlamentarismus in Hessen-Darmstadt, S. 109.
[392] Zitiert nach Büttner, Anfänge des Parlamentarismus in Hessen-Darmstadt, S. 109.

tum unter Großherzog Ludwig II. zu einem konservativen autoritär-bürokratischen Regime.[393]

B. Die Berufungspolitik

Der hessen-darmstädtische Regent konnte aber nicht nur auf die Professoren als Beamte Einfluss nehmen. Er entschied bereits über ihre Berufung an die Universität. Neben der Finanzierung war das stärkste Mittel des Staates die Berufungspolitik, um Einfluss auf die Landesuniversität auszuüben.

In den Statuten wurden der Universität Rechte und Privilegien zugestanden, zu denen auch das Recht zur Selbstergänzung der Ordinarien zählte. Allerdings hing dessen Realisierung davon ab, wie stark der Landesherr seine Aufsichts- und Kontrollfunktion wahrnahm.[394] Indem er von seinem Recht Gebrauch machte, in Universitätsbelange einzugreifen, konnte der Landesherr letztendlich die Personalentscheidung treffen. Grundsätzlich beriet aber der Senat über die Anstellung und Beförderung der Professoren und teilte sein Ergebnis in entsprechenden Berichten dem zuständigen Ministerium mit. Zumeist entsprach der Landesherr der Empfehlung des Senates. Die Universität besaß allerdings keinen Anspruch auf die Realisierung ihrer Wünsche.[395]

I. Der Versuch einer Universitätsreform unter Friedrich Karl von Moser

Gegen Ende des 18. Jahrhunderts versuchte Landgraf Ludwig IX. verstärkt, den Zustand der Landesuniversität durch Reformen zu verbessern.[396] Wie in Göttingen und Halle lag die Initiative zur Durchführung von Reformen beim Landesherrn, Mitgliedern des Geheimen Rates und der Regierung.[397] Bei der Ausarbeitung eines Reformprogrammes für die Landesuniversität ist insbesondere der Verwaltungsfachmann und Jurist *Friedrich Karl von Moser*[398] hervorzuheben.

---

393 Schubert, Strafgesetzbuch von Hessen-Darmstadt, S. 13.

394 Felschow, Reformbestrebungen an deutschen Universitäten, in: FS Moraw, S. 601f.

395 Moraw, Geschichte der Universität Gießen, S. 38.

396 Felschow, Reformbestrebungen an deutschen Universitäten, in: FS Moraw, S. 616; Mack, Eindringen der Aufklärung in die Universität Gießen, in: Academia Gissensis, S. 384, 386.

397 Felschow, Reformbestrebungen an deutschen Universitäten, in: FS Moraw, S. 604.

398 *Friedrich Karl von Moser* (1723-1798), Sohn des *Johann Jakob Moser*, Studium der Rechtswissenschaften in Jena, nach der Tätigkeit für Hessen-Homburg 1762 Verleihung des Titels eines künftigen wirklichen Geheimen Rats in Hessen-Darmstadt, 1763-1767 Geheimer Rat in Hessen-Kassel, ab 1767 Reichshofrat in Wien, 1772 Rückkehr nach Hessen-Darmstadt, am 11. April 1772 Ernennung zum Präsidenten sämtlicher Landeskollegien und zum Kanzler; vgl. Heidenheimer, Moser, in: ADB, Bd. 22, S. 764ff.

Dieser war 1772 als leitender Minister nach Darmstadt berufen worden und versuchte bis Ende des 18. Jahrhunderts, die Ludoviciana nach dem Göttinger Vorbild zu reformieren.[399] Die Universitätsreform war dabei wesentlicher Teil einer geplanten umfassenden Staatsreform. Dies unter anderem darum, da *Moser* einen gut ausgebildeten Beamtenapparat als einen wesentlichen Faktor einer rationalen Staatsführung ansah.[400] Dieses Ziel sollte auch durch die Berufung anerkannter Rechtslehrer erreicht werden. Erstmals erkannte *Moser*, dass Reformen vor allem durch die Besetzung der Lehrstühle mit ausländischen Kandidaten vorangetrieben werden konnten. Durch die Verpflichtung bekannter Professoren konnte zudem die Finanzsituation der Universität verbessert werden.[401] In der Absicht der Änderung der Berufungspolitik versuchte Ludwig IX. – im Ergebnis erfolglos – *Johann Stephan Pütter*[402] aus Göttingen als Universitätskanzler für Gießen zu gewinnen. *Pütter* galt seinerzeit als der bedeutendste und erfolgreichste Staatsrechtslehrer, wenn nicht sogar Rechtslehrer überhaupt.[403] Eine Folge dieser geänderten Berufungspolitik und damit eines attraktiveren Lehrangebots wäre die Verbesserung der Finanzsituation der Universität durch den Zustrom ausländischer Studierender gewesen. Einen weiteren Fortschritt sollte ein zeitgemäßes Studienangebot bringen. Durch die Erweiterung des Lehrangebots auf „moderne" kameralistische Fächer, sollten die landgräflichen Beamten eine zweckmäßigere Ausbildung erfahren.[404] Diese Idee mündete in der Errichtung der fünften, der ökonomischen Fakultät an der Ludoviciana durch Dekret vom 23. April 1777.[405] Die Vorschläge *Mosers* zur Universitätsorganisation entsprachen den aufgeklärten bzw. reformabsolutistischen Programmen der Zeit.[406] Der Sturz *Mosers* im Jahre 1780 beendete die Reformbestrebungen. Bis zum Ende des 18. Jahrhunderts wurden keine nennenswerten Reformansätze mehr durchgeführt.[407]

---

399 Hammerstein, Die deutsche Universität im 18. Jahrhundert, in: FS Moraw, S. 592; Felschow, Reformbestrebungen an deutschen Universitäten, in: FS Moraw, S. 604.

400 Dölemeyer, Iura et cameralia, S. 147; Felschow, Reformbestrebungen an deutschen Universitäten, in: FS Moraw, S. 616.

401 Dölemeyer, Die Universität als „gelehrte Manufactur", in: FS Moraw, S. 565.

402 *Johann Stephan Pütter* (1725-1807*)*, zu seiner Biographie vgl. Kleinheyer/ Schröder, Deutsche und Europäische Juristen, S. 331ff.

403 Kleinheyer/ Schröder, Deutsche und Europäische Juristen, S. 332.

404 Dölemeyer, Die Universität als „gelehrte Manufactur", in: FS Moraw, S. 566.

405 Dölemeyer, Iura et cameralia, S. 149.

406 Dölemeyer, Die Universität als „gelehrte Manufactur", in: FS Moraw, S. 566.

407 Felschow, Reformbestrebungen an deutschen Universitäten, in: FS Moraw, S. 617.

Insgesamt hatten die Reformbestrebungen *Mosers* nur zu geringen Modernisierungen an der Ludoviciana geführt. Das Erreichen des Göttinger Standards war nicht möglich. Dies lag vor allem daran, dass den Reformbestrebungen an der Ludoviciana immer auch die beschränkten finanziellen Verhältnisse im Wege standen.[408] Gerade das nunmehr an den Universitäten stärker hervortretende Element der Forschung konnte schon auf Grund der unzureichenden Universitätsbibliothek – die zum einen schlecht durch Sachmittel belegt war, zum anderen nur geringe Öffnungszeiten aufwies – nicht wie beispielsweise in Göttingen vorangetrieben werden. Daran ist auch zu erkennen, dass das Studium in Gießen zu dieser Zeit noch nicht auf selbstständiges wissenschaftliches Arbeiten ausgerichtet war. Außer den in den Vorlesungsverzeichnissen vorgegebenen Lehrbüchern schien eine weitergehende – umfassende – Kenntnis und Benutzung der übrigen Fachliteratur nicht unbedingt für das Erreichen des Studienziels erforderlich. Die erlernte Materie entsprach daher in der Regel der Lehrmeinung des die Vorlesung haltenden Professors.[409] Hinzu kam, dass das Interesse des Landesherrn an „seiner“ Universität hinter den landesherrlichen Interessen an Finanz- und Kreditgeschäften, an Militärangelegenheiten und an der baulichen Ausgestaltung der Residenzen zurück blieb.[410] Auch auswärtige Beobachter urteilten negativ über den Zustand der Gießener Universität. Der preußische Geheime Rat *Gedike* bereiste 1789 mehrere Universitäten mit dem Ziel, tüchtige Kräfte für Preußen zu gewinnen. Sein Urteil über die Ludoviciana war eher negativ.[411]

II. Die Gießener Universitätsfamilien

Die Gießener Professoren waren Beamte und als solche wie die meisten Beamten in den deutschen Territorien Bürgerliche und zumeist Landeskinder, die stark geschlossene Heiratskreise bildeten, von denen aus der Aufstieg zu höheren Rängen oftmals die Regel wurde.[412] Die Universität und die Regenten beriefen Professoren auf Grund ihrer Verwandtschaft mit bereits an der Landesuniversität lehrenden Professoren.

---

[408] So auch Felschow, Reformbestrebungen an deutschen Universitäten, in: FS Moraw, S. 604.

[409] Vgl. insofern Paulsen, Geschichte des gelehrten Unterrichts II, S. 141.

[410] Felschow, Reformbestrebungen an deutschen Universitäten, in: FS Moraw, S. 605.

[411] Haupt/ Lehnert, Chronik der Universität Gießen 1607-1907, S. 388f., Nr. 358.

[412] Hofmann, H., Eliten in Deutschland, S. 156.

Gerade in der ersten Hälfte des 19. Jahrhunderts bestand unter den Rechtsprofessoren der Ludoviciana ein komplexes Netz verwandtschaftlicher Beziehungen. Wie an vielen älteren europäischen Universitäten stammten viele Professoren aus so genannten Universitätsfamilien. Diese hatten sich als eine „verflochtene Oligarchie von Familien bürgerlicher Abkunft“[413] bereits im 16. Jahrhundert herausgebildet; ihre Ausläufer reichten bis in das 19. Jahrhundert hinein. Ihre Hauptaufgabe war die Ausbildung von Staatsdienern für Kirche, Verwaltung und Justiz.[414] Die Folge war eine starke verwandtschaftliche Verknüpfung der Professoren untereinander. Diese Beziehungen wurden durch entsprechende Heiraten aufrechterhalten. Durch diese „Heiratspolitik“ wurden Lehrstühle häufig allein auf Grund von verwandtschaftlichen Beziehungen und nicht auf Grund besonderer Qualifikationen besetzt. Einigen Familien gelang es, den Lehrstuhl des Vaters an den Sohn zu „vererben“. Anzuführen ist hierbei *Heinrich Karl Jaup*, der im Jahre 1806 den Lehrstuhl seines verstorbenen Vaters *Helferich Bernhard Jaup* „erbte“.
Als typische und in Gießen einflussreichste Universitätsfamilie ist die Familie *Grolman* hervorzuheben. An ihr zeigt sich das große Ausmaß des Nepotismus an der Ludoviciana. Die Familie *Grolman* stammte von einer Bauernfamilie aus der Nähe Wattenscheids ab, wo sie im 15. Jahrhundert ein Gut besaß.[415] Der hessische Zweig der Familie wurde durch *Melchior Detmar Grolman* (1668-1722) begründet. Dieser war von dem hessischen Landgrafen Ernst Ludwig als Beamter von Bochum nach Gießen geholt worden. Einer seiner Söhne, der Geheime Regierungsrat *Adolf Ludwig Grolman* (1722-1795), war Vater des Rechtsprofessors *Karl Ludwig Wilhelm Grolman*. Letzterem gelang es unter Geltendmachung seines Einflusses, dass sein Sohn *Johann August Grolman* (1805-1848) im Jahre 1832 Professor der Rechte an der Ludoviciana wurde. Einem anderen Sohn verhalf *Grolman* zu einer Karriere im Kriegsministerium Darmstadt. *Grolmans* Einfluss beschränkte sich dabei nicht nur auf seine Söhne. Er entschied auch über die Karriere *Franz Joseph Arens`* im Großherzogtum. Ein Jahr nachdem der aus Westphalen stammende *Arens* eine Schwester *Grolmans* geheiratet hatte, wurde er unter *Grolmans* Einfluss ordentlicher Professor an der Ludoviciana. Gerade *Arens* ist ein Beispiel für die Erlangung einer Pro-

---

413 Moraw, Ältere deutsche Universitäten, in: Academia Gissensis, S. 40.
414 Baumgarten, Die klassische Universität, in: FS Moraw, S. 621.
415 Schulz, Herrschaft durch Verwaltung, S. 27; Knöpp, Grolman, in: NDB 7, S. 122; Euler, Geheime Räte in Hessen-DA, in: FS familienrechtliche Vereinigung Darmstadt, S. 73.

fessorenstelle auf Grund von Beziehungen, galt er doch als mäßiger Jurist.[416] Dass zu Beginn des 19. Jahrhunderts vor allem die Juristische und die Medizinische Fakultät noch von den Universitätsfamilien beherrscht wurden,[417] stellte im Vergleich mit anderen deutschen Universitäten keine Ausnahme dar. Sogar an der Göttinger Universität bestanden entsprechende Strukturen.[418] Die enge Verflechtung der Gießener Professorenschaft korrespondiert mit den Verhältnissen in der gesamten hessischen Beamtenschaft Ende des 18. Jahrhunderts. Diese rekrutierte sich ebenfalls aus einer geringen Anzahl von Familien und stellte eine „fest zusammengefügte, jedem Fortschritt abholde Kaste“ dar.[419] Die Mitglieder der Universitätsfamilien waren Reformen gegenüber – schon auf Grund ihres Zieles des Machterhaltes – negativ eingestellt. Allerdings darf die Ludoviciana nicht ausschließlich als Familienuniversität bezeichnet werden. Die Familienuniversität prägte zwar die Ludoviciana, es gab aber immer auch Neuankömmlinge, die in anderer Weise, z.B. über den Hof oder durch Empfehlung von Autoritäten an die Universität gelangten.[420] Allein wenn die starren Beamtenstrukturen durch die Berufung ausländischer Karrierebeamter durchbrochen wurden, konnten davon Impulse ausgehen.[421] Häufig heirateten sich die Neuankömmlinge dann aber in die bestehenden Universitätsfamilien unter Anerkennung deren „Familienordnung“ ein.[422]

Allgemein werden die Strukturen der Universitätsfamilien im 18. und 19. Jahrhundert in der Forschung negativ – als ein gegen eine zeitgemäß-moderne Universität sprechendes Faktum – bewertet. *Hammerstein* hat jedoch zu bedenken gegeben, dass dies nicht unbedingt eine Aussagekraft über den tatsächlichen Zustand und den Erfolg der Universität habe, da es „äußerst tüchtige Professoren-Dynastien“ gegeben habe.[423] So sei das Göttinger Modell einer offiziellen „Hausberufungspolitik“ zur Steigerung der Leistungsfähigkeit der Universitäten, das sich an Familienuniversitäten anlehnte, sehr erfolgreich gewesen.[424] In Gießen muss das Phänomen allerdings eher negativ und reformhindernd bewertet

---

[416] Büttner, Anfänge des Parlamentarismus in Hessen-Darmstadt, S. 30.

[417] In der Theologischen Fakultät wurden die verwandtschaftlichen Verstrickungen im 17. und 18. Jahrhundert beendet.

[418] Baumgarten, Die klassische Universität, in: FS Moraw, S. 628f.; vgl. auch Hammerstein, Eine deutsche Universität im 18. Jahrhundert, in: FS Moraw, S. 590.

[419] Dieterich, Ein Gießener Professor als Staatsminister, S. 465.

[420] Moraw, Ältere deutsche Universitätsgeschichte, in: Academia Gissensis, S. 40.

[421] Schulz, Herrschaft durch Verwaltung, S. 27.

[422] Moraw, Ältere deutsche Universitätsgeschichte, in: Academia Gissensis, S. 40.

[423] Hammerstein, Eine deutsche Universität im 18. Jahrhundert, in: FS Moraw, S. 590.

[424] Hammerstein, Eine deutsche Universität im 18. Jahrhundert, in: FS Moraw, S. 590.

werden.[425] Die in diesen Strukturen etablierten Professoren hielten zumeist an dem Althergebrachten fest und versuchten es zu bewahren, mit der Folge, dass in diesem Umfeld kein Wille zu durchgreifenden Änderungen aufkommen konnte.[426]

III. Veränderungen in der Berufungspolitik

Erst in der zweiten Hälfte des 19. Jahrhunderts ging die Familienuniversität in Deutschland unter. Es zeichnete sich ein Wechsel in der Berufungspolitik ab. Dies lag vor allem an einem neuen Wissenschaftsverständnis. Der neue Professor musste sich durch eigene Forschungsleistungen ausgezeichnet haben. Allein auf Grund der Herkunft konnte kein Ordinariat mehr erreicht werden. Als einer der Impulsgeber für diesen Wandel kann die Humboldtuniversität in Berlin bezeichnet werden, die von Beginn an deutlich machte, nur die besten Wissenschaftler berufen zu wollen.[427] Auch an der Ludoviciana ist der Übergang von der Familienuniversität zu einer leistungsbezogenen Universität zu erkennen. Die Versuche der Professoren, ihre Söhne und Verwandten in der Landesuniversität unterzubringen, endeten nunmehr in Stellungen als Privatdozenten. Beispielsweise gelang es dem Sohn *Heinrich Karl Jaups*[428] nicht mehr ordentlicher Professor zu werden. Nach zweijähriger Tätigkeit als Privatdozent (1850-1852) an der Ludoviciana wechselte er in den höheren Verwaltungsdienst nach Darmstadt. Während zwischen 1815 und 1847 noch sieben der in Gießen lehrenden Rechtsprofessoren aus dem Großherzogtum Hessen stammten, wobei drei von ihnen Universitätsfamilien entstammten, kam in der Zeit zwischen 1848 und 1879 keiner der Professoren mehr aus dem Großherzogtum.[429] Am längsten versuchte der Professor der Rechte *Johann Michael Franz Birnbaum*[430] an den Regeln der Universitätsfamilien festzuhalten. Der bereits seit 1840 lehrende *Birnbaum* repräsentierte noch die „alte" Universität. Als Katholik und auf Grund seiner sozialen Herkunft aus der unteren Mittelschicht war er im Kollegium isoliert.[431] Zu beachten ist aber, dass auch noch in der zweiten Hälfte des 19. Jahr-

---

425 So auch Hammerstein, Eine deutsche Universität im 18. Jahrhundert, in: FS Moraw, S. 590, 591.
426 Felschow, Reformbestrebungen an deutschen Universitäten, in: FS Moraw, S. 602.
427 Baumgarten, Die klassische Universität, in: FS Moraw, S. 622.
428 Bernhard Ferdinand Ernst Wilhelm Jaup, 1827-1895.
429 Klippel/ Kröger-Schrader, Jhering in Gießen, S. 32.
430 Zu *Johann Michael Franz Birnbaum* (1792-1877) vgl. Gareis, J. M. F. Birnbaum – ein Lebensbild.
431 Klippel/ Kröger-Schrader, Jhering in Gießen, S. 32.

hunderts bei der Besetzung freigewordenen Zweit- und Drittprofessoren den Landeskindern der Vortritt gegeben wurden, was diese Professuren zu den „letzten Bastionen“ der Familienuniversität machten.[432]
Das Durchbrechen der veralteten Strukturen der Familienuniversität war nur durch Ausschaltung der an der Ludoviciana vorhandenen Parteiinteressen möglich gewesen. Entscheidendes Mittel hierbei war eine an Leistungskriterien orientierte Berufungspolitik nach Göttinger und Berliner Vorbild.[433] Dabei sollte durch die Festschreibung eines Letztentscheidungsrecht des Staates hinsichtlich der Berufungen der Einfluss privater Interessen der Universitätsprofessoren unterbunden werden.[434] In bestimmten Fällen sollte dabei das Recht des Senates auf Vorberatungen entfallen.[435] Der Übergang hin zu einer neuen Berufungspolitik war fließend und langwierig. Im Jahre 1839 nannte der Kanzler der Universität *Linde* als Berufungskriterien der obersten Behörde bei der Besetzung von Lehrstellen zum einen die Erprobung als Dozent an der Ludoviciana einschließlich schriftstellerischen Bekanntheitsgrades.[436] Zum anderen konnten Auswärtige ausgewählt werden, deren Ruf sie hinlänglich empfehle.[437] Gerade in der Übergangszeit hegten sich viele Stimmen gegen das letztgenannte Berufungskriterium. Dieser Kritik trat *Linde* insofern entgegen, als die Wissenschaft ihrer Natur nach etwas Allgemeines sei, die über die Grenze bloß vaterländischer Beziehungen, Zwecke und Interessen herausreiche.[438] Erstmals flossen auch gesamtdeutsche Erwägungen in die Argumentation ein. Hinsichtlich der Berufung von „Ausländern“ wurde angeführt, dass zu beachten sei, dass die deutschen Universitäten in ihrem vollständigen Zweck nicht nur Landesanstalten, sondern vielmehr deutsche Anstalten seien und damit dem „gemeinsamen deutschen Vaterlande mit ihrem Leben und ihrer Stellung“ angehörten.[439] Die Möglichkeit der Einstellung von Ausländern belebe die Konkurrenz. Die Forderung nach Konkurrenz unter den Professoren kam in dieser Zeit in Hessen-Darmstadt ebenso auf, wie die Erwägung, dass alle Fächer möglichst vollständig durch besondere Lehrer zu vertreten seien.[440]

---

[432] Baumgarten, Die klassische Universität, in: FS Moraw, S. 628.
[433] Felschow, Geld und Landesuniversität, in: FS Franz, S. 207.
[434] Felschow/ Heuser, Universität und Ministerium im Vormärz, S. XIX.
[435] Felschow/ Heuser, Universität und Ministerium im Vormärz, S. XIX.
[436] Linde, Unterrichtswesen in Hessen, S. 295.
[437] Linde, Unterrichtswesen in Hessen, S. 295.
[438] Linde, Unterrichtswesen in Hessen, S. 295.
[439] Linde, Unterrichtswesen in Hessen, S. 296.
[440] Linde, Unterrichtswesen in Hessen, S. 294.

C. Resümee

Die Professoren waren Staatsbeamte, die an der hessen-darmstädtischen Landesuniversität lehrten. Ihre Aufgabe zu Beginn des 19. Jahrhunderts war die Ausbildung künftiger Staatsdiener.

Zunächst war die Universität durch familiäre Beziehungen geprägt, in die die Landgrafen in der Regel nicht eingriffen. Obwohl Landgraf Ludwig IX. Ende des 18. Jahrhunderts versucht hatte, die Berufungspolitik insofern zu reformieren, als Leistungskriterien den Ausschlag für eine Professur geben sollten, blieb die Ludoviciana bis zur Mitte des 19. Jahrhunderts eine Familienuniversität. Familiäre Beziehungen führten häufig zu der Besetzung der Lehrstühle. Die familiär verbundenen Professoren versuchten bis zur Mitte des 19. Jahrhunderts, Reformen zu verhindern. Um die aus der Familienuniversität folgenden Missstände an der Ludoviciana zu beseitigen, verstärkte der Kanzler der Universität *Linde* in den 1830er Jahren die Zugriffsmöglichkeiten des Staates, in dem er die Oberaufsicht über die finanziellen Angelegenheiten der Universität auf das Ministerium des Inneren und der Justiz übertrug, sowie dem Regenten ein Letztentscheidungsrecht bei den Berufungen einräumte.
Die ersten Reformmaßnahmen unter *Moser* waren nicht von der Universität ausgegangen, sondern vom Landesherrn und seiner Regierung. In Darmstadt war man sich der Notwendigkeit gut ausgebildeter Staatsdiener für eine bessere Verwaltung bewusst.[441] Die Reformmaßnahmen scheiterten vor allem an der finanziellen Situation Hessen-Darmstadts, aber auch an den personellen Strukturen der Professorenschaft. Erst im Jahre 1839 gingen von der Universität Reformvorschläge aus. Der Kanzler der Universität *Linde* sah in der Berufung fachlich anerkannter Autoritäten die Möglichkeit das Ansehen der Universität zu fördern.[442] Das Ende der Universitätsfamilien führte dabei aber zunächst zu einem erhöhten Einfluss des Staates.[443]

Während die rechtliche Stellung der Beamten durch die Dienstpragmatik vom 12. April 1820 insofern gesichert wurde, als sie durch die Festschreibung von Pensionsansprüchen vor willkürlichen Entlassungen geschützt wurden, erfolgte insbesondere nach den Karlsbader Beschlüssen von 1819 eine starke Beschrän-

---

441 Felschow, Reformbestrebungen an deutschen Universitäten, in: FS Moraw, S. 604.
442 Felschow/ Heuser, Universität und Ministerium im Vormärz, S. XIX.
443 Moraw, Geschichte der Universität Gießen, S. 105.

kung der Meinungsfreiheit. So wurden die Professoren an der Landesuniversität durch einen Regierungsbevollmächtigten überwacht. In der Ständeversammlung wurde ihre Meinungsfreiheit durch Androhung von Nachteilen oder die Urlaubsverweigerung eingeschränkt.

Dritter Teil

Die Gesetzgebungsprojekte vor der Einführung der hessischen Verfassung im Jahre 1820

§ 5 Gesetzgebungsarbeiten unter dem Einfluss der Aufklärung

Bereits nach seinem Regierungsantritt im Jahre 1567 hatte der erste hessen-darmstädtische Landgraf Georg I. beabsichtigt, gemeinsam mit seinen – in den anderen hessischen Gebieten regierenden – Brüdern eine umfassende Zivil- und Strafgesetzgebung für Hessen zu schaffen.[444] Dieses Vorhaben gelangte allerdings nicht zur Ausführung.[445] Weitere Gesetzgebungsarbeiten fanden Anfang des 18. Jahrhunderts statt. 1724 wurde in Hessen-Darmstadt eine Zivilprozessordnung und 1726 eine Strafprozessordnung geschaffen, die aber beide keine ausschließliche Geltung beanspruchten.[446] Zu einem erneuten Versuch, das Recht in Hessen-Darmstadt zu vereinheitlichen, kam es in der zweiten Hälfte des 18. Jahrhunderts, dem Zeitalter der Aufklärung. An den entsprechenden Arbeiten hatte ein Gießener Professor, der Professor der Rechte *Ludwig Julius Friedrich Höpfner*, großen Anteil.

A. Das Gesetzgebungsprojekt

Auf Grund der schlechten finanziellen und organisatorischen Situation des Landes wurde der Verwaltungsfachmann und Jurist *Friedrich Karl von Moser* 1762 vom Erbprinzen und späteren Landgrafen Ludwig IX.[447] beauftragt, ein Reformprogramm auszuarbeiten.[448] Neben der Universitätsreform war ein weiteres Teilprojekt dieses Reformprogrammes – ebenfalls aus dem Jahre 1762 – die Verbesserung der Rechtssicherheit. Um diese zu erreichen, schlug *Moser* vor, das Landrecht zu fixieren, die Landesverordnungen zu sammeln und die Justiz

---

[444] Christ, Entstehung des Strafgesetzbuchs für das GHT Hessen, S. 17.

[445] Christ, Entstehung des Strafgesetzbuchs für das GHT Hessen, S. 17.

[446] Zur Zivilprozessordnung von 1724 siehe oben Zweiter Teil § 3 A. II. 1. a. bb. (1); zur Strafprozessordnung von 1726 siehe oben Zweiter Teil § 3 A. II. 1. a. cc. (1).

[447] Landgraf Ludwig IX. (1719-1790); Näheres bei Dieffenbach, Geschichte von Hessen, S. 186ff.

[448] Dölemeyer, Kodifikationspläne in deutschen Territorien, S. 201f.; zu dem Reformprogramm *Mosers* gehörte auch die Reformierung der Landesuniversität, vgl. oben Zweiter Teil § 4 B. I.

und das Prozessrecht zu reformieren.[449] Die gesammelten, noch Geltung beanspruchenden Landesverordnungen sollten bereinigt und aus ihnen ein „Land-Recht in Justiz und Prozeßsachen" ausgearbeitet werden.[450] Schließlich sollte dies zu der Schaffung eines „Codex Ludovicianus" führen.[451]
Sieben Jahre nachdem *Moser* diese umfassende Staatsreform für Hessen-Darmstadt geplant hatte, versuchte Landgraf Ludwig IX. das Reformprogramm *Mosers* umzusetzen. Mit Verordnung vom 5. Januar 1769[452] bekundete Landgraf Ludwig IX. seine Absicht zur Vorbereitung einer umfassenden Gesetzgebung mit den Zielen der Verbesserung der Rechtssicherheit und Verständlichkeit des Gesetzes für die Bürger. Damit „alle Gelegenheit, unter der Larve des Gesetzes zu chicanieren, männiglich so viel möglich benommen werden möge", legte er darin fest, dass „demnächst ein neues Landrecht, worin alle bisher emanirten Verordnungen enthalten und die causa arduae und dubiae zu entscheiden sind, auf eine leicht begreifliche und jedem gemeinen Mann in denen gewöhnlichen Fällen verständige Art verfasset und dem Druck übergeben werden" sollte.[453]
Obwohl hierin bereits die für Kodifikationsarbeiten typische Forderung nach Rechtssicherheit und Verständlichkeit des Gesetzes erhoben wurde, war das Ziel Ludwigs IX. noch die Schaffung eines Landrechts. Bestehendes Recht sollte aufgezeichnet und verbessert werden. Das Projekt stand aber mit seinen Zielen bereits unter dem Vorzeichen der aufklärerischen Idee der Kodifikation.[454]
Trotz des in der Verordnung von 1769 bekundeten Willens zur Schaffung eines Landrechts wurde die Verordnung zunächst nicht umgesetzt. Im Jahre 1776 äußerten die Stände – unter Bezugnahme auf das Justizreglement von 1769 – in den auf dem Landtag in Butzbach übergebenen allgemeinen ständischen Desiderien den Wunsch nach der Abfassung eines allgemeinen Landrechts. Das entsprechende Desiderium trug die Überschrift: „Der Mangel eines zusammen ge-

---

[449] Denkschriften Mosers vom 12.5. und 9.7.1762, zitiert nach Dölemeyer, Kodifikationspläne in deutschen Territorien, S. 202.
[450] StADa D4, Nr. 551/11, fol. 29.
[451] Dölemeyer, Kodifikationspläne in deutschen Territorien, S. 202.
[452] Verordnung vom 5. Januar 1769, teilweise abgedruckt bei Bopp, Civil- und Criminalgesetzgebung des Großherzogthums Hessen, in: Archiv für die neueste Gesetzgebung aller Deutschen Staaten 3, S. 72; teilweise abgedruckt bei Breidenbach, Commentar I, Einleitung, S. 6, der als Datum für die Verordnung den 25. Januar 1769 nennt.
[453] Verordnung vom 5. Januar 1769, teilweise abgedruckt bei Bopp, Civil- und Criminalgesetzgebung des Großherzogthums Hessen, in: Archiv für die neueste Gesetzgebung aller Deutschen Staaten 3, S. 72; teilweise abgedruckt bei Breidenbach, Commentar I, Einleitung, S. 6.
[454] Dölemeyer, Iura et cameralia, S. 151.

druckten und allgemein gemachten Landrechts, und daher entspringende große Menge und Weitläufigkeit derer Prozessen, als welche durch das jus incertum nothwenig erzeuget wird"[455]. Als Argument für die Schaffung eines Landrechts wurde angeführt, dass es den bestehenden Zustand, wonach der Mangel eines allgemeinen Landrechts zu einer Vielzahl von Prozessen führe, beseitigen würde. In der Konsequenz würde ein allgemeines Landrecht die Bürger durch die Verringerung der Prozesse vor dem Ruin bewahren und es ihnen damit ermöglichen, die Abgaben des Staates erbringen zu können.[456] Das Desiderium enthielt zudem Vorschläge über das Vorgehen bei der Ausarbeitung des Landrechts. Das Landrecht sollte nach Ansicht der Landstände unter Berücksichtigung der bestehenden Landesverordnungen und Lokalrechte geschaffen werden.[457] Bei Unvollständigkeiten der Landrechte oder Streitfragen sollte explizit nicht auf die Wissenschaft zurückgriffen werden. So wurde erklärt, dass „dasjenige, was in denen Landesgesetzen nicht bestimmt, sondern aus der praxi hodierna Germaniae denen Römischen, Canonischen und sonstigen Rechten zu entlehnen, und disputable ist, nicht zwar nach der Gelehrten critigue, sondern nach der natürlichen Billigkeit und wohlgeprüften Anpassung auf die Hessische Verfassung, determiniret, deduciret und in seiner Ordnung zusammen getragen (...)"[458] werde. Die Ausarbeitung des Landrechts selbst sollte durch juristische Praktiker und Regierungsbeamte erfolgen.[459]

Da auch das Geheimratskollegium davon ausging, dass sich in Hessen-Darmstadt Männer mit guten Kenntnissen der Rechtswissenschaft befänden, die ein Gesetzgebungswerk zum Erfolg führen könnten, wurden zunächst zwei Oberappellationsräte und ein Regierungsrat unter Zuordnung zweier Darmstädter und eines Gießener Rechtsanwaltes mit der Abfassung eines neuen Landrechts beauftragt. Damit waren bei der ersten gesetzgeberischen Arbeit, die unter dem Einfluss der Aufklärung begonnen werden sollte, zunächst bewusst keine Professoren der Rechtswissenschaft, sondern Praktiker von der Staatsregierung ausgewählt worden.

---

[455] Zitiert nach Breidenbach, Commentar I, Einleitung, S. 6.

[456] Ständisches Desiderium des Landtags zu Butzbach 1776, zitiert nach Breidenbach, Commentar I, Einleitung, S. 6f.

[457] Dölemeyer, Kodifikationspläne in deutschen Territorien, S. 202; Breidenbach, Commentar I, Einleitung, S. 7.

[458] Ständisches Desiderium des Landtags zu Butzbach 1776, zitiert nach Breidenbach, Commentar I, Einleitung, S. 7.

[459] Breidenbach, Commentar I, Einleitung, S. 7; Dölemeyer, Kodifikationspläne in deutschen Territorien, S. 202.

Zu einem konkreten Gesetzentwurf kam es nicht. Die Kommission sollte vor dem Beginn der Arbeiten zu dem Landrechtsentwurf dem Geheimratskollegium einen Plan vorlegen, „wonach sie die Ausführungen zu übernehmen gedächten“[460]. In dem entsprechenden Bericht erklärten die Kommissionsmitglieder, zur Vorbereitung des neuen Gesetzbuches zunächst Materialien, vor allem das Partikularrecht, sammeln zu wollen. Im Anschluss daran sollten die einzelnen, zu regelnden Gegenstände von der Kommission stückweise bearbeitet werden.[461] Hinsichtlich des Vorgehens bei dem Gesetzentwurf selber konnte die Kommission allerdings keinen konkreten Plan vorlegen. Dies sei erst möglich, wenn die Materialien gesammelt und geordnet seien.[462] Dass ein konkreter Plan für ein umfassendes Gesetzbuch nicht vorgelegt werden könnte, rechtfertigten die Kommissionsmitglieder mit dem Hinweis, dass selbst der Preußische Monarch, als der „größte Gesetzgeber neuerer Zeit“, trotz aller Bemühungen noch kein umfassendes Gesetzbuch zustande gebracht hätte.[463]
Die von der Kommission ausgearbeitete Vorgehensweise war nach *Mosers* Ansicht nicht Erfolg versprechend, da ihm der Plan zu überladen und zu umfassend erschien. Er antwortete der Kommission: „Das blose Gerüste würde mehr Zeit, Kosten und Menschen erheischen, als daß man jemals den Bau selbsten ausgeführt zu sehen verhoffen dürfe“[464]. Aus diesen Gründen entband *Moser* die Kommission am 13. Oktober 1777 von ihrem Auftrag. Das Gesetzgebungsprojekt ruhte zunächst.

B. Die Beteiligung des Professors der Rechte Höpfner

Mit der Aufhebung der Kommission war das Ziel der Schaffung eines allgemeinen Landrechts nicht aufgegeben worden. Bereits vor der Einberufung bzw. parallel zu den Arbeiten der oben genannten Kommission war der Gießener Rechtsgelehrte *Höpfner* an Gesetzgebungsarbeiten beteiligt. Insbesondere nach der Auflösung der Kommission leistete er einen entscheidenden Beitrag zum Versuch der Umsetzung des Gesetzgebungsvorhabens.

---

460 Zitiert nach Breidenbach, Commentar I, Einleitung, S. 7f.
461 Vgl. Breidenbach, Commentar I, Einleitung, S. 8.
462 Zitiert nach Breidenbach, Commentar I, Einleitung, S. 8.
463 Zitiert nach Breidenbach, Commentar I, Einleitung, S. 8.
464 Zitiert nach Breidenbach, Commentar I, Einleitung, S. 8.

I. Kurzbiographie[465]

Ludwig Julius Friedrich Höpfner wurde am 3. November 1743 in Gießen als Sohn des ordentlichen Professors der Rechte an der Universität Gießen *Johann Ernst Höpfner* und der Tochter des Rechtsprofessors *Johann Friedrich Wahl* geboren. Seine Eltern starben früh: die Mutter, die ihn in französischer, lateinischer und griechischer Sprache unterrichtet hatte[466] im Jahre 1752 und der Vater, der den Grundstein für *Höpfners* Rechtsgelehrtheit gelegt hatte, im Jahre 1759[467]. Sein Studium der Rechtswissenschaft begann *Höpfner* 1756 an der Universität Gießen, wo er es 1764 abschloss. Im selben Jahr übernahm *Höpfner* eine Stelle als Erzieher der Söhne des hessen-kasselischen Staatsministers und Oberappellationsgerichtspräsidenten *von Canngießer*. Dieser Verbindung verdankt *Höpfner* vermutlich seine erste Rechtsprofessur, die ihm drei Jahre später auf Grund eines Rufs an das Carolinum zu Kassel übertragen wurde.[468] 1771 wurde *Höpfner* als ordentlicher Professor für Naturrecht, Rechtsgeschichte und Rechtsaltertümer an die Ludovicana berufen. Zu diesem Zeitpunkt besaß *Höpfner* noch nicht den juristischen Doktorgrad. Diesen erwarb er erst nach seiner Berufung an die Ludoviciana auf Grund seiner Dissertation „De effectu restitutionis in integrum quoad fideiussorem" 1771 in Gießen.[469] Während seiner Gießener Zeit erhielt *Höpfner* Rufe an die Universitäten Jena (1776) und Göttingen (1777), die er aber ablehnte. Zugleich lernte *Höpfner* in dieser Zeit den jungen *Goethe* kennen, mit dem ihn zeitlebens eine enge Freundschaft verband. Insbesondere *Goethe* hatte sich für die Berufung *Höpfners* nach Jena eingesetzt. Seine Lehrtätigkeit an der Ludoviciana beendete *Höpfner* im Jahre 1781, als er von der Darmstädter Regierung zum Oberappellationsgerichtsrat in Darmstadt ernannt wurde. Er verstarb am 2. April 1797 in Darmstadt.

---

[465] Vgl. insbesondere die in dem Todesjahr Höpfners erschienene, sehr ausführliche Darstellung von Wenck, Leben und Charakter Höpfners.

[466] Söllner, Höpfner an der Gießener Juristenfakultät, in: FS Mallmann, S. 282.

[467] Über die Todesdaten des Vaters bestehen unterschiedliche Angaben: Eisenhart nennt das Jahr 1759 in: L.J.F. Höpfner, in: ADB, Bd. 13, S. 109, Söllner das Jahr 1751 in: Höpfner an der Gießener Juristenfakultät, in: FS Mallmann, S. 282.

[468] Deurer, Ueber Dr. L.J.F. Höpfner, S. 4.

[469] Eisenhart, L.J.F. Höpfner, in: ADB, Bd. 13, S. 109; Söllner, Höpfner an der Gießener Juristenfakultät, in: FS Mallmann, S. 284; Plohmann, L.J.F. Höpfner, S. 22.

II. Die Gesetzgebungsarbeiten Höpfners

Bereits ab 1775 hatte *Höpfner* mit der Sammlung der hessischen Landesgesetze als Vorarbeit für ein hessisches Landrecht begonnen.[470] Grundlage hierfür war eine Vollmacht Landgraf Ludwigs IX. vom 22. Februar 1775, mit der dieser *Höpfner* beauftragte, „ (...) das in Unseren Fürstl. Landen übliche Privatrecht auszuarbeiten, und solches in ein ordentliches System zu bringen“[471]. Dennoch war 1776 die Kommission aus Praktikern eingesetzt worden. Es scheint, als sei Landgraf Ludwig IX. den Anregungen der Stände, keine Rechtsprofessoren an der Ausarbeitung des Landrechts zu beteiligen, gefolgt.

Vier Jahre nach der Auflösung dieser Kommission erhielt *Höpfner*, verbunden mit der Ernennung zum Oberappellationsgerichtsrat am 6. Januar 1781, den offiziellen Auftrag, hinsichtlich der Gesetzgebung für Hessen-Darmstadt tätig zu werden. Sein Auftrag war zweigeteilt. Zum einen sollte er alle hessen-darmstädtischen Landesgesetze und -verordnungen sammeln, zum anderen ein vollständiges Landrecht ausarbeiten. Dieser Auftrag enthielt zugleich die Anweisung, alle schriftstellerischen Arbeiten zu unterlassen,[472] eine Anweisung, der *Höpfner* – was noch genauer darzustellen sein wird – nicht folgte. Die Sammlung der Landesgesetze sollte alle vorhandenen gültigen und ungültigen Verordnungen, Generalverfügungen und Observanzen säkularen und geistlichen Inhalts enthalten, die das Justiz-, das Kameral-, das Polizei-, das Jagd- und Forstwesen, das Schul- und Kirchenwesen sowie das Militärwesen betrafen.[473] Zudem sollten diese von *Höpfner* in ein System gebracht und mit der Angabe „der Vorfälle“, durch welche die eine oder die andere Gesetzgebung veranlasst worden war, versehen werden.[474] Das neue Recht sollte parallel zu diesen Arbeiten entworfen werden. Während der Plan der zuvor eingesetzten Kommission *Moser* zu umfangreich erschien, wurden *Höpfner* die Gesetzgebungsarbeiten – in ähnlichem Umfang – allein übertragen.

---

470 Dölemeyer, Kodifikationspläne in deutschen Territorien, S. 203.

471 Brief Landgraf Ludwigs, Nr. 2316 [Vollmacht, die geplante Sammlung der Landesgesetze betr. 22.2.1775] Handschriftensammlung des Freien Deutschen Hochstifts, Frankfurt a.M., Höpfner I, Nr. 2316, zitiert nach Dölemeyer, Kodifikationspläne in deutschen Territorien, S. 203; dies., Iura et cameralia, S. 151.

472 Breidenbach, Commentar I, Einleitung, S. 8.

473 Vgl. die von *Höpfner* gesammelten Verordnungen im StADa R 1 A; Breidenbach, Commentar I, Einleitung, S. 8.

474 Breidenbach, Commentar I, Einleitung, S. 9.

Die Vorarbeiten waren umfangreich, da es an einer umfassenden Zusammenstellung der althessischen Verordnungen mangelte.[475] Um die Verordnungen weitgehend vollständig zusammen tragen zu können, musste *Höpfner* entweder selbst in die Registraturen gehen und die Akten durchforsten oder die Verordnungen in den Amtsregistraturen suchen lassen.[476] Die gefundenen Verordnungen ordnete und registrierte er. Bereits bei der Sammlung der Verordnungen kamen *Höpfner* seine umfassenden juristischen Kenntnisse zu Gute. Er erkannte allein an ihrem Inhalt die Fehlerhaftigkeit mehrerer Verordnungsabschriften.[477] Dass er in Folge dessen aber die Akten, die den Verordnungen zu Grunde lagen, heranziehen und in den Registraturen einsehen musste, erschwerte und verlängerte seine Arbeit.

Geplant war nicht die Ausarbeitung eines eigenständigen hessischen Landrechts. Bei dem Versuch der Schaffung eines Landrechtsentwurfs wollte *Höpfner* die preußischen Kodifikationsarbeiten zu Grunde legen. Diese sollten mit Anmerkungen, die zum einen Verbesserungsvorschläge, zum anderen auch Anpassungen an die hessischen Verhältnisse enthielten, versehen werden. Den Rückgriff auf die preußischen Kodifikationsarbeiten erklärte *Höpfner* damit, dass ihm die Schaffung eines neuen allgemeinen Landrechts zu umfassend und für eine Person zu viel schien.[478] Letztendlich folgte er dem Willen seines Landesherrn Ludwigs IX., der die Zugrundelegung der preußischen Gesetzgebungswerke bereits als Erbprinz vorgeschlagen hatte und generell das preußische Vorbild in seinen Maßnahme unterstrich[479]: „Da ich die Preußische Staats und Cammer Verfaßung vor eine deren besten halte, so muß man sich diese in allem, so viel es auf einen kleineren Staate applicable ist, zu Nuze machen und das beste daraus nehmen“[480]. Die in Hessen-Darmstadt bekannten Vorarbeiten zu der preußischen Kodifikation dienten dem Landgrafen als Anregung, auch in Hessen-Darmstadt eine Rechtsreform durchzuführen.[481]

---

475 Siehe oben Zweiter Teil § 3 A. II. 2.
476 Wenck, Leben und Charakter Höpfners, S. 44.
477 Wenck, Leben und Charakter Höpfners, S. 44.
478 Wenck, Leben und Charakter Höpfners, S. 45f.
479 Dölemeyer, Iura et cameralia, S. 152.
480 StADa D4, 526/4, fol. 32; Dölemeyer, Iura et cameralia, S. 152.
481 Vgl. insofern Dölemeyer, Einflüsse von ALR, C.c. und ABGB, in: Ius commune VII, S. 180.

Nachdem die Landstände sich hinsichtlich des Fortgangs der Arbeiten ungeduldig gezeigt hatten, wurde ihnen fünf Jahre nach dem offiziellen Beginn der Gesetzgebungsarbeiten auf dem Landtag von 1786 mitgeteilt, dass die Arbeiten *Höpfners* voranschritten.[482] Dennoch kam es zu keiner Ausarbeitung eines Landrechts. Das Gesetzesvorhaben wurde durch den Tod *Höpfners* im Jahre 1797 beendet. Während der Verhandlungen über den Druck des ersten Verordnungsbandes über die Kameralverordnungen verstarb *Höpfner*.[483] Niemand nahm die Arbeiten in der Folgezeit – insbesondere nicht in dieser Weise – wieder auf. Dies zeigt, wie sehr diese ersten Gesetzgebungsarbeiten von einer Einzelperson abhängig waren.

Im Ergebnis hatten *Höpfners* Gesetzgebungsarbeiten damit keinen Landrechtsentwurf hervorgebracht. Lediglich auf dem Gebiet der Einzelgesetzgebung hatte *Höpfner* einzelne Verordnungen, beispielsweise Neuregelungen im Konkurs- und Prozeßrecht, entworfen. Auf dem Gebiet des Prozessrechtes sind insbesondere die Verordnung vom 3. März 1797 über das Verfahren bei Zeugenverhören und die Hauptjustizverordnung vom 17. März 1797 zur Beförderung und Beschleunigung einer unparteiischen Justizpflege hervorzuheben.[484]

III. Die Stellung Höpfners in Hessen-Darmstadt

Nachdem *Höpfner* anfänglich in hessen-kasselischen Diensten gestanden hatte, begann seine Karriere in Hessen-Darmstadt als Professor der Rechte an der Landesuniversität zu Gießen. Seine Berufung an die Ludoviciana ging nicht von der Universität aus, sondern erfolgte auf Initiative des Darmstädter Ministeriums.[485] Von dort aus wurde mit Datum vom 7. Januar 1771 ein Schreiben an die Universität versandt, in dem das Ministerium *Höpfner* als Nachfolger für den aus dem Dienst geschiedenen Professor *Mogen* vorschlug.[486] Als Grund für seine Berufung wurde vor allem *Höpfners* gesellschaftliche Herkunft genannt. In dem Schreiben wies das Ministerium die Universität darauf hin, dass *Höpfners*

---

482 Breidenbach, Commentar I, Einleitung, S. 9.

483 Im Staatsarchiv Darmstadt befinden sich unter dem Bestand Nr. R 1 A die von *Höpfner* gesammelten Verordnungen, die aber nie als Verordnungssammlung veröffentlicht wurden.

484 Wenck, Leben und Charakter Höpfners, S. 45.

485 Söllner, Höpfner an der Gießener Juristenfakultät, in: FS Mallmann, S. 283.

486 Söllner, Höpfner an der Gießener Juristenfakultät, in: FS Mallmann, S. 283.

Vater bereits Professor in Gießen gewesen sei.[487] Die beruflichen Erfolge *Höpfners* waren nebensächlich. Keiner der Gießener Professoren wandte sich in seiner Stellungnahme gegen die Berufung *Höpfners*, was insofern hervorzuheben ist, als *Höpfner* zu dem damaligen Zeitpunkt noch nicht den juristischen Doktorgrad besaß.[488] Das Vorgehen des Ministeriums entsprach der damaligen hessischen Berufungspolitik, Professoren nicht nach Leistungskriterien, sondern ihrer Herkunft auszuwählen. Zudem zeigt es eine Möglichkeit der Einflussnahme des Regenten durch die Auswahl der Professoren auf die Landesuniversität.

Das Wirken *Höpfners* als Professor der Rechte an der Ludovicana endete bereits wieder im Jahre 1781, als ihn die hessische Regierung zum Rat des Oberappellationsgericht in Darmstadt ernannte. Diese Stelle am Oberappellationsgericht war mit der oben beschriebenen Verpflichtung verknüpft, alle Landesverordnungen zu sammeln und das Landrecht neu zu ordnen. Die Wahl war auf *Höpfner* gefallen, da die Regierung davon überzeugt war, „diesen doppelten Beruf nicht schicklicher, als in der Person Höpfners vereinigen zu können"[489].

Ob *Höpfner* die Tätigkeit an der juristischen Fakultät der Ludoviciana lediglich als Zwischenstation vor dem Übertritt in eine hohe Beamtenposition in Darmstadt gedient hatte, ist nicht klar zu beurteilen.
Nach seinem Biographen *Wenck* war *Höpfner* selbst lieber Theoretiker als Praktiker: „Ich muß indessen doch sagen, daß Höpfner das Civilrecht im Grunde nur als Werk des Verstandes liebte, nicht als Proceßkunst, daß er lieber den Lehrer darin machte, als den Richter. Gemeine practische Arbeiten waren nicht sehr nach seinem Geschmack; das Aktenlesen war ihm lästig, (...)"[490]. Allerdings hatten *Höpfner* auch die Lehrveranstaltungen an der Gießener Universität zunehmend Probleme bereitet. So schrieb er an seinen Freund *Merck*: „Das Universitätsleben ist ein schändliches Ding, alle halb Jahre zu predigen, quid sit justitia, jus scriptum und non scriptum, objecta juris, das wird mir je länger, je unerträglicher. Und ungezogene Jungen vor sich zu haben, ihnen cajoliren zu müssen, dazu in den ewigen Collisionen mit collegis conjunctissimis zu leben, zu-

---

487 Söllner, Höpfner an der Gießener Juristenfakultät, in: FS Mallmann, S. 283.
488 Siehe oben Dritter Teil § 5 B. I.; Söllner, Höpfner an der Gießener Juristenfakultät, in: FS Mallmann, S. 284.
489 Wenck, Leben und Charakter Höpfners, S. 41.
490 Wenck, Leben und Charakter Höpfners, S. 23.

mal mit dem gelben Smelfungus, das wird man herzlich satt“[491]. Da *Höpfner* jedenfalls gesundheitlich sehr angeschlagen war, hatte er vor seiner Ernennung zum Oberappellationsgerichtsrat mehrfach den Wunsch geäußert, ein Amt bekleiden zu können, das weniger als das akademische an gewisse Stunden gebunden sei.[492] Das ihm angebotene Amt entsprach insofern diesem Wunsch, als das Oberappellationsgericht wöchentlich nur eine Sitzung hatte und *Höpfner* sich ansonsten seine Arbeit nach seinem jeweiligen Gesundheitszustand einteilen konnte.[493] Auch stand die Beschäftigung mit der Gesetzgebung weiterhin mit dem „gelehrten Studium der Jurisprudenz“ im Zusammenhang,[494] und er bekam die Möglichkeit, am Gymnasium in Darmstadt Recht zu unterrichten.

Für die Darmstädter Regierung war *Höpfner* ein wertvoller Beamter, dessen Weggang sie verhindern wollte. Sie versuchte ihn durch die Titelverleihungen an sich zu binden. Für die Ablehnung eines zweiten Rufes an die Universität Jena aus dem Jahre 1782 erhielt *Höpfner* den Titel des Geheimen Tribunalrates. Erneut war es *Goethe* gewesen, der *Höpfner* letztlich erfolglos aufgefordert hatte, den Ruf anzunehmen und nach Jena zu kommen.[495]

C. Die Lehre Höpfners

I. Vorlesungen

Höpfner lehrte von 1771 bis 1781 an der Ludoviciana. Er galt als der bedeutendste „Civilist“[496] und der meistgefeierte juristische Schriftsteller[497] seiner Zeit. Der Ruhm als akademischer Lehrer folgte zudem aus seinen deutlichen und verständlichen, aber dennoch gründlichen Vorträgen.[498] *Höpfner* war zum einen Naturrechtler, zum anderen war er als Zivilrechtler an der Schwelle zu der entstehenden Historischen Rechtsschule einer der letzten Vertreter des Usus modernus.

---

491 Zitiert nach Eisenhart, L.J.F. Höpfner, in: ADB, Bd. 13, S. 109f.
492 Wenck, Leben und Charakter Höpfners, S. 41.
493 Wenck, Leben und Charakter Höpfners, S. 42.
494 Wenck, Leben und Charakter Höpfners, S. 42.
495 Eisenhart, L.J.F. Höpfner, in: ADB, Bd. 13, S. 109; Söllner, Höpfner an der Gießener Juristenfakultät, in: FS Mallmann, S. 283.
496 Eisenhart, L.J.F. Höpfner, in: ADB, Bd. 13, S. 109; Stintzing/Landsberg, Geschichte der Deutschen Rechtswissenschaft III/1, S. 442; vgl. Döhring, Deutsche Rechtspflege, S. 324.
497 Eisenhart, L.J.F. Höpfner, in: ADB, Bd. 13, S. 110; Plohmann, L.J.F. Höpfner, S. 25.
498 Deurer, Ueber Dr. L.J.F. Höpfner, S. 4.

Vorlesungen hielt *Höpfner* an der Ludoviciana vornehmlich im Naturrecht und im römischen Recht. Abwechselnd mit dem Kanzler der Universität *Koch* las er Pandekten und Institutionen zunächst nach *Heineccius*, später nach seinem Lehrbuch über die Heineccischen Institutionen. In seiner naturrechtlichen Vorlesung (ius naturae) folgte er *Achenwall*[499] bis er ab dem Wintersemester 1779/80 ebenfalls sein eigenes Lehrbuch verwandte. Zudem hielt *Höpfner* rechtsgeschichtliche Vorlesungen nach *Selchow* und Vorlesungen über Rechtsaltertümer und die juristische Literatur. Daneben bot er Examinatorien an.
Zivilrechtlich setzte sich *Höpfner* allein mit dem römischen Recht auseinander. Es erfolgte keine wissenschaftliche Beschäftigung mit den hessischen Partikularrechten. An der Ludoviciana wurde keine eigene Vorlesung über die – in der Mitte des 18. Jahrhunderts neu entstandenen – Wissenschaft der Gesetzgebung[500] gehalten. Allerdings wurde diese Thematik über die naturrechtlichen Vorlesungen *Höpfners* Gegenstand des juristischen Unterrichts. *Höpfner* hatte zwar kein eigenes Lehrbuch über die Gesetzgebungswissenschaft herausgebracht, besprach aber die Begriffe der Gesetzgebung und des Gesetzes auch in seinem Naturrechtslehrbuch, welches er seinen Vorlesungen zu Grunde legte.[501]

II. Das literarische Werk Höpfners

Höpfners literarische Hauptwerke finden sich – entsprechend seiner Vorlesungen – auf den Gebieten des römischen Zivilrechts und des Naturrechts.

1. Der „Theoretisch-practische Commentar"

Sein bekanntestes und wahrscheinlich auch wichtigstes Werk war der „Theoretisch-practische Commentar über die Heineccischen Institutionen nach deren neuesten Ausgabe". Dieser war aus den „Elementa iuris civilis secundum ordinem Institutionum" des *Heineccius* hervorgegangen.[502] *Höpfner* hatte dieses 1725 erstmals erschienene Kurzlehrbuch des römisch-gemeinen Rechts 1775 mit einem Vorwort versehen neu herausgegeben.[503] Hierauf folgten bis 1795 sechs weitere, verstärkt von *Höpfner* bearbeitete Auflagen. Bereits seit dem Wintersemester 1742/43 hatten die Gießener Professoren die Institutionen des *Heinec-*

---

[499] Vgl. Höpfner, Naturrecht 1, Vorbericht.
[500] Vgl. hierzu Klippel, Die Philosophie der Gesetzgebung, S. 225.
[501] Zu den Begriffen „Gesetz und Gesetzgebung" bei *Höpfner* siehe unten Dritter Teil § 5 C. III. 2.
[502] Plohmann, L.J.F. Höpfner, S. 25.
[503] Söllner, Höpfner an der Gießener Juristenfakultät, in: FS Mallmann, S. 289.

cius ihren Institutionenvorlesungen zu Grunde gelegt.[504] Dieser Tradition war zunächst auch *Höpfner* gefolgt bis er ab 1775 seine Bearbeitung der Institutionen des *Heineccius* als Grundlage für seine Vorlesungen verwandte.[505] Nach seinem Ausscheiden aus dem Universitätsdienst wurde *Höpfner* von seinem späteren Biographen *Wenck* überredet, das an den Text der Heineccischen Institutionen anknüpfende Manuskript seiner Gießener Institutionenvorlesungen in Buchform zu veröffentlichen.[506] So erschien 1783 der „Theoretisch-practische Commentar über die Heineccischen Institutionen nach deren neuesten Ausgabe" in der ersten Auflage, obwohl der Gesetzgebungsauftrag die Anweisung enthielt, alle schriftlichen Arbeiten zu unterlassen.[507] Insgesamt wurden bis zum Tode *Höpfners* sechs Auflagen veröffentlicht. Nach seinem Tode setzte *Adolph Dietrich Weber* das Werk fort, so dass es bis 1838 neun Auflagen erreichte.

Höpfner behandelte in seinem Kommentar – angelehnt an die Buch- und Titelfolge der Institutionen Justinians[508] – zunächst das Personen-, das Sachen-, das Erb-, das Pfand-, das Obligationen- und das Deliktsrecht. Neben dem Deliktsrecht handelte er im vierten Buch auch den Prozess ab. Als methodisches Prinzip verwandte *Höpfner* die von *Heineccius* begründete axiomatische Methode, indem er grundsätzlich den Hauptbegriff des behandelten Rechtsgegenstandes in einer Definition voranstellte und daran anschließend aus dieser Definition die einzelnen Axiome gewann.[509] Sinn dieser Methode war es, den Studenten den Zusammenhang und die Gründe der Rechtssätze vorzuführen.[510] Neben dieser – auch nach seinem Ausscheiden aus dem Universitätsdienst – gegebenen didaktischen Zielsetzung *Höpfners*, ist bereits aus dem Titel „Theoretisch-practischer" Kommentar eine zweite Zielsetzung ersichtlich. *Höpfner* wollte die unpraktische Theorie mit der unwissenschaftlichen Praxis verbinden.[511] Mit dieser Bezeichnung griff *Höpfner* bewusst die Titelwahl typischer Werke des Usus modernus im 17. Jahrhunderts auf, deren Titel häufig den Begriff „theoretico-practicus"

---

504 Vgl. die Vorlesungsverzeichnisse der Ludoviciana seit dem WS 1742/1743, abgedruckt bei Köbler, Gießener juristische Vorlesungen, S. 83ff.

505 Plohmann, L.J.F. Höpfner, S. 25; Söllner, Höpfner an der Gießener Juristenfakultät, in: FS Mallmann, S. 290.

506 Söllner, Höpfner an der Gießener Juristenfakultät, in: FS Mallmann, S. 290.

507 Siehe oben Dritter Teil § 5 B. II.

508 Plohmann, L.J.F. Höpfner, S. 73.

509 Plohmann, L.J.F. Höpfner, S. 74; zu der Methode des Heineccius vgl. Stintzing/Landsberg, Geschichte der Deutschen Rechtswissenschaft III/1, S. 184f.

510 Stintzing/Landsberg, Geschichte der Deutschen Rechtswissenschaft III/1, S. 184.

511 Söllner, Höpfner an der Gießener Juristenfakultät, in: FS Mallmann, S. 290f.; Plohmann, L.J.F. Höpfner, S. 74f.

beinhalteten.[512] Durch seine Art der Bearbeitung schuf *Höpfner* eine wissenschaftliches Werk, welches in der Wissenschaft große Beachtung fand, aber auch in der Praxis angewendet wurde.[513] Das Werk wurde von Zeitgenossen auf Grund seiner Sprache und der vollständigen und vielseitigen Darstellungsform sehr positiv bewertet.[514] *Savigny*, der als Vertreter der Historischen Rechtsschule zwar die Schwächen des Zeitalters hervorhob, von denen auch *Höpfners* Kommentar nicht frei geblieben sei,[515] bezeichnete den Kommentar als eines der wenigen deutschsprachigen Werke, das sich durch gute und klare Darstellung auszeichnete.[516] Auf Grund des Erfolges des Institutionenkommentars wurde *Höpfner* von wissenschaftlichen Kreisen zur Ausarbeitung eines Pandektenkommentars aufgefordert, was *Höpfner* aber ablehnte.[517]

2. Höpfners Naturrechtslehrbuch

Die zweite wichtige Publikation *Höpfners* war sein Naturrechtslehrbuch „Naturrecht des einzelnen Menschen, der Gesellschaft und der Völker". Dieses wurde erstmals 1780 publiziert und erschien bis 1806 in sieben Auflagen.[518]

Auf eine historische Einleitung folgte eine Darstellung der Grundlagen und Grundbegriffe der Naturrechtslehre *Höpfners* („Vorbereitungssätze, von den freyen Handlungen, der Verbindlichkeit und den Naturgesetzen überhaupt"). Hier setzte sich *Höpfner* mit den Begriffen Freiheit, Verbindlichkeit, Gesetz und Recht auseinander, bevor er den Beweis für das Vorhandensein eines Naturrechts antrat. Im Weiteren unterteilte *Höpfner* das Buch nach dem Naturrecht des einzelnen Menschen und dem Völkerrecht. Das Naturrecht des einzelnen Menschen war in absolutes und hypothetisches Naturrecht untergliedert, wobei er bei letzterem zwischen außergesellschaftlichem und gesellschaftlichem Recht unterschied.[519] Unter Gesellschaftsrecht verstand *Höpfner* gesellschaftliche Verbindungen, wie die Ehe oder das Verhältnis zwischen Eltern und Kindern, in die

---

512 Söllner, Höpfner an der Gießener Juristenfakultät, in: FS Mallmann, S. 291.
513 Söllner, Höpfner an der Gießener Juristenfakultät, in: FS Mallmann, S. 291.
514 Stintzing/Landsberg, Geschichte der Deutschen Rechtswissenschaft III/1, S. 443.
515 So auch Stintzing/Landsberg, Geschichte der Deutschen Rechtswissenschaft III/1, S. 444.
516 Savigny, Der zehnte Mai 1788, in: Zeitschrift für geschichtliche Rechtswissenschaft 9, S. 427; vgl. auch Söllner, Höpfner an der Gießener Juristenfakultät, in: FS Mallmann, S. 291.
517 Stintzing/Landsberg, Geschichte der Deutschen Rechtswissenschaft III/1, S. 444.
518 Söllner, Höpfner an der Gießener Juristenfakultät, in: FS Mallmann, S. 288; Plohmann, L.J.F. Höpfner, S. 25.
519 Vgl. zu dieser Unterteilung die Begründung Höpfners in: Naturrecht 1, § 35, S. 26.

der Mensch getreten sei, aber auch die bürgerliche Gesellschaft und den Staat.[520] Im völkerrechtlichen Teil erfolgte ebenfalls eine Differenzierung nach absolutem und hypothetischem Völkerrecht. Als Anhang war diesem Buch eine Programmschrift aus dem Jahre 1779 beigefügt mit dem Titel „Warum sind die Menschenpflichten entweder vollkommene oder unvollkommene? Und welche Pflichten gehören zu der ersten, welche zu der letzten Gattung?“.
Höpfner war in seiner Naturrechtslehre von *Thomasius*, *Wolff* und *Achenwall* beeinflusst.[521] In seinem Vorwort zu der ersten Auflage seines Naturrechtsbuches erklärte *Höpfner*, dem *Achenwallschen* Lehrbuch in seinem Aufbau gefolgt zu sein. Dass dieses Lehrbuch für den Zweck seiner Zuhörer zum einen zu weitläufig war, zum anderen aber bestimmte Begriffe fehlten und in einigen Punkten andere Meinungen als *Höpfner* vertreten wurden, rechtfertige sein Lehrbuch.[522] Eine Besonderheit in der Naturrechtslehre *Höpfners* war, dass er sich gegen Ende des 18. Jahrhunderts mit der Philosophie *Immanuel Kants* auseinandersetzen musste, dessen Werk Anteil an der Überwindung des älteren unkritischen Naturrechts, insbesondere durch die Erkenntnis hatte, dass Recht nicht unmittelbar aus der Vernunft geschöpft werden könne. *Höpfner* besuchte mehrere in Darmstadt von dem Philosophen *Friedrich Ludwig Bouterwek*[523] gehaltene Vorträge über die Philosophie *Kants*.[524] Obwohl er sich grundsätzlich der Vernunftkritik *Kants* gegenüber aufgeschlossen zeigte, überzeugte sie ihn nicht.[525] Der Vortrag des Naturrechts könne durch Hilfe und Anwendung der kritischen Philosophie nicht viel an Gewissheit, Evidenz und Brauchbarkeit für das Leben gewinnen.[526] Seine Ansicht könne er allenfalls dann ändern, wenn *Kant* ein System der Naturrechts vorlegen sollte, da bis dato durch die Lehre *Kants* die Streitfragen nicht weniger geworden seien.[527] Vielmehr würden nunmehr sogar Sätze in Frage gestellt, über die sich bisher nicht nur alle Philosophen einig gewesen seien, sondern an denen auch der „gemeine Menschenver-

---

520 Vgl. Höpfner, Naturrecht 1, §§ 137-214, S. 118-180.
521 Plohmann, L.J.F. Höpfner, S. 250; vgl. Stintzing/Landsberg, Geschichte der deutschen Rechtswissenschaft III/1, S. 443; vgl. zu der Beeinflussung durch Achenwall: Höpfner, Naturrecht 1, Vorbericht.
522 Höpfner, Naturrecht 1, Vorbericht.
523 *Friedrich Ludwig Bouterwek* (1766-1828), zu Bouterwek vgl. Henke, in: ADB, Bd. 3, S. 213ff.
524 Eisenhart, L.J.F. Höpfner, in: ADB, Bd. 13, S. 110; Stintzing/Landsberg, Geschichte der Deutschen Rechtswissenschaft III/1, S. 443.
525 Höpfner, Naturrecht 6, Vorrede.
526 Höpfner, Naturrecht 6, Vorrede.
527 Höpfner, Naturrecht 6, Vorrede.

stand" nie gezweifelt habe.[528] Obwohl *Kant* noch zu Lebzeiten *Höpfners* das von diesem gewünschte Naturrechtssystem entwickelte, sah sich *Höpfner* nicht veranlasst, seine Meinung zu ändern; er blieb bei seiner Art der Darstellung.[529] Der Erfolg von *Kants* Werk folge allein aus dessen Namen und lasse den Juristen nur allzusehr vermissen.[530] Damit verteidigte *Höpfner* weiterhin die Ansichten des älteren Naturrechts.

Das Naturrechtslehrbuch wurde auf Grund seiner stilistischen Exzellenz und der Tatsache, dass es von *Thomasius* zu *Kant* hinüberwies, seit den 1780er Jahren in vielen deutschen Universitäten – so auch in damals führenden Universität Göttingen – den naturrechtlichen Vorlesungen zu Grunde gelegt.[531]

3. Die Rechts"wissenschaft" Höpfners

Der Kommentar stellte das wichtigste Zivilrechtslehrbuch seiner Zeit dar; das Naturrechtslehrbuch war das einflussreichste Naturrechtslehrbuch seiner Zeit.[532] Die Werke lassen einen Schluss auf die Rechtswissenschaft *Höpfners* zu. *Höpfner* war – entsprechend der Zeit Ende des 18. Jahrhunderts – ein Rechtsgelehrter und noch kein Wissenschaftler im heutigen Sinne. Aus seinen Werken kann man erkennen, dass er zwei verschiedene Typen des Rechtslehrers in sich vereinigte. Bereits in seiner Rektoratsrede aus dem Jahre 1859 hatte der damalige Rektor der Ludoviciana *Ernst Deurer* den Versuch unternommen, *Höpfners* Werk vor dem Hintergrund der Rechtswissenschaft des 18. Jahrhunderts zu würdigen.[533] *Deurer* differenzierte bei Rechtslehrern der damaligen Zeit zwischen eleganten Juristen und Rechtsphilosophen.[534] Der elegante Jurist beschäftige sich mit den philologisch-historischen Fragen, mit der „Historia" und den „Antiquitates" des römischen Rechts.[535] Der Rechtsgelehrte als Rechtsphilosoph beschäftige sich dagegen mit dem Naturrecht.[536] Der philosophische Rechtsgelehrte habe unter Heranziehung der naturrechtlichen Kategorien ein dem Lande gemäßes Gesetz

---

[528] Höpfner, Naturrecht 6, Vorrede.
[529] Wenck, Leben und Charakter Höpfners, S. 64; Söllner, Höpfner an der Gießener Juristenfakultät, in: FS Mallmann, S. 288.
[530] Wenck, Leben und Charakter Höpfners, S. 64.
[531] Hammerstein, Naturrechtslehre an deutschen Universitäten, S. 12.
[532] Plohmann, L.J.F. Höpfner, S. 34.
[533] Deurer, Ueber Dr. L.J.F. Höpfner; Söllner, Höpfner an der Gießener Juristenfakultät, in: FS Mallmann, S. 287.
[534] Deurer, Ueber Dr. L.J.F. Höpfner, S. 7.
[535] Deurer, Ueber Dr. L.J.F. Höpfner, S. 7.
[536] Söllner, Höpfner an der Gießener Juristenfakultät, in: FS Mallmann, S. 287.

zu finden.[537] Wenn auch die Würdigung *Dreuers*, der *Höpfners* Kommentar und seine naturrechtliche „Wissenschaft" aus seiner rückblickenden Sicht eindeutig negativ beurteilt, der Bedeutung *Höpfners* nicht gerecht wurde,[538] so ist es richtig, das Werk *Höpfners* nach diesem System nicht klar einer Richtung zuzuordnen. Seine kleineren Abhandlungen zu rechtshistorischen Fragen und der Institutionenkommentar ordnen ihn den eleganten Juristen zu.[539] Mit seinem systematischen Lehrbuch des Naturrechts wurde er dagegen als Rechtsphilosoph tätig.[540]

III. Die Ansichten Höpfners zum Verhältnis Naturrecht, positives Recht und Gesetzgebung

Aus mehreren Gründen erscheint die Beteiligung *Höpfners* an den partikularen Gesetzgebungsarbeiten interessant. Dies deshalb, da *Höpfner* auf der einen Seite Naturrechtler war und man – nach *Dilcher* – die Gesetzgebung und das Naturrecht als zwei Pole im Spannungsfeld einer Rechtskultur bezeichnen kann.[541] So habe die Gesetzgebung dem Bedürfnis einer rechtlichen Gegenwart zu dienen, also der Rechtsanpassung durch bewussten staatlichen Rechtsetzungsakt, während das Naturrecht das Element des Überzeitlichen, ein vorgegebenes Recht, darstelle.[542] Positives Recht galt, weil es gesetzt war; das Naturrecht dagegen war überpositives Recht mit dem Anspruch, Richtpunkt und Maßstab des positiven Rechts zu sein.[543] Erst um 1800 kam es mit den drei großen Kodifikationen, die den Beginn der modernen Kodifikationsbestrebungen einleiteten, zu einer „eigenartigen und fruchtbaren Begegnung von Naturrecht und Gesetzgebung"[544]. Des Weiteren war die Wissenschaft vom römischen Recht in der Richtung des usus modernus pandectarum – zu dessen Vertretern auch *Höpfner* zählte – schon ihrem Gegenstand nach nicht geeignet, den Gedanken der Gesetzgebung zu fördern.[545] Die Vertreter des usus modernus pandectarum besaßen

---

[537] Dilcher, Gesetzgebungswissenschaft und Naturrecht, in: JZ 1969, S. 4.

[538] So auch Söllner, Höpfner an der Gießener Juristenfakultät, in: FS Mallmann, S. 288; Plohmann, L.J.F. Höpfner, S. 32, 33.

[539] So auch Stintzing/Landsberg, Geschichte der deutschen Rechtswissenschaft III/1, S. 443; Söllner, Höpfner an der Gießener Juristenfakultät, in: FS Mallmann, S. 288.

[540] So auch Söllner, Höpfner an der Gießener Juristenfakultät, in: FS Mallmann, S. 288.

[541] Dilcher, Gesetzgebungswissenschaft und Naturrecht, in: JZ 1969, S. 1.

[542] Dilcher, Gesetzgebungswissenschaft und Naturrecht, in: JZ 1969, S. 1.

[543] Dilcher, Gesetzgebungswissenschaft und Naturrecht, in: JZ 1969, S. 1.

[544] Dilcher, Gesetzgebungswissenschaft und Naturrecht, in: JZ 1969, S. 1.

[545] Dilcher, Gesetzgebungswissenschaft und Naturrecht, in: JZ 1969, S. 2.

mit dem Corpus Iuris Justinians ein Rechtsbuch, auf das sie sich für jede zivilrechtliche Fallgestaltung stützen konnten.[546] Neue juristische Probleme innerhalb dieses Quellenbereichs bewältigte die Wissenschaft vom römischen Recht durch neue Anwendungs- und Auslegungsmethoden, während neu entstandene Rechtsgebiete der langsam aufblühenden Wissenschaft vom deutschen Recht zugeordnet wurden.[547] Schließlich ist das Nebeneinander der theoretischen Beschäftigung mit dem Naturrecht und dem römischen Recht und der praktischen Arbeit auf dem Gebiet der partikularen Gesetzgebung insofern interessant, als zwischen der naturrechtlichen Theorie und den in der Praxis geltenden Gesetzen häufig eine Diskrepanz bestand[548] und sich letztlich zwei Rechtsordnungen gegenüber standen.[549]

Daher ist zu fragen, ob für *Höpfner* ein Spannungsverhältnis zwischen dem Naturrecht, dem positivem Recht und schließlich der Gesetzgebung vorhanden war bzw. wie er ein solches löste. Zu der Beantwortung dieser Fragen sind sein naturrechtliches und sein römischrechtliches literarisches Werk heranzuziehen.

1. Das Verhältnis des Naturrechts zum positiven Recht

Bereits *Höpfners* Definitionen der Begriffe „Naturrecht" und „positives Recht" könnten einen ersten Aufschluss über das Verhältnis beider geben.[550] *Höpfner* leitete aus dem Kriterium „Ursprung und Grund des Rechts" ab, dass Recht entweder Naturrecht oder positives Recht sei.[551] Das Naturrecht leitete *Höpfner* dergestalt ab, dass er Begriffe von dem Menschen, von Verträgen, von dem Staat, von dem Volk, etc. bildete und aus diesen Begriffen darauf schloss, was der Mensch für Rechte und Verbindlichkeiten habe und was bei Verträgen, dem Eigentum u.s.w. rechtens sei.[552] Naturgesetze seien göttliche Gesetze.[553] In seinem Naturrechtslehrbuch differenzierte *Höpfner* bei dem positiven Recht zwischen göttlichen oder menschlichen positiven Recht. Das göttliche gründe sich in dem Willen Gottes und sei in der Bibel enthalten, während das menschliche seine Grundlage in dem „Gutdünken" eines menschlichen Gesetzgebers begrün-

---

[546] Vgl. Dilcher, Gesetzgebungswissenschaft und Naturrecht, in: JZ 1969, S. 2.
[547] Dilcher, Gesetzgebungswissenschaft und Naturrecht, in: JZ 1969, S. 2.
[548] Klippel, Die Philosophie der Gesetzgebung, S. 233.
[549] Voppel, Der Einfluss des Naturrechts auf den Usus modernus, S. 31.
[550] Vgl. allgemein zu diesem Kriterium: Schröder, J., Naturrecht bricht positives Recht?, in: FS Mikat, S. 426.
[551] Höpfner, Commentar 4, § 31, S. 47.
[552] Höpfner, Commentar 4, § 31, S. 47.
[553] Höpfner, Naturrecht 1, § 22, S. 17.

det sei.[554] In seinem Kommentar definierte *Höpfner* den Begriff des – menschlichen – positiven Rechts durch eine negative Abgrenzung von dem Naturrechtsbegriff.[555] Während *Höpfner* das Naturrecht als aus der Natur der Dinge hergeleitet betrachtete, beruhte für ihn das positive oder willkürliche Recht allein auf dem Willen des Gesetzgebers, in der Natur der Dinge an sich fände es keinen zureichenden Grund.[556] Insofern legte *Höpfner*, wie die Mehrheit der Autoren des 17. und 18. Jahrhunderts, definitionsgemäß keine naturrechtlichen Maßstäbe an das positive Recht an; es galt, weil der Herrscher es gesetzt hatte.[557] Das Naturrecht war für *Höpfner* die Wissenschaft von den natürlichen Zwangsgesetzen.[558] Mit ihrer Hilfe seien Streitigkeiten unter Völkern und Regenten, aber auch unter den Mitgliedern eines Staates zu entscheiden, wo die positiven Gesetze lückenhaft seien.[559] Aus den Begriffsdefinitionen allein ergibt sich lediglich, dass *Höpfner* dem Naturrecht eine subsidiäre Geltung bei Lücken des positiven Rechts zu sprach. Eine Annahme, die unter den Naturrechtlern unbestritten war.[560] Da *Höpfner* darüber hinaus weder einen „Stufenbau" der Rechtsordnung, in der das Naturrecht als übergeordnete Quelle angesehen wurde,[561] aufstellte, noch dem Naturrecht Rechtsnormcharakter absprach,[562] in dem er auch dem Naturrecht Zwangscharakter zusprach, führen allein seine Begriffsdefinitionen zu keinem Ergebnis im Hinblick auf das Verhältnis des Naturrechts zum positiven Recht im Falle einer Kollision.

Insofern sind die Werke *Höpfners* auf Aussagen zu dem Verhältnis zwischen dem Naturrecht und dem positiven Recht zu untersuchen.
In § 30 seines Naturrechtslehrbuchs behandelte *Höpfner* Kollisionsfälle („Von der Collision der Gesetze oder Pflichten"). Er löste die sich aus den Anordnungen von Gesetzen und der sich daraus möglicherweise ergebenden Pflichtenkol-

---

[554] Höpfner, Commentar 4, § 32, S. 47.
[555] So auch Plohmann, L.J.F. Höpfner, S. 79.
[556] Höpfner, Commentar 4, § 31, S. 47; eine genaue Untersuchung zu dem Verhältnis von Naturrecht und positiven Privatrecht bei *Höpfner* findet sich bei Plohmann, L.J.F. Höpfner, S. 73ff.
[557] Schröder, J., Naturrecht bricht positives Recht?, in: FS Mikat, S. 426.
[558] Höpfner, Naturrecht 1, Historische Einleitung, S. I.
[559] Höpfner, Naturrecht 1, Historische Einleitung, S. I.
[560] Vgl. Schröder, J., Naturrecht bricht positives Recht?, in: FS Mikat, S. 428.
[561] Zu dieser Möglichkeit vgl. Schröder, J., Naturrecht bricht positives Recht?, in: FS Mikat, S. 427; Voppel, Der Einfluss des Naturrechts auf den Usus modernus, S. 22.
[562] Zu dieser Möglichkeit vgl. Schröder, J., Naturrecht bricht positives Recht?, in: FS Mikat, S. 427; Voppel, Der Einfluss des Naturrechts auf den Usus modernus, S. 35f.

lision nach dem höchsten Naturrechtsgrundsatz. Träfen zwei Gesetze oder Pflichten zusammen, die aber nicht zusammen erfüllt werden könnten (Kollision der Pflichten), müsse das stärkere Gesetz bzw. die stärke Pflicht erfüllt werden, „d.h. das Gesetz, dessen Erfüllung in den gegebenen Falle unser Wohl am meisten befördert“[563]. Das Recht, in solchen Kollisionsfällen, das schwächere Gesetz zu übertreten, bezeichnete *Höpfner* als „Nothrecht“. Um dies näher auszuführen, stellte *Höpfner* einen Regelkatalog auf.[564] Danach ginge u.a. die eigene Erhaltung den übrigen Pflichten gegen die eigene Person vor: „Ich muss meinen Arm hingeben, um mein Leben zu retten“[565]. Hierbei handelte es sich aber nicht um einen Fall des Abweichens des positiven Rechts vom Naturrecht, sondern um ein Aufeinandertreffen mehrere naturrechtlicher Sätze, von denen in einer bestimmten Situation der schwächere zurücktreten musste.[566]

Aufschluss über das Verhältnis zwischen Naturrecht und positivem Recht in der Lehre *Höpfners* ergibt sich aus § 32 seines „Theoretisch-practischen Commentars“. Hier schränkte er die Anwendung des Naturrechts in einem Staat ein: „Es ist nicht thunlich, daß in einem Staate alle Streitigkeiten bloß aus dem Naturrecht entschieden werden“[567]. Dies war seiner Ansicht nach nicht allein in den vielen noch streitigen Punkten in der Naturrechtslehre begründet. Vielmehr erfordere das Staatswohl, dass manche Sätze des Naturrechts eingeschränkt oder modifiziert würden.[568] Hiernach ging das positive Recht dem Naturrecht zumindest in – auf der Grundlage einer Verfassung errichteten – Staaten eindeutig vor.[569]

Diese Ansicht war das Ergebnis einer Wandlung der Naturrechtslehre *Höpfners* bezüglich des Verhältnisses des Naturrechts zum positiven Recht.[570] Ursprünglich war *Höpfner* von einer absoluten Unnachgiebigkeit des Naturrechts gegenüber dem positiven Recht ausgegangen. In der ersten Ausgabe seines Naturrechtslehrbuchs aus dem Jahre 1780 hatte *Höpfner* erklärt, dass vom Regenten erlassene Gesetze nicht mit dem Naturrecht streiten dürften.[571] Zur Begründung

---

563 Höpfner, Naturrecht 1, § 30, S. 22.
564 Höpfner, Naturrecht 1, § 30, Anm. (1-6), S. 22f.
565 Höpfner, Naturrecht 1, § 30, Anm. (1), S. 22.
566 Vgl. allgemein Voppel, Der Einfluss des Naturrechts auf den Usus modernus, S. 34.
567 Höpfner, Commentar 6, § 32, S. 53.
568 Höpfner, Commentar 6, § 32, S. 53.
569 Plohmann, L.J.F. Höpfner, S. 80.
570 Plohmann, L.J.F. Höpfner, S. 251.
571 Höpfner, Naturrecht 1, § 185, Anm. (3), S. 157; vgl. Plohmann, L.J.F. Höpfner, S. 80.

verwies *Höpfner* auf § 22 seines Naturrechtslehrbuchs, in dem er darstellte, dass Naturgesetze ewig, notwendig, unveränderlich und allgemein seien.[572] Eine Änderung der Ansicht erfolgte in der dritten Auflage von 1785. In dieser Ausgabe vertrat *Höpfner* die Ansicht, dass der Regent um des gemeinen Besten Willens und zur Verhütung eines größeren Übels vom Naturrecht abweichende Gesetze erlassen könnte.[573] Dagegen war diese Modifikation in dem Institutionenkommentar erst in der sechsten Auflage des Kommentars von 1798 enthalten. Nach *Plohmann*, der den Einfluss des Naturrechts auf das positive Recht ohne die Vermittlung durch die Gesetzgebung anhand der Lehre *Höpfners* untersucht hat, änderte *Höpfner* seine Ansicht insofern, als er zwischen der theoretischen und der praktischen Anwendbarkeit des Naturrechts zu trennen begann. In der bürgerlichen Gesellschaft räumte *Höpfner* den positiven Regelungen eindeutig Priorität gegenüber dem Naturrecht ein.[574] Dagegen bestand für ihn in der theoretischen Rechtslehre keine Beschränkung des Naturrechts durch das positive Recht.[575]

2. Gesetz und Gesetzgebung

Wie viele naturrechtliche Autoren in ihren Lehrbüchern,[576] befasste sich *Höpfner* mit den Fragen des Gesetzesbegriffs und der staatlichen Gesetzgebung. Zu den konkreten Gesetzgebungsarbeiten bezog *Höpfner* dagegen keine Stellung. Es erfolgte in dieser Zeit auch keine wissenschaftliche Diskussion um die Einführung eines einheitlichen Rechts in Hessen-Darmstadt.

a. Verbindlichkeit und Gesetz

Sowohl in seinem Kommentar als auch in seinem Naturrechtslehrbuch behandelte *Höpfner* die Frage: „Was ist Verbindlichkeit und Gesetz".[577] *Plohmann* hat nachgewiesen, dass sich *Höpfner* damit in seinem Kommentar dem Naturrecht annäherte.[578] Nachdem zunächst die römischen Begriffsdefinitionen eine zentrale Stellung in *Höpfners* Kommentar gehabt hätten, seien in den späteren Auf-

---

572 Höpfner, Naturrecht 1, § 22, S. 17.
573 Höpfner, Naturrecht 3, § 168, Anm. (4), zitiert nach Klippel, Die Philosophie des Rechts, S. 234.
574 Plohmann, L.J.F. Höpfner, S. 251.
575 Plohmann, L.J.F. Höpfner, S. 251.
576 Klippel, Die Philosophie der Gesetzgebung, S. 226.
577 Höpfner, Commentar 4, § 19, S. 37; ders., Naturrecht 1, §§ 7ff., S. 4ff.
578 Plohmann, L.J.F. Höpfner, S. 83.

lagen des Institutionenkommentars die naturrechtlich geprägten Erläuterung über die Verbindlichkeit und das Gesetz an die Stelle der römischen Begriffsdefinitionen getreten.[579]

Höpfner setzte bei der Definition des Gesetzes zunächst den Begriff der Verbindlichkeit voraus. Verbindlichkeit sei die moralische Notwendigkeit, eine Handlung zu tun oder zu unterlassen.[580] Ein Satz, welcher die Verbindlichkeit ausdrücke, sei ein Gesetz.[581] Bei Gesetzen differenzierte *Höpfner* wiederum zwischen drei Arten. Die Verbindlichkeit, durch die der Mensch zu einer Handlung „verbunden" werde, werde durch ein „Gesetz in allgemeiner Bedeutung" ausgedrückt.[582] Ein Gesetz im eigentlichen, engeren und juristischen Sinne sei gegeben, wenn ein Gesetzgeber (Oberherr, superior) seinem Untergebenen vorschreibe, was er zu tun oder zu unterlassen habe.[583] Die „lex pactitia" schließlich sei gegeben, wenn die Verbindlichkeit aus einem Versprechen folge.[584] Bereits in seinem Naturrechtslehrbuch hatte *Höpfner* zwischen Gesetzen unterschieden, die vertragsweise errichtet wurden und solchen, die von einem Gesetzgeber gegeben wurden.[585]

b. Die Gesetzgebung

Auch zur Gesetzgebung bezog *Höpfner* Stellung. Ausgangspunkt dafür war die Rolle des Herrschers im Staat. *Höpfner* war der Ansicht, dass die bürgerliche Oberherrschaft nicht unmittelbar von Gott gegeben sei, sondern durch Vertrag entstehe.[586] Da sich das Volk um seines eigenen besten Willens dem Regenten unterwerfe, müsse der Regent das allgemeine Wohl fördern.[587] Der Regent habe die Gesetzgebungskompetenz, da zu den Majestätsrechten des Regenten auch die gesetzgebende Gewalt gehöre.[588] Aus dieser folge das Recht des Regenten, zu bestimmen, welche Handlungen der Untertan tun oder unterlassen solle.[589] In § 185 („Die gesetzgebende Gewalt") seines Naturrechtslehrbuchs stellte *Höpf-*

---

[579] Plohmann, L.J.F. Höpfner, S. 83; vgl. zu den Begiffsdefinitionen noch Höpfner in der 4. Aufl., Commentar 4, § 19 S. 37f.
[580] Höpfner, Commentar, 6. Aufl., § 19, S. 42; ders., Naturrecht 1, § 7, S. 4.
[581] Höpfner, Naturrecht 1, § 8, S. 5.
[582] Höpfner, Commentar, 6. Aufl., § 19, S. 43.
[583] Höpfner, Commentar, 6. Aufl., § 19, S. 43.
[584] Höpfner, Commentar, 6. Aufl., § 19, S. 43.
[585] Höpfner, Naturrecht 1, § 8, S. 5.
[586] Höpfner, Naturrecht 1, § 176, S. 150.
[587] Höpfner, Naturrecht 1, § 181, S. 154.
[588] Höpfner, Naturrecht 1, § 185, S. 157.
[589] Höpfner, Naturrecht 1, § 185, S. 157; vgl. auch Plohmann, L.J.F. Höpfner, S. 80.

ner vor allem die Rechte des Regenten in Bezug auf die Gesetzgebung dar.[590] Neben der Schaffung von neuen Gesetzen könne der Gesetzgeber auch Gewohnheiten durch entsprechende Erklärung zum Gesetz erheben.[591] Auch könne er Privilegien, Dispensationen und andere persönliche Verordnungen erteilen.[592] Dieses Recht stellte *Höpfner* allerdings unter die Einschränkung, dass eine erhebliche Ursache vorlag. Hinsichtlich schon bestehender Gesetze stünde dem Regenten das Recht zu, diese zu erklären, wobei aber eine Doktrinalerklärung nicht ganz verboten sei.[593] Mit dem Recht der Gesetzgebung korrespondiere das Recht des Regenten, Gesetze aufzuheben, auch wenn er bei Erlass eines Gesetzes erklärt hatte, dass das Gesetz ewig gelten sollte.[594] Um seinen Gesetzen Geltung zu verschaffen, stünde dem Herrscher schließlich das Vollstreckungsrecht und die vollziehende Gewalt zu.[595]

Zwar war die Gesetzgebungskompetenz des Herrschers aus *Höpfners* Sicht im Naturrecht begründet und legitimiert, die Tätigkeit des Herrschers sollte aber nicht durch die Bindung an bestimmte Inhalte beschränkt werden.[596] Der Herrscher sei den Gesetzen, die er selbst gegeben habe, nicht unterworfen.[597] Damit vertrat *Höpfner* die typisch absolutistische Auffassung, dass der Fürst an die von ihm geschaffenen positiven Gesetze nicht gebunden sei.[598] Dass bestimmte von dem Herrscher aufgestellte Regeln auch vom Staat zu beachten seien,[599] wurde erst nach der Tätigkeit *Höpfners* an der Ludoviciana – aber während seiner Gesetzgebungstätigkeit – von den Anhängern des jüngeren Naturrechts der Reformzeit und des Vormärzes vertreten. Während *Höpfner* – wie bereits dargestellt[600] – in der ersten Auflage des Naturrechtslehrbuchs die Ansicht vertrat, dass die Gesetze, da sie alle Untertanen verbänden, veröffentlicht werden müssten und insbesondere nicht „mit dem Naturrecht streiten“ dürften,[601] änderte er seine Ansicht in der dritten Auflage aus dem Jahr 1785. Danach blieb das Naturrecht sowohl dem Fürsten als auch dessen Gesetzen gegenüber unverbindlich; es

---

590 Höpfner, Naturrecht 1, § 185, S. 157f.
591 Höpfner, Naturrecht 1, § 185, Anm. (4), S. 157.
592 Höpfner, Naturrecht 1, § 185, Anm. (7), S. 158.
593 Höpfner, Naturrecht 1, § 185, Anm. (6), S. 158.
594 Höpfner, Naturrecht 1, § 185, Anm. (5), S. 157.
595 Höpfner, Naturrecht 1, § 186, S. 158.
596 So auch Klippel, Die Philosophie der Gesetzgebung, S. 234f.
597 Höpfner, Naturrecht 1, § 201, S. 171.
598 So auch Klippel, Die Philosophie der Gesetzgebung, S. 231.
599 Klippel, Die Philosophie der Gesetzgebung, S. 234.
600 Siehe oben Dritter Teil § 5 C. III. 1.
601 Höpfner, Naturrecht 1, § 185, Anm. (3), S. 157.

begründete allein dessen Gesetzgebungskompetenz.[602] *Höpfner* gestand dem Gesetzgeber das Recht zu, Gesetze auch gegen die natürlichen Rechte der Menschen zu erlassen. Der Herrscher konnte nach *Höpfners* Ansicht nach Belieben vom Naturrecht abweichen, solange seine Gesetze nicht dem gemeinen Wohl widersprachen. So war nach *Höpfners* Ansicht der in der Naturrechtslehre vorherrschende Streit, ob der Gesetzgeber etwas gegen das Naturrecht verordnen könnte, ein reiner Wortstreit, da alle Meinungen sich insofern einig seien, „daß der Gesetzgeber, um des gemeinen Bestens Willen und um ein grösseres Uebel zu verhüten, etwas befehlen, erlauben und verbieten könne, was nach dem N[atur].R[echt]. gleichgültig, verboten oder erlaubt ist."[603] Diese Ansicht entsprach dem älteren Naturrecht der Aufklärung, welches auch als Fürstenrecht und Fürstenethik im Verhältnis von Herrscher und Untertan fungierte.[604]

In der Naturrechtslehre *Höpfners* finden sich keine Anhaltspunkte dafür, dass er das Mittel der Gesetzgebung zur Umsetzung seiner naturrechtlichen Ansichten in positives Recht nutzen wollte. Dies korrespondiert mit seiner Naturrechtslehre. Erst im letzten Jahrzehnt des 18. Jahrhunderts entwickelte sich die Naturrechtslehre dahin, dass die Gesetzgebung als eine Möglichkeit angesehen wurde, die naturrechtliche Theorie durch die Schaffung von Gesetzen in die Praxis umzusetzen.[605]

3. Das Verhältnis des römischen Rechts zum Partikularrecht

Als Autor eines Kommentars im römischen Recht setzte sich *Höpfner* auch mit der Frage nach dem Verhältnis des römischen Rechts zu den weiteren in Deutschland geltenden Rechtsquellen auseinander. *Höpfner* vertrat die Ansicht, dass das römische Recht in Deutschland zwar als Ganzes, aber nur als Hilfsrecht rezipiert worden sei.[606] Dies habe beweisrechtlich zur Folge, dass die Partei, die sich auf das römisches Recht berief, ein sog. „fundatam intentionem" habe. Es bestünde die Vermutung (Präsumtion), dass das römische Recht bei Gericht gelte und zwar solange, bis der Gegner das Gegenteil beweise bzw. aufzeige,

---

[602] Vgl. auch Klippel, Die Philosophie der Gesetzgebung, S. 235.
[603] Höpfner, Naturrecht 3, § 168 Anm. (4), zitiert nach Klippel, Die Philosophie der Gesetzgebung, S. 234.
[604] Klippel, Die Philosophie der Gesetzgebung, S. 231, 234; vgl. auch Schröder, J., Naturrecht bricht positives Recht?, in: FS Mikat, S. 423.
[605] Klippel, Die Philosophie der Gesetzgebung, S. 235.
[606] Höpfner, Commentar 4, § 17, S. 32.

dass das Gesetz auf die heutige Verfassung nicht passe, oder dass ein konträres deutsches Recht vorhanden sei.[607] Insofern folgerte *Höpfner* mit der ganz herrschenden Lehre, dass das römische Recht nur dort Anwendung fände, wo keine deutschen Gesetze oder Gewohnheiten vorhanden seien. Im Verhältnis des römischen Rechts zu den bestehenden Rechtsquellen gingen somit die allgemeinen deutschen Reichsgesetze, die Gewohnheiten sowie die Stadt- und Landrechte dem subsidiären römischen Recht vor, sofern ihr Vorhandensein bewiesen sei.[608] Dies war eine rein lehrbuchmäßige Darstellung des Rechtszustandes in einem gemeinrechtlichen Werk. Hieraus kann nicht darauf geschlossen werden, wie das von *Höpfner* fertiggestellte hessische Landrecht zu dem römischen Recht stehen sollte.

D. Auswirkungen der Gesetzgebungsarbeiten

I. Auf die Lehrtätigkeit

Höpfners Professorentätigkeit an der Ludoviciana hatte mit seinem Wechsel nach Darmstadt geendet, so dass sich seine Beteiligung an den Gesetzgebungsarbeiten nicht mehr auf seine universitären Vorlesungen auswirken konnte.

Da die Gesetzgebungsarbeiten nicht zu einem Landrecht führten, hatten die ersten Gesetzgebungsversuche auch keine Auswirkungen auf den Rechtsunterricht an der Ludoviciana. Auf dem Gebiet des Zivilrechts waren Vorlesungen im römischen Recht weiterhin vorherrschend. Institutionen wurden nach *Heineccius* und Pandekten nach *Boehmer* und später nach *Hellfeld* gelesen. Bei den Institutionenvorlesungen wurde zum Teil auf *Höpfners* Bearbeitungen zurückgegriffen. Damit lasen die Professoren der Ludoviciana weiterhin vermehrt nach Lehrbüchern von Göttinger Professoren wie *Heineccius* oder *Boehmer*, deren Bücher bereits ab der Mitte des 18. Jahrhunderts den Vorlesungen zu Grunde gelegt worden waren.[609] Daneben fanden Vorlesungen über das deutsche Privatrecht nach *Selchow* (Ius privatum Germanicum) statt.[610] Das Ius Germanicum war eine Folge der aus dem Gedanken der Aufklärung hervorgegangenen Betonung der „eigenen“ Rechtstradition.[611]

---

[607] Höpfner, Commentar 4, § 17, S. 32.
[608] Höpfner, Commentar 4, § 17, S. 32.
[609] Hammerstein, Eine deutsche Universität im 18. Jahrhundert, in: FS Moraw, S. 592.
[610] Vgl. die Vorlesungsverzeichnisse der Ludoviciana in der Zeit von 1781-1797, abgedruckt bei Köbler, Gießener juristische Vorlesungen, S. 128ff.
[611] Coing, Europäisches PrivatR I, S. 81.

Den naturrechtlichen Vorlesungen wurde weiterhin *Höpfners* Naturrechtslehrbuch zu Grunde gelegt. Durch die Neuauflagen seiner Lehrbücher hatte die Lehre *Höpfners* somit weiterhin Einfluss auf die Lehre an der Universität. Allerdings ist zu beachten, dass die naturrechtlichen Vorlesungen an der Ludoviciana – wie auch an anderen Universitäten – nur einen geringen Teil der Lehrveranstaltungen ausmachten.

Obwohl die Ludoviciana im 18. Jahrhundert eine klassische Landesuniversität war, wurden zu der Vorbereitung der künftigen Beamten keine regelmäßigen Vorlesungen über die hessischen Partikularrechte angeboten. Im zivilrechtlichen Bereich hatte allein im Wintersemester 1770/71 *Christian Hartmann Samuel Gatzert* Ius Germanicum unter Berücksichtigung des hessischen Rechts gelesen.[612] Kein Vorlesungsstoff war das preußische Recht, welches *Höpfner* seinem Gesetzgebungswerk zu Grunde legen wollte. Ebenso wurden auf dem Gebiet der Gesetzgebungswissenschaft keine Vorlesungen angeboten. Allerdings wurde diese Thematik – wie bereits oben festgestellt – über die naturrechtlichen Vorlesungen *Höpfners* Gegenstand des juristischen Unterrichts.

II. Wechselwirkung

Seine naturrechtlichen Ansichten standen *Höpfners* Gesetzgebungstätigkeit nicht entgegen. Als Beamter seines Landesherrn fühlte er sich zu der Tätigkeit verpflichtet und konnte die Gesetzgebungstätigkeit für seinen Landesherrn ausüben. Der Regent (Oberherr) habe unstreitig das Recht, Ämter und Würde zu verleihen.[613] Der Bürger, der daraufhin ein öffentliches Amt bekleidete, war es nach *Höpfner* dem Regenten schuldig, „die Geschäfte dem Staat zum besten zu verrichten".[614] Dabei sei es eine besondere Würde, wenn der Regent dem Bürger einen persönlichen Vorzug vor anderen Bürgern gebe.[615]

Zwar können naturrechtliche Einflüsse *Höpfners* auf das Gesetzgebungswerk insofern nicht untersucht werden, als *Höpfners* vornehmliche Tätigkeit in der Sammlung der vorhandenen Gesetze lag. Einen untersuchbaren Entwurf eines Landrechts legte er nicht vor. Zudem sollten den Gesetzgebungsarbeiten bereits vorhandene Kodifikationsarbeiten unter Anpassung auf die hessischen Verhältnisse zu Grunde gelegt werden. Allerdings wurden mit den preußischen Kodifi-

---

612 Vorlesungsverzeichnis WS 1770/71, abgedruckt bei Köbler, Gießener juristische Vorlesungen, S. 120.

613 Höpfner, Naturrecht 1, § 197, S. 168.

614 Höpfner, Naturrecht 1, § 197, S. 167.

615 Höpfner, Naturrecht 1, § 197, S. 167f.

kationsarbeiten vom Naturrecht beeinflusste Arbeiten bei der Ausarbeitung eines hessischen Landrechts berücksichtigt. Des Weiteren kann aus seiner naturrechtlichen Lehre gefolgert werden, dass *Höpfner* als Vertreter des älteren Naturrechts den Regenten inhaltlich nicht an das Naturrecht binden wollte. Das Naturrecht des aufgeklärten Absolutismus diente vorwiegend der Legitimation der Gesetzgebungskompetenz des Herrschers; eine Bindung an bestimmte Inhalte fand nicht statt.[616]

Die Gesetzgebungsarbeiten hatten Einfluss auf die naturrechtliche Lehre *Höpfners*. Nach *Höpfner* konnte der Regent vom Naturrecht abweichende Gesetze erlassen. Diese Ansicht war – wie bereits oben dargestellt – die Folge einer Veränderung der Lehre *Höpfners*, die in der Zeit zwischen 1783 und 1785, d.h. nach dem Ausscheiden aus der Universität und während seiner Gesetzgebungsarbeiten erfolgte. *Höpfner* behielt seine Ansicht auch noch in seiner sechsten Auflage aus dem Jahre 1795 bei. In dieser Zeit war die ältere Naturrechtslehre bereits von der jüngeren abgelöst worden. Zwar gingen nur wenige Vertreter der jüngeren Naturrechtslehre davon aus, dass naturrechtswidriges positives Recht nichtig sei.[617] Allerdings lebte die Diskussion um einen möglichen Vorrang des Naturrechts vor dem positiven Recht unter dem Einfluss der Menschenrechtserklärungen und der französischen Revolution wieder auf.[618] Diese Abkehr von einer nunmehr in den Vordergrund tretenden Diskussion, legt die Vermutung nahe, dass die Beteiligung an den partikularen Gesetzgebungsarbeiten mitursächlich für die Veränderung der Ansicht *Höpfners* war.

E. Resümee

Die ersten umfassenden hessischen Gesetzgebungsarbeiten waren in der strukturellen Rückständigkeit und den damit zusammenhängenden Problemen Hessen-Darmstadts begründet. Diese veranlassten den späteren Landesherrn Landgraf Ludwig IX., ein Reformprogramm ausarbeiten zu lassen. Ein Teilprojekt dieses Reformprogramms war die Schaffung eines Landrechts zur Verbesserung der Rechtssicherheit. Die *Höpfner* übertragene Arbeit war noch keine Kodifikationsarbeit im engeren Sinne. Sie ging nicht viel weiter als über die Sammlung von Landesgesetzen hinaus und war daher vor allem eine Kompilation des gel-

[616] Klippel, Die Philosophie der Gesetzgebung, S. 235.
[617] Klippel, Die Philosophie der Gesetzgebung, S. 234.
[618] Schröder, J., Naturrecht bricht positives Recht?, in: FS Mikat, S. 430; Voppel, Der Einfluss des Naturrechts auf den Usus modernus, S. 33f.

tenden positiven Rechts. Der Anspruch auf ein vollständiges und systematisches Gesetzbuch wurde noch nicht erhoben. Die Forderung nach der Verbesserung der Rechtssicherheit und die Abfassung des Gesetzes in der Landessprache gingen allerdings über punktuelle Verbesserungen hinaus und standen damit bereits unter dem Vorzeichen der aufklärerischen Idee der Kodifikation.[619]
Obwohl das bestehende Landrecht gesammelt werden sollte, zeigt der Wunsch des Landgrafen, die preußischen Vorarbeiten zu berücksichtigen, da er diese besonders positiv beurteilte, dass ein entscheidendes Kriterium die Hochwertigkeit der Gesetze war. Insofern schien es vor dem Einfluss der Historischen Rechtsschule nicht primär darauf anzukommen, dass das Recht im Land verwurzelt und historisch war.

Vermutlich unter dem Einfluss der Landstände wurde zunächst bewusst keinem Professor der Landesuniversität, sondern Praktikern die Ausarbeitung des Landrechts übertragen. Der Rechtsgelehrte *Höpfner* wurde von der Staatsregierung mit den Gesetzgebungsarbeiten beauftragt, nachdem die Gesetzgebungsarbeiten der Praktiker zu keinem Ergebnis geführt hatten. *Höpfners* Arbeiten waren schließlich so stark mit seiner Person verknüpft, dass nach seinem Tod niemand diese Arbeiten fortsetzte. Zu der Durchführung der Gesetzgebungsarbeiten beendete er seine Lehrtätigkeit und wechselte als Oberappellationsgerichtsrat nach Darmstadt. Diese Stellung war mit dem Gesetzgebungsauftrag verbunden. Die Durchführung der Arbeiten erfolgte als Beamter in Darmstadt. Als solchem kamen ihm aber seine als Rechtsprofessor erworbenen juristischen Kenntnisse zu Gute. Bei der Sammlung der Gesetze nutzten *Höpfner* seine vertieften juristischen Kenntnisse.

Vor seiner Beauftragung mit den Gesetzgebungsarbeiten hatte *Höpfner* vor allem Naturrecht und römisches Recht gelehrt. Hessische Partikularrechte wurden zu seiner Zeit an der Ludoviciana grundsätzlich nicht gelesen. „Wissenschaftliche" Einflüsse *Höpfners* auf das Gesetzgebungswerk selbst können nicht untersucht werden, da *Höpfner* keinen Landrechtsentwurf vorlegte. Dagegen hatte seine Gesetzgebungstätigkeit Auswirkungen auf *Höpfners* Naturrechtslehre. Obwohl es *Höpfner* untersagt war, schriftstellerisch tätig zu werden, erschien gerade in seiner Darmstädter Zeit sein „Theoretisch-practischer Commentar über die Heineccischen Institutionen" sowie mehrere Neuauflagen seiner Hauptwer-

---

[619] Dölemeyer, Iura et cameralia, S. 151.

ke. Aus diesen Werken ergibt sich, dass *Höpfner* in der Zeit seiner Tätigkeit in Darmstadt seine Ansichten zu dem Verhältnis zwischen Naturrecht und positivem Recht änderte. Der Regent sollte vom Naturrecht abweichendes positives Recht setzen können. Da die Naturrechtslehre sich in dieser Zeit dahingehend veränderte, dass positives Recht nicht gegen das Naturrecht verstoßen sollte, kann diese Veränderung *Höpfners* nicht im Zusammenhang mit der Weiterentwicklung der naturrechtlichen Lehre gesehen werden. Ihr Grund lag in der Gesetzgebungstätigkeit für den Landesherrn.

§ 6 Kodifikationsversuche vor der Rheinbundzeit

Nach dem Tode Landgraf Ludwigs IX. trat dessen Sohn Landgraf Ludwig X 1790 die Regierung an. Ludwig X. war ein aufgeklärter Herrscher, der bereits kurz nach seinem Regierungsantritt Verwaltung und Justiz reformieren wollte.[620] Er folgte dem typischen Wunsch des aufgeklärten Absolutismus, für Rechtssicherheit und Rechtsgleichheit im eigenen Land Sorge zu tragen,[621] indem auch er Kommissionen zur Einführung einheitlicher und umfassender Gesetzgebungswerke errichtete. Allerdings wurden die ersten Gesetzgebungsversuche nicht mit Nachdruck betrieben. Der Entwurf zu einem Strafgesetzbuch und einer Strafprozessordnung wurde nicht von der Regierung beraten und auch das Ziel, das preußische Gesetzbuch (ALR) dem Entwurf eines Zivilgesetzbuches zu Grunde zu legen, scheiterte. Das Scheitern war in den vorherrschenden Kriegsunruhen bedingt. Diese ließen das Ziel der Rechtsvereinheitlichung in den Hintergrund treten. Dennoch dürfen diese Arbeiten nicht unberücksichtigt bleiben, da sie den Willen der Regierung, einheitliche Gesetze mit dem Ziel der Rechtsvereinheitlichung zu schaffen, demonstrieren. Zudem war ein Mitglied dieser Gesetzgebungskommissionen der Gießener Rechtsprofessor *Karl Ludwig Wilhelm von Grolman*, der bereits vor seiner Beteiligung an den Arbeiten den Versuch unternommen hatte, zu beweisen, dass seine Strafrechtstheorie in einen positiven Gesetzesentwurf umgesetzt werden könnte.

A. Die Gesetzgebungsarbeiten

Nachdem die Arbeiten *Höpfners* nicht zum Erfolg geführt hatten, endete das Projekt zur Schaffung eines Landrechts. Zwar hatte Ludwig X. – der spätere Großherzog Ludwig I. – noch kurz vor dem Tode *Höpfners* in einer von *Höpfner* ausgearbeiteten Verordnung vom 17. März 1797 versichert, dass er eine unparteiische Justiz befördern und beschleunigen wolle.[622] Die politischen Verhältnisse, insbesondere die Kriegsunruhen in den neunziger Jahren des 18. Jahrhunderts verhinderten dann aber, dass Ludwig X. der Gesetzgebung seine Aufmerksamkeit widmen konnte. Die Arbeit *Höpfners* wurde nicht mehr aufgenommen. Bis zum Jahre 1803 wurden auch keine weiteren Gesetzgebungsversuche mehr

---

[620] Büttner, Anfänge des Parlamentarismus in Hessen-Darmstadt, S. 23.
[621] Wesenberg/ Wesener, Neuere deutsche Privatrechtsgeschichte, S. 157.
[622] Vgl. Bopp, Ständeversammlung 1833, S. 4f.; Breidenbach, Commentar I, Einleitung, S. 9; Christ, Entstehung des Strafgesetzbuches für das GHT Hessen, S. 22.

unternommen. Die durch den Reichsdeputationshauptschluss herbeigeführten Gebietsveränderungen[623] legten das Bedürfnis nach neuen Gesetzen und einer Neuordnung der Staatsverwaltung erneut offen. Neben die veralteten Gesetze des alten Herrschaftsgebietes waren Gesetze der neuerworbenen Gebiete getreten und hatten zu einer weiteren Rechtszersplitterung geführt.

I. Der Gesetzgebungsauftrag vom 19. Juli 1803

Der erste Gesetzgebungsversuch im 19. Jahrhundert erfolgte auf dem Gebiet der Strafrecht- und der Strafprozessgesetzgebung, die besonders reformbedürftig erschienen.
Für die Zeitgenossen war die Beseitigung der Rechtsunsicherheit und Rechtszersplitterung auf dem Gebiet des Strafrechts ein dringendes Bedürfnis.[624] Es wurde gerügt, dass in dem gegebenen Rechtszustand das gleiche Vergehen in verschiedenen Landesteilen unterschiedlich bestraft würde.[625] Auch sollten die vorhandenen Widersprüche zwischen dem gemeinen deutschen Strafrecht und den verschiedenen Partikulargesetzen, aber auch den Partikulargesetzen untereinander, beseitigt werden.[626]
Auf dem Gebiet des Strafprozessrechts wurde die Diskussion um die Erneuerung desselben in Hessen-Darmstadt vor allem hinsichtlich der Verfahrensart geführt. Bereits Ende des 18. Jahrhunderts hatte das hessische Ministerium versucht, den in der peinlichen Gerichtsordnung von 1726 vorgeschriebenen fiskalischen Strafprozess[627] abzuschaffen. Während die Regierungen in Darmstadt und Gießen sowie die peinlichen Gerichte sich in den siebziger Jahren des 18. Jahrhunderts für den Erhalt des fiskalischen Strafprozesses ausgesprochen hatten, plädierten auch sie in den neunziger Jahren des 18. Jahrhunderts überwiegend für den Inquisitionsprozess.[628] Schließlich wurde die Regierung in Gießen am 29. April 1797 aufgefordert, ein Gutachten darüber abzugeben, „wie und auf welche Weise der etwa künftig einzuführende Inquisitionsprozess am sachgemäßesten einzuführen sei“[629]. Obwohl die Gießener Regierung am 6. Februar 1798 auf die Erstattung des Gutachten hingewiesen wurde, fertigte sie kein Gut-

[623] Siehe oben Zweiter Teil § 3 A. I. 2.
[624] Eigenbrodt, Hessische Verordnungen III, S. 453f.
[625] Eigenbrodt, Hessische Verordnungen III, S. 453.
[626] Eigenbrodt, Hessische Verordnungen III, S. 453.
[627] Vgl. zum fiskalischen Verfahren Blass, Strafverfahren in Hessen-Darmstadt, S. 8ff.
[628] Blass, Strafverfahren in Hessen-Darmstadt, S. 31.
[629] Zitiert nach Blass, Strafverfahren in Hessen-Darmstadt, S. 33f.

achten an; ebenso unterließ die Darmstädter Regierung die Anfertigung eines entsprechenden Gutachtens.[630]

Am 19. Juli 1803[631] erging ein Gesetzgebungsauftrag auf den Gebieten des Straf- und Strafprozessrechts an den Gießener Rechtsprofessor *Karl Ludwig Wilhelm von Grolman* und den Regierungsrat *Johann Andreas Philipp Schwabe*. Beide sollten kein neues Gesetzbuch entwerfen. Vielmehr wurden sie aufgefordert, ein Gutachten darüber vorzulegen, „welches die zweckmäßigsten Modifikationen seien, unter denen die in dem badischen Organisationsedikt vom 4. April 1803[632] enthaltenden Normen über die Strafrechtspflege als Gesetz in den hessen-darmstädtischen Landen bei Belassung der peinlichen Gerichte in ihrem bisherigen Bestand eingeführt werden könnten"[633]. Für die Erstellung des Gutachtens wurde beiden eine Frist von vier Wochen gesetzt. Dafür wurden *Grolman* und *Schwabe* zeitweise ihrer Berufsgeschäfte enthoben. Dennoch baten die Bearbeiter am 16. August 1803 um eine Verlängerung der Frist, da sie die prozessualen Bestimmungen des badischen Organisationsediktes nicht zur Übernahme empfehlen konnten. Nach der Abschaffung des akkusatorischen Prozesses in Baden waren sie der Ansicht, „daß die prozessualischen Verfügungen, welche das badische Edikt enthalte, überaus unvollständig seien, überdies zum großen Teil auf falschen Ansichten beruhten und zu einer Nachahmung in den diesseitigen fürstlichen Landen nicht zu empfehlen seien"[634]. Zudem hielten sie es für notwendig, „sich über die Brauchbarkeit oder Nichtbrauchbarkeit der in der peinlichen Gerichtsordnung von 1726 enthaltenen Normen über das Verfahren erklären zu müssen, und hierbei entwickelten sich ihnen so viele notwendige Gegenstände für ihre Berücksichtigung, so daß sie sich absolut nöthig sähen, sich über das ganze gerichtliche Verfahren ausführlich zu verbreiten"[635]. Insofern standen bei diesen Gesetzgebungsarbeiten die Probleme um das strafprozessuale Verfahren im Vordergrund. Nach gewährter Fristverlängerung reichten

---

[630] Blass, Strafverfahren in Hessen-Darmstadt, S. 35.

[631] Blass, Strafverfahren in Hessen-Darmstadt, S. 44; Christ, Entstehung des Strafgesetzbuches für das GHT Hessen, S. 35; Esselborn nennt in: Grolman, S. 428 als Datum den 20. Juli 1803. Auf Grund der fehlenden Originalunterlagen ist eine genaue Überprüfung des Datums nicht mehr möglich.

[632] Vgl. Rhenanus, Das großherzoglich badische Straf-Edict mit seinen Erläuterungen und Zusätzen.

[633] Zitiert nach Esselborn, Hessische Lebensläufe: Grolman, S. 130.

[634] Zitiert nach Esselborn, Grolman, S. 429.

[635] Zitiert nach Esselborn, Grolman, S. 429.

beide am 2. Oktober 1803[636] einen Gesetzentwurf über das Strafrecht und das Strafprozessrecht einschließlich eines zweibändigen Gutachtens ein.
Hierin lehnten *Grolman* und *Schwabe* die Übernahme der Normen des badischen Ediktes ab. Nach ihrer Argumentation bei der Bitte um Fristverlängerung fiel ihr Urteil über die zu untersuchenden Normen des badischen Edikts erwartungsgemäß negativ aus. Die prozessualen Verordnungen des badischen Edikts seien nicht viel besser als gar keine Verordnungen.[637] Vielmehr hätten die Strafen der Carolina beibehalten und der Strafprozess möglichst bestimmt geregelt werden sollen.[638] Auf Grund dessen legten beide einen eigenen Entwurf vor.

Der Entwurf umfasste 238 Paragraphen und bestand aus zwei Teilen. Der erste Teil des Entwurfes (die §§ 1 bis 127) regelte das Strafverfahren. Der zweite Teil (die §§ 128 bis 238) enthielt die Regelungen des materiellen Strafrechts. Der Entwurf ist allerdings nicht mehr erhalten.[639] Während sich einige der prozessualen Vorschriften rekonstruieren lassen, ist dies für die materiellen strafrechtlichen Vorschriften nicht mehr möglich.
Auf Grund der verschiedenen bestehenden Rechtsquellen wurde zunächst in § 1 des Entwurfes das Verhältnis des neuen Gesetzes zum bisher geltenden Recht geregelt. Danach sollten alle landesgesetzlichen Bestimmungen in Bezug auf das Strafverfahren aufgehoben werden.[640] Allein der peinlichen Gerichtsordnung Kaiser Karls V. sollte subsidiäre Geltung insofern zukommen, „als sie mit den, auf mildere Grundsätze gebauten Bestimmungen dieses neuen provisorischen Gesetzes im Einklang stehe“[641]. Das Strafgesetzbuch hätte damit – mit Ausnahme einiger Vorschriften der Carolina – den Bereich des Strafrechts abschließend geregelt und dadurch die Rechtszersplitterung aufgehoben und Rechtssicherheit in Hessen-Darmstadt geschaffen.

---

636 Blass, Strafverfahren in Hessen-Darmstadt, S. 44; Christ, Entstehung des Strafgesetzbuches für das GHT Hessen, S. 35; Esselborn nennt in: Grolman, S. 429 als Datum den 20. Oktober 1803.
637 Zitiert nach Esselborn, Grolman, S. 429.
638 Zitiert nach Esselborn, Grolman, S. 429.
639 Der Entwurf nebst dem Gutachten gilt als verschollen; vgl. Christ, Entstehung des Strafgesetzbuches für das GHT Hessen, S. 36, Fn. 1. Letztmalig konnte er von *Amrhein* in seiner Dissertation aus dem Jahre 1955 verwendet werden. Daher muss auf die Ausführungen *Amrheins* und die sehr knappe Darstellung bei *Esselborn* zurückgegriffen werden.
640 Blass, Strafverfahren in Hessen-Darmstadt, S. 45.
641 Zitiert nach Esselborn, Grolman, S. 429; Amrhein, Entwicklung des hessischen Strafprozessrechts, S. 24.

Im weiteren wurden die Prinzipien des Strafverfahrens festgelegt. Entsprechend den zuvor mehrfach geäußerten Wünschen der Regierung[642] sollte das Strafverfahren nach § 12 des Entwurfes allein auf den Grundsätzen des Inquisitionsprozesses aufgebaut sein. Der vormals neben dem Inquisitionsprozess bestehende akkusatorische Prozess einschließlich des dazu erforderlichen Amtes des öffentlichen Anklägers sollte aufgehoben werden: „Der bisher in Unseren Fürstlichen Landen noch neben dem Inquisitionsprozeß eingeführt gewesene akkusatorische Prozess ist von nun an sowie das dazu notwendig erforderlich gewesene Amt eines öffentlichen Anklägers und das der ungelehrten aus Stadtratsmitgliedern bloß der Feierlichkeit halber angestellt gewesene Beisitzer gänzlich aufgehoben, und es findet nur allein der rein in General- und Spezialuntersuchung eingeteilte Inquisitionsprozess statt."[643]

Die mit Verordnung vom 22. Juni 1771 unter dem Vorzeichen der Aufklärung abgeschaffte Tortur, sollte zwar abgeschafft bleiben, andere Zwangsmittel, insbesondere Züchtigungen, sollten dagegen zulässig sein.[644] So wurden in der Voruntersuchung Züchtigungen zwar grundsätzlich für unzulässig erklärt. Ausnahmsweise wurden sie aber gestattet: „Nur wenn ein Angeschuldigter, welcher erweislich reden kann und völlig bei Verstand ist, gar nicht reden will, findet für dieses das obrigkeitliche Ansehen verletzende und daher schon allein aus diesem Grunde strafwürdige Benehmen eine Züchtigung von 10 bis 12 Streichen statt"[645]. Darüber hinaus waren je nach dem Verhalten des Angeklagten in § 71 des Entwurfes[646] weitere Züchtigungsmittel zulässig: Bei einzelnen Widersprüchen und Lügen sollte als Zwangsmittel eine mäßige Züchtigung von höchstens zwölf und bei Wiederholungen höchstens 20 Streichen zulässig sein. Bei besonderer Verstocktheit oder Halsstarrigkeit konnte das Justizkolleg nach einem vorherigen Bericht des Richters gegen den Inquisiten ohne Rücksicht auf die Person die stärkste, nach ärztlichem Urteil physisch mögliche körperliche Züchtigung verfügen. Führte dies ebenfalls nicht zum „Erfolg", konnte der Inquisit solange im harten Gefängnis oder im Zuchthaus arbeiten oder verwahrt werden, bis er von seiner Halsstarrigkeit abwich.

---

642 Siehe oben Dritter Teil § 6 A. I.

643 Zitiert nach Blass, Strafverfahren in Hessen-Darmstadt, S. 45; Amrhein, Entwicklung des hessischen Strafprozessrechts, S. 23.

644 Blass, Strafverfahren in Hessen-Darmstadt, S. 45f.; Amrhein, Entwicklung des hessischen Strafprozessrechts, S. 23f.

645 Zitiert nach Blass, Strafverfahren in Hessen-Darmstadt, S. 46; vgl. auch Amrhein, Entwicklung des hessischen Strafprozessrechts, S. 23.

646 § 71 des Entwurfes ist abgedruckt bei Blass, Strafverfahren in Hessen-Darmstadt, S. 46ff.

Schließlich sollten zum ersten Mal Rechtsmittel in Strafsachen eingeführt werden.[647] Diese Rechtsmittel waren die Appellation und die Revision. Die hessendarmstädtische peinliche Gerichtsordnung von 1726 kannte keine Rechtsmittel in Strafsachen, von denen die Parteien zur Anfechtung eines Urteils freiwillig Gebrauch machen konnten.[648]

Der Entwurf über das Strafverfahren und das materielle Strafrecht erlangte keine Gesetzeskraft. Er wurde nie vom Ministerium beraten.
Allerdings entwickelte sich das Strafverfahren – auch ohne eine gesetzliche Regelung – zum Inquisitionsprozess fort.[649] Die Regierungen in Gießen und Darmstadt (bzw. nach den beiden unten genauer besprochenen[650] Organisationsedikten von 1803 die Hofgerichte) wendeten teilweise mit vorheriger, teilweise mit nachträglicher Zustimmung des Ministeriums nicht mehr den ordentlichen peinlichen Prozess an, sondern die Spezialinquisition. Am 4. Juni 1804 genehmigte der Landgraf auf Vorschlag des Ministeriums die Einführung des inquisitorischen peinlichen Prozesses im Herzogtum Westphalen mit der Folge, dass im ganzen Land einheitlich der inquisitorische Prozess durchgeführt wurde.[651]

II. Die Organisationsedikte vom 12. Oktober 1803

Kurz nachdem *Grolman* und *Schwabe* ihren strafrechtlichen Gesetzentwurf eingereicht hatten, führten die verschiedenen, infolge des Reichsdeputationshauptschlusses eingetretenen Gebietsveränderungen und die dadurch erforderlich gewordene Verbindung der alten und neuen Landesteile zu zwei Organisationsedikten vom 12. Oktober 1803[652]. Diese Organisationsedikte sollten zur Sicherung einer neuen, gleichförmigen Verwaltungsorganisation in der Landgrafschaft führen. An der Ausarbeitung der Organisationsedikte war kein Rechtsprofessor beteiligt.[653]

---

647 Amrhein, Entwicklung des hessischen Strafprozessrechts, S. 27.
648 Blass, Strafverfahren in Hessen-Darmstadt, S. 43 sowie S. 43, Fn. 11.
649 Blass, Strafverfahren in Hessen-Darmstadt, S. 48f.
650 Siehe unten Dritter Teil § 6 A. II.
651 Blass, Strafverfahren in Hessen-Darmstadt, S. 53.
652 Organisationsedikte vom 12. Oktober 1803, abgedruckt bei Eigenbrodt, Hessische Verordnungen I, S. 27ff.; teilweise abgedruckt bei Bopp, Hessen-Darmstadt, Großherzogthum, in: Weiskes Rechtslexikon, S. 284ff.
653 Die Urheberschaft beider Organisationsedikte ist nicht abschließend geklärt. Als Autor wird von mehreren Autoren der Amtmann *Ludwig Minnigerode* genannt, siehe Acker, Verwaltungskontrolle in Hessen-Darmstadt, S. 61.

Durch die beiden Organisationsedikte erfolgte eine Neuorganisation der Staatsverwaltung und damit auch des Justizwesens.
Nach § 3 des ersten Organisationsediktes vom 12. Oktober 1803 wurde unter die unmittelbare Direktion des Regenten das „Geheimratskollegium oder das Ministerium" gestellt. Ihm oblag die Staatsverwaltung. Das Ministerium wurde nach Geschäftsbereichen untergliedert in das Ministerium für auswärtige Verhältnisse, das Ministerium des Inneren und das Finanzministerium. Dem Geschäftsbereich des Ministeriums des Inneren wurden neben anderen Aufgaben auch die Gegenstände der Gesetzgebung zugeordnet. Hinsichtlich der Verwaltungsorganisation wurde bei den Mittelbehörden die Justiz von der Verwaltung getrennt, indem nach § 6 des ersten Organisationsediktes vom 12. Oktober 1803 in jeder der drei Provinzen ein Hofgericht errichtet wurde, während bei den Regierungskollegien allein die Verwaltungsaufgaben verblieben. Im übrigen fehlte eine Trennung von Justiz und Verwaltung. Die bereits in *Grolmans* und *Schwabes* Strafrechtsentwurf enthaltenen Rechtsmittel der Revision und der Appellation in Strafsachen wurde gem. § 7 des ersten Organisationsediktes eingeführt. Oberste Justizbehörde war nach § 4 des ersten Organisationsedikts das Oberappellationsgericht für das ganze Land.

Für die Gesetzgebung entscheidend war § 5 des ersten Organisationsedikts vom 12. Oktober 1803. Durch diesen § 5 wurde eine unter der Leitung des Ministeriums des Inneren stehende Gesetzgebungskommission errichtet. Die Gesetzgebungskommission sollte – sobald die verschiedenen Landesdikasterien konstituiert waren – die für die weitere Organisation des Landes erforderlichen Materialien sammeln und geeignete Vorschläge unterbreiten. Des Weiteren musste die Gesetzgebungskommission alle in Vorschlag gebrachten neuen Gesetze prüfen und redigieren. Die wichtigste Aufgabe dieser Gesetzgebungskommission war schließlich die Ausarbeitung eines neuen Zivil- und Kriminalgesetzbuchs. Damit die besonderen Verhältnisse der einzelnen Provinzen Berücksichtigung finden konnten, wurde festgelegt, dass die Mitglieder der Kommission aus den drei Provinzen stammen sollten.

§ 3 des zweiten Organisationsedikts[654] vom selben Tage brachte die Entscheidung des Regenten zum Ausdruck, bei den zivilrechtlichen Gesetzgebungsar-

---

[654] § 3 des zweiten Organisationsedikts vom 12. Oktober 1803, abgedruckt bei Eigenbrodt, Hessische Verordnungen I, S. 44.

beiten auf die seinerzeit einzige Kodifikation Europas zurückzugreifen. Bei dem Entwurf des Zivilgesetzbuches sollte das preußische Gesetzbuch (ALR) berücksichtigt werden. Zudem wurde der Kommission das Recht zuerkannt, einzelnen Mitgliedern die Ausarbeitung besonderer Materien zu übertragen. Des Weiteren konnte die Kommission geeignete Staatsdiener auffordern, Gutachten über bestimmte, insbesondere technische, Materien anzufertigen. Die Zugrundelegung der preußischen Kodifikationsarbeiten war im Vergleich mit anderen Staaten eine Besonderheit, da das ALR als Vorbild für fremde Gesetzbücher neben Hessen-Darmstadt nur noch in Kurhessen in Betracht gezogen wurde.[655] Am 13. Oktober 1803 wurde *Grolman* zum Vorsitzenden einer entsprechenden Gesetzgebungskommission ernannt,[656] deren Ziel die Anfertigung eines Zivilgesetzbuches auf der Grundlage des Preußischen Allgemeinen Landrechts und eines Strafgesetzbuches war.

Neben der Ausarbeitung eines Zivil- und eines Strafgesetzbuchs stellte der hessische Landgraf in der „provisorischen Oberappellationsgerichtsordnung vom 5. August 1804[657] zur Einführung eines gleichförmigen und zweckmäßigen Verfahrens in allen, sowohl aus den althessischen, als auch aus den neuen Landen an das Oberappellationsgericht gelangten Rechtssachen" auch die Ausarbeitung einer allgemeinen Gerichts- und Prozessordnung in Aussicht. In der Oberappellationsgerichtsordnung erklärte Landgraf Ludwig X., dass bereits die nötigen Vorkehrungen getroffen seien, „daß, um sämtlichen Unsern getreuen Unterthanen in allen vorkommenden Fällen eine gewissenhafte, beförderliche und wirksame Rechtspflege zu versichern, eine diesem Zwecke angemessene, verbesserte, den Rechtsgang bei allen höheren und niederen Gerichtsstellen gleichförmig bestimmende, allgemeine Gerichts- und Prozeßordnung baldmöglichst ausgearbeitet, und Uns zur Genehmigung vorgelegt werde"[658]. Die Regierung war sich dabei des immensen Umfangs dieses Vorhabens bewusst. So nahm sie in die Verordnung auf, dass der Umfang der Arbeiten so groß sei, dass eine Vollen-

[655] Vgl. insofern Dölemeyer, Einflüsse von ALR, C.c. und ABGB, in: Ius commune VII, S. 180.

[656] Esselborn, Grolman, S. 429.

[657] Oberappellationsgerichtsordnung vom 5. August 1804, abgedruckt bei Eigenbrodt, Hessische Verordnungen III, S. 440f.

[658] Zitiert nach Eigenbrodt, Hessische Verordnungen III, S. 439; ebenfalls zitiert im Bericht des Abgeordneten *Jaup* vor der Zweiten Kammer der Landstände aus dem Jahre 1833, abgedruckt bei Bopp, Ständeversammlung 1833, S. 6.

dung nicht in kurzer Zeit zu erwarten wäre.[659] Insofern sollten zunächst die in den Provinzen geltenden Prozessvorschriften, unter ihnen auch die Oberappellationsgerichtsordnung von 1777, weitergelten und lediglich einzelne Vorschriften durch provisorische Verordnungen vereinheitlicht werden.[660]

Letztlich wurde weder ein Zivil- und ein Strafgesetzbuch entworfen, noch eine Gerichts- und Prozessordnung. Zunächst blieb die in den Organisationsedikten von 1803 formulierte Aufgabe unerledigt. Der Strafgesetzentwurf und die Gutachten *Grolmans* und *Schwabes* waren zwar von den Mitgliedern der auf Grund des Organisationsediktes vom 12. Oktober 1803 einberufenen Gesetzgebungskommission zur Begutachtung angefordert worden.[661] Die Gesetzgebungsarbeiten wurden aber auf Grund der Kriegsunruhen nicht weiter fortgesetzt, insbesondere wurde der Entwurf von dem Ministerium auch nicht mehr beraten.[662] Bereits die Kommission selbst hatte sich vermutlich nicht mehr mit dem Gesetzesentwurf auseinandergesetzt.[663] Ebenso wurde die in der Oberappellationsgerichtsordnung vom 5. August 1804 in Aussicht gestellte allgemeine Gerichts- und Prozessordnung nicht in Angriff genommen.[664]

Das Urteil des Ministeriums in Darmstadt über die auf Grund der Organisationsedikte von 1803 errichtete Gesetzgebungskommission fiel negativ aus. Das Ministerialreferat vom 21. September 1808 enthielt die Feststellung, dass „die Erfahrung gelehrt habe, daß bei ihr [der Kommission] überhaupt nicht der bei ihrer Errichtung beabsichtigte Zweck erreicht werde, vielmehr öfters nur die Sache verweitläufigt werde, und hiernächst wohl doch eine anderweite Einrichtung nötig sein dürfte“[665]. Am 27. September 1808 wurde *Grolman* auf sein Nachsuchen hin seines Amtes als Mitglied und Redakteur dieser Gesetzgebungskommission enthoben.[666] In seinem Gesuch erklärte *Grolman*, „daß der Gesetzgebung notwendig eine Stelle in der Zentralregierung gebühre, und daß die Redac-

---

[659] Eigenbrodt, Hessische Verordnungen III, S. 439.
[660] Eigenbrodt, Hessische Verordnungen III, S. 440f.
[661] Blass, Strafverfahren in Hessen-Darmstadt, S. 48; Esselborn, Grolman, S. 429.
[662] Blass, Strafverfahren in Hessen-Darmstadt, S. 48; Esselborn, Grolman, S. 429.
[663] Christ, Entstehung des Strafgesetzbuches für das GHT Hessen, S. 38.
[664] Breidenbach, Commentar I, Einleitung, S. 9.
[665] Ministerialreferat vom 21. September 1808, abgedruckt bei Esselborn, Grolman, S. 429, Fn. 41.
[666] Esselborn, Grolman, S. 429.

tion schlechterdings nicht von einer Provinz aus besorgt werden könne".[667] Zu dem Zeitpunkt der Ausfertigung des Ministerialreferats und des Nachsuchens *Grolmans* stand allerdings bereits fest, dass der Landesherr den Code Napoleon in Hessen-Darmstadt als Zivilgesetzbuch einführen wollte, mit der Folge, dass die Arbeiten zur Einführung des ALR nicht mehr benötigt wurden. Bereits am 1. Oktober 1808 wurde *Grolman* zum Mitglied einer entsprechenden Gesetzgebungskommission ernannt.[668]

B. Die Beteiligung Grolmans

I. Kurzbiographie[669]

Karl Ludwig Wilhelm von Grolman war seinerzeit einer der berühmtesten Professoren der Universität Gießen.[670]

Geboren wurde *Grolman* am 23. Juni 1775 in Gießen als Sohn des geheimen Regierungsrates der Regierung zu Gießen *Adolf Ludwig Grolman.* Sein Studium der Rechtswissenschaft begann er an der Ludoviciana im Jahre 1791. Nach einem von der Geschichte und der Philosophie bestimmten Vorstudium, studierte er an der Ludoviciana bis 1794 Rechtswissenschaften bei *Heinrich Musäus, Helwig Bernhard Jaup, Christoph Koch, Gottfried Siegismund Büchner* und *Christian Gottlieb Schaumann.*[671] Hilfswissenschaften hörte er u.a. bei dem Kameralisten *August Friedrich Wilhelm Crome.*[672] Sein Studium setzte er in Erlangen (1794/95) fort. Dort besuchte *Grolman* die Vorlesungen bei dem Pandektisten *Christian Friedrich Glück*, dem Staatsrechtler *Johann Ludwig Klüber* und dem Kirchenrechtler *Johann Burkhard Geiger.*[673] Während seiner Studienzeit war *Grolman* Mitglied in verschiedenen Burschenschaften. In Gießen gehörte er der Landsmannschaft Frankonia an; in Erlangen war er Mitglied der Burschenschaft der Amicisten.[674]

---

667 Brief *Grolmans* an den Geh. Sekretär *Schleiermacher* vom 20. August 1808, StADa D 12 Nr. 14/16 fol. 25; ebenfalls zitiert von Esselborn, Grolman, S. 456f.

668 Zu dem Versuch der Einführung des Code Napoleon in Hessen-Darmstadt siehe unten Dritter Teil § 7: Kodifikationsversuche in der Rheinbundzeit.

669 Vgl. im einzelnen Esselborn, Grolman, S. 406-461 und Franz, Karl Ludwig von Grolman, in: Persönlichkeiten der Verwaltung , S. 121-125; Röger, Karl Ludwig Wilhelm von Grolman, S. 4ff.

670 Esselborn, Hessische Lebensläufe: Grolman, S. 128.

671 Esselborn, Hessische Lebensläufe: Grolman, S. 129.

672 Strieder, Hessische Gelehrtengeschichte Bd. 18, S. 183.

673 Esselborn, Hessische Lebensläufe: Grolman, S. 129.

674 Röger, Karl Ludwig Wilhelm von Grolman, S. 12.

Nach seiner Rückkehr aus Erlangen promovierte („De donatione propter nuptias") und habilitierte sich *Grolman* in Gießen im Jahre 1795. In diesem Jahr wurde *Grolman* – erst zwanzigjährig – Privatdozent an der Ludoviciana. Im Dezember 1797 reichte *Grolman* beim Landgrafen ein Gesuch ein, in dem er um die Ernennung zum außerordentlichen Professor bat.[675] Die Fakultät unterstütze dieses Gesuch. In einem Votum praeliminare begründete Kanzler *Koch* dies damit, dass *Grolman* „mit Beifall gelesen und sich auch durch einige gelehrte Schriften bekannt gemacht habe"[676]. Daraufhin erfolgte am 19. Februar 1798 die Ernennung *Grolmans* zum außerordentlichen Professor an der Ludoviciana. Am 7. Juli 1800 wurde er zum ordentlichen Professor der Rechte ernannt. Begründet wurde dies durch die viel beachteten Beiträge *Grolmans* zur Diskussion um die Strafrechtsreform.[677] 1803 berief ihn die Darmstädter Staatsregierung zum ersten Mal in eine Gesetzgebungskommission. Ein Jahr später (1804) erfolgte die Ernennung *Grolmans* zum Oberappellationsgerichtsrat.[678] Von 1810 bis 1812 bekleidete er die Stellung als Rektor der Ludovicana. Als Rektor setzte sich *Grolman* für die Verbesserung der Professorenbesoldung, die Vermehrung der Stipendien sowie die Verbesserung der Disziplin der Studenten ein.[679] Zugleich führte er – im Sinne der Rheinbundpolitik – einen Kampf gegen Landsmannschaften und sonstige verbotene Studentenverbindungen.[680] In Anerkennung seiner Leistungen als Rektor wurde *Grolman* am 14. Dezember 1815 die Kanzlerwürde der Ludoviciana übertragen. 1816 ging er als Mitglied einer Gesetzgebungskommission nach Darmstadt. 1818 erhielt *Grolman* das Präsidium bei dem für die Provinz Rheinhessen in Darmstadt provisorisch eingerichteten Kassations- und Revisionsgericht. Bereits ein Jahr später wurde er dieses Amtes enthoben, nachdem er am 31. Juli 1819 als Wirklicher Geheimer Rat in das Geheime Staatsministeriums berufen worden war. Am 15. März 1820 wurde *Grolman* zum hessen-darmstädtischen Staatsminister ernannt. Diese Stellung bekleidete er bis zu seinem Tod am 14. Februar 1829.

Grolman verband eine lebenslange Freundschaft mit *Anselm von Feuerbach*. Diese war aus der strafrechtstheoretischen Diskussion um den Zweck der Strafe

---

675 Esselborn, Grolman, S. 416.
676 Zitiert nach Esselborn, Grolman, S. 419.
677 Franz, Karl Ludwig von Grolman, in: Persönlichkeiten der Verwaltung, S. 122.
678 Ernennung am 19. März 1804, StADa D 12 Nr. 14/16 fol. 30.
679 Esselborn, Hessische Lebensläufe: Grolman, S. 133.
680 Knöpp, Grolman in: NDB 7, S. 123; Esselborn, Hessische Lebensläufe: Grolman, S. 133.

hervorgegangen, in dem beide verschiedene Ansichten vertraten.[681] *Grolman* war – im Gegensatz zu *Höpfner* – stark von seinem Zeitgenossen *Kant* beeinflusst.[682] So setzte er überall *Kants* „Anschauungen von der Menschenwürde, von der Erhabenheit der Moral über die bloße Zweckmäßigkeit, von der gemeinsamen Grundlage und dem Unterschiede zwischen Moral und Recht als selbstverständlich voraus“[683]. Auch gegenüber anderen philosophischen Ansichten zeigte sich *Grolman* aufgeschlossen. Er setzte sich mit der Philosophie *Fichtes* und *Buhles* auseinander.

II. Grolmans Beitrag zum Entwurf des Strafgesetzbuchs

Auf Grund der fehlenden Originalunterlagen ist es nicht möglich, den genauen Anteil *Grolmans* an dem straf- und strafprozessrechtlichen Gesetzesentwurf von 1803 zu ermitteln. Darüber können allein Vermutungen angestellt werden. Jedenfalls ist nicht zu erkennen, dass *Grolman* und *Schwabe* sich die Arbeiten konkret aufgeteilt hatten.[684] Aus seinen nachfolgend dargestellten Lehransichten und einem Vergleich mit den rekonstruierten Paragraphen des Gesetzentwurfs von 1803 soll der Versuch unternommen werden, einen Einfluss *Grolmans* an den Arbeiten aufzuzeigen.

III. Grolmans Stellung in Hessen-Darmstadt während der Gesetzgebungsarbeiten

Grolman hatte seine Tätigkeit in Hessen-Darmstadt 1795 als Privatdozent an der Ludoviciana begonnen. An der Ludoviciana setzte er seine universitäre Laufbahn bis zum Erhalt einer ordentlichen Professur fort.

Die erste Beteiligung *Grolmans* an den Gesetzgebungsarbeiten von 1803 war nicht wie bei *Höpfner* mit dem Wechsel in ein Amt nach Darmstadt verbunden. *Grolman* behielt seine Professorenstelle bei. Während der Gesetzgebungstätigkeit war er auch grundsätzlich nicht von seiner Lehrtätigkeit befreit. Nur zeitweilig wurde er von seinen Berufungsgeschäften entbunden. Die Regierung in

---

681 Siehe hierzu Dritter Teil § 6 C. III. 2.

682 Vgl. Döhring, Deutsche Rechtspflege, S. 338.

683 Stintzing/Landsberg, Geschichte der deutschen Rechtswissenschaft, III/2, S. 142.

684 In einem Schreiben an den Landgrafen vom 27. September 1805 verwies *Grolman* auf Vorschläge zur Verbesserung der Kriminalgesetzgebung, die er vor zwei Jahren „in Verbindung mit dem landgräflichen Regierungsrath Schwabe“ ausgearbeitet hatte; StADa D 12 Nr. 14/16.

Darmstadt hatte *Grolman* gerade auf Grund seiner Professorentätigkeit für die Gesetzgebungsarbeiten vorgesehen. Nach seinem Biographen *Esselborn* waren es die „wissenschaftlichen" Erfolge *Grolmans*, die zu der Entscheidung der Staatsregierung führten, die Fähigkeiten *Grolmans* unmittelbar für die Praxis und dabei zunächst auf dem Gebiet der Gesetzgebung zu nutzen.[685]

Grolman war Hessen-Darmstadt sehr verbunden, was der Staat durch Titelvergaben und finanzielle Zugeständnisse zu würdigen wusste. *Grolman* erhielt auf Grund seiner wissenschaftlichen Erfolge eine Vielzahl von Rufen an auswärtige Universitäten, die er aber unter Berufung auf seine enge Verbundenheit zum hessen-darmstädtischen Landesherrn ablehnte. Den vermutlich ersten Ruf erhielt er zu Beginn des 19. Jahrhunderts von der Universität Landshut. Obwohl ihm ein Gehalt von 1.000 Reichstalern geboten wurde, welches sein Gehalt um mehr als das Doppelte überstieg, lehnte er diesen ab.[686] Als Begründung nannte er den Wunsch, „dem Fürsten seine Dienste zu widmen, welchem doch selbst im Ausland sein Herz gehören würde", einem Fürsten, „dessen erhabene Deckungsart sich durch die mildeste und gnädigste Regierung charakterisierte, und dessen persönliche erleuchtete Grundsätze dem Freunde der Wissenschaften eine Lehr- und Schreibefreiheit verbürgten, welche er in dem Grade vergeblich in einem anderen Staate suchen würde"[687]. Allein dies war nicht der Grund für die Ablehnung des Rufes durch *Grolman* am 23. Dezember 1801. Der Landgraf hatte ihm – für den Fall der Ablehnung seines Rufs nach Landshut – eine Gehaltszulage von 350 Gulden zugesichert. Auch einen Ruf nach Moskau lehnte *Grolman* nach der Verleihung des Titels eines Oberappellationsgerichtsrates und der Inaussichtstellung des Eintritts in das Oberappellationsgericht, sobald dort eine Stelle vakant würde, sowie nach der Gewährung einer Gehaltszulage von 300 Gulden ab.[688] Die Ernennung zum Oberappellationsgerichtsrat hatte *Grolman* als Voraussetzung für den Verbleib in Gießen genannt.[689] Die Berufung nach Darmstadt war das bestimmende Ziel seines Handelns. Mit Schreiben vom 25. März 1804 bedankte sich *Grolman* beim Landgrafen für die Beförderung. Hierin schrieb er: „Einst unmittelbar unter Eurer Landgräflichen Durchlaucht Augen dem Staate

---

685 Esselborn, Grolman, S. 428.
686 Schreiben *Grolmans* vom 17. Dez. 1801 an den Landgrafen, StADa D 12 Nr. 14/16, fol. 34.
687 Zitiert nach Esselborn, Grolman, S. 427.
688 Esselborn, Grolman, S. 430.
689 Röger, Karl Ludwig Wilhelm von Grolman, S. 25.

dienen zu dürfen, ist mein größtes Glück"[690]. Schließlich lehnte *Grolman* einen Ruf an die damals führende Göttinger Universität ebenso ab, wie die Beteiligung an den Württembergischen Zivil- und Strafgesetzgebungsarbeiten, die ihm im Jahre 1818 angetragen wurde.[691]

Während seiner Tätigkeit als Universitätsprofessor und seiner Mitgliedschaft in der Gesetzgebungskommission wurde *Grolman* – seiner Forderung während der Bleibeverhandlungen entsprechend – 1804 zum Oberappellationsgerichtsrat ernannt.[692] Dies war keine reine Titelverleihung. Vielmehr war der Titel zugleich mit einer Tätigkeit für das Oberappellationsgericht verknüpft, was insofern keine Besonderheit darstellte, als die Gießener Juristenfakultät nach Titel 37 der Statuten der Universität von 1629 („De facultatis iuridicae responsis"[693]) eine Spruchtätigkeit[694] ausübte. Die Ernennung zum Oberappellationsgerichtsrat war aber nicht mit einem Wechsel *Grolmans* nach Darmstadt verbunden; er blieb weiter Professor an der Ludoviciana. Die Tätigkeit *Grolmans* bestand in der einstweiligen Ausarbeitung von Berichten über bei dem Oberappellationsgericht anhängige Rechtssachen. Sie entsprach nicht *Grolmans* Anforderungen. Da diese Tätigkeit allein auf die Ausarbeitung von Gutachten beschränkt war, konnte *Grolman* nach der Abgabe seiner Ausarbeitung über deren Inhalt nicht wie in einem Richterkollegium diskutieren, sie rechtfertigen oder sich überzeugen lassen. Zudem missfiel ihm der Zeitdruck, unter dem er arbeitete. Die Gutachten mussten innerhalb von etwa vier Wochen beim Oberappellationsgericht eingereicht werden. *Grolman* kritisierte, der akademische Gelehrte müsste, „wenn er seine Pflichten als solcher erfüllen wollte, öfters mehr als vier Wochen zu einer Recherche verwenden und hierbei notwendig nach ungebundener Laune arbeiten"[695]. Hinzu kam, dass *Grolman* an einer Neuauflage seiner „Grundsätze der Criminalwissenschaft" arbeitete, was sehr zeitaufwendig war. Unter Anführung dieser Gründe bat *Grolman* um Enthebung von seiner Tätigkeit.[696] Diesem Wunsch wurde am 17. März 1805 entsprochen.

---

[690] Schreiben *Grolmans* vom 25. März 1804 an den Landgrafen, StADa D 12 Nr. 14/16, fol. 31; ebenfalls zitiert von Esselborn, Grolman, S. 430.
[691] Esselborn, Grolman, S. 431.
[692] Esselborn, Grolman, S. 430.
[693] Gundel, Statuten, S. 132f.
[694] Zur Spruchtätigkeit der Universität und insb. zu den Urteilen in der Zeit *Grolmans* vgl. Kischkel, Das Naturrecht in der Rechtspraxis, in: ZNR 2000, S. 125ff., S. 138f.
[695] Zitiert nach Esselborn, Grolman, S. 431.
[696] Esselborn, Grolman, S. 431.

C. Die strafrechtliche und strafprozessuale Lehre Grolmans

Mit *Karl Ludwig Wilhelm von Grolman* lehrte an der Ludoviciana ein bedeutender Strafrechtler seiner Zeit. Nach *Stintzing-Landsberg* begann mit *Grolman* und dessen Kollegen *Feuerbach* die moderne Strafrechtswissenschaft.[697] In ihrer Bedeutung für die Strafrechtswissenschaft seien beide mit der Stellung *Thibauts* und *Hugos* für das moderne Privatrecht vergleichbar.[698]
Grolman veröffentlichte – insbesondere auch zu Beginn seiner universitären Laufbahn – eine Vielzahl von Aufsätzen und Schriften auf dem Gebiet des Strafrechts. Zu den Gesetzgebungsarbeiten selbst und seiner Beteiligung an denselben bezog *Grolman* dagegen öffentlich keine Stellung, obwohl ihn Mitglieder der bayerischen Gesetzgebungskommission und Verlage hierzu aufgefordert hatten.[699] Auch der von der bayerischen Regierung ausgesetzte Preis für die besten Bemerkungen über die Kriminalgesetzgebung führte nicht zu einer entsprechenden Veröffentlichung *Grolmans*. Er wollte nichts von dem veröffentlichen, „was er dem Besten seines Vaterlandes glaubte einzig gewidmet zu haben"[700]. Insofern handelte *Grolman* als Landesbeamter.

I. Vorlesungen

Von Beginn seiner Tätigkeit an der Ludoviciana an hielt *Grolman* Vorlesungen im Strafrecht („Ius criminale"). Diesen Vorlesungen legte er ab dem Wintersemester 1803/04 sein eigenes Lehrbuch zu Grunde. Neben dem Kriminalrecht las *Grolman* die „Theorie des Kriminal-Prozesses" ebenfalls nach seinem Lehrbuch. In beiden Fächern las er das damals vorherrschende gemeine Recht und lies dementsprechend das hessische Partikularrecht und die landesherrlichen Verordnungen unberücksichtigt. Neben den strafrechtlichen Vorlesungen las *Grolman* Pandekten nach *Hellfeld*, den gemeinen Zivilprozess („Theorie des gerichtlichen Verfahrens in bürgerlichen Rechtsstreitigkeiten"), Natur- und Völkerrecht (auch als „Philosophie des Rechts" bezeichnet) und hielt die Einführung in die Rechtswissenschaft.

---

697 Stintzing/Landsberg, Geschichte der Deutschen Rechtswissenschaft, III/2, S. 111.
698 Stintzing/Landsberg, Geschichte der Deutschen Rechtswissenschaft, III/2, S. 111.
699 Vgl. Esselborn, Grolman, S. 429f.
700 Zitiert nach Esselborn, Grolman, S. 430.

II. Das strafrechtliche literarische Werk

Grolmans erste literarische Veröffentlichungen finden sich auf den Gebieten des Strafrechts, des Naturrechts und der Gesetzgebungswissenschaft.

1. Zeitschriften

In einer Zeit, in der vermehrt Zeitschriften herausgegeben wurden,[701] war *Grolman* Mitherausgeber verschiedener strafrechtlicher Zeitschriften. 1797 gab er die – letztlich in drei Bänden erschienene – „Bibliothek für die peinliche Rechtswissenschaft und Gesetzkunde" heraus. Ab dem zweiten Band waren *Johann Paul Anselm von Feuerbach* und *Ludwig Harscher von Almendingen* seine Mitherausgeber.[702]

In dieser Zeitschrift veröffentlichte *Grolman* dogmatische Abhandlungen über das vorherrschende materielle Recht der Carolina: „Über den Grund der härteren Strafe des gefährlichen Diebstahls (Art. 159 CCC)", „über die Begriffe von dolus und culpa", „über doctrinelle Gesetzesauslegung (Art. 104 und 105 CCC)", „über die Strafe der Bigamie (Art. 121 CCC)" und „über die Strafe des Raubes (Art. 126 CCC)". Daneben erfolgte in dieser Zeitschrift eine Auseinandersetzung mit den Werken naturrechtlicher Autoren. Er rezensierte die naturrechtlichen Werke von *Kant* (Metaphysische Anfangsgründe der Rechtslehre), *Fichte* (Grundlage des Naturrechts) und *Feuerbach* (Antihobbes). Die Besprechung der Werke von *Kant* und *Fichte* beschränkte *Grolman* auf deren strafrechtliche Kapitel. In der ebenfalls von *Grolman* begründeten Zeitschrift „Allgemeine Bibliothek der neuesten philosophischen Literatur" besprach er *Buhles* „Lehrbuch des Naturrechts". Auch hinsichtlich der Gesetzgebungswissenschaften trat *Grolman* literarisch hervor. Im Jahre 1798 erschienen die ersten Hefte des von *Grolman* gegründeten „Magazins für die Philosophie des Rechts und der Gesetzgebung". Als Grund für die Herausgabe des Magazins nannte *Grolman* das Interesse der Allgemeinheit an Untersuchungen über Recht, Staat und Gesetzgebung.[703] Inhaltlich machte *Grolman* seinen Autoren grundsätzlich keine Vorgaben. Er stellte ihnen allein die Bedingung, dass sie die oberste Formel für die

---

[701] Vgl. Wehler, Dt. Gesellschaftsgeschichte I, S. 306ff.

[702] Röger, Karl Ludwig Wilhelm von Grolman, S. 19.

[703] Grolman, Vorerinnerung in: Magazin für die Philosophie des Rechts und der Gesetzgebung, Heft 1, S. 3.

Rechtswissenschaft nicht aus dem Moralgesetz ableiteten.[704] Diese Ansicht sei nach dem Erscheinen von *Fichtes* Grundlage des Naturrechts nunmehr veraltet.

2. Lehrbücher

Bereits im Jahr seiner Ernennung zum außerordentlichen Professor (1798) veröffentlichte *Grolman* sein erstes Lehrbuch, die „Grundsätze der Criminalrechtswissenschaft nebst einer Darstellung des Geistes der deutschen Criminalgesetze". Das Lehrbuch erreichte bis 1826 die vierte Auflage. Es beruhte auf der Tatsache, dass *Grolman* seine Vorlesungen völlig frei hielt und sich keiner Hefte bediente, aus denen er ablas. Daher sah er es als Bedürfnis an, dass seine Studenten auf einen gedruckten Grundriss zurückgreifen konnten.[705]

Das Werk war zugleich ein Lehrbuch des materiellen Rechts wie des Prozessrechts. Das erste Buch enthielt eine „wissenschaftliche Darstellung des Criminalrechts". Hierunter erläuterte *Grolman* zunächst seine Ansichten über die Zurechnung von Verbrechen, die Schuld und den Maßstab der Strafen. Daran anschließend folgte eine Darstellung des Kriminalrechts im Staatsverhältnis unterteilt nach bürgerlichen Verbrechen und dem gerichtlichen Verfahren in Strafsachen.

In dem zweiten Buch erfolgte eine „systematische Darstellung des Geistes der deutschen Criminalgesetzgebung und Criminalgesetze". Nach einer einleitenden Beschreibung der Kriminalgewalt in Deutschland und der Darstellung der Quellen und Hilfsmittel der deutschen „Criminalgelehrtbarkeit", differenzierte *Grolman* zwischen einem theoretischen und einem praktischen Teil. Dies tat er auf Grund der Annahme, dass der „Criminalgesetzgelehrte" zweierlei Aufgaben habe. Zum einen entwickele er die Bestimmungen der Verbrechen selbst und ihre Strafen (theoretischer Teil der Criminalgesetzgelehrsamkeit), zum anderen die Regeln, nach welchen der Richter bei der Untersuchung und Bestrafung der Verbrecher gerichtlich verfahren solle (praktischer Teil).[706] Dementsprechend erfolgte in dem ersten Teil des zweiten Buches eine theoretische Auseinandersetzung über die bürgerlichen Strafen und ihren Zweck. Im großen Umfang behandelte *Grolman* schließlich die einzelnen Verbrechen einschließlich ihrer

---

[704] Grolman, Vorerinnerung in: Magazin für die Philosophie des Rechts und der Gesetzgebung, Heft 1, S. 4.

[705] Esselborn, Grolman, S. 425.

[706] Grolman, Criminalrechtswissenschaft, § 235, S. 122.

Strafen. In dem zweiten Teil des zweiten Buches behandelte er das gerichtliche Verfahren in Kriminalsachen.
In sein strafrechtliches Lehrbuch des gemeinen Rechts ließ *Grolman* seine naturrechtlichen Ansichten einfließen.[707] Dies ergibt sich bereits aus dem im Titel verwendeten Begriff des „Geistes der Gesetze".[708]

Als Reaktion auf die Kritik *Feuerbachs* über die in dem obigen Lehrbuch vertretene Spezialpräventionstheorie *Grolmans*,[709] veröffentlichte *Grolman* zu seiner Rechtfertigung 1799 das Werk „Ueber die Begründung des Strafrechts und der Strafgesetzgebung, nebst einer Entwicklung der Lehre von dem Maasstabe der Strafen und der juristischen Imputation". Dem Titel entsprechend stellte *Grolman* zunächst im ersten Teil seine Ansichten zu der Begründung des Strafrecht und der Strafgesetzgebung dar. In einem kurzen zweiten Teil setzte er sich mit den Meinungen anderer Autoren, unter ihnen *Stübel*, *Kant* und *Fichte*, zu diesem Thema auseinander. Mit diesem Werk beteiligte sich *Grolman* an der Diskussion um eine neu entstandene „Philosophie der Criminalgesetzgebung und des Criminalrechts".[710] Insbesondere versuchte *Grolman* in seinem Abschnitt über die Begründung der Strafgesetzgebung die Frage nach einem natürlichen Strafrecht zu beantworten.

III. Die Spezialpräventionstheorie Grolmans

Auf dem Gebiet des Strafrechts wurde *Grolman* als Verfechter der Spezialpräventionstheorie berühmt. Der Ausgangspunkt für seine Lehre war dabei das Naturrecht.

1. Die Begründung des Strafrechts und der Strafgesetzgebung

Grolman war ein Vertreter des jüngeren Naturrechts. Sein Lehrbuch „Grundsätze der Criminalrechtswissenschaft" begann er mit der Begründung des Straf- und Kriminalrechts. Dabei ging *Grolman* davon aus, dass der Mensch als vernünftiges Wesen in sich eine „Gesetzgeberin" besitze, die seine Handlungen reguliere.[711] Folge der Mensch den Ansprüchen dieser Gesetzgeberin, zeige er sich

---

[707] Siehe dazu genauer unten Dritter Teil § 6 C. III.
[708] Vgl. zu dem Begriff des „Geistes der Gesetze" Bomsdorf, Prozeßmaximen und Rechtswirklichkeit, S. 102.
[709] Vgl. dazu unten Dritter Teil § 6 C. III.
[710] Vgl. Grolman, Strafrecht und Strafgesetzgebung, Vorerinnerung, S. III.
[711] Grolman, Criminalrechtswissenschaft, § 1, S. 1.

als vernünftiges Wesen.[712] Da der Mensch aber auch ein „Sinnenwesen" sei, habe er die „tierische Kraft", den Gesetzen der Natur entgegen zu handeln.[713] Der Mensch lebe mit ihm gleichen Wesen im Verhältnis einer Gemeinschaft, in dem die praktische Vernunft als höchstes Gesellschaftsgesetz jedem Menschen, zur Vermeidung von Widerstreit der Kräfte, ein gleiches, unabhängiges Gebiet für seine Wirksamkeit (Rechtsgebiete, Freiheitsgebiete) anweise. Dadurch, dass der Mensch die Grenzen der Gebiete überschreiten könne, sei ein Verbrechen (Unrecht) möglich.[714] Übertrete der Mensch die ihm durch das höchste Sittengesetz auferlegten Pflichten, liege Unsittlichkeit (Sünde) vor.[715] Hieraus folgerte *Grolman* allerdings nicht das alleinige Bestehen eines natürlichen Strafrechts des einzelnen Individuum, welches dem Wesen des Menschen und seiner Beziehung zu den Mitmenschen entspringe.[716] Zwar habe der Mensch ein eigenes Recht zur Prävention gegen den mit Gefahr Drohenden, mithin ein Strafrecht.[717] Auf Grund des Zwangscharakters des Rechts sei es aber praktisch nicht möglich, den einzelnen Mitgliedern der Rechtsgemeinschaft zu gestatten, ihre Rechte selbst durchzusetzen.[718] Um einen rechtlichen geordneten Zustand aufrecht zu erhalten, hätten sich die einzelnen Individuen zu einer Gesellschaft zusammengeschlossen und damit den Staat als Hüter des Rechts geschaffen.[719] Der Staat könne einen Zustand des Friedens durch die Schaffung von positiven Gesetzen garantieren.[720] Letztlich gab *Grolman* die Idee eines natürlichen Strafrechtes aber nicht auf, sie hatte für ihn vor allem theoretischen, wissenschaftlichen Wert.[721] In der Praxis könnte das Strafrecht nur durch den Staat als „Zwangsanstalt" und seine Gesetze realisiert werden.[722] *Grolman* trennte folglich das natürliche vom positiven, staatlichen Strafrecht.[723]

---

712 Grolman, Criminalrechtswissenschaft, § 1, S. 1.
713 Grolman, Criminalrechtswissenschaft, § 1, S. 2.
714 Grolman, Criminalrechtswissenschaft, § 2, S. 2.
715 Grolman, Criminalrechtswissenschaft, § 3, S. 2.
716 Molitor, Straftheorie bei Grolman, S. 70.
717 Grolman, Strafrecht und Strafgesetzgebung, S. 87.
718 Vgl. Molitor, Straftheorie bei Grolman, S. 71.
719 So auch Molitor, Straftheorie bei Grolman, S. 72.
720 Grolman, Strafrecht und Strafgesetzgebung, S. 98, 102.
721 Grolman, Strafrecht und Strafgesetzgebung, S. 103; so auch Molitor, Straftheorie bei Grolman, S. 80.
722 Grolman, Strafrecht und Strafgesetzgebung, S. 103f.; so auch Molitor, Straftheorie bei Grolman, S. 80.
723 Grolman, Strafrecht und Strafgesetzgebung, S. 103f.; so auch Molitor, Straftheorie bei Grolman, S. 80.

2. Der Zweck der Strafe und der Strafgesetzgebung

Ausgangspunkt aller Strafrechtstheorien zur Zeit *Grolmans* war, dass Strafe ein notwendiges Übel sei. Auch für *Grolman* war Strafe ein notwendiges Übel, deren Grenzen durch das Sozialgesetz festgelegt seien.[724] *Grolman* ging in seiner Theorie davon aus, dass jeder Mensch ein Freiheitsrecht gegenüber seinen Mitmenschen habe.[725] Da in diesem Fall der Mensch die Freiheit des anderen stören könne, müsse ein „Socialgesetz" jedem Individuum eine „gleiche beschränkte Sphäre für seine freie Tätigkeit" zuweisen, um dadurch die Freiheit des einzelnen Menschen gewährleisten zu können.[726] Um ein Zusammenleben zu ermöglichen, müsse jeder Mensch die Bedingungen erfüllen, die das Sozialgesetz vorgebe. Zu der Erhaltung oder Erzeugung der positiven Einstellung der Menschen gegenüber dem Recht, bedürfe es gewisser „Motive gegen das Unrecht". Diese Motive könnten in dem aus der Vernunft begründetem natürlichem Sittengesetz folgen, welches niemals eine dem Recht schädliche Gesinnung erzeugen könne.[727] Eine solche entstehe dann, wenn der Mensch dem Gesetz der Sinnlichkeit bzw. der Lust folge. Für diejenigen Menschen, die sich lediglich von dem Gesetz der Sinnlichkeit leiten ließen, bedürfe es künstlicher Motive, damit diese ihre Handlungen wieder an der Rechtsidee ausrichteten. Als solches künstliches Motive käme die Angst vor Strafe in Betracht. Hierzu sei folglich die Anwendung von Zwang legitim.

Als Vertreter einer relativen Straftheorie setzte sich *Grolman* mit dem Zweck der Strafe auseinander. Insofern war auch für *Grolman* das begriffliche Merkmal der Strafe deren Zweckgebundenheit, d.h. die Strafe konnte allein durch ihren Zweck gerechtfertigt werden.[728] Obwohl *Kant* für *Grolman* bei der Entwicklung seiner Spezialpräventionstheorie ein Maßstab war, berief er sich bei seiner Theorie nicht auf den kategorischen Imperativ *Kants* als Grund für die Strafe.[729] In dem er sich der Ansicht *Fichtes* anschloss, ging *Grolman* vielmehr davon aus, dass Strafe nur durch einen vernünftigen Zweck zu rechtfertigen sei.[730]

---

[724] Grolman, Criminalrechtswissenschaft, § 22, S. 11.
[725] Vgl. auch Molitor, Straftheorie bei Grolman, S. 9.
[726] Grolman, Strafrecht und Strafgesetzgebung, S. 4f.
[727] Vgl. Molitor, Straftheorie bei Grolman, S. 13.
[728] Molitor, Straftheorie bei Grolman, S. 36.
[729] So bereits Molitor, Straftheorie bei Grolman, S. 10; Röger, Karl Ludwig Wilhelm von Grolman, S. 113.
[730] Molitor, Straftheorie bei Grolman, S. 10.

Es ist zu erkennen, dass die Rechtsordnung für *Grolman* ausschließlich zum Wohl des Einzelnen gesetzt worden war, so dass die Hauptaufgabe des Rechts seiner Ansicht nach die Förderung und Sicherung des Wohl des einzelnen war.[731] Insofern stand für *Grolman* die Beziehung der Strafe auf den einzelnen Verbrecher im Vordergrund.[732]
Den Zweck der Strafe sah er dabei nicht in der Verbesserung des Täters („Verbrechers"), sondern in der Abschreckung desselben.[733] Dabei ging er davon aus, dass der Täter durch seine Tat drohe, eine derartige Handlung wieder zu begehen. Zwar sei der Staat auch gehalten, im Vorhinein zu verhindern, dass Verbrechen angedroht würden, mithin alle abzuschrecken, ein Verbrechen zu begehen. Das wirksamste Mittel hierzu sei die vorherige Bekanntgabe der Strafe in einem Gesetz.[734] Dies sei aber der Zweck der entsprechenden Strafgesetze und nicht der der Strafe. Der Zweck der Strafe als solcher bleibe allein, den Drohenden von der Ausführung einer wirklich geschehenen Drohung abzuhalten.[735] *Grolman* vertrat damit die Spezialpräventionstheorie und nahm mit dieser Thematisierung an der seinerzeit in der Wissenschaft schwerpunktmäßig geführten wissenschaftlichen Debatte um die Strafrechtstheorien teil.[736] Die von *Grolman* geforderte Spezialprävention setzte hinsichtlich der Verhinderung künftiger Rechtsverletzungen durch den Täter gerade bei dem konkret zu bestrafenden Täter an. Im Gegensatz dazu stand *Feuerbachs* Lehre von der allgemeinen Abschreckung durch Generalprävention.[737] Diese Ansicht lehnte *Grolman* ab. Die Vertreter der Ansicht, dass andere als der Drohende abgeschreckt werden sollten, würden Strafe und Strafgesetz verwechseln.[738] Wenn auch nicht ursprünglich von *Grolman* entwickelt,[739] war er einer der eifrigsten Verfechter der Spezialpräventionsstrafe in der Strafrechtstheorie der späten Aufklärung.[740]

---

731 Molitor, Straftheorie bei Grolman, S. 9.
732 Molitor, Straftheorie bei Grolman, S. 9.
733 Grolman, Criminalrechtswissenschaft, §§ 105-110, S. 49ff.
734 Grolman, Criminalrechtswissenschaft, § 109, S. 51.
735 Grolman, Criminalrechtswissenschaft, § 109, S. 51; ders., Strafrecht und Strafgesetzgebung, S. 111.
736 Vgl. Schröder, R., Strafgesetzgebung in Deutschland, in: FS Gagnér, S. 406, 409.
737 Kleinheyer/ Schröder, Deutsche und Europäische Juristen, S. 129.
738 Grolman, Criminalrechtswissenschaft, § 110, S. 51.
739 *Christoph Karl Stübel* hatte bereits eine Theorie der Spezialprävention begründet, an die sich *Grolman* zum Teil anschloss und die *Grolman* zu einer Theorie mit einem eigenen Ansatzpunkt weiterentwickelte; vgl. Kleinheyer/ Schröder, Deutsche und Europäische Juristen, S. 173.
740 Kleinheyer/ Schröder, Deutsche und Europäische Juristen, S. 173; Röger, Karl Ludwig Wilhelm von Grolman, S. 112.

IV. Die Ansicht Grolmans zur Strafgesetzgebung

Mit der Strafgesetzgebung und der Gesetzgebungswissenschaft setzte sich *Grolman* bereits vor seiner Beteiligung an Gesetzgebungsarbeiten in seinem Lehrbuch „Grundsätze der Criminalwissenschaft“ aus dem Jahre 1798 und in dem Werk „Ueber die Begründung des Strafrechts und der Strafgesetzgebung“ von 1799 auseinander. Dabei erwies er sich als Vertreter der Gesetzgebungswissenschaft.

1. Kritik an der Wissenschaft

Grolman beteiligte sich an der Diskussion um die naturrechtlich-rechtsphilosophische Gesetzgebungswissenschaft. Diese war in der zweiten Hälfte des 18. und in der ersten Hälfte des 19. Jahrhunderts eine anerkannte Teildisziplin der Rechtswissenschaft, die sich theoretisch mit der Gesetzgebung, dem Vorgang der Entstehung von Gesetzen, beschäftigte.[741]
In der Vorrede seines Werks kritisierte *Grolman* allerdings zunächst die parallel zu den Naturrechtskodifikationen entstandene Gesetzgebungswissenschaft, die Philosophie der Kriminalgesetzgebung ebenso, wie die vorherrschende Kriminalwissenschaft. Anstatt die Wissenschaft auf ihre letzten Gründe zurückzuführen, hätten die Philosophen und Juristen leicht und vage über Gegenstände der Philosophie des Kriminalrechts und der Kriminalgesetzgebung räsonniert und deräsonniert.[742] Die meisten Kriminalreformatoren würden ausschließlich nach ihrem individuellen Gefühl in einer Sache entscheiden, „wo es auf Gefühl ganz und gar nicht ankommen kann“[743]. Den Kriminalwissenschaftlern warf *Grolman* vor, aus eigennützigen Gründen durch „Meynungskrämerey“ den Gerichten ihre Meinungen aufzuoktroyieren. Dies habe zu einer uneinheitlichen Rechtsprechung geführt. Auch sei dadurch das Studium der Gesetze, die „bey allen Unvollkommenheiten, doch warlich nicht so erbärmlich sind, als man sie uns darstellt“, vernachlässigt worden; der Geist der Gesetze und der Gesetzgebung werde nicht mehr erforscht.[744] Das Ergebnis dieser Wissenschaft sei eine Richterherrschaft, die nicht hinzunehmen sei. *Grolmans* Ziel war es, die Rechtsprechung zu vereinheitlichen. Dazu wollte er die Wissenschaft vom Kriminalrecht auf feste Grundsätze zurückzuführen. Aus den durch die Erforschung des

[741] Klippel, Die Philosophie der Gesetzgebung, S. 225.
[742] Grolman, Criminalrechtswissenschaft, Vorrede, S. IIIf.
[743] Grolman, Criminalrechtswissenschaft, Vorrede, S. IV.
[744] Grolman, Criminalrechtswissenschaft, Vorrede, S. VI.

Geistes der Kriminalgesetze und der Kriminalgesetzgebung gewonnenen Grundsätzen wollte er einen sicheren Leitfaden für das richterliche Ermessen aufstellen.[745]

2. Strafgesetzgebung

Wie bereits dargestellt,[746] vertrat *Grolman* die Ansicht, dass das Strafrecht nur durch den Staat realisiert werden könne. Die Strafgewalt lag damit nach *Grolman* beim Staat.[747] Strafrechtlich gesehen, kämen dem Staat nach *Grolman* als primäre Aufgaben die Rechtsprechung und die Vollstreckung und als sekundäre Aufgabe die Strafgesetzgebung zu.[748]

a. Pflichten des Gesetzgebers

Den Pflichten des Gesetzgebers bei der Abfassung eines Strafgesetzbuches widmete *Grolman* in seinen Grundsätzen der Criminalwissenschaft ein eigenes Kapitel. Hieraus ist auch zu entnehmen, welche Anforderungen *Grolman* an ein konkretes Strafgesetz stellte.

Grolman vertrat die Ansicht, dass der Gesetzgeber, um seinen Pflichten vollständig nachzukommen, die Strafen im Voraus in einem Gesetz bekannt machen sollte.[749] Die Strafe werde aber nicht durch die Bekanntgabe zu einer gerechten Strafe. Vielmehr müsse der Gesetzgeber die Strafe so festsetzen, dass sie ihren rechtmäßigen Zweck erreiche. Wie jeder Zwang seien der Strafe durch ihre Rechtsursache und ihren rechtlichen Zweck feste Grenzen gesetzt, deren Überschreitung wiederum ein Verbrechen sei.[750] Da der Präventionszwang durch die Schaffung eines Hindernisses der Freiheit durch den Täter gerechtfertigt sei, dürfe das Zwangsmittel allein den Zweck haben, das Hindernis der Freiheit zu beseitigen und den gesicherten Zustand wiederherzustellen. Daher sei eine Strafe ungerecht, wenn sie nicht die Wirkung habe, von Gesetzesübertretungen abzuhalten oder ein milderes Mittel denselben Zweck erreichen könne.[751] Um eine gerechte Strafe zu erreichen, dürfe der Gesetzgeber nur dann eine Strafe gesetzlich festsetzen, „wenn kein anderes Mittel übrig ist, um die Autorität desselben

---

745 Grolman, Criminalrechtswissenschaft, Vorrede, S. VII.
746 Vgl. oben Dritter Teil § 6 C. III. 1.
747 Grolman, Criminalrechtswissenschaft, § 96, S. 43.
748 Molitor, Straftheorie bei Grolman, S. 76.
749 Grolman, Criminalrechtswissenschaft, § 123, S. 57f.
750 Grolman, Criminalrechtswissenschaft, § 22, S. 11.
751 Grolman, Criminalrechtswissenschaft, § 124, S. 58.

zu sichern“[752]. Insofern musste die Strafe nach *Grolman* verhältnismäßig, d.h. notwendig, zweckmäßig und nicht grausam sein.[753] Die Strafe dürfe sich nur gegen denjenigen richten, durch den dem Gesetz oder dem Staat Gefahr drohe, nicht dagegen gegen Unschuldige.[754]

Anknüpfend an die Festsetzung der Strafe durch den Gesetzgeber forderte *Grolman*, dass in dem Gesetz auch der Maßstab festgelegt werden müsse, nach welchem der Grad der Strafe zu bestimmen sei.[755] *Grolman* erkannte hierbei allerdings die Problematik um die Aufstellung von Maßstäben, nach denen die Höhe der Strafe einer Straftat bemessen werden könnte. Grundsätzlich müsse der Maßstab, da nicht alle, die eine Straftat begingen, gleich strafbar seien, für jeden einzelnen Fall bestimmt werden.[756] Dies könne nicht in einem Gesetz geschehen, da der Gesetzgeber nicht alle möglichen Fälle erfassen könnte, sondern sei dem Ermessen des Richters überlassen. Der Gesetzgeber sollte den Richter aber auf den sorgfältigen Gebrauch des der Gesetzgebung zu Grunde liegenden Maßstabs verweisen. Zudem sei dem Gesetzgeber zu raten, bei Verbrechen, im objektiv bestimmbaren Bereich in dem Gesetz eine Strafe bestimmt anzugeben.[757] Hierzu sollte der Gesetzgeber einen Normalfall darstellen, in dem keine außergewöhnlichen Tat- und Täterumstände vorlägen, und für diesen Fall eine Strafe festsetzten.[758] Anhand dieses Maßstabes könne der Richter bei anders gelagerten Fällen die Strafe mildern oder schärfen.[759]

b. Die Möglichkeit einer Strafgesetzgebung nach der Präventionstheorie

Nachdem *Feuerbach* die von *Grolman* in seinen Grundsätzen der Criminalrechtswissenschaft vertretenen Spezialpräventionstheorie kritisiert hatte, verteidigte sich *Grolman* in seinem Werk „Über die Begründung des Strafrechts und der Strafgesetzgebung“. Als Vertreter der Philosophie der Gesetzgebungswissenschaft setzte er sich dabei mit der Frage auseinander, ob seine Präventionstheorie in ein positives Strafgesetz umgesetzt werden könnte.[760] Die Beantwortung dieser Frage empfand er als eine der „schwersten und verwickeltsten,

---

[752] Grolman, Criminalrechtswissenschaft, § 124, S. 58.
[753] Grolman, Criminalrechtswissenschaft, §§ 24 - 27, S. 12f.; § 130, S. 60.
[754] Grolman, Criminalrechtswissenschaft, §§ 127, 128, S. 59.
[755] Grolman, Strafrecht und Strafgesetzgebung, S. 107.
[756] Grolman, Criminalrechtswissenschaft, § 133, S. 61.
[757] Grolman, Criminalrechtswissenschaft, § 134, S. 61.
[758] Grolman, Criminalrechtswissenschaft, § 134, S. 61f.
[759] Grolman, Criminalrechtswissenschaft, § 134, S. 62.
[760] Grolman, Strafrecht und Strafgesetzgebung, S. 118ff.

welche dem philosophischen Rechtsgelehrten abgefordert werde kann“, aber zugleich auch eine der interessantesten.[761] Zum Beweis der Möglichkeit der Umsetzung der Präventionstheorie in ein positives Gesetz, entwarf *Grolman* einen allgemeinen Aufbau für ein materielles Strafgesetz.

Nach der ersten Forderung, die *Grolman* an ein Strafgesetz stellte, sollte in dem Strafgesetz definiert werden, was die bürgerlichen Verbrechen seien. Zugleich sollte bestimmt werden, dass den Täter eine Strafe („sinnliches Übel zur Abhaltung von ähnlichen künftigen Attentaten“) treffen sollte.[762]
Um zu den Definitionen der bürgerlichen Verbrechen zu gelangen, ging *Grolman* dergestalt vor, dass er die Momente/Anreize suchte, die ein Täter bei der Bestimmung seines subjektiven Rechtsurteils über den Grad der Strafe berücksichtigte. Daran anschließend prüfte er, ob diese Momente geeignet seien, daraus ein objektives Rechtsurteil zu entwerfen, sowie ob und wie diese zur Begründung einer Strafgesetzgebung genutzt werden könnten.[763] Ausgangspunkt für *Grolmans* Ansicht war, dass durch die Strafe die drohende Gefahr beseitigt werde, die von einer Person ausgehe. Diese Gefahr sei darin begründet, dass der Täter sich nicht die Regel des Rechts zu der unverbrüchlichen Norm seiner Handlungen gemacht habe.[764] Komme zu dieser vorhandenen „Stimmung“ eine bestimmte Veranlassung – ein Motiv – so gehe aus dem bestehenden Reiz der Entschluss hervor, in die Rechte anderer einzugreifen.[765] In Anlehnung an *Fichte* bezeichnete *Grolman* das Übergehen zur illegalen Stimmung als „Verwildern der Sitten“. Den Grad der „Verwilderung“ und die daraus folgende Gefährlichkeit des Täters folgerte *Grolman* aus der Wichtigkeit des durch die gesetzwidrige Tat verletzten Rechtes und dem daraus folgenden Interesse der Menschen an Unterlassung der Verletzung.[766] Demnach folge aus dem Verbrechen die Gefährlichkeit des Täters für die Zukunft. Allerdings müssten weitere Umstände, wie Bewusstseinsstörungen oder Affekthandlungen des Täters berücksichtigt werden.[767] Schließlich sei zu beachten, ob der Täter mit Absicht oder aus Fahrlässigkeit (culpa) gehandelt habe.[768]

---

[761] Grolman, Strafrecht und Strafgesetzgebung, S. 118.
[762] Grolman, Strafrecht und Strafgesetzgebung, S. 107.
[763] Grolman, Strafrecht und Strafgesetzgebung, S. 119.
[764] Grolman, Strafrecht und Strafgesetzgebung, S. 120.
[765] Grolman, Strafrecht und Strafgesetzgebung, S. 120.
[766] Grolman, Strafrecht und Strafgesetzgebung, S. 128.
[767] Grolman, Strafrecht und Strafgesetzgebung, S. 138.
[768] Grolman, Strafrecht und Strafgesetzgebung, S. 139ff.

Bei der Umsetzung dieser Punkte in ein Strafgesetz wollte *Grolman* vor allem die Argumente seiner Gegner entkräften, dass es keine Möglichkeit gebe, alle denkbaren Straffälle abstrakt zu erfassen, ohne sie alle aufzählen zu müssen.[769] Um dies zu erreichen sollte der Staat bei der Strafgesetzgebung zunächst diejenigen Fälle festlegen, die mit der Strafe der Unmöglichmachung aller künftigen Rechtsverletzungen, also der Ausschließung aus dem Staat zu belegen seien.[770] Dies sei in drei Fällen gegeben: 1. Wenn der Täter durch die Wiederholung von Gesetzesübertretungen gezeigt habe, dass die Abschreckung bei ihm diesen Zweck nicht erreiche, 2. wenn aus der Handlungsweise des Täters fest verwurzelte Verwilderung folge und 3. wenn sich ein solcher Grad der Verwilderung aus den einzelnen Handlungen des Täters ergebe, dass keine Reflexion des Täters zu erwarten sei.[771] In solchen Fällen sei die Strafe der Ausschluss aus dem Staate.[772] Dabei sei denkbar, dass dieser auch durch die Todesstrafe vollzogen werde. Letztlich lehnte *Grolman* die Todesstrafe dann aber aus Verhältnismäßigkeitserwägungen ab, wenn dem Staat andere Mittel zur Erreichung seines Zweckes, wie die lebenslange Haftstrafe, zur Verfügung stünden.[773] Erst, wenn keine anderen Mittel zur Verfügung stünden, sei die Tötung des Täters zulässig.[774]

In einem zweiten Schritt müsse die Gesetzgebung die Größe der abschreckenden Strafe nach der Größe der durch die verbrecherischen Taten geäußerten Verwilderung abmessen.[775] Um dies zu bestimmen, definierte *Grolman* objektiv die verschiedenen Taten. Dabei bildete er Ober- und Unterkategorien. Nach dem Grad der Schwere der Verwilderung des Täters bildete *Grolman* Oberkategorien, in denen er zwischen Verbrechen gegen einzelne Bürger, Verbrechen gegen Mehrere und Verbrechen gegen den Staat unterschied.[776] Dabei stufte er die Verbrechen gegen den Staat als die schwerwiegendsten, gefolgt von den Verbrechen gegen mehrere und schließlich die Verbrechen gegen einzelne ein. Innerhalb dieser Hauptklassen bildete *Grolman* Unterklassen, indem er erneut jeweils nach der Quantität der Verbrechen differenzierte. Je wichtiger das ver-

---

[769] Grolman, Strafrecht und Strafgesetzgebung, S. 153.
[770] Grolman, Strafrecht und Strafgesetzgebung, S. 153.
[771] Grolman, Strafrecht und Strafgesetzgebung, S. 154f.
[772] Grolman, Strafrecht und Strafgesetzgebung, S. 154.
[773] Grolman, Strafrecht und Strafgesetzgebung, S. 157f.
[774] Grolman, Strafrecht und Strafgesetzgebung, S. 158f.
[775] Grolman, Strafrecht und Strafgesetzgebung, S. 158.
[776] Grolman, Strafrecht und Strafgesetzgebung, S. 163.

letzte Rechtsgut für den einzelnen, mehrere oder den Staat sei, desto größer sei das Interesse an der Unterlassung der Rechtsverletzung und damit auch das Verbrechen.[777] Unter den Verbrechen gegen den einzelnen Bürger fielen unter die erste Unterklasse Verbrechen gegen das Leben der Bürger. Danach folgten die Vernichtung der äußeren Freiheit des Menschen (der bürgerliche Tod), Gesundheitsverletzungen, bloße Gewalttätigkeiten, Eigentumsbeeinträchtigungen und als letzte Unterklasse Ehrverletzungen.[778] Um die verschiedenen Möglichkeiten der Tatbegehung innerhalb dieser Unterklassen unter Vermeidung großer Kasuistik erfassen zu können, schlug *Grolman* – in Abweichung der zunächst von ihm vertretenen Festsetzung eines Strafmaßes für den Normalfall[779] – die Festlegung von Mindest- und Höchststrafen für bestimmte Extremfälle vor.[780] In der zweiten Hauptklasse, den Verbrechen gegen mehrere, erfolgte dieselbe Unterteilung wie in der ersten Hauptklasse, allerdings auf Grund der höheren Klassifizierung unter Erhöhung des Strafmaßes.[781] Schließlich müsste der Gesetzgeber auch in der dritten Hauptklasse, den Verbrechen gegen den Staat, durch Bildung von Unterklassen die Verbrechen gewichten.

Als letzten Punkt der Umsetzung der Spezialpräventionstheorie in eine Strafgesetzgebung müsse der Gesetzgeber die subjektiven Elemente der Tat, d.h. die besondere Situation des Täters und sein Verhalten in der konkreten Tatsituation, berücksichtigen.[782] Daher müsse für jedes objektive Verbrechen bestimmt werden, wie die Strafe beim Vorliegen besonderer, in der Person und dem Verhalten des Täters begründeten Tatsachen, verändert werden solle. Hinsichtlich der Stärke der Strafe differenzierte *Grolman* hierbei zunächst zwischen dem Versuch und der Vollendung des Delikts, wobei er erneut die Festsetzung einer Mindeststrafe bei einem Versuchsbeginn und die Festsetzung einer Höchststrafe bei der Vollendung vorschlug.[783] Des Weiteren seien Fälle zu berücksichtigen, in denen der Täter keine illegale Gesinnung aufweise, z.B. weil er sich in einem Zustand fehlenden Bewusstseins für die Verbindlichkeit befand. Auch die Beweggründe des Täters müssten, insbesondere für die Art der zu bestimmenden

---

[777] Grolman, Strafrecht und Strafgesetzgebung, S. 164.
[778] Grolman, Strafrecht und Strafgesetzgebung, S. 166f.
[779] Siehe oben Dritter Teil § 6 C. IV. 2. a.
[780] Grolman, Strafrecht und Strafgesetzgebung, S. 172.
[781] Grolman, Strafrecht und Strafgesetzgebung, S. 174.
[782] Grolman, Strafrecht und Strafgesetzgebung, S. 175.
[783] Grolman, Strafrecht und Strafgesetzgebung, S. 178.

Strafe, berücksichtigt werden.[784] Schließlich müssten Regelungen für den Fall getroffen werden, in dem der Täter fahrlässig handele.[785] Hierbei sei zwischen drei Fahrlässigkeitsgraden, nämlich der großen (culpa lata), der mittleren (culpa levis) und der geringen (culpa levissima) Fahrlässigkeit, zu unterscheiden und entsprechende Strafen festzusetzen.

3. Das Verhältnis der Reichs- zur Territorialgesetzgebung

Als Autor eines gemeinrechtlichen Lehrbuchs beschrieb *Grolman* die Quellen des deutschen Strafrechts. Quellen der deutschen „Criminalgesetzgelehrsamkeit" waren für *Grolman* die Gesetze nebst ihrer Analogie sowie alles, was Gesetzeskraft hat.[786] Unter den geschriebenen Rechtsquellen nannte *Grolman* als oberste Quelle die peinliche Gerichtsordnung Karls V. von 1532 sowie den Landfrieden von 1495, den Religionsfrieden von 1555 und den Westfälischen Frieden von 1648.[787] Dass sich eine Vielzahl von Schriftstellern gegen die Carolina aussprachen, war für ihn unverständlich.[788] Weitere geschriebene Rechtsquellen seien das als Hilfsrecht angenommene kanonische Recht und die justinianische Gesetzessammlung.[789] Ungeschriebene Rechtsquellen seien Gewohnheiten, wozu auch der Gerichtsgebrauch zähle.[790] Als Hilfsmittel erkannte *Grolman* neben anderen auch historische Hilfsmittel, wie die Geschichte der Völker, die Geschichte der Gesetze selbst sowie die Literaturgeschichte, an.[791] Bezüglich letzterer verwies *Grolman* auch auf die Werke *Montesquieus* (Esprit des loix) und *Filangieris* (System der Gesetzgebung).[792] Das Naturrecht nannte *Grolman* nicht als Hilfsmittel.

Entsprechend der verschiedenen geltenden Rechtsquellen setzte sich *Grolman* mit deren Verhältnis auseinander. In seinem Lehrbuch bezog *Grolman* zu der Frage nach der Konkurrenz zwischen Reichs- und Territorialgesetzgebung Stellung. Die Reichsgesetzgebung liege bei dem Kaiser und den Reichsständen, während die Territorialgesetzgebung denjenigen zustünde, die die Landeshoheit

---

784 Grolman, Strafrecht und Strafgesetzgebung, S. 182.
785 Grolman, Strafrecht und Strafgesetzgebung, S. 186.
786 Grolman, Criminalrechtswissenschaft, § 227, S. 115.
787 Grolman, Criminalrechtswissenschaft, § 227, S. 115f.
788 Grolman, Criminalrechtswissenschaft, Vorrede, S. V.
789 Grolman, Criminalrechtswissenschaft, § 227, S. 116.
790 Grolman, Criminalrechtswissenschaft, § 228, S. 117.
791 Grolman, Criminalrechtswissenschaft, § 233, S. 119f.
792 Grolman, Criminalrechtswissenschaft, § 233, S. 119.

besäßen.[793] Was das Verhältnis anginge, sei unstreitig, dass in Territorialgesetzen den Reichsgesetzen entgegenstehende Regelungen getroffen werden könnten, sofern die Reichsgesetze nicht absolut ge- oder verbietend seien.[794] Zu dem Verhältnis von Naturrecht zum positiven Recht bezog *Grolman* keine Stellung. Allerdings hielt *Grolman* das Strafgesetz – wie jedes positive Gesetz im Staat – für unüberwindlich.[795] Insofern konnte das Naturrecht nicht dem positiven Recht übergeordnet sein.

V. Strafprozessuale Ansichten Grolmans

Im letzten Teil der „Grundsätze der Criminalrechtswissenschaft" behandelte *Grolman* den Kriminalprozess. In der Einleitung definierte er allgemein den Begriff des Prozesses sowie im Speziellen den des Kriminalprozesses: „Prozess heißt im Allgemeinen die Art und Weise, wie vor Gericht verfahren wird, damit der Zweck, welchen das Gericht erreichen soll, erreicht werde. (...) Die Art und Weise wie in einer Criminalsache verfahren wird, heißt Criminalprozeß im Allgemeinen."[796]

Hinsichtlich der Prozessart hielt *Grolman* grundsätzlich bei jedem Verbrechen sowohl den Anklageprozess (processus accusatiorius) als auch den Untersuchungsprozess (processus inquisitorius) für zulässig.[797] Nur in wenigen Fällen, in denen allein das individuelle Verhältnis von Täter und Opfer betroffen sei, wie z.B. bei Beleidigungen, sollte durch positive Gesetze die Einrichtung getroffen werden, „daß der Richter nur, nach vorheriger Anklage des Beleidigten, untersuchen und richten dürfe".[798] Denn diese Fälle seien für den Staat beinahe nicht existent, wenn derjenige, der sich gekränkt fühlen könnte, nicht gekränkt sei oder verzeihe.[799]

Innerhalb des prozessrechtlichen Teils des Lehrbuches erfolgte allerdings eine reine Darstellung des in Deutschland bestehenden Rechtszustandes, ohne dass *Grolman* eine Stellungnahme für oder gegen eine bestimmte Prozessart abgab.

---

[793] Grolman, Criminalrechtswissenschaft, § 212, S. 106.
[794] Grolman, Criminalrechtswissenschaft, § 212, S. 106.
[795] Grolman, Strafrecht und Strafgesetzgebung, S. 108.
[796] Grolman, Criminalrechtswissenschaft, § 575, S. 380.
[797] Grolman, Criminalrechtswissenschaft, § 174, S. 84.
[798] Grolman, Criminalrechtswissenschaft, § 174, S. 85.
[799] Grolman, Criminalrechtswissenschaft, § 174, S. 84f.

In Deutschland gebe es den Anklage- und den Untersuchungsprozess. Letzterer sei zwar grundsätzlich gegenüber dem Anklageprozess subsidiär, habe aber nunmehr in der Rechtspraxis die alte deutsche Parömie „wo kein Kläger ist, da ist kein Richter", verdrängt und sei allgemein gebräuchlich geworden.[800] Hieran anschließend erfolgte eine reine Darstellung der Prozessarten, ohne dass *Grolman* einer den Vorzug gab.

In *Grolmans* Ansichten zum Beweisrecht spiegeln sich die strafprozessualen Neuerungen der Zeit wider. So musste nach der Abschaffung der Folter in den meisten Staaten zu einer freien Beweiswürdigung übergegangen werden.
Grolman unterschied zwei Arten des Beweises, den natürlichen und den künstlichen. Der natürliche Beweis sei ein unmittelbarer Beweis, während der künstliche Beweis ein mittelbarer Beweis sei, indem er auf den Beweis eines anderen Umstandes gerichtet sei, von dem sich aber Schlüsse auf die Beweistatsache ziehen ließen.[801] Beweismittel waren der Augenschein, die Zeugenaussage, Urkunden, das Geständnis und Anzeigen, d.h. jede Quelle von Vermutungen. Aus den Anzeigen könne auf ein vergangenes Verbrechen oder den Urheber desselben mit Wahrscheinlichkeit zurückgegriffen werden.
Hinsichtlich der Geständnisse und Zeugenaussagen setzte sich *Grolman* mit den zur Erreichung derselben zulässigen Zwangsmitteln auseinander. Grundsätzlich sollten Geständnisse des Verdächtigen oder Zeugenaussagen durch ein Verhör erreicht werden. Zweck eines Verhöres sei es, eine freie Aussage zu erhalten.[802] Zwangsmittel lehnte *Grolman* zur Erreichung eines Geständnisses ebenso ab, wie Versprechungen durch den Richter.[803] Ebenso seien Suggestivfragen zu unterlassen. Ein durch Zwang, Versprechungen oder Suggestivfragen erreichtes Geständnis könne grundsätzlich keine Wirkung haben.[804] Um Geständnisse von „Halsstarrigen" zu erlangen oder Widersprüche auszuräumen, sei ausnahmsweise das Mittel der Konfrontation (Gegeneinanderstellung) des Angeschuldigten mit Zeugen zulässig.[805] Im Rahmen der Darstellung der Spezialinquisition erwähnte *Grolman* kurz die Folter als den Gebrauch gewaltsamer Mittel, um durch

---

[800] Vgl. Grolman, Criminalrechtswissenschaft, § 578, S. 383.
[801] Grolman, Criminalrechtswissenschaft, § 184, S. 91.
[802] Grolman, Criminalrechtswissenschaft, § 201, S. 99.
[803] Grolman, Criminalrechtswissenschaft, § 201, S. 99.
[804] Grolman, Criminalrechtswissenschaft, § 201, S. 100.
[805] Grolman, Criminalrechtswissenschaft, § 202, S. 100; § 659, S. 456.

körperlichen Schmerz ein Geständnis zu erzwingen.[806] Die Tortur stellte *Grolman* aber allein der Vollständigkeit halber und nur kurz dar, da sie zwar noch in Teilen Deutschlands angewandt, aber in wenigen Jahren ganz verschwunden sein werde.[807] Für den Fall, dass nach dem Beweisverfahren die Schuld des Angeklagten vollständig erwiesen sei, erfolge die Verurteilung. Die nachgewiesene Unschuld führe zu einer Anerkennung derselben. Die Problematik eines non liquets löste *Grolman* dergestalt, dass dies zu einer Befreiung von der Instanz führe, die die Sache liegen ließe. In diesem Fall auf eine unvollständige Strafe zu erkennen, mithin dem Menschen einen Vorgeschmack von dem zu geben, was ihn treffen würde, wenn er schuldig wäre, sei nicht gerecht.[808]

D. Auswirkungen der Gesetzgebungstätigkeit

I. Auf die Lehrtätigkeit

Der strafrechtliche Gesetzesentwurf *Grolmans* und *Schwabes* erlangte keine Gesetzeskraft, so dass er auch nicht als Lehrgegenstand in die Vorlesungen aufgenommen werden konnte. *Grolman* hielt während seiner strafrechtlichen Gesetzgebungsarbeiten weiterhin Vorlesungen im gemeinen Strafrecht. Vorlesungen im partikularen Strafrecht wurden zu Beginn des 19. Jahrhunderts nicht angeboten.

Nachdem sich bereits der Naturrechtler *Höpfner* mit der Gesetzgebungswissenschaft in seinen Vorlesungen auseinandergesetzt hatte, wurde auch durch *Grolman* die Gesetzgebungswissenschaft Teil des Rechtsunterrichts an der Ludoviciana. *Grolman* hatte erkannt, dass die Gesetzgebungswissenschaft bei vielen Juristen und Philosophen in das Interesse ihrer Tätigkeit gerückt war. Sein Lehrbuch enthielt daher auch – wie dargestellt – ein Kapitel über die Pflichten des Gesetzgebers. Da *Grolman* nach seinem Lehrbuch las, ist es wahrscheinlich, dass er auch dieses Kapitel seinen Vorlesungen zu Grunde legte. Zudem hatte er sich in seinem Werk über die Begründung der Strafgesetzgebung intensiv mit der Möglichkeit der Umsetzung seiner Spezialpräventionstheorie in ein positives Strafgesetz auseinandergesetzt.

---

806 Grolman, Criminalrechtswissenschaft, § 671, S. 465.
807 Grolman, Criminalrechtswissenschaft, § 671, S. 466.
808 Grolman, Criminalrechtswissenschaft, § 207, S. 103.

II. Wechselwirkung

Grolman hatte 1799 einen theoretischen Entwurf eines Strafgesetzbuches vorgelegt. Leider kann von dem 1803 vorgelegten Strafgesetzentwurf nur der prozessuale Teil rudimentär konstruiert werden. Insofern kann nicht klar festgestellt werden, ob *Grolman* seinen theoretischen Entwurf in die Praxis umsetzte. Allerdings ergibt sich aus dem Ansinnen *Grolmans*, einen Beweis zu führen, dass seine Theorie in ein Gesetzbuch umgesetzt werden könnte, dass *Grolman* nicht allein für die Theorie arbeitete. Hiermit korrespondiert auch die Mitarbeit an partikularen Gesetzgebungsprojekten. Die Ansichten *Grolmans* zur Strafgesetzgebung standen seiner Beteiligung an der Gesetzgebungstätigkeit daher auch nicht entgegen. Die Strafgewalt lag beim Staat. Als Aufgabe des Staates betrachtete er auf dem Gebiet des Strafrechts die Strafgesetzgebung. *Grolmans* Beteiligung an den Gesetzgebungsarbeiten erfolgte sowohl als hessendarmstädtischer Beamter, der aber seine als Professor entwickelten Theorien versuchte umzusetzen.

Grolman hatte – entsprechend der herrschenden Rechtslage – in seinen „Grundsätzen der Criminalwissenschaft" die Carolina als oberste Quelle des Strafrechts dargestellt. Kritik an derselben war für ihn nicht nachvollziehbar. In seinem Gesetzesentwurf sollte der Carolina dagegen nur noch in geringem Maße subsidiäre Geltung zukommen. Hier zeigt sich die Differenz zwischen dem gemeinrechtlichen Lehrbuch und der allein für Hessen-Darmstadt geschaffenen Partikulargesetzgebung. Allerdings setzte sich *Grolman* durch seine Beteiligung an den Gesetzgebungsarbeiten nicht in Widerspruch zu seiner gemeinrechtlichen Lehre. Er empfand es unstreitig, dass Territorialgesetze von der Reichsgesetzgebung abweichen konnten, sofern diese nicht absolut ge- oder verbietend war.

In dem prozessrechtlichen Teil seiner Arbeit berücksichtigten *Grolman* und *Schwabe* die Forderungen des Ministeriums, auch wenn diese nicht *Grolmans* wissenschaftlichen Ansichten entsprachen. Dies zeigt sich besonders bei der Frage der Anwendbarkeit von Zwangsmitteln im Strafverfahren. In seinem Lehrbuch sprach sich *Grolman* gegen die Anwendung von Zwangsmitteln bei Verhören aus. Der hessische Gesetzesentwurf lies dagegen zwar nur ausnahmsweise, aber dennoch in großem Umfang die Anwendung von Zwangsmitteln zu, obwohl die Folter in Hessen-Darmstadt im Jahre 1771 abgeschafft worden war. In dem prozessualen Teil des Strafrechtsentwurf hatten sich *Grolman* und

Schwabe für die Einführung des Inquisitionsprozess in Hessen-Darmstadt ausgesprochen. In seinem Lehrbuch hielt *Grolman* sowohl den Akkussations- als auch den Inquisitionsprozess für zulässig. Da das Darmstädter Ministerium den Inquisitionsprozess in Hessen-Darmstadt einführen wollte, erscheint es auch hier wahrscheinlich, dass *Grolman* die Forderungen des Ministeriums umsetzte.

Obwohl in den Vorlesungen zwischen Kriminalrecht und dem Kriminalprozessrecht unterschieden wurde, waren beide Rechtsgebiete sowohl in *Grolmans* „Grundsätzen der Criminalwissenschaft" wie auch in dem Gesetzgebungsentwurf enthalten. Beide waren in einen prozessualen und einen materiellen Teil untergliedert.

E. Resümee

Wenngleich die Gesetzgebungsarbeiten auf Grund der Kriegsunruhen nicht beendet wurden, zeigen diese Arbeiten, dass Landgraf Ludwig X. zu Beginn des 19. Jahrhunderts auf den Gebieten des Zivilrechts, des Strafrechts und der Prozessrechte das Recht vereinheitlichen wollte. Der Anlass für die Gesetzgebungsarbeiten war das Erfordernis der staatlichen Neuordnung Hessen-Darmstadts auf Grund der durch den Reichsdeputationshauptschluss herbeigeführten Gebietsveränderungen. Die Rechtsvereinheitlichung auf den Gebieten des Zivilrechts, des Strafrechts und des Prozessrechts war ein Mittel zur Verbindung der alten und der neuen Landesteile. Bei der Schaffung eines Zivilgesetzbuches sollte kein eigenes Gesetzbuch geschaffen, sondern auf das als Naturrechtskodifikation bezeichnete ALR zurückgegriffen werden. Auch im Strafrecht sollte ein Rückgriff auf fremdes Recht, nämlich auf das badische Organisationsedikt, erfolgen. Da die Bearbeiter *Grolman* und *Schwabe* dies nicht für annehmbar hielten, legten sie einen eigenen Entwurf vor. Er enthielt Regelungen zum materiellen Strafrecht und zum Strafprozessrecht.

An *Grolman* lässt sich gut eine Verbindung zwischen Theorie und Praxis durch die Beteiligung an Gesetzgebungsarbeiten aufzeigen. Seine Auseinandersetzung mit der neu entstandenen Gesetzgebungswissenschaft stellt das Bindeglied zwischen Wissenschaft und Praxis in einer Zeit dar, wo in den Territorialstaaten vermehrt Gesetzbücher ausgearbeitet wurden. *Grolman* erarbeitete zunächst eine Strafrechtstheorie. In einem zweiten Schritt setzte er sich damit auseinander, ob und wie dieses theoretische Strafrecht in der Praxis umgesetzt werden konnte.

Hierzu entwarf er den Aufbau eines Strafgesetzbuches. Dass er schließlich an konkreten Gesetzgebungsarbeiten mitwirkte, ist die logische Fortführung seiner wissenschaftlichen, aber auf Realisierbarkeit in der Praxis gerichteten Arbeit. Die theoretischen Beiträge *Grolmans* zu der Diskussion um die Strafrechtsreform veranlassten wiederum das hessische Ministerium, ihm den Gesetzgebungsauftrag zu übertragen.

Grolman hatte den Gesetzgebungsauftrag folglich auf Grund seiner Tätigkeit als Rechtsprofessor an der Landesuniversität erhalten. Allerdings erhielt er den Auftrag nicht allein. Der Praktiker *Schwabe* wurde ebenfalls beteiligt. Der Vorsitz der Gesetzgebungskommission, die die Organisationsedikte vom 12. Oktober 1803 umsetzten sollte, wurde ebenfalls *Grolman* übertragen. Durch die Berufung von Theoretikern und Praktikern in die Gesetzgebungskommissionen konnten bei diesen Gesetzgebungsarbeiten die Erfahrungen und Ansichten beider Seiten verknüpft werden.

Bereits vor seiner Beauftragung mit den Gesetzgebungsarbeiten hatte *Grolman* Vorlesungen im gemeinen Strafrecht und im Strafprozessrecht gehalten. Diese setzte er auch während den Gesetzgebungsarbeiten fort, ohne das partikulare Recht zu berücksichtigen. Daneben hielt er naturrechtliche Vorlesungen. Das Naturrecht hatte auch Einfluss auf *Grolmans* strafrechtliche Arbeiten. Da *Grolman* einen Entwurf für ein Strafgesetzbuch vorgelegt hatte, ist es nicht unwahrscheinlich, dass sich auch der Entwurf zu einem hessischen Strafgesetzbuch an seinem Entwurf orientierte. Insbesondere an der Einführung des Inquisitionsprozesses und der Zulassung von Zwangsmitteln ist aber zu erkennen, dass die Interessen des Regenten bzw. des Ministeriums umgesetzt wurden. Insofern wurde *Grolman* auch als Beamter tätig.

§ 7 Kodifikationsversuche in der Rheinbundzeit

Unter anderen Vorzeichen kam es in der Rheinbundzeit zu Kodifikationsarbeiten in Hessen-Darmstadt. Dabei sollte auf dem Gebiet des Zivilrechts – wie in vielen anderen Rheinbundstaaten[809] – der Code Napoleon als Zivilgesetzbuch eingeführt werden. Entscheidender Unterschied zu den vorherigen Gesetzgebungsarbeiten war, dass dieser Gesetzgebungsversuch weniger rechtspolitisch, als vielmehr außenpolitisch bedingt war. Die Kodifikationsarbeiten beruhten nicht auf dem eigenen Willen des Herrschers zur Einführung eines umfassenden Gesetzes. Sie waren die Folge des Einflusses bzw. Zwanges Napoleons, obwohl dem durch die Rheinbundakte zum Großherzog ernannten Ludwig I.[810] – ehemals Landgraf Ludwig X. – die Unzulänglichkeit der Gesetzgebung in seinem Land bekannt war. Die Einführung des Code Napoleon schien unvermeidlich, auch um ein Band an Frankreich zu schaffen. Zu diesem frühen Zeitpunkt ging Großherzog Ludwig I. wohl von einer ewigen Dauer des Rheinbundes aus.[811]
Auch bei diesen Gesetzgebungsarbeiten waren Gießener Rechtsprofessoren beteiligt. Die Arbeiten zur Einführung des Code Napoleon wurden den Gießener Professoren *Karl Ludwig Wilhelm von Grolman* und *Heinrich Karl Jaup* übertragen.

A. Das Gesetzgebungsprojekt – Das Edikt vom 1. August 1808

Nach dem Frieden von Tilsit im Juli 1807 begann Napoleon, der sich nunmehr auf dem Höhepunkt seiner Macht befand, verstärkten Druck auf die Rheinbundstaaten auszuüben, damit diese den Code Napoleon als Gesetzbuch übernähmen.[812] Am 31. Oktober 1807 gab Napoleon seinem Außenminister *Champagny*

---

809 Uneingeschränkt führten den Code Napoleon das Königreich Westphalen am 1. Januar 1808 und das Großherzogtum Berg am 1. Januar 1810 ein. Modifiziert führten das Herzogtum Arenberg am 1. Juli 1808, das Herzogtum Anhalt-Köthen am 1. März 1811, und das Großherzogtum Baden am 1. Januar 1810 den Code Napoleon ein. Im Königreich Bayern war erfolglos eine Gesetzgebungskommission zur Einführung des Code Napoleon eingesetzt worden; vgl. hierzu im Einzelnen Schubert, Französisches Recht in Deutschland, S. 98 ff; Fehrenbach, Traditionale Gesellschaft, S. 79ff.

810 Landgraf Ludwig X. hatte nach Artikel 5 der Rheinischen Bundesakte am 1. August 1806 den Titel des Großherzogs erlangt und nannte sich fortan Großherzog Ludwig I.; vgl. oben Zweiter Teil § 3 A. I. 3.

811 Siehe die Einschätzung von du Thil, Aus dem Dienstleben des Staatsministers du Thil, S. 224.

812 Germann, Entschädigungsverhandlungen, S. 293; Fehrenbach, Traditionale Gesellschaft, S. 14.

den Auftrag, den Code Napoleon in den Hansestädten einzuführen sowie bei dem Fürstprimas *Dalberg* und den Regenten Hessen-Darmstadts, Bayerns und Badens die Rezeption des Code Napoleon anzuregen.[813] Das Ziel Napoleons war der militärische und organisatorische Ausbau der Rheinbundverfassung und die Schaffung von Modellstaaten in Berg und Westphalen.[814] Der Großherzog stand der Einführung des Code Napoleon zwar interessiert gegenüber, lehnte aber tiefgreifende Änderungen der Staatsverfassung ab und erklärte allgemein, die existierenden Rechtsverhältnisse nach den Bedürfnissen der Zeit, der Politik und des Staatswohls gesetzlich regeln zu wollen.[815] Es wurden daher zunächst weder Gesetzgebungsarbeiten begonnen, noch in Aussicht gestellt.

Mit Edikt vom 1. August 1808[816] beugte sich Großherzog Ludwig I. dem verstärkten Druck Napoleons und beschloss die Einführung des Code Napoleon in Hessen-Darmstadt als allgemeines Gesetzbuch. Im Gegensatz zu dem Großherzogtum Berg und dem Königreich Westphalen wollte Ludwig I. den Code Napoleon in Hessen-Darmstadt allerdings nicht uneingeschränkt rezipieren.[817] Der Code Napoleon sollte unter Berücksichtigung der einheimischen Verhältnisse mit gewissen Abänderungen und Zusätzen eingeführt werden. In dem Edikt vom 1. August 1808 verkündete Ludwig I.: „Indem Wir mit anderen Souverains des Rheinischen Bundes, die Ueberzeugung von der Vortrefflichkeit des Code Napoleon hegen, haben Wir beschlossen, denselben zum allgemeinen Gesetzbuch in Unsern Staaten unter Modifikationen und Bestimmungen anzunehmen, welche Verfassung und besondere Verhältnisse erheischen". Hinsichtlich der Ausarbeitung des modifizierten Code Napoleon war vorgesehen, eine Kommission einzusetzen, die dem Großherzog über die Ergebnisse ihrer Arbeit berichten sollte. Nach der Beendigung dieser Arbeiten wollte der Großherzog den Zeitpunkt und die Art der Annahme des französischen Zivilrechts in Hessen-Darmstadt in einem weiteren Edikt verkünden.

---

[813] Correspondance de Napoleon Ier, XIV (1864), S. 126f.; Dölemeyer, Kodifikationen und Projekte, in: Handbuch III/2, S. 1455; Fehrenbach, Traditionale Gesellschaft, S. 14.
[814] Fehrenbach, Traditionale Gesellschaft, S. 14.
[815] Germann, Entschädigungsverhandlungen, S. 293.
[816] Edict vom 1. August 1808, die Einführung des Code Napoleons im Großherzogthum betreffend, abgedruckt in: Großherzoglich Hessische Verordnungen I, S. 155.
[817] Zur uneingeschränkten Rezeption des Code Napoleons in Westphalen und Berg vgl. Fehrenbach, Traditionale Gesellschaft, S. 79ff.; vgl. auch Fn. 362.

Obwohl in dem Edikt lediglich abstrakt die Einführung des Code Napoleon festgeschrieben wurde, aber noch nicht entschieden war, wie beispielsweise etwaige Modifikationen aussehen sollten, enthielt das Edikt zugleich eine Anweisung an die Landesuniversität, Vorlesungen über den Code Napoleon abzuhalten: „ (...) so befehlen Wir einstweilen, dass nicht allein auf Unserer Landesuniversität öffentliche Vorlesungen ueber der Code Napoleon gehalten werden, sondern auch sämtliche Justizdiener mit dem Geiste desselben sich vorläufig betraut machen sollen".

B. Die Beteiligung Gießener Rechtsprofessoren

Die zur Umsetzung des Ediktes vom 1. August 1808 erforderlichen Gesetzgebungsarbeiten wurden zwei Gießener Rechtsprofessoren übertragen. Mit Reskript vom 1. Oktober 1808 ernannte der Großherzog die Gießener Professoren *Karl Ludwig Wilhelm von Grolman* und *Heinrich Karl Jaup* zu Mitgliedern der Gesetzgebungskommission mit der Aufgabe, ein Gutachten über die Art der Einführung des Code Napoleon in Hessen-Darmstadt sowie die nach der dort bestehende Staats- und Rechtsverfassung erforderlichen Modifikationen, zu erstatten.[818] In dem Reskript wurden zwei Gründe für die Ernennung der beiden Professoren genannt. Die allgemeine Rechtskenntnis der Professoren war der erste Grund. So hob der Großherzog in dem Reskript sein Vertrauen in die „vorzüglichen" Rechtskenntnisse beider Professoren besonders hervor.[819] Der zweite Grund war in den konkreten Kenntnissen des Code Napoleon begründet. *Grolman* und *Jaup* hatten vor ihrer Ernennung bereits konkrete Vorschläge über die Art der Einführung des Code Napoleon und die nach der bisherigen Staats- und Rechtsverfassung erforderlichen Modifikationen gemacht, die der Großherzog ebenfalls positiv bewertete.[820] Vor allem *Grolman* schien auf seine Beteiligung an den Gesetzgebungsarbeiten hingearbeitet zu haben. Der Zeitgenosse und spätere Staatsminister *du Thil* beurteilte *Grolman* als einen großen Verfechter

---

818 Reskript vom 1. Oktober 1808, abgedruckt in: Rhein. Bund 8, S. 457. Diese Veröffentlichung erfolgte auf Grund einer Indiskretion, weshalb *Grolman* und *Jaup* vom Ministerium am 16. Dezember 1808 zu einer Stellungnahme aufgefordert wurden, „wie das lediglich an sie gerichtete Reskript auf diesem Wege und noch dazu in einer höchst entstellten Unterschrift zur öffentlichen Kunde gebracht worden wäre", zitiert nach Esselborn, Grolman, S. 432.

819 Reskript vom 1. Oktober 1808, abgedruckt in: Rhein. Bund 8, S. 457.

820 Die Vorschläge sind nicht mehr auffindbar. Hinsichtlich der Begründung vgl. Reskript vom 1. Oktober 1808, abgedruckt in: Rhein. Bund 8, S. 457.

des Rheinbundes, der es dahin gebracht habe, „dass ihm die Übertragung des Code in die deutsche Sprache übertragen wurde“[821].

I. Kurzbiographie Heinrich Karl Jaups (1781-1860)

Nachdem die Kurzbiographie *Grolmans* bereits oben[822] im Rahmen seiner Beteiligung an der Ausarbeitung des Entwurfes eines Strafgesetzbuches dargestellt wurde, soll nunmehr auf den Werdegang *Jaups* eingegangen werden.
Heinrich Karl Jaup wurde am 27. September 1781 als Sohn des Gießener Juraprofessors *Helwig Bernhard Jaup* in Gießen geboren. Sein Jurastudium begann er an der Ludovicana im Frühjahr 1798 und führte es dort bis zum Herbst 1801 fort. Hieran anschließend bekleidete er seinen Vater nach Regensburg, wo dieser während der Verhandlungen zum Reichsdeputationshauptschluss das Amt eines hessen-darmstädtischen Reichstagsgesandten angenommen hatte.[823] Zur Vervollständigung seiner akademischen Bildung studierte *Jaup* von Mai 1802 bis Ostern 1803 an der in Deutschland führenden Universität Göttingen unter anderen bei *Hugo*, *Pütter*, *Martin* und *Sartorius*. In Göttingen promovierte er sich im Jahre 1803. Im selben Jahr habilitierte er sich und begann im Wintersemester 1803/1804 seine Vorlesungen als Privatdozent an der Ludoviciana. Nachdem er am 1. April 1804 das Extraordinariat erlangt hatte, erhielt er am 15. Dezember 1806 ein nach dem Tod seines Vaters frei gewordenes Ordinariat an der Ludoviciana. Er wurde Professor für öffentliches Recht. In seiner Zeit an der Ludoviciana erhielt *Jaup* mehrere Rufe, unter anderem an die Universitäten von Kiel und Heidelberg. Diese lehnte er ebenso ab, wie einen Ruf des Königs von Westphalen an die Universität Göttingen.
1815 verließ *Jaup* die Universität, nachdem er durch den Großherzog und den Minister *von Lichtenberg* in das Darmstädter Staatsministerium berufen worden war. Dort wurde *Jaup* im gleichen Jahr zum Geheimen Referendar beim Staatsministerium ernannt. *Jaup* gelang es nach seinem Wechsel nach Darmstadt schnell, an Einfluss zu gewinnen. Er beeinflusste *von Lichtenberg* und versuchte über seine guten Beziehungen zu dem Kabinettsekretär *Schleiermacher* Einfluss auf den Großherzog zu erlangen.[824] 1820 erhielt er den Titel des Geheimen Staatsrates. Im Jahre 1824 wurde *Jaup* von allen Ministerialarbeiten unter Bei-

---

[821] Du Thil, Aus dem Dienstleben des Staatsministers du Thil, S. 224.
[822] Siehe oben Dritter Teil § 6 B. I.
[823] Jaup, B., Aufzeichnungen des Ministerpräsidenten H.K. Jaup, in: AGH NF 15, S. 645; Wippermann, Jaup, in: ADB, Bd. 13, S. 733.
[824] Büttner, Anfänge des Parlamentarismus in Hessen-Darmstadt, S. 110.

behaltung seiner Stellung als Mitglied des Staatsrates dispensiert. Statt dessen wurde ihm im selben Jahr die Leitung einer Gesetzgebungskommission übertragen. Am 14. Juni 1828 wurde *Jaup* Präsident des provisorischen Kassations- und Revisionsgerichtshofs für die Provinz Rheinhessen. Zum Landtag 1832/33 wurde er als Vertreter der Stadt Friedberg in die zweite Kammer der Landstände gewählt. Dort setzte er sich u.a. für die Pressefreiheit, die Entfernung der Reste der Feudallasten sowie die Generalisierung der französischen Rechtsinstitute, wie den Grundsatz der Öffentlichkeit und der Mündlichkeit, ein.[825] Seine im Landtag vertretenen oppositionellen Ansichten beendeten zunächst *Jaups* Karriere in Hessen-Darmstadt. Nach der Auflösung des Landtags (1833) wurde er in den Ruhestand versetzt,[826] wobei er sich seine volle gesetzliche Pension gerichtlich erstreiten musste.[827] In der Folgezeit war er lediglich als Gemeinderat, als Präsident des Vereins für Verbesserung des Zustandes der Israeliten und als Mitglied des Darmstädter Eisenbahnkomitees tätig.[828]

Erst die Ereignisse von 1848 brachten *Jaup* wieder in die Öffentlichkeit zurück. Am 3. April 1848 legte er dem Vorparlament zur Frankfurter Paulskirche eine von 68 Mitgliedern unterzeichnete Zusammenstellung der Rechte des Volkes vor. Neben dieser Mitgliedschaft im Vorparlament wurde *Jaup* 1848 Mitglied der Frankfurter Nationalversammlung. Zudem wurde er im gleichen Jahr von der Darmstädter Staatsregierung in ein Gremium der siebzehn Männer des öffentlichen Vertrauens (Siebzehnerausschuss) berufen, die eine Bundesverfassung ausarbeiten sollten. Am 16. Juli 1848 erfolgte seine Ernennung zum hessen-darmstädtischen Minister des Inneren mit dem Vorsitz im Gesamtministerium.[829] Während seiner bis 1850 dauernden Tätigkeit als hessen-darmstädtischer Innenminister zeichnete *Jaup* mehrere Verordnungen der Staatsregierung gegen, die dem Großherzog in Fällen der Gefährdung der Staatssicherheit Maßnahmen ohne ständische Mitwirkung erlaubten. Am 5. September 1860 verstarb *Jaup*, der ein Anhänger der Dynastie war und für monarchisch-konstitutionelle Zugeständnisse eintrat, in Darmstadt.

---

825 Jaup, B., Aufzeichnungen des Ministerpräsidenten H.K. Jaup, in: AGH NF 15, S. 648.
826 Wippermann, Jaup, in: ADB, Bd. 13, S. 734.
827 Jaup, B., Aufzeichnungen des Ministerpräsidenten H.K. Jaup, in: AGH NF 15, S. 648.
828 Wippermann, Jaup, in: ADB, Bd. 13, S. 734.
829 Jaup, B., Aufzeichnungen des Ministerpräsidenten H.K. Jaup, in: AHG NF 15, 653.

II. Die Gesetzgebungsarbeiten: Die Gießener Konferenz

Ludwig I. hatte den Code Napoleon zunächst allein in Hessen-Darmstadt unter Berücksichtigung der in seinem Territorium bestehenden Verhältnisse einführen wollen. Letztlich wurden die Arbeiten zur Einführung des Code Napoleon in Hessen-Darmstadt Teil eines Versuches der einheitlichen Einführung des Code Napoleon in mehreren Rheinbundstaaten.

Parallel zu dem hessen-darmstädtischen Versuch planten auch die Regierungen des Großherzogtums Frankfurt und des Herzogtums Nassau, den Code Napoleon als Zivilgesetzbuch einzuführen. Die nassauische Regierung beabsichtigte dabei den Code Napoleon – ebenso wie die hessische – modifiziert anzunehmen: „mit Modificationen, wie sie deutsche Sitte, Lage und Anordnungen erheischten“[830]. Allerdings wurde das Ziel der Einführung des Code Napoleon in Nassau in den Jahren 1808 und 1809 nicht in einem Edikt angekündigt.[831] Um eine gleichförmige Einführung des französischen Zivilgesetzbuches in beiden Staaten zu erreichen, schlug die nassauische Regierung vor, die jeweiligen Kommissionen zusammen kommen zu lassen und den Code Napoleon als gemeinsames Gesetzbuch in modifizierter Form in den beteiligten Staaten einzuführen. Großherzog Ludwig I. stimmte am 19. Dezember 1808 dem Vorschlag Nassaus zu und schlug zugleich als Tagungsort Gießen vor. Am 14. Juni 1809 forderte die hessische Regierung den Fürstprimas[832] auf, an den gemeinschaftlichen Beratungen mit eigenen Kommissaren teilzunehmen.[833] Der Primatialstaat – seit Februar 1810 Großherzogtum Frankfurt – wollte ebenfalls den Code Napoleon einführen. Dies war – wie in Hessen-Darmstadt – in einem entsprechenden Reskript vom 7. Juli 1808 in Aussicht gestellt worden.[834] Zugleich wurden in dem Reskript Vorlesungen über den Code Napoleon in Aschaffenburg und an der neu gegründeten Rechtsschule in Wetzlar[835] angeordnet. Der Fürstprimas erklärte

---

830 Zitiert nach Esselborn, Grolman, S. 433.

831 Schubert, Französisches Recht in Deutschland, S. 245. Eine entsprechende Ankündigung erfolgte erst nach Abschluss der Gießener Konferenz im Jahre 1811. Zuerst wurde die Einführung des C.N. in einem Edikt vom 1./4.12.1811 zum 1.1.1812 in Aussicht gestellt. Durch das Edikt vom 3./9.12.1811 wurde die Einführung auf den 1.1.1813 verschoben. Schließlich wurde die Übernahme am 21.12.1812 auf unbestimmte Zeit verschoben; vgl. Schubert, Französisches Recht in Deutschland, 245f.

832 Titel des Vorsitzenden des Rheinbundes *Karl Theodor Frhr. von Dalberg* (1744-1817).

833 Esselborn, Grolman, S. 433.

834 Schubert, Französisches Recht in Deutschland, S. 244.

835 Die Wetzlarer Rechtsschule war für das Großherzogtum Frankfurt als Lehranstalt des Französischen Rechts eigens von *Dalberg* gegründet worden. Den Vorlesungen sollte der

sich am 22. Juni 1809 zu der Teilnahme des Großherzogtums Frankfurt an gemeinsamen Verhandlungen bereit. Auch Baden, Württemberg und Bayern sollten sich ursprünglich an den Beratungen beteiligen. Ihre Teilnahme scheiterte aber bereits im Vorfeld an Meinungsverschiedenheiten. Baden lehnte eine Teilnahme ab. Württemberg und Bayern wurden – um die erwartete Absage zu vermeiden – erst gar nicht eingeladen.[836]

1. Vorarbeiten

Am 20. Mai 1809 übergab der nassauische Gesetzgebungskommissar *Harscher von Almendingen*[837] dem hessen-darmstädtischen Ministerialbeamten *Freiherr von Lichtenberg* seinen Aufsatz „Gesichtspunkte für die von den deutschen Regenten für die Bearbeitung des Kodex Napoleon niedergesetzten Kommissionen".[838] Hierin hatte *Almendingen* die Aufgabenstellung der deutschen Regierungen an ihre Gesetzgebungskommissionen hinsichtlich der für die Einführung des Code Napoleon erforderlichen Modifikationen, kritisch beleuchtet.[839] Den Gesetzgebungskommissionen würde zumeist die allgemeine Aufgabe gestellt, die Modifikationen, unter welchen der Code Napoleon in den deutschen Staaten als Gesetzbuch eingeführt werden könnte, zu ermitteln. Diese Aufgabenstellung hielt *Almendingen* für zu unbestimmt. Vielmehr müssten zunächst die Problematiken, die durch die Einführung des französischen Code in den deutschen Staaten entstünden, geklärt werden. In seinem Artikel machte *Almendingen* daher keine konkreten Vorschläge hinsichtlich der Lösung der Modifikationsproblematik. Er legte vielmehr die Probleme offen, die die deutschen Staaten bei der Einführung des Code Napoleon bedenken sollten. Dabei kritisierte er die deutschen Gelehrten, die häufig den Zusammenhang der französischen Zivilgesetzgebung mit dem gerichtlichen Verfahren übergingen.[840] Des Weiteren pro-

---

Code Napoleon in der Originalfassung sowie *Locrés* „Esprit du C.N.", den *Bachmann* und *Stickel* ins Deutsche übersetzen sollten, zu Grunde gelegt werden; vgl. Schubert, Französisches Recht in Deutschland, S. 244.

836 Fehrenbach, Traditionale Gesellschaft, S. 123.

837 *Harscher von Almendingen* (1766-1827), studierte Rechtswissenschaften in Göttingen, 1774 Ruf als Professor nach Herborn, 1803 Ende der akademischen Laufbahn und Ernennung zum Rat am nassauischen Gesamtoberappellationsgericht in Hadamar, 1811 Vizedirektor des Hofgerichts in Wiesbaden und Geheim-Referendar im herzoglichen Staatsministerium; vgl. im Einzelnen Göppert, Almendingen, in: ADB, Bd. 1, S. 351f.

838 Esselborn, Grolman, S. 433; der Aufsatz *Almendingens* ist abgedruckt in: Rhein. Bund 12, S. 142-148.

839 Almendingen, Bearbeitung des Kodex Napoleon, in: Rhein. Bund 12, S. 142ff.

840 Almendingen, Bearbeitung des Kodex Napoleon, in: Rhein. Bund 12, S. 143.

blematisierte er das Verhältnis des Code Napoleon zu der in Deutschland vorherrschenden Feudalverfassung.[841] Entsprechend der damaligen restriktiven Verhältnisse suchte er die Schuld dafür, dass die den Gesetzgebungskommissionen gestellte Aufgabe zu unbestimmt sei, nicht bei den Ministerien, sondern gab sie den Gelehrten, die sich nicht ausreichend mit den Code Napoleon im Zusammenspiel mit den typisch deutschen Problemen beschäftigt hätten.[842] Zu der modifizierten Einführung des Code Napoleon in den deutschen Einzelstaaten müsse der Regent den Geist der Aufgabe, ihren Zweck, ihre Schwierigkeiten und ihre Tendenzen kennen.[843] Dies dem jeweiligen Regenten zu vermitteln sei die Pflicht der Gelehrten. Ohne Kritik an den Regenten üben zu müssen, schlug *Almendingen* den Ministerien vor, die Frage nach den erforderlichen Modifikationen zunächst zurückzustellen, damit sich die Regenten ausreichend informieren könnten. Dazu sollten den Gesetzgebungskommissionen der Auftrag erteilt werden, Berichte über das Verhältnis des Code Napoleon zu allen Zweigen des französischen Staatsorganismus und der Staatsverwaltung Frankreichs zu verfassen, sowie über die Veränderungen, die die Einführung des Code für die Grundverfassung, die Verwaltung, das Finanzwesen, die Gerichtsverfassung, etc. der Rheinbundstaaten bedeuten würde.[844] *Almendingens* Aufsatz endete mit einer entsprechenden Gliederung der erforderlichen Fragen der Regierungen an ihre Gesetzgebungskommissionen.[845]

Das hessische Ministerium billigte die in *Almendingens* Aufsatz genannten Gesichtspunkte und übersandte sie am 13. Juni 1809 ihren Kommissaren *Grolman* und *Jaup* als Richtschnur.[846] Diese hatten bis dato noch keine Vorarbeiten geleistet[847] oder sich jedenfalls über ihre Vorarbeiten noch nicht geäußert.[848]

2. Die Beteiligten und ihre Instruktionen

Vom 4. September 1809 bis zum 28. März 1810 fand in Gießen die sog. Gießener Konferenz statt, an deren Ende die Einigung zwischen dem Großherzogtum

---

841 Almendingen, Bearbeitung des Kodex Napoleon, in: Rhein. Bund 12, S. 144.
842 Vgl. Almendingen, Bearbeitung des Kodex Napoleon, in: Rhein. Bund 12, S. 147.
843 Almendingen, Bearbeitung des Kodex Napoleon, in: Rhein. Bund 12, S. 147.
844 Almendingen, Bearbeitung des Kodex Napoleon, in: Rhein. Bund 12, S. 148.
845 Siehe Almendingen, Bearbeitung des Kodex Napoleon, in: Rhein. Bund 12, S. 148.
846 Esselborn, Grolman, S. 433f.; Schubert, Französisches Recht in Deutschland, S. 266, Fn. 883.
847 So Schubert, Französisches Recht in Deutschland, S. 257.
848 So Esselborn, Grolman, S. 434.

Hessen-Darmstadt, dem Großherzogtum Frankfurt und dem Herzogtum Nassau über die einheitliche Einführung eines modifizierten Code Napoleon stehen sollte. Insgesamt wurden 46 Sitzungen abgehalten,[849] die alle protokolliert wurden.[850] Auf der Gießener Konferenz kam es zu dem einzigen konkreten Versuch, den Code civil als gemeinsames Gesetzbuch für mehrere Rheinbundstaaten einzuführen.[851]

Aus jedem Territorium wurden als Kommissionsmitglieder (zumindest ehemalige) Rechtsprofessoren nach Gießen entsandt. Für Hessen-Darmstadt nahmen die Professoren der Rechte *Karl Ludwig Wilhelm von Grolman* und *Heinrich Karl Jaup* an der Konferenz teil. *Ludwig Harscher von Almendingen* – ehemals Professor an der Hohen Schule von Herborn – verhandelte für Nassau. Das Großherzogtum Frankfurt war zunächst durch den an der Wetzlarer Rechtsschule lehrenden Rechtsprofessor *Franz Ferdinand Michael Stickel*[852] und den Frankfurter Appellationsgerichtsrat *Johann Ernst Friedrich Danz*[853] vertreten. Der dritte Frankfurter Bevollmächtigte, der Aschaffenburger Professor *Bachmann* konnte auf Grund einer Erkrankung von vornherein nicht an der Konferenz teilnehmen. Die beiden anderen Bevollmächtigten wurden am 30. September 1809 durch *August Adam Joseph von Mulzer*[854] ersetzt, der die Wetzlarer Rechtsschule als Kurator leitete.

Die Kommissare hatten allerdings jeweils unterschiedliche Anweisungen ihrer Regenten. In den Anweisungen der Regenten an ihre Kommissare und deren

---

849 Am 4., 5., 7.-9., 11., 14., 15., 18., 20., 23., 26. und 30. September 1809; am 17., 18., 23., 27. und 28. Oktober 1809; am 1., 18., 20. und 21. November; vom 11.-16. und am 19. Dezember 1809; am 15., 16., 18. und 31. Januar 1810; am 1., 2., 7.-9. Februar 1810 und am 8., 10., 12.-14., 24., 26. und 28. März 1810, vgl. Esselborn, Grolman, S. 434, Fn. 50; Schubert, Französisches Recht in Deutschland, S. 262, Fn. 860.

850 Eine umfassende Bearbeitung der in Vollständigkeit im StA Würzburg und in Teilen im HStA Wiesbaden vorhandenen Protokolle findet sich bei Schubert, Französisches Recht in Deutschland, S. 261 ff.

851 Dölemeyer, Kodifikationsbewegung, in: Handbuch III/2, S. 1422.

852 *Stickel* wurde 1817 als Nachfolger *Jaups* Professor der Rechte an der Ludoviciana, nachdem er zunächst an der Wetzlarer Rechtsschule Professor für französisches Recht, Staats- und Lehnsrecht gewesen war.

853 *Johann Ernst Friedrich Danz* (1758-1838); von 1785 bis 1792 fürstlich wiedischer Regierungsrat in Neuwied, 1793 Eintritt in den Dienst der freien Reichsstadt Frankfurt, 1806 Ernennung zum Appellationsgerichtsrat, 1815 Vertreter Frankfurts auf dem Wiener Kongress, 1816-1832 Bundestagsgesandter; vgl. Steffenhagen, Danz, in: ADB, Bd. 4, S. 751 f.

854 *August Adam Joseph von Mulzer* (1772-1831).

Verhalten auf der Konferenz spiegeln sich die verschiedenen Interessen wider, die die einzelnen Staaten auf der Gießener Konferenz verfolgten.

Für *Dalberg* stand bereits vor der Eröffnung der Konferenz die Einführung des Code Napoleon in dem Primatialstaat fest. Bereits am 21. August 1809 hatte *Dalberg* ein Einführungsedikt beschlossen, welches am 15. September 1809 veröffentlicht wurde.[855] Hiernach sollte der Code Napoleon am 1. Mai 1810 in den fürstprimatischen Landen in Kraft treten.[856] Dies teilte die fürstprimatische Kommission der nassauischen und der hessen-darmstädtischen zu Beginn der Konferenz mit.[857] Auf Grund der entsprechend strengen Direktiven *Dalbergs* verhielten sich die fürstprimatischen Kommissionsmitglieder von Beginn der Konferenz an passiv.[858] Die feststehenden Ansichten des Fürstprimas wurden den nassauischen und hessischen Kommissaren in Form eines Gutachtens des fürstprimatischen Kommissars *Mulzer* über die Einführung des Code Napoleon in den fürstprimatischen Landen einschließlich der für erforderlich gehaltenen Modifikationen mitgeteilt.[859] Die starre Einstellung der fürstprimatischen Kommissare änderte sich auch nicht während der Konferenz. Im Verlauf der Verhandlungen wies *Dalberg* seinen Kommissar *Mulzer* noch einmal ausdrücklich darauf hin, dass für ihn die Konferenz allein als Meinungsaustausch diene.[860]

Großherzog Ludwig I. schien sich zwar mit dem Edikt zur Einführung des Code Napoleon dem Druck Napoleons gebeugt haben, verfolgte dieses Ziel aber nicht nachdrücklich. Dies zeigt sich daran, dass der Darmstädter Kommission, im Gegensatz zu beiden anderen Kommissionen, eine Instruktion aus Darmstadt fehlte.[861] Aus diesem Grund versuchte *Almendingen* – im Ergebnis vergeblich – durch mehrere Schreiben an den zuständigen Ministerialbeamten in Darmstadt während der Konferenz eine Vollmacht für *Grolman* und *Jaup* zu erwirken.[862]

Auf Grund der fehlenden Instruktion erstatteten die Kommissare *Grolman* und

---

[855] Schubert, Französisches Recht in Deutschland, S. 263.

[856] Letztlich wurde dieser frühe Termin nicht eingehalten. Mit Edikt vom 25. Juli 1810 wurde die Einführung des Code Napoleon in Nassau zum 1. Januar 1811 beschlossen; siehe unten Dritter Teil § 7 B. II. 5.

[857] Schubert, Französisches Recht in Deutschland, S. 264.

[858] Breidenbach, Commentar I, Einleitung, S. 12; Schubert, Französisches Recht in Deutschland, S. 263.

[859] Schubert, Französisches Recht in Deutschland, S. 275.

[860] Schubert, Französisches Recht in Deutschland, S. 263; Fehrenbach, Traditionale Gesellschaft, S. 123.

[861] Fehrenbach, Traditionale Gesellschaft, S. 124; Schubert, Französisches Recht in Deutschland, S. 262.

[862] Schubert, Französisches Recht in Deutschland, S. 262f.

Jaup auf der Konferenz keine schriftlichen Gutachten über die Einführung des Code Napoleon, sondern gaben nur unter Vorbehalt stehende mündliche Erklärungen ab. Dem nassauischen Kommissar *Almendingen* wurden die Grundsätze, nach denen er auf der Gießener Konferenz verfahren sollte und der Zweck, den die Gießener Konferenz für das nassauischen Ministerium hatte durch das Ministerial-Reskript vom 2. Oktober 1809 mitgeteilt.[863]

3. Die Verhandlungen

Am 4. September 1809 eröffnete *Almendingen* die Gießener Konferenz mit seinem Vortrag „Ansichten über die Art der Aufnahme des Napoleonischen Gesetzbuches in den Fürstlich Primatischen, Großherzoglich Hessischen und Herzoglich Nassauischen Staaten".[864] Zu Beginn seines Vortrages rechtfertigte er die Übernahme eines fremden Gesetzbuches. Da eine gemeinsame deutsche Zivilgesetzgebung nicht zu erwarten sei, käme bei der Übernahme eines fremden Gesetzbuches allein der Code Napoleon in Betracht.[865] Sodann äußerte er seine Ansichten über die Art der Rezeption des Code Napoleon und besprach die Möglichkeiten, unter denen Modifikationen vorgenommen werden könnten.[866] *Almendingen* vertrat die Ansicht, dass der Code Napoleon unter Suspendierung der Artikel, die der deutschen Feudalverfassung entgegenstünden, übernommen werden sollte.[867] Nach dem Vortrag *Almendingens* legten die hessischen Kommissare ihre Ansichten zu der Einführung des Code Napoleon in mündlichen Vorträgen dar.[868] Die Frankfurter Vertreter hielten keinen entsprechenden Vortrag. Sie stimmten zwar dem Eröffnungsvortrag *Almendingens* zu, beriefen sich aber sofort auf eine Instruktion *Dalbergs*, wonach sie auf der Konferenz keine eigenen Anträge stellen, sondern die nassauischen und hessischen Anträge nur „ad referendum" nehmen sollte.[869]

In den Einführungsvorträgen und den anschließenden Stellungnahmen standen organisatorische Probleme im Vordergrund, die die Art der Einführung des Code Napoleon betrafen. Streitig diskutiert wurden die Fragen, welche französi-

---

[863] Almendingen, Hauptbericht in: Allg. Bibl. 11, S. 1.
[864] Schubert, Französisches Recht in Deutschland, S. 264.
[865] Schubert, Französisches Recht in Deutschland, S. 264.
[866] Schubert, Französisches Recht in Deutschland, S. 265.
[867] Schubert, Französisches Recht in Deutschland, S. 265f.
[868] Siehe dazu genauer unten Dritter Teil § 7 B. II. 4.
[869] Fehrenbach, Traditionale Gesellschaft, S. 123.

schen Institute suspendiert werden sollten und welche für die Anwendbarkeit des Code Napoleon unentbehrlich waren.[870] Wie in vielen anderen Territorien, die den Code Napoleon einführen wollten, stellte sich auch auf der Gießener Konferenz die Grundfrage, wie unter den gegebenen Verhältnissen einer ständisch-feudal organisierten Gesellschaft das Zivilrecht einer prinzipiell liberal verfassten bürgerlichen Gesellschaft eingeführt werden sollte.[871] Insbesondere über die Frage der Rechte und der Stellung der Standesherren herrschten große Differenzen zwischen den Kommissionsmitgliedern.

Nachdem diese Vorfragen behandelt worden waren, begannen am 18. September 1809 die eigentlichen Beratungen über die einzelnen Bücher des Code Napoleon. Der Code Napoleon wurde artikelweise beraten. Es war vereinbart worden, dass *Almendingen* das erste Buch des Code Napoleon begutachten sollte. Die beiden anderen Kommissionen sollten über das zweite und dritte Buch Gutachten erstatten. Da weder die hessische noch die fürstprimatische Kommission ihren Pflichten in ausreichender Weise nachkam, übernahm *Almendingen* auch deren Arbeit.[872] Während alle Kommissare zu dem ersten Titel (Erwerb und Verlust der Bürgerlichen Rechte) Stellungnahmen abgegeben hatte, gaben insbesondere die Darmstädter Kommissare bald keine entsprechenden Stellungnahmen mehr ab und legten ihren Schwerpunkt in den folgenden Diskussionen auf Äußerungen zu rein dogmatischen Streitfragen.[873]

Die Beratungen umfassten damit das gesamte französische Zivilgesetzbuch, wobei letztlich der Schwerpunkt auf der Erörterung der Vorfragen und des ersten Buches lag. Ende 1809 war das erste Buch des Code Napoleon beraten.[874] Den Hauptanteil an der Diskussion hatte *Almendingen* gehabt.[875] Er hatte die Möglichkeiten, wie der Code Napoleon in den deutschen Staaten eingeführt werden könnte, und einen Großteil der Artikel des Code Napoleon besprochen.[876]

---

870 Fehrenbach, Traditionale Gesellschaft, S. 126.
871 Vgl. Wilhelm, Rezeption ausländischen Rechts, in: Ius commune V, S. 130.
872 Schubert, Französisches Recht in Deutschland, S. 276f.
873 Schubert, Französisches Recht in Deutschland, S. 277, Fn. 921.
874 Fehrenbach, Traditionale Gesellschaft, S. 123.
875 Fehrenbach, Traditionale Gesellschaft, S. 123.
876 Vgl. Schubert, Französisches Recht in Deutschland, S. 262.

4. Die Ansichten Grolmans und Jaups auf der Gießener Konferenz

Zu Beginn der Verhandlungen legten die Darmstädter Kommissare – wie bereits oben erwähnt[877] – ihre Ansichten über die bei der Einführung des Code Napoleon zu klärenden Vorfragen in einem mündlichen Vortrag dar. Dieser am 7., 8. und 9. September 1809 gehaltene Vortrag hatte den Titel: „Bemerkungen der Großherzoglich-Hessischen Commissarien über die Vorfragen, welche deutsche Regierungen bey einer beabsichtigten Einführung des Code Napoleon zu entscheiden haben".[878] Den Vortrag hielten *Grolman* und *Jaup* allerdings unter Vorbehalt; ihnen fehlte – wie bereits beschrieben[879] – eine Instruktion ihrer Regierung.[880]

Entsprechend der durch *Almendingens* Vortrag vorgegebenen Richtschnur setzten sich die Kommissare mit den Problemen, die mit der Einführung des Code Napoleons in den deutschen Staaten verbunden waren, auseinander. Dabei bezogen sie in ihrem Vortrag zu allen in der damaligen Diskussion vorherrschenden Fragen Stellung.[881]

a. Das Verhältnis von altem zu neuem Recht

Die Gießener Kommissionsmitglieder beteiligten sich mit ihrem Vortrag an der damals vielfach geführten Diskussion um das Verhältnis von altem und neuen Recht.[882] Vorrangig ging es um die Frage nach der Weitergeltung des römischen Rechts, aber auch der Partikularrechte nach der Einführung des Code Napoleon. Die Professoren sprachen sich gegen eine Weitergeltung des bis dato in den rechtsrheinischen Gebieten subsidiär geltenden römischen Rechts sowie der Partikularrechte aus. Durch die Aufhebung des römischen Rechts sollten Streitigkeiten zwischen Theorie und Praxis vermieden werden.[883] Dennoch war für beide der Aufschwung, den das Studium des römischen Rechts genommen hatte, nicht gefährdet, da der Code Napoleon im römischen Recht seine Grundlage ha-

---

[877] Siehe oben Dritter Teil § 7 B. II. 3.

[878] Der Vortrag befindet sich in den Akten des HStA Wiesbaden, 371 IX 1, fol. 112-285, vgl. Schubert, Französisches Recht in Deutschland, S. 266, Fn. 883.

[879] Siehe oben Dritter Teil § 7 B. II. 2.

[880] Fehrenbach, Traditionale Gesellschaft, S. 124.

[881] Zu der Diskussion um die Form der Einführung des Code Napoleon vgl. Dölemeyer, Kodifikationen und Projekte, in: Handbuch III/2, S. 1457ff.

[882] Vgl. zu der Diskussion Dölemeyer, Einflüsse von ALR, C.c. und ABGB, in: Ius commune VII, S. 182; dies., Kodifikationen und Projekte, in: Handbuch III/2, S. 1458.

[883] Zitiert nach Schubert, Französisches Recht in Deutschland, S. 267.

be.[884] Dementsprechend wurde auch die Möglichkeit einer subsidiären Geltung des Code Napoleon ausgeschlossen. Er sollte gerade nicht an die Stelle des ehemals subsidiär geltenden römische Recht treten. Auch den Partikularrechten sollte keine subsidiäre Geltung zukommen.[885] Die wenigen Lücken des Code Napoleon sollten ergänzt werden, aber nicht durch subsidiäre Fortdauer des römischen und kanonischen Rechts sowie der Partikularrechte.[886]
In der Frage nach dem Verhältnis des altem zum neuen Recht wichen die Ansichten des hessischen Kommissare von denen der Frankfurter und der nassauischen Kommissionen ab, die eine subsidiäre Geltung der Partikularrechte und des römischen Rechts hinter dem Code Napoleon bejahten. Im Hinblick auf die abschließende Regelung des zivilrechtlichen Bereiches waren bei *Grolman* und *Jaup* Ansätze der Kodifikationsidee zu erkennen.

b. Die Art der Einführung des Code Napoleon

Klare Vorstellungen bestanden auch hinsichtlich der Art der Einführung des Code Napoleon. Das gesamte französische Zivilrecht sollte nach der Ansicht der hessisch-darmstädtischen Delegierten auf einmal und bis Anfang des Jahres 1811, also zu einem festen Zeitpunkt, eingeführt werden.[887] Hinsichtlich der Frage, ob der Code Napoleon im Originaltext oder in einer Übersetzung eingeführt werden sollte, sprachen sich beide für die Übernahme des Code Napoleon in Ursprache aus.
Beide Kommissare waren sich der Verschiedenheit der französischen und der hessen-darmstädtischen Justizorganisation und Zivilprozessordnung bewusst. Sie schlugen insofern vor, dass der Code Napoleon „nicht mit allen organischen Umgebungen" eingeführt werden sollte. Schließlich sollte der Code Napoleon nur redigiert, aber nicht modifiziert werden. Eventuell erforderliche Modifikationen sollten in einem Begleitedikt enthalten sein, da Deutschland an der Rezeption des Code Napoleon nur dann interessiert sei, wenn es Rechtseinheit erlange.[888] Veränderungen in der Doktrin des Code Napoleon hielten *Grolman* und *Jaup* für „anmaßend und unbescheiden"[889]. Das badische Beispiel der Einführung eines modifizierten Code Napoleon wurde mit der Begründung abgelehnt,

---

[884] Zitiert nach Schubert, Französisches Recht in Deutschland, S. 267.
[885] Vgl. Almendingen, Hauptbericht, in: Allg. Bibl. 11, S. 8.
[886] Vgl. Almendingen, Hauptbericht, in: Allg. Bibl. 11, S. 7f.
[887] Vgl. Almendingen, Hauptbericht, in: Allg. Bibl. 11, S. 8.
[888] Schubert, Französisches Recht in Deutschland, S. 267.
[889] Zitiert nach Almendingen, Hauptbericht, in: Allg. Bibl. 11, S. 7.

dass es den deutschen Juristen verdamme, „seine Wissenschaft in das Erkennen, wie weit ein Deutscher, *Brauer*, in der Wissenschaft des Code vorgerückt war, zu setzen“[890].

c. *Die Gerichtsverfassung*

Entsprechend der von *Almendingen* vorgegebenen Richtschnur setzten sich die hessischen Kommissare mit der Problematik der Einführung des Code Napoleon in Hessen-Darmstadt auf Grund der zum Teil sehr unterschiedlichen Gerichtsverfassungen auseinander. Inhaltlich stimmten *Grolman* und *Jaup* mit den wesentlichen Prinzipien der französischen Justizverfassung überein. So befürworteten sie die Trennung der streitigen von der freiwilligen Gerichtsbarkeit. Sie sprachen sich für die Übernahme des Institutes der Staatsanwaltschaft aus, die im französischen Recht nicht nur Anklagebehörde, sondern auch der Vertreter des öffentlichen Interesses in Zivilsachen war.[891] Die Errichtung eines Kassationsgerichtshofs lehnten sie ab.[892] Ebenso hielten sie die Trennung der Justiz von der Verwaltung in der untersten Instanz nicht für nötig. Dies entsprach der in Hessen-Darmstadt in den Organisationsedikten von 1803 festgelegten Trennung von Justiz und Verwaltung erst ab der Mittelinstanz.

Beide plädierten für die Einführung der Öffentlichkeit und der Mündlichkeit des Gerichtsverfahrens. Damit wandten sie sich gegen den bis dato gegebenen nichtöffentlichen und schriftlichen Prozess. Sie folgten einem Wandlungsprozess, der von dem Reformgeist des Code de procédure ausging und nahezu alle Territorien Deutschlands erfasste. Die Grundsätze der Unmittelbarkeit, der Mündlichkeit, der Verfahrenskonzentration und der Dispositionen über den Prozessstoff – die Ideale der französischen Prozessordnung von 1807 – waren eine Folge des Misstrauens gegen die absolute Staatsgewalt und die gelehrte Juristenzunft.[893] Auch *Grolman* und *Jaup* nannten als Gründe für die Einführung des Mündlichkeits- und Öffentlichkeitsgrundsatzes die Steigerung des Ansehens der Justiz, aber auch die Kontrolle der Richter und die Hebung des Anwaltsstandes. Allerdings hielten sie die Übernahme des Code de procédure civile nicht für

---

[890] Zitiert nach Schubert, Französisches Recht in Deutschland, S. 266f.
[891] Becker, Das Rheinische Recht, in: JuS 1985, S. 343.
[892] Almendingen, Hauptbericht, in: Allg. Bibl. 11, S. 7.
[893] Wieacker, Privatrechtsgeschichte, S. 465.

erforderlich bzw. ratsam. Vielmehr sprachen sich beide für die Ausarbeitung einer neuen Zivilprozessordnung aus.[894]

d. Das Verhältnis zur bestehenden Feudalverfassung

Erhebliche Differenzen bestanden zwischen der nassauischen und der hessischen Kommission hinsichtlich der Frage, ob und wie die – in beiden Staaten bestehende – Feudalverfassung bei der Einführung des Code Napoleon zu berücksichtigen sei. Während *Almendingen* für eine Eingliederung der Feudalverfassung in einen modifizierten Code Napoleon argumentierte, da die feudalen Verhältnisse über Art. 27 der Rheinbundakte geschützt und damit nicht sofort zu beseitigen seien, sprachen sich die hessischen Kommissare für eine Abschaffung der Feudalverfassung aus. Alle Rechte, die mit dem Geiste des Code Napoleon nicht zu vereinbaren seien, müssten abgeschafft werden.[895] Insofern dürften die antifeudalen Bestimmungen des Code Napoleon, wie Art. 530 über die Nichtperpetuität der Renten und Art. 686 über das Verbot der Personalfronden, nicht suspendiert werden.[896] *Grolman* betonte, dass gerade diese Artikel geeignet seien, „Vorliebe" für den wenig populären Code Napoleon zu wecken.[897]

In ihrer Beweisführung gingen *Grolman* und *Jaup* davon aus, dass es zwar rechtlich möglich sei, den Code Napoleon unter Beibehaltung der in Deutschland bestehenden Institute einzuführen. Allerdings würde dies im Widerspruch zu dem die Freiheit des Eigentums garantierenden französischen Recht stehen.[898] Daher schlugen sie vor, im materiellen Zivilrecht diejenigen Rechtsinstitute, die die Freiheit des Eigentums beeinträchtigten, abzuschaffen. Darunter fielen insbesondere das Rektraktrecht, die Bauerngüter, die Leibeigenschaft, die gutsherrlichen Frondienste und Bannrechte, die Stammgüter und die Lehensverfassung. Für gänzlich aufzuhebende Rechte, wie z.B. den Zehnten oder die Frondienste, sollte eine Entschädigung gesetzlich festgesetzt werden. Auch die Lehnsverfassung, die „aufgehört habe, in die Tendenz unserer Tage zu passen"[899], sollte gegen Entschädigung gänzlich entfallen. Die Stammgüter sollte eine Majoratsverfassung ersetzen.

---

[894] Schubert, Französisches Recht in Deutschland, S. 268.
[895] Zitiert nach Schubert, Französisches Recht in Deutschland, S. 267.
[896] Fehrenbach, Traditionale Gesellschaft, S. 126.
[897] Fehrenbach, Traditionale Gesellschaft, S. 126.
[898] Schubert, Französisches Recht in Deutschland, S. 268.
[899] *Grolman* und *Jaup* zitiert nach Schubert, Französisches Recht in Deutschland, S. 269.

Mit diesen Ansichten konnten sich die hessischen Kommissare nicht durchsetzten, da sich neben *Almendingen* auch die fürstprimatische Delegation für die Beibehaltung der „civilrechtlichen vaterländischen Institute" aussprach.[900] Sie schlug vor, die Fortdauer der Institute des geteilten Eigentums, der Fideikommissgüter, der Lehen, etc. zu sichern.[901]

e. Das Eherecht

Im materiellen Eherecht wandten sich die hessischen Kommissare gegen das in Hessen-Darmstadt bestehende kirchliche Eherecht. *Grolman* und *Jaup* sprachen sich für die Einführung des französischen Eherechts und damit für den rein bürgerlichen Charakter der Ehe aus.[902] Das französische Eherecht war durch die Säkularisierung des Sakraments der Ehe gekennzeichnet.
Die Religion war durch die Einführung der Zivilehe (standesamtliche Eheschließung) aus dem bürgerlichen Recht ausgeklammert worden. Zwar sahen *Grolman* und *Jaup* in der Ehe nicht nur ein juristisches, sondern auch ein „moralisches Institut".[903] Da „Moralität auch ohne eine bestimmte positive Religion bestehen" könne, habe der Staat keine Gründe, „die Bedingung einer Religion für alle verbindlich zu erklären"[904]. Das Zivilstandsregister sollte – entsprechend der von dem Großherzogtum proklamierten Trennung von Staat und Kirche – von Staatsbeamten geführt werden. Insofern bestanden auch im Eherecht Differenzen zwischen den Kommissionen, da *Almendingen* sich gegen eine Verweltlichung des Eherechts gewandt hatte.

f. Weitere Stellungnahmen der hessischen Kommissare

Nachdem *Almendingen* ausführlich auf den seinen Ansichten kaum entsprechenden Vortrag der Darmstädter Kommissare geantwortet hatte, hatten die Darmstädter Kommissare erneut die Möglichkeit zur Stellungnahme. Zur Unterstreichung ihrer Ansichten sprachen sich *Grolman* und *Jaup* für die Veränderung positiver Gesetze aus.[905] So habe sich die Gesetzgebung als Realisierung des Staatszwecks nach den Verhältnissen des Staates zu richten.[906] Da aber diese

---

900 Vgl. Almendingen, Hauptbericht, in: Allg. Bibl. 11, S. 9.
901 Vgl. Almendingen, Hauptbericht, in: Allg. Bibl. 11, S. 9.
902 Vgl. Almendingen, Hauptbericht, in: Allg. Bibl. 11, S. 7.
903 Schubert, Französisches Recht in Deutschland, S. 269.
904 Zitiert nach Schubert, Französisches Recht in Deutschland, S. 269.
905 Schubert, Französisches Recht in Deutschland, S. 271.
906 Schubert, Französisches Recht in Deutschland, S. 271.

sich ändern könnten, sei die „Veränderlichkeit der positiven Geseze unbedingte Nothwendigkeit zur Erreichung des Staats-Zwecks“[907]. Sobald die Gesetze ihre Zweckmäßigkeit verlören, müsste der Gesetzgeber sie verändern oder aufheben.[908] Die Privilegien der Standesherren seien lediglich positive und damit auf gesetzlichem Wege abänderbare Privatrechte.[909] In dieser Stellungnahme zeigte sich die Ansicht der jüngeren Naturrechtslehre. Die Naturrechtslehre des 19. Jahrhunderts wies dem Staat die Aufgabe zu, die naturrechtlichen Grundsätze den wirtschaftlichen, sozialen und politischen Veränderungen anzupassen und hatte damit prinzipiell eine dynamisch-praktische Auffassung von der Gesetzgebung.[910]

Grolman und *Jaup* hielten die Gesetzgebung für reformbedürftig. Sie sprachen sich gegen allmähliche Reformen und für eine Gesamtreform der Gesetzgebung aus. Im Code Napoleon sahen sie ein Mittel zu einer umfassenden Rechts- und Justizreform. Durch die Einführung des Code Napoleon in Hessen-Darmstadt könnte Rechtseinheit, insbesondere mit den linksrheinischen Gebieten erreicht werden. Sie verwahrten sich gegen den Vorwurf, unpatriotisch zu handeln.[911] Der Code Napoleon entspräche dem Geist der Zeit, wogegen die deutsche Gerichts- und Grundverfassung überkommen sei.[912]

g. *Zwischenbewertung*

Es ist davon auszugehen, dass die hessischen Kommissare ihre eigenen, privaten Ansichten über die Einführung des Code Napoleon auf der Gießener Konferenz vortrugen. Dies kann aus mehreren Umständen gefolgert werden. So fehlte den Kommissaren eine Instruktion der hessischen Staatsregierung. Auch erklärten die hessen-darmstädtischen Kommissare nach *Almendingen* selbst auf der Gießener Konferenz, dass alle ihre Ansichten und Vorschläge ihre „Privatmeinung“ seien.[913] Des Weiteren waren die Ansichten der hessischen Kommissare nicht für die Öffentlichkeit bestimmt. Im Gegensatz zu *Almendingens* Ansichten[914]

---

907 Zitiert nach Schubert, Französisches Recht in Deutschland, S. 271.
908 Zitiert nach Schubert, Französisches Recht in Deutschland, S. 271.
909 Fehrenbach, Traditionale Gesellschaft, S. 52.
910 Klippel, Die Philosophie der Gesetzgebung, S. 243.
911 Schubert, Französisches Recht in Deutschland, S. 269.
912 Zitiert nach Schubert, Französisches Recht in Deutschland, S. 269.
913 Almendingen, Hauptbericht, in: Allg. Bibl. 11, S. 8.
914 *Almendingen* hatte Ende Juli 1810 seinem Ministerium einen „Hauptbericht über die die Einführung des Code Napoléon betreffenden Conferenzen in Gießen und über die Resul-

wurden die Vorträge der hessischen Kommissare nicht veröffentlicht. Ebenso gelangten die Ergebnisse der Verhandlungen offiziell nicht an die Öffentlichkeit.[915] Für die Annahme, dass die hessen-darmstädtischen Kommissare ihre Privatmeinungen vortrugen, spricht weiter, dass das Darmstädter Oberappellationsgericht in einem offiziellen Gutachten[916] die von *Grolman* und *Jaup* auf der Konferenz vertretenen Ansichten ablehnte.[917] Schließlich schrieb *Grolman* in der Vorrede zu seinem Handbuch über den Code Napoleon[918], dass der Fürst ihn beauftragt habe, ihm seine individuellen Ansichten über die Aufnahme des Codes in Hessen-Darmstadt darzulegen.[919]

Obwohl sie keine schriftlichen Gutachten vorlegten, hatten die Professoren *Grolman* und *Jaup* an den Gesetzgebungsarbeiten – gerade auf Grund ihres theoretischen Wissens – großen Anteil. Insbesondere *Grolman* förderte den Fortgang der Konferenz durch seine gründliche Kenntnis der französischen Rechtsdogmatik.[920] Im Laufe der Konferenzen zeigte sich *Grolmans* fachliche Überlegenheit gegenüber *Almendingen*, dessen vornehmlich rechtspolitische Ansichten nicht in allen Punkten *Grolmans* wissenschaftlicher Kritik standhielten.[921] Während *Grolman* in einem Schreiben an das hessen-darmstädtische Ministerium *Almendingen* mangelnde Kenntnis des Code unterstellte,[922] hob *Almendingen* die Gießener Professoren und ihre theoretischen Kenntnisse im Vergleich zu den anderen an den Konferenzen beteiligten Kommissaren besonders hervor. Der Zusammenarbeit mit diesen beiden Gelehrten verdanke er „eine richtige Einsicht in den theoretischen Sinn manches einzelnen Artikels des Code Napoléon“[923]. Dies war für *Almendingen* so wichtig, dass er dieses öffentliche Bekenntnis für seine Pflicht hielt.[924]

---

tate derselben“ vorgelegt. Dieser Bericht wurde vollständig in der Allgemeinen Bibliothek für Staatskunst, Rechtswissenschaften und Critik, Heft 11-13, abgedruckt.

915 Eigenbrodt, Hessische Verordnungen I, S. 45.

916 Siehe dazu unten Dritter Teil § 7 B. II. 5.

917 So auch Schubert, Französisches Recht in Deutschland, S. 274

918 Zu dem Handbuch *Grolmans* siehe unter Dritter Teil § 7 C. I.

919 Grolman, Handbuch über den Code Napoleon I, Vorrede S. VI.

920 Schubert, Französisches Recht in Deutschland, S. 262.

921 Schubert, Französisches Recht in Deutschland, S. 276.

922 Schubert, Französisches Recht in Deutschland, S. 276.

923 Almendingen, Ansichten, in: Allg. Bibl. 9, S. 36f.

924 Almendingen, Ansichten, in: Allg. Bibl. 9, S. 37.

5. Das Ende der Gießener Konferenz

Zwischen der hessischen und der nassauischen Kommission bestanden in fast allen für die Einführung des Code Napoleons entscheidenden Punkten, erhebliche Differenzen. In dieser Verhandlungssituation wurde das hessen-darmstädtische Oberappellationsgericht zu einem Gutachten über den Streitgegenstand aufgefordert. Am 20. November 1809 wurde das – nach umfassenden Vorträgen seiner Referenten, dem Oberappellationsgerichtsrat *Schneider* und dem Bundestagsgesandten *von Guben* – entstandene Gutachten des Oberappellationsgerichts den Kommissionsmitgliedern vorgelegt. Dieses Gutachten kam zu dem Ergebnis,[925] dass für den Fall, dass die Einführung eines eigenen Gesetzbuches unmöglich sei, der Code Napoleon als Ganzes in authentischer Übersetzung zu rezipieren und mit entsprechenden Modifikationen zu versehen sei. Das römische Recht dürfe in diesem Fall keine subsidiäre Geltung mehr behalten. Die französische Justiz- und Staatsverwaltungsorganisation, die mit den einzelnen Teilen des Code Napoleon in mehr oder weniger enger Verbindung stünde, solle zunächst stillschweigend und auf unbestimmte Zeit suspendiert werden. Das französische Gerichtsverfahren solle nicht eingeführt werden. Schließlich seien alle in dem französischen Gesetzbuch enthaltenen, „die Staatswohlfahrt befördernden, oder wenigstens in dieser Rücksicht gleichgültigen Dispositionen"[926] aufzunehmen. Ausgeschlossen werden sollten nach Ansicht des Gerichts alle Dispositionen, die insbesondere weder auf die vorhandene eigentümliche Staatsverwaltungsorganisation anwendbar seien, noch mit den vorhandenen Religionsgrundsätzen und den einheimischen Begriffen der Sittlichkeit vereinbar seien. Das Votum des Gerichts entsprach insbesondere der Suspensionstheorie *Almendingens*, welcher in Korrespondenz mit dem Referenten des Gerichts *Schneider* stand.[927] Damit wurde auch den bestehenden Feudalverhältnissen genüge getan.

Das Gutachten des Oberappellationsgerichts wurde dem Großherzog durch das Ministerium vorgelegt, da die Kommissare weiterer Instruktionen bedurften.[928] Noch bevor das hessische Ministerium zu dem Gutachten Stellung nahm, beschlossen die Kommissionen am 28. März 1810 die Konferenz auf unbestimmte

---

925 Die Ergebnisse des Oberappellationsgerichts sind abgedruckt bei Breidenbach, Commentar I, Einleitung, S. 12f.

926 Zitiert nach Breidenbach, Commentar I, Einleitung, S. 13.

927 Schubert, Französisches Recht in Deutschland, S. 243, Fn. 773.

928 Breidenbach, Commentar I, Einleitung, S. 13.

Zeit zu vertagen.[929] Am 12. Mai 1810[930] – also nach der zunächst vorläufigen Beendigung der Gießener Konferenz – erließ der Großherzog eine Instruktion an *Grolman* und *Jaup*. Danach waren zunächst alle Veränderungen in der inneren Verwaltungsorganisation auf unbestimmte Zeit zu suspendieren und Gutachten über die aufzunehmenden neuen französischen Rechtsinstitute einzureichen.[931] Der Code Napoleon sollte in einer Übersetzung durch ein Rezeptions- und Modifikationsedikt übergenommen werden, das alle Zusätze und Abänderungen enthalten und die bisherigen Rechtsnormen als subsidiäres Recht anerkennen sollte. Ein fester Einführungstermin sollte nicht bestimmt werden. Die gleichzeitige Abschaffung der dem Code Napoleon fremden deutschen Rechtsinstitute, wie die Leibeigenschaft, das Lehenswesen, die Fronen, die Zehnten, die Fideikommisse und die Stammgüter, wurde abgelehnt.[932] Sie sollten vor dem Inkrafttreten des Code Napoleon mit Ausnahme des als nicht mehr zeitgemäß und „gemeinschädlich" empfundenen Retraktrechts abgesondert und „nach dem Bedürfnis der Zeit, der Politik und des Staatswohls" gesetzlich geregelt werden.[933] Unabhängig von der Einführung des Code Napoleon sollte zudem der Entwurf einer Prozeßordnung eingereicht werden. Dies entsprach nicht den Ansichten, die *Grolman* und *Jaup* auf der Gießener Konferenz vertreten hatten.[934]

Diese Instruktion war wohl auch eine Folge der Bemühungen *Almendingens*. In einem „Promemoria" vom 4. Mai 1810 an das Darmstädter Ministerium hatte *Almendingen* versucht, eine Instruktion für die hessischen Kommissare zu erreichen, indem er die Gründe für den unbefriedigenden Ausgang der Gießener Konferenz darlegte.[935] Am 12. Mai 1810 erhielt *Almendingen* eine ministerielle Mitteilung aus Darmstadt, „daß die Großherzoglich Hessische Commission zu Gießen mit der nöthigen Instruction sey versehen worden, und daß die Communicationen schriftlich, oder im conferentiellen Wege könnten fortgesetzt werden"[936].

---

[929] Almendingen, Hauptbericht, in: Allg. Bibl. 11, S. 14.

[930] Esselborn, Grolman, S. 436; Almendingen, Hauptbericht, in: Allg. Bibl. 11, S. 16; Schubert, Französisches Recht in Deutschland, S. 282; Breidenbach nennt den 11. Mai 1810 in: Commentar I, Einleitung, S. 13.

[931] Der genaue Wortlaut ist nicht bekannt. Zitiert nach Esselborn, Grolman, S. 436; Schubert, Französisches Recht in Deutschland, S. 244.

[932] Schubert, Französisches Recht in Deutschland, S. 282.

[933] Zitiert nach Schubert, Französisches Recht in Deutschland, S. 282.

[934] So auch Schubert, Französisches Recht in Deutschland, S. 244, 283.

[935] Schubert, Französisches Recht in Deutschland, S. 282.

[936] Zitiert nach Almendingen, Hauptbericht, in: Allg. Bibl. 11, S. 16.

Obwohl Großherzog Ludwig I. die Fortsetzung der Konferenz in seiner Instruktion vom 12. Mai 1810 befohlen hatte,[937] wurden die Verhandlungen nicht mehr aufgenommen. Das Großherzogtum Frankfurt hatte erwartungsgemäß im Alleingang durch Edikt vom 25. Juli 1810 die Einführung des Code Napoleon zum 1. Januar 1811 beschlossen. Damit schied Frankfurt offiziell aus der Konferenz aus. Die großherzogliche Regierung ließ daraufhin die Gesetzgebungsarbeiten auslaufen.[938] Auch setzten sich *Grolman* und *Jaup* nicht mehr mit *Almendingen* in Verbindung, da dieser sie nicht von der Beendigung seiner interimistischen Sendung, derentwegen er Gießen verlassen hatte, in Kenntnis gesetzt hatte.[939] Den Abbruch der Zusammenarbeit rechtfertigten *Grolman* und *Jaup* in einem Bericht an das Staatsministerium vom 16. Juli 1810 unter anderem mit den mangelnden juristischen Kenntnissen *Almendingens*: „ (...), da diese Vorträge [*Almendingens*] größtenteils entweder dem Mangel solider juristischer Kenntnis des Code, oder einem übertriebenen *pruritus reformandi* ihren Ursprung verdanken, so würde eine direkte Beantwortung derselben für sie eine saure und undankbare Arbeit sein, welche sie noch dazu der Unannehmlichkeit aussetzen würde, durch notwendige Belehrungen die üble Stimmung eines Mannes zu reizen, der so viel sie ihn kennten, lieber belehren als belehrt werden wolle."[940] Warum die Kommissare sich derart zerstritten hatten, ist unklar. Ebenso unklar ist, ob die hessischen Kommissare entsprechend der Instruktion des Großherzogs auch nach dem Ausscheiden Nassaus aus den Verhandlungen noch weitere Vorschläge unterbreiteten.

Jedenfalls schien Ludwig I. das Interesse an der Einführung des Code Napoleon verloren zu haben, nachdem zu Beginn des Jahres 1810 in Darmstadt eine Nachricht aus Paris eingetroffen war, wonach Napoleon sich, was die Einführung des Code Napoleons anginge, nicht in die inneren Verhältnisse der Einzelstaaten einmischen wollte.[941] Dafür, dass Ludwig I. die Einführung des Code Napoleons nach Erhalt dieser Nachricht nicht mehr ernsthaft in Erwägung zog, spricht sein Verhalten bezüglich der durch Staatsvertrag vom 8. September 1810 von Baden erworbenen Landesteile, in denen der Code Napoleon galt. Entgegen seinem

---

937 Almendingen, Hauptbericht, in: Allg. Bibl. 11, S. 16; Schubert, Französisches Recht in Deutschland, S. 282; Breidenbach, Commentar I, Einleitung, S. 13.

938 Breidenbach, Commentar I, Einleitung, S. 13f.

939 Esselborn, Grolman, S. 437.

940 Bericht vom 16. Juli 1810, zitiert nach Esselborn, Grolman, S. 437.

941 Fehrenbach, Traditionale Gesellschaft, S. 127.

bisherigen Vorgehen[942] hob er in diesen Gebieten durch Verfügung vom 2. Januar 1811 die Geltung des Code Napoleon auf und stellte die Geltung des gemeinen Rechts wieder her.[943] Letztlich wurde der Code Napoleon nicht mehr als Zivilgesetzbuch in Hessen-Darmstadt eingeführt.

Dennoch kam es in der Rheinbundzeit zu Reformen. Mit Gesetz vom 25. Mai 1811 wurde in Hessen-Darmstadt die Leibeigenschaft als unzeitgemäß abgeschafft.[944] Als weitere Reformmaßnahmen wurde die Teilbarkeit der bäuerlichen Güter eingeführt.[945]

III. Die Stellung Grolmans und Jaups in Hessen-Darmstadt

Grolman und *Jaup* waren Rechtsprofessoren an der Landesuniversität. Im Gegensatz zu *Höpfner*, der seine Lehrtätigkeit an der Universität mit dem Erhalt des Gesetzgebungsauftrags beendete, setzten *Grolman* und *Jaup* ihre Lehrtätigkeit an der Ludoviciana parallel zu ihrer Teilnahme an der Gießener Konferenz fort. Die hessische Staatsregierung hatte Gießen als Konferenzort gerade deshalb ausgewählt, damit die Professoren auch weiterhin ihre Lehrtätigkeit ausüben konnten, sie also durch ihre Teilnahme an den Konferenzen „nicht in ihren Vorlesungen gehindert werden würden“[946]. Weder *Grolman* noch *Jaup* wurden für die Zeit ihrer Teilnahme an den Konferenzen, auch nicht teilweise, von ihren Lehrverpflichtung befreit. Für die hessische Staatsregierung schien die angeordnete Doppelbelastung unproblematisch zu sein. Diese Doppelbelastung wirkte sich allerdings bei *Grolman* negativ auf dessen literarische Tätigkeit aus. So schrieb er in der Vorrede zu seinem Handbuch über den Code Napoleon: „Meine Berufsgeschäfte erlauben mir überdies nicht, mehr als einzelne Stunden literarischen Arbeiten zu weihen“.[947] Neben dem eigenen Interesse an Gesetzgebungsarbeiten nahmen die Professoren diese Belastung auch in Kauf, um über ihre Arbeit in der Gesetzgebungskommission eine Position in Darmstadt zu erlangen. *Grolman* hoffte bei einer Einführung des Code Napoleons auf Grund seiner ent-

---

942 Siehe oben Zweiter Teil § 3 A. II. 1. b.
943 Breidenbach, Commentar I, Einleitung, S. 14; Eigenbrodt, Hessische Verordnungen I, S. 45.
944 Vgl. Hofmann, A., Gesetzgebung und Verwaltung des GHT Hessen, S. 7; Fleck, Agrarreform, S. 186; Goldmann, Gesetzgebung des GHT Hessen, S. 106.
945 Franz, Der Staat der Großherzöge von Hessen, in: Das Werden Hessens, S. 483.
946 Esselborn, Grolman, S. 433.
947 Grolman, Handbuch über den Code Napoleon I, Vorrede, S. XIV.

sprechenden Kenntnisse eine führende Stellung in Darmstadt oder sogar ein Ministerstelle zu erlangen.[948]

Die hessische Staatsregierung beteiligte die Professoren an den Gesetzgebungsarbeiten auf Grund ihrer allgemeinen rechtswissenschaftlichen Kenntnisse sowie ihrer – durch erste Arbeiten bewiesenen – konkreten Kenntnisse des Code Napoleon und damit primär in ihrer Eigenschaft als Gelehrte.

C. Die Ansichten Grolmans und Jaups zum Code Napoleon

Die an den Gesetzgebungsarbeiten zur Einführung des Code Napoleon in Hessen-Darmstadt beteiligten Professoren setzten sich neben ihrer praktischen Beteiligung an den Arbeiten zur Einführung des französischen Zivilgesetzbuchs auch theoretisch mit dem Code Napoleon auseinander.

I. Karl Ludwig Wilhelm von Grolman

Grolman hatte sich im Rahmen seiner wissenschaftlichen Tätigkeit bis zu seiner Beteiligung an den Gesetzgebungsarbeiten nicht mit dem französischen Recht befasst. Erst auf Grund dieser Beteiligung an den Gesetzgebungsarbeiten begann er sich mit dem französischen Recht auseinanderzusetzen. Die fehlende wissenschaftliche Auseinandersetzung war insofern keine Besonderheit, da das französische Recht – als fremdes Recht – einschließlich der legislatorischen Arbeiten in Deutschland weitgehend unbekannt war und die Diskussion um den Code Napoleon erst ab 1807 mit den ersten Einführungsversuchen in den Rheinbundstaaten begann.[949] *Grolman* veröffentlichte die Ansichten, die er auf der Gießener Konferenz vertreten hatte, nicht.[950] Während seiner Tätigkeit auf der Gießener Konferenz verfasste er allerdings einen Kommentar über den Code Napoleon, aus dem sich seine wissenschaftlichen Ansichten zum französischen Zivilrecht entnehmen lassen.

1. Das ausführliche Handbuch über den Code Napoleon

Im Jahre 1810 erschien der erste Band seines „Ausführlichen Handbuchs über den Code Napoleon", 1812 der dritte und letzte Band. Der Kommentar sollte

---

[948] Merker, Almendingen, in: Nassauische Annalen 43, S. 310.
[949] Vgl. Schubert, Französisches Recht in Deutschland, S. 19, 36, 62.
[950] Eigenbrodt, Hessische Verordnungen I, S. 45; Schubert, Französisches Recht in Deutschland, S. 354.

ursprünglich aus sechs bis acht Bänden bestehen.[951] Letztendlich erschienen nur drei Bände, die in ihrer Darstellung bereits bei Artikel 311, d.h. mit der Lehre der Ehescheidung, endeten.[952] Diese Unvollständigkeit resultierte aus den veränderten politischen Verhältnissen. Da das Werk für die Praxis geschaffen sein sollte, schien eine Fertigstellung nach der Aufgabe des Zieles der Einführung des Code Napoleon nicht mehr erforderlich zu sein.[953] Auch politisch war die Beschäftigung mit dem Code Napoleon kurz nach dem Sturz Napoleons nicht mehr vertretbar. Dennoch hätte eine Fortsetzung erfolgen können, da Hessen-Darmstadt im Jahre 1816 Gebiete erwarb, in denen der Code Napoleon weiterhin Geltung beanspruchte.[954]

Während einige deutschsprachige Autoren in ihren Werken über den Code Napoleon entweder Rechtsvergleiche zwischen diesem und dem römischen Recht anstellten[955] oder das französische Recht in das für die Ordnung des römischen Rechts geltende System brachten,[956] waren zunächst die Bearbeitungen in der Mehrzahl, die das neue Recht in der Form eines Kommentars erklärten.[957] Entsprechend der Übung in Frankreich[958] erklärte auch *Grolman* das Recht in Form eines Kommentars.[959] Er zählte zu jenen Bearbeitern, die dabei gerade keine Bearbeitung vom Standpunkt der deutschen wissenschaftlichen Ansätze beabsichtigten.[960]

Grolman wollte keinen wissenschaftlichen Kommentar, sondern ein Buch für Praktiker schaffen. Das Handbuch war – bereits seinem Titel nach – nicht als Lehrbuch für Studenten, sondern für „Geschäftsmänner", d.h. für Justizbeam-

---

951 Grolman, Handbuch über den Code Napoleon, Vorrede S. XIII.

952 Insgesamt umfasst der Code Napoleon 2281 Artikel.

953 So auch Esselborn, Hessische Lebensläufe: Grolman, S. 132.

954 Siehe hierzu unten Dritter Teil § 7 C. I. 5.

955 So *Brauer*, die Brüder *Pfeiffer*, *Thibaut* und *Dreyer*; vgl. Neumayer, Wissenschaftliche Behandlung des kodifizierten Privatrechtsstoffes im Großherzogtum Baden, S. 208.

956 So *Zachariä* und *Bauer*; vgl. Neumayer, Wissenschaftliche Behandlung des kodifizierten Privatrechtsstoffes in Baden, S. 208.

957 Neumayer, Wissenschaftliche Behandlung des kodifizierten Privatrechtsstoffes in Baden, S. 208.

958 Vgl. hierzu Boehmer, Einfluß des Code Civil auf die Rechtsentwicklung, in: AcP 151, S. 301.

959 Neumayer, Wissenschaftliche Behandlung des kodifizierten Privatrechtsstoffes in Baden, S. 208.

960 Neumayer, Wissenschaftliche Behandlung des kodifizierten Privatrechtsstoffes in Baden, S. 208.

te,[961] gedacht. *Grolmans* Ziel war die Versorgung der Praktiker mit ausreichendem Wissen über das neue „fremde“ Gesetz.[962] Insofern trug er dazu bei, dass sich die Darmstädter Beamten – entsprechend des Edikts vom 1. August 1808 – mit dem Code Napoleon vertraut machen konnten. Um den Forderungen der Praktiker an den Theoretiker nachzukommen, wollte er in seinem Werk die Gründe und Zwecke der neuen Gesetzgebung vollständig und erschöpfend entwickeln, daraus den – seinerzeit viel diskutierten[963] – „Geist“ des Code Napoleon erfassen und die Bedingungen und den Umfang der Anwendbarkeit der einzelnen in ihr enthaltenden Gesetzen ausführlich verbreiten.[964] Dennoch wies der Kommentar einen gewissen lehrbuchhaften Charakter auf.[965]

Wie viele Autoren bezog sich auch *Grolman* auf bereits vorhandene Werke zum Code Napoleon. Häufig zitiert und benutzt wurden die französischen Autoren *Locré* und *Malleville*, das Handbuch von *Lassaulx*, die Kommentare von *Seidensticker* und *Schmid* sowie die Lehrbücher von *Bauer*.[966] Diese Werke waren *Grolman* bekannt und er berücksichtigte sie – mit Ausnahme der Lehrbücher *Bauers* – in seinem Werk. Er verarbeitete die Kommentare der französischen Juristen *Locré* und *Malleville* mit dem Ziel, diese Werke nicht zu übersetzen, sondern sie dem Bedürfnis der Deutschen entsprechend zu bearbeiten.[967] Sein Werk sollte in Deutschland die Stellung erlangen, die die Werke *Locrés* und *Mallevilles* in Frankreich einnahmen.[968] Während *Grolman* an seinem Kommentar arbeitete, erschienen die Werke der deutschen Juristen *Schmid* und *Lassaulx* über den Code Napoleon. Das Werk *Lassaulx*'[969] war *Grolman* bei der Erarbeitung des Code Napoleons eine Hilfe. Zum einen enthielt es eine umfangreiche Materialiensammlung, zum anderen bekannte sich *Grolman* dankbar, „manches von ihm [*Lassaulx*] gelernt zu haben“[970]. Die Kenntnis des Werkes von

[961] Vgl. Fehrenbach, Traditionale Gesellschaft, S. 30.
[962] Vgl. Grolman, Handbuch über den Code Napoleon I, Vorrede, S. V.
[963] Vgl. Fehrenbach, Traditionale Gesellschaft, S. 30.
[964] Grolman, Handbuch über den Code Napoleon I, Vorrede, S. VII.
[965] So auch Neumayer, Wissenschaftliche Behandlung des kodifizierten Privatrechtsstoffes in Baden, S. 210.
[966] Vgl. Fehrenbach, Traditionale Gesellschaft, S. 29f.
[967] Grolman, Handbuch über den Code Napoleon I, Vorrede, S. VIII.
[968] Grolman, Handbuch über den Code Napoleon I, Vorrede, S. VIII.
[969] Lassaulx, Codex Napoleon, Teil 1-3, Koblenz 1809.
[970] Grolman, Handbuch über den Code Napoleon I, Vorrede, S. IX.

Seidensticker „Einleitung in den Codex Napoleon“[971] setzte *Grolman* sogar bei seinen Lesern voraus.[972]

2. Grolmans Intention

In einer Zeit, die durch naturrechtliche Kodifikationsarbeiten geprägt war, galt *Grolmans* Interesse neben dem materiellen Recht gerade auch der Gesetzgebung. Über dieses Interesse an der Gesetzgebung gelangte er zu der Beschäftigung mit dem französischen Recht: „Mich trieb das Interesse, welches Gesetzgebung überhaupt für mich hat, zu dem Studium des Code. Pflicht und Beruf erhöhten meinen Eifer für dasselbe, als ich von dem Fürsten (...) aufgefordert wurde, ihm meine individuellen Ansichten über die Aufnahme des Codes in seinen Staaten darzulegen“[973].

In seinem einzigen öffentlichen Werk zum Code Napoleon machte *Grolman* es sich zum Grundsatz, sich jeder Kritik über den Code Napoleon zu enthalten.[974] Das Gesetzbuch sei noch zu unbekannt für eine Beurteilung.[975] Nur ausnahmsweise wollte er sich an einzelnen Stellen über die Vorzüge oder Mängel der Dogmen des Code äußern.[976] Dass *Grolman* sich der Kritik enthielt, war darin begründet, dass er das erste Bedürfnis des Publikums darin sah, Kenntnis über den Geist und die Wissenschaft des Code Napoleon zu erlangen.[977] Erst wenn diese Kenntnis vorhanden sei, könne eine Arbeit den Code kritisieren oder loben. Übereilte Kritik schade mehr als sie nutze und sei insbesondere dazu geeignet, das Urteil der Leser irre zu leiten.[978] Daher sah er die Aufgabe der Wissenschaft zunächst darin, sich das neue Recht anzueignen. Im Anschluss daran sei es dann möglich, durch konstruktive Kritik des Gesetzes einzelne Regelungen zu verwerfen und dadurch ein gutes Gesetzeswerk zu schaffen: „Es ist die Sache der deutschen Rechtsgelehrten, daß sie sich vorerst das fremde Geschenk wissenschaftlich aneignen und daß sie dabey mit dem Ernste und der Gründlichkeit zu Werke gehen, welche man von Deutschen erwartet und an den Deutschen rühmt. Dann wird aus dieser wissenschaftlichen Grundlage auch einst eine, die

---

[971] Seidensticker, Einleitung in den Codex Napoleon, Tübingen 1808.
[972] Grolman, Handbuch über den Code Napoleon I, Einleitung, S. XVII.
[973] Grolman, Handbuch über den Code Napoleon I, Vorrede, S. VI.
[974] Vgl. Grolman, Handbuch über den Code Napoleon I, Vorrede, S. VIIIf., S. X.
[975] So auch Schubert, Französisches Recht in Deutschland, S. 354.
[976] Grolman, Handbuch über den Code Napoleon I, Vorrede, S. X.
[977] Grolman, Handbuch über den Code Napoleon I, Vorrede, S. X; siehe auch Neumayer, Wissenschaftliche Behandlung des kodifizierten Privatrechtsstoff in Baden, S. 210.
[978] Grolman, Handbuch über den Code Napoleon I, Vorrede, S. XI.

deutsche Literatur ehrende Kritik und aus dieser vielleicht eine vervollkommnete Gesetzgebung hervorgehen (...).“[979] Diese Intention bestätigte *Grolman* in dem Vorwort zu seinem zweiten Band des Handbuchs über den Code Napoleon. Hier hob er hervor, dass der Zweck seiner Arbeit gerade nicht die Erarbeitung eines bis ins Detail entwickelten Systems des französischen Zivilrechts sei.[980] Das Publikum müsse erst eine gründliche Exegese des fremden Gesetzbuchs besitzen und dadurch zur vollständigen Kenntnis des Materials gelangen, bevor kritische und systematische Arbeiten nützlich sein könnten.[981] So wolle er mit seinem Werk allein eine Sammlung dogmatisch-exegetischer Bearbeitungen der einzelnen Titel des Codes vorlegen.

Wie auch auf der Gießener Konferenz verwahrte sich *Grolman* auch in dem Vorwort zu seinem Kommentar gegen den potentiellen Vorwurf des mangelnden Patriotismus. Dass er als Deutscher das französische Recht dem einheimischen vorziehe, bedeute nicht, dass er nicht das Vorzügliche seiner Nation achte.[982]

3. Der Inhalt des Kommentars

Dem ersten Band seines Kommentars stellte *Grolman* eine Einleitung über die Zivilverfassung Frankreichs voran. Da er den Code Napoleon artikelweise bearbeitete, begann er mit der Kommentierung des Präliminartitel über die Publikation, die Wirkungen und die Anwendung der Gesetze im Allgemeinen. Darauf folgte eine Besprechung des ersten bis vierten Titels des ersten Buches des Code Napoleon. Der fünfte Titel des Code „Von der Ehe“ wurde im zweiten Band abgehandelt, während der letzte, 1812 erschienene Band den sechsten Titel „Von der Ehescheidung“ zum Inhalt hatte. Die weiteren Bücher des Code Napoleon wurden nicht mehr besprochen.

a. Einleitung: Die französische Justizverfassung

Obwohl *Grolman* eine einleitende Darstellung der Geschichte der bürgerlichen Gesetzgebung Frankreichs, der Entstehungsgeschichte des Codes, des Zweckes des Codes, dessen Verhältnis zu der Verfassung und der übrigen Gesetzgebung sowie der Hilfsmittel für eine gründliche Erläuterung des Code als Einleitung

---

979 Grolman, Handbuch über den Code Napoleon I, Vorrede, S. XII.

980 Grolman, Handbuch über den Code Napoleon II, Vorerinnerung, S. IVf.

981 Grolman, Handbuch über den Code Napoleon II, Vorerinnerung, S. V.

982 Grolman, Handbuch über den Code Napoleon I, Vorrede, S. XIII.

eines Werkes über den Code Napoleon für erforderlich hielt,[983] fehlt in seinem Handbuch eine entsprechende Darstellung. Auf eine solche hatte *Grolman* verzichtet, da es schon ein Werk gab, welches diese Gegenstände behandelte. Zur Vermeidung von Wiederholungen verwies er auf *Seidenstickers* „Einleitung in den Code Napoleon" von 1808, mit dessen Ansichten er weitgehend übereinstimmte.[984]

An die Stelle einer Einleitung über den Code Napoleon setzte *Grolman* eine Einleitung über die französische Justizverfassung. Den Grund für die einleitende Darstellung der „Civil-Justizverfassung" Frankreichs sah *Grolman* darin, dass der Code diese zwar voraussetze, die französische Justizverfassung sich aber aus dem Code Napoleon selbst nicht erschließen lasse und zudem von der deutschen Ziviljustizverfassung sehr verschieden sei.[985]

Grolman arbeitete vier wesentliche Unterschiede zwischen der französischen und der deutschen Ziviljustizverfassung heraus und erläuterte die französischen Besonderheiten. Unterschiede bestünden 1. in der Trennung der streitigen von der willkürlichen Gerichtsbarkeit, 2. in der Art der Einteilung und Errichtung der Behörden für die streitige Gerichtsbarkeit, 3. in der Trennung des Justizzwanges von der eigentlichen Gerichtsbarkeit und 4. in dem gerichtlichen Verfahren.[986] An Hand dieser vier Punkte beurteilte *Grolman* im Gegensatz zu seinem Anliegen, grundsätzlich in seinem Handbuch sich jeglichen Urteils über den Code Napoleon zu enthalten, die Organisation der französischen Justizverfassung.[987] Er sprach sich für einen Vorrang der französischen Justizverfassung vor der deutschen aus und stimmte den wesentlichen Prinzipien der französischen Gerichtsverfassung zu.[988]

Grolman befürwortete die Trennung der streitigen von der willkürlichen Gerichtsbarkeit. Die Verbindung jener Gerichtszweige in Deutschland sei ein „Rückbleibsel" ursprünglicher unvollständiger Staatsorganisation.[989] Er sprach sich für die Übernahme der für die freiwillige Gerichtsbarkeit zuständigen Notariate aus. Als Begründung führte er an, dass die Notare öffentliche Beamte sei-

---

983 Grolman, Handbuch über den Code Napoleon I, Einleitung, S. XVII.

984 Grolman, Handbuch über den Code Napoleon I, Einleitung, S. XVIII.

985 Grolman, Handbuch über den Code Napoleon I, Einleitung, S. XVIII.

986 Vgl. Grolman, Handbuch über den Code Napoleon I, Einleitung, S. XIX-LII.

987 Vgl. Grolman, Handbuch über den Code Napoleon I, Vorrede, S. XIIf.

988 Grolman, Handbuch über den Code Napoleon I, Vorrede, S. XII, XVIII-LI; so auch Schubert, Französisches Recht in Deutschland, S. 354.

989 Grolman, Handbuch über den Code Napoleon I, Einleitung, S. XXI.

en, die wie die Gerichte im Namen des Kaisers handelten.[990] Insofern müsse der Notar wie auch der Richter seine Arbeit im Namen des Kaisers rechtfertigen.[991] Nicht für erforderlich hielt *Grolman* – wie auch auf der Gießener Konferenz – die Einführung eines Kassationsgerichtshofes. Dieser sei in Frankreich zur Wahrung einer einheitlichen Rechtsprechung notwendig, da es dort über dreißig Appellationsgerichte gebe.[992] Hessen-Darmstadt benötige aber auf Grund seiner geringen Größe nur einen Appellationshof, so dass es zu dessen Kontrolle keines eigenen Kassationsgerichts bedürfe.

Als besonders interessant und nachahmungswürdig bezeichnete *Grolman* das Institut der Staatsanwaltschaft (das Institut der Procureurs) im Zivilprozess.[993] Durch dieses Institut würde das ganze Justizwesen kontrolliert und damit ein in Deutschland bestehender Mangel beseitigt.[994] Zwar sei in Deutschland die Justiz in einzelnen Sachen vom Kabinettseinfluss unabhängig. Daneben fehle es aber an einer steten Aufsicht der Justiz durch die höchste Regierung. Die in Deutschland durchgeführten Visitationen hätten eine stete Kontrolle nicht zu erreichen vermocht.[995] In dieser Argumentation zeigt sich die konservative Haltung *Grolmans*.

Grolman sprach sich für die Mündlichkeit und Öffentlichkeit des Prozesses aus. Zunächst widerlegte er die Argumente der Gegner des mündlichen Prozesses, die eine Beeinflussung der Gerichte durch die Redner fürchteten. Gerade auch die schriftliche Rede habe „Einschmeichelndes".[996] Vor allem aber würde sich das mündliche Verfahren positiv auf die Advokatur auswirken, der auf Grund des geheimen und schriftlichen Verfahrens ein Anreiz zu klarem juristischen Vortrag fehlen würde.[997] Das schlechte Ansehen des Anwaltsstandes würde gehoben. Ebenso würde sich das Erscheinen vor Publikum für den Richterstand positiv auswirken.[998] Das Auftreten vor Publikum führe dazu, dass alle Verfahrensbeteiligte sich ordnungsgemäß verhielten und juristischen Sachverstand walten ließen. Insofern bewirke die Publizität eine weitere Kontrolle der Justiz. Diese Argumentation entsprach dem Vortrag *Grolmans* und *Jaups* auf der Gie-

---

[990] Grolman, Handbuch über den Code Napoleon I, Einleitung, S. XX.
[991] Grolman, Handbuch über den Code Napoleon I, Einleitung, S. XX.
[992] Grolman, Handbuch über den Code Napoleon I, Einleitung, S. XXXVII.
[993] Grolman, Handbuch über den Code Napoleon I, Einleitung, S. XXXIX.
[994] Grolman, Handbuch über den Code Napoleon I, Einleitung, S. XL.
[995] Grolman, Handbuch über den Code Napoleon I, Einleitung, S. XL.
[996] Grolman, Handbuch über den Code Napoleon I, Einleitung, S. XLVIII.
[997] Vgl. Grolman, Handbuch über den Code Napoleon I, Einleitung, S. L.
[998] Grolman, Handbuch über den Code Napoleon I, Einleitung, S. LI.

ßener Konferenz.[999] *Grolman* hatte insofern die dort vertretenen Ansichten in seinen Kommentar übernommen.

b. Die Kommentierung des Präliminartitels des Code Napoleon

In seinem ersten Buch behandelte *Grolman* zunächst den Präliminartitel: „Von der Publication, den Wirkungen und der Anwendung der Gesetze im Allgemeinen".

Ursprünglich hatte die zu der Einführung des Code Napoleons eingesetzte Gesetzgebungskommission ein Präliminarbuch abgefasst. Dieses war in sechs Titel unterteilt und behandelte die Publikation, die Wirkungen und die Anwendung von Gesetzen im allgemeinen sowie die Einteilung der Gesetze und die Lehre von der Aufhebung der Gesetze. Zudem enthielt es generelle Definitionen.[1000] Der Staatsrat verkürzte dieses Präliminarbuch immens. Er verwarf die Titel, die die generellen Definitionen, die Einteilung der Gesetze und die Lehre von der Aufhebung der Gesetze behandelten. Die übrigen Titel verkürzte er so radikal, dass nur noch Stoff für einen Titel übrig blieb. Die immensen Kürzungen waren in dem Prinzip des Staatsrates begründet, alles was allein zur Doktrin gehörte aus dem Gesetzbuch herauszuhalten und den wissenschaftlichen Bearbeitungen des Rechts zu überlassen.[1001] Definitionen und Einteilungen sollten nur dann Inhalt des Gesetzes werden, „wenn sie, als Grundlagen für gesetzliche Verfügungen, selbst auf gesetzliches Ansehen Anspruch machen könnten"[1002]. Obwohl *Grolman* anführte, dass *Malleville* diesbezüglich geäußert habe, der Code sei durch die Maßnahme des Staatsrates seiner schönen Einleitung beraubt worden,[1003] folgte *Grolman* sogar in seinem Handbuch der Ansicht des Staatsrates. Er unterließ eine Darstellung der nicht vom Staatsrat angenommenen Teile des Präliminarbuchs mit dem Argument, dass sein Werk nicht die Rechtswissenschaft lehren sollte, sondern die deutschen Rechtsgelehrten in den Geist des Code Napoleon einführen wolle.[1004]

Während *Grolman* sich auf der Gießener Konferenz für eine Abschaffung der in Hessen-Darmstadt vorherrschenden Privilegien ausgesprochen hatte, stellte er in seinem Kommentar lediglich fest, dass der Code Napoleon keine Privilegien im

---

999 Siehe oben Dritter Teil § 7 B. II. 4. c.
1000 Vgl. Grolman, Handbuch über den Code Napoleon I, S. 1.
1001 Grolman, Handbuch über den Code Napoleon I, S. 2.
1002 Grolman, Handbuch über den Code Napoleon I, S. 2.
1003 Grolman, Handbuch über den Code Napoleon I, S. 2.
1004 Grolman, Handbuch über den Code Napoleon I, S. 2.

eigentlichen Sinne kenne, was manchem deutschen Jurist auffallen könne. Der Regent in Frankreich, der nicht Gesetzgeber sei, sondern nur die Initiative bei der Gesetzgebung habe, könne keine fortdauernden Ausnahmen von den Gesetzen zu Gunsten einzelner Personen befehlen, ihm stehe allein in den wenigen Fällen ein Dispensationsrecht zu, in denen ein solches bereits im Gesetz anerkannt sei.[1005] Der Kommentar enthielt in diesem Zusammenhang zunächst weder eine Wertung noch Vorschläge, wie mit den in Deutschland bestehenden Privilegien umzugehen sei.

Auf die Privilegien ging *Grolman* allerdings im Zusammenhang mit der Frage der subsidiären Geltung der „alten" Rechtsquellen ein. *Grolman* stellte die Frage, nach welchem Recht der Richter seine Entscheidung treffen sollte, wenn der Code Napoleon eine Gesetzeslücke aufweise.[1006] Mit dem französischen Recht argumentierte *Grolman* gegen die Ansicht, dass die alten Gesetze dort volle Gesetzeskraft behielten, wo der Code Napoleon Lücken aufweise. Nirgends lasse sich eine offizielle Äußerung finden, aus der hervorgehe, dass in Frankreich dem alten Recht der Rang eines subsidiären Rechts zukäme.[1007] Wie auch auf der Gießener Konferenz hob *Grolman* hervor, dass dieses Ergebnis nichts an der Stellung des römischen Rechts an deutschen Universitäten ändere: „Die Verehrer des wahren römischen Rechts, zu welchem sich auch der Verfasser rechnet, haben in der That keinen Grund, über das entwickelte wahre Verhältnis der Sache zu klagen."[1008] Bei der subsidiären Anwendbarkeit des römischen Rechts wäre dessen Anteil am geltenden Recht nur unbedeutend gering, so dass dies nicht zu einem verbesserten Studium des römischen Rechts führen würde: „Nicht eine dürftige subsidiärische Gültigkeit des römischen Rechts kann die Hoffnung begründen, daß das Studium dieses Rechts, welches nicht ohne Grund als die Basis aller soliden Rechtswissenschaft betrachtet werde, nicht untergehen werde.[1009]" Diese sei vielmehr darin begründet, dass der Code Napoleon mehr als jede andere Gesetzgebung neuerer Zeit das römische Recht als Grundlage habe und dies auch anerkenne.[1010] Daneben sei das römische Recht von einer subsidiären Quelle des Rechts zu einem unerlässlichen Hilfsmittel geworden.[1011]

1005 Grolman, Handbuch über den Code Napoleon I, S. 41f.
1006 Grolman, Handbuch über den Code Napoleon I, S. 48.
1007 Grolman, Handbuch über den Code Napoleon I, S. 58.
1008 Grolman, Handbuch über den Code Napoleon I, S. 59.
1009 Grolman, Handbuch über den Code Napoleon I, S. 59.
1010 Grolman, Handbuch über den Code Napoleon I, S. 60.
1011 Grolman, Handbuch über den Code Napoleon I, S. 60.

Aus diesen Gründen stehe das Studium des römischen Rechts an der Spitze des juristischen Studiums in Frankreich.

Da *Grolmans* Handbuch mit der Kommentierung der Artikel über die Ehescheidung endete, fehlt die Kommentierung der auf der Freiheit des Eigentums beruhenden Artikel des Code Napoleon, wie der Artikel 530 und 1911 über die Ablösbarkeit der Renten, des Art. 896 über die Aufhebung der Stammgüter und der Art. 638 und 686 über das Verbot der Personalservitute. Ursprünglich hatte *Grolman* geplant, die Privilegien ausführlich zu behandeln.[1012] Dieses Vorhaben scheiterte an der Aufgabe der Gesetzgebungsarbeiten und schließlich an dem Ende der napoleonischen Ära.

c. *Von der Ehe und der Ehescheidung*

Seinen zweiten Band über die Ehe begann *Grolman* mit einer Darstellung des Instituts der Ehe im französischen Recht, bevor er zu einer Kommentierung der Artikel über die Ehe überging. Zwar wollte *Grolman* nach der artikelweisen Bearbeitung des Code Napoleons in dem ersten Band seines Kommentars in den folgenden Bänden zunächst diejenigen Titel bearbeiten, die für die Praktiker die größte Relevanz hätten, unter ihnen das Hypothekenrecht, das Erbrecht und die Ehe.[1013] Innerhalb der Darstellung des französischen Eherechts folgte *Grolman* auf Grund der Natürlichkeit der Ordnung des Code Napoleon dann aber erneut der Artikelfolge des fünften Titels desselben („Von dem Ehevertrage und den gegenseitigen Rechten der Ehegatten").[1014]

Grolman hob als Besonderheit des Code Napoleons gegenüber dem deutschen Recht die Unabhängigkeit der bürgerlichen Gültigkeit der Ehe von der kirchlichen Anerkennung hervor.[1015] Dass die bürgerliche Trauung für den Staat an die Stelle der kirchlichen getreten sei, sei aus der französischen Revolution hervorgegangen. Rechtsgrundlage für die Ehe nach dem französischen Zivilrecht sei nunmehr ein bürgerlicher Vertrag. *Grolman* stellte dar, dass diese Loslösung des Eherechts von der Kirche stark umstritten war. Für ihn selbst hing die Beurteilung der Frage, ob dieser neue Weg eine Verbesserung oder Verschlechterung

---

1012 Grolman, Handbuch über den Code Napoleon I, Vorrede, S. XIV; a.A. Röger in: Karl Ludwig Wilhelm von Grolman, S. 100, der davon ausgeht, dass *Grolman* bewusst auf die Bearbeitung des Liegenschaft- und Grundstücksrechts verzichtete, da die Diskussion um die Lösung der Lehnsproblematik erst am Anfang stand.

1013 Grolman, Handbuch über den Code Napoleon II, Vorerinnerung, S. VII.

1014 Grolman, Handbuch über den Code Napoleon II, S. 11.

1015 Grolman, Handbuch über den Code Napoleon II, S. 4.

gegenüber der alten Gesetzgebung darstelle, von der Lösung eines der „delicatesten Probleme für die Gesetzgebungs-Wissenschaft“ ab.[1016] Wie auch auf der Gießener Konferenz vertrat *Grolman* die Ansicht, dass die Ehe nicht nur den Charakter eines juristischen Vertrages habe, sondern „ihrem inneren Wesen nach moralischer Natur“ sei.[1017] Ein Staat, der dies verkenne und die Ehe allein als juristischen Vertrag betrachte, handele naturrechtswidrig und verwerflich.[1018] Da das moralische Element der Ehe immer auch mit dem religiösen verknüpft sei, und die Menschen sich daran orientierten, dürfe der Staat die Ehe auch nicht losgelöst von diesem moralischen Element, das durch die Bestimmungen der anerkannten Religionen definiert sei, begreifen.[1019] Insofern dürfe der Staat keine verwerfliche Ehe als gültig betrachten. Da das Institut der Ehe aber auch eine rechtliche und eine politische Seite habe, dürfe der Staat sich nicht in eine Abhängigkeit von der Kirche begeben.[1020] So müsse der Staat selbstständig prüfen, wie er das Institut der Ehe in moralischer Hinsicht, aber auch in Hinsicht auf seine politischen Zwecke gestalte.[1021] Dass der einzelne in seinem religiösen Glaube weitergehende Forderungen an die Ehe stelle als der Staat, dürfe der Staat nicht durch Zwang verhindern. Der Code Napoleon entspreche diesen Anforderungen. Er achte die moralische Natur der Ehe, überlasse es aber dem Glauben des einzelnen, für die kirchliche Heiligung seiner Ehe etwas über die staatlichen Anforderungen Hinausgehendes zu verlangen.[1022] Der Staat erteile der Ehe die rechtliche Wirkung, wenn die gesetzlich festgelegten Voraussetzungen gegeben seien und überlasse es dem Gewissen und Glauben des einzelnen, ob er die Forderungen seiner Kirche berücksichtigen wolle.[1023] *Grolman* gelang es bei der Darstellung des Instituts der Ehe für die im Code Napoleon vorgegebene Zivilehe zu argumentieren, ohne die kirchlichen Gegebenheiten unberücksichtigt zu lassen. Er versuchte den Zwiespalt zwischen der Kirche und der neuen bürgerlichen Gesetzgebung nicht zu groß werden zu lassen.

In dem dritten Band seines Handbuchs behandelte *Grolman* die Ehescheidung. Die Ehe definierte Grolman als die der Natur des Menschen entsprechende Ver-

---

[1016] Grolman, Handbuch über den Code Napoleon II, S. 5f.
[1017] Grolman, Handbuch über den Code Napoleon II, S. 6.
[1018] Grolman, Handbuch über den Code Napoleon II, S. 6.
[1019] Grolman, Handbuch über den Code Napoleon II, S. 6f.
[1020] Grolman, Handbuch über den Code Napoleon II, S. 7.
[1021] Grolman, Handbuch über den Code Napoleon II, S. 7.
[1022] Grolman, Handbuch über den Code Napoleon II, S. 9f.
[1023] Grolman, Handbuch über den Code Napoleon II, S. 10.

bindung der Geschlechter.[1024] Aus der „Natur der Ehe" leitete *Grolman* die Gründe ab, die eine Scheidung erlaubten.[1025] Auch hier versuchte er die kirchlichen Interessen mit der bürgerlichen Gesetzgebung zu vereinbaren, indem er feststellte, dass der Staat bei der Aufstellung der Voraussetzungen einer Ehescheidung dieselben Gesichtspunkte berücksichtigen solle, die er auch als maßgebliche für die Kirche herausgearbeitet hatte.[1026]

4. Stellungnahmen

Das Werk *Grolmans* wurde grundsätzlich in der Literatur positiv aufgenommen. *Thibaut* bezeichnete das Werk als „in aller Hinsicht geistvoll und gründlich", verwies allerdings auch auf dessen Unvollständigkeit.[1027] Auch seien einige und insbesondere deutsche Schriften nicht erwähnt worden. Durchweg positiv fiel auch die Stellungnahme *Lassaulx'* aus. Allerdings unterstützte er den *Almendingschen* Vorwurf, *Grolman* habe bei seiner Darstellung einige Ansichten *Almendingens* als seine ausgegeben.[1028]

5. Zwischenfazit

Grolman hatte mit der Abfassung seines Handbuchs begonnen, nachdem feststand, dass der Großherzog den Code Napoleon in Hessen-Darmstadt als Gesetzbuch einführen wollte. Das Handbuch diente vornehmlich der Vorbereitung hessischer Beamter auf das neue Gesetz. Seine Arbeiten an dem bis dato noch nicht halbfertigen Werk brach *Grolman* auf Grund der veränderten politischen Verhältnisse nach dem Sturz Napoleons wieder ab. Trotz intensiver Beschäftigung mit dem Code Napoleon fehlte ihm nunmehr das Interesse an einer Fortsetzung. Da Hessen-Darmstadt nach dem Sturz Napoleons linksrheinische Gebiete erwarb, in denen der Code Napoleon weiterhin in Kraft blieb, und dieser auch in anderen deutschen Staaten, wie in Baden, wo er als Landrecht galt, seine Geltung behielt, kann allein in seiner Beziehung zur Regierung der Grund für das Ende der Bearbeitung des Handbuchs gesehen werden, zumal ab 1817 an der Ludoviciana wieder eine erste Vorlesung im französischen Recht abgehalten wurde. *Grolman* selbst hatte hinsichtlich der Entschlussfassung zur Ausarbei-

---

[1024] Grolman, Handbuch über den Code Napoleon III, S. 1.
[1025] Grolman, Handbuch über den Code Napoleon III, S. 5.
[1026] Vgl. auch Röger, Karl Ludwig Wilhelm von Grolman, S. 107.
[1027] Thibaut, Lehrbuch des französischen Civilrechts, S. 19.
[1028] Vgl. Esselborn, Grolman, S. 440f.

tung des Handbuchs erklärt, dass ihn nicht das „Streben nach eitlem literarischen Ruhme, sondern das patriotische Bestreben, seinem Vaterland durch Abhelfung eines der dringendsten Bedürfnisse der Zeit nützlich zu werden", dazu bestimmt hätte, das Werk zu beginnen.[1029] Insofern hatte *Grolman* vor allem als hessen-darmstädtischer Beamter gehandelt. Anders beurteilte dies *Esselborn*, der aus dem Abbruch der Arbeiten für das Handbuch keine Schlüsse auf die politische Gesinnung *Grolmans* ziehen wollte.[1030] Der Grund für die Beendigung der Arbeit sei in der Tatsache begründet, dass *Grolmans* Handbuch für die richterlichen Beamten Hessens bestimmt gewesen sei, die nach dem Edikt vom 1. August 1808 sich mit dem französischen Recht hätten vertraut machen müssen. Nach dem erfolglosen Ende der Gießener Konferenz und keinem weiteren Versuch der Einführung des Codes durch die Regierung sei das Verhalten *Grolmans* folgerichtig gewesen.[1031] Diese alleinige Bindung an hessische Verhältnisse spricht meines Erachtens gerade für die direkte Verbindung zwischen den veränderten politischen Verhältnissen und dem Abbruch der Arbeiten. Auf Grund der positiven Kritik führender Rechtswissenschaftler, die gerade nicht aus Hessen-Darmstadt stammten, hätte *Grolmans* Kommentar – wie beispielsweise das Werk *Zachariäs*[1032] – eine überterritoriale Verbreitung sowohl auf theoretischem als auch auf praktischem Gebiet erfahren können, so dass ein Abbruch der Arbeit nicht erforderlich gewesen wäre. Zum anderen wendeten die rheinhessischen Beamten weiterhin den Code Napoleon als geltendes Rechts an, so dass auch der Praxisbezug nicht gänzlich entfallen war. Insgesamt versuchte *Esselborn* ein positives Bild *Grolmans* zu zeichnen, zu dem aus seiner Sicht *Grolmans* geistige Unabhängigkeit von der Regierung und den politischen Gegebenheiten zu gehören schien.

Auch wenn *Grolman* sich in seinem Kommentar der Kritik über den Code Napoleon enthielt, so übernahm er in seinen Kommentar die auf der Gießener Konferenz von den hessischen Kommissaren vertretenen Ansichten. Dies ist zu erkennen bei der Argumentation zur Einführung der Grundsätze der Öffentlichkeit und der Mündlichkeit wie auch bei der Frage nach dem französischen Eherecht. Durch die fehlende Kritik umging *Grolman* eventuell entstehende Meinungsunterschiede zwischen ihm und dem Großherzog. Da die Darmstädter Kommissare

---

[1029] Zitiert nach Esselborn, Grolman, S. 438f.
[1030] Esselborn, Grolman, S. 441f.
[1031] Esselborn, Grolman, S. 442.
[1032] Zachariä, K.S., Handbuch des französischen Zivilrechts, 1. Aufl., 2 Bände, Heidelberg 1808.

auf der Gießener Konferenz ihre Privatansichten vertraten und die nach der Beendigung der Konferenz erteilte Instruktion des Großherzogs nicht mit den Ansichten übereinstimmte, die *Grolman* und *Jaup* auf der Konferenz vertreten hatten, war diese Möglichkeit gegeben.

Schließlich zeigen auch diese Gesetzgebungsarbeiten, dass die Gesetzgebungstätigkeit zu den Interessen *Grolmans* gehörte. Er wollte sich nicht allein auf die Lehre beschränken. Die Beschäftigung *Grolmans* mit der Gesetzgebungswissenschaft kann hier ebenfalls als Bindeglied zwischen Theorie und Praxis gesehen werden. Auf Grund der Arbeiten mit einer naturrechtlichen Kodifikation, konnte *Grolman* auch seine naturrechtlichen Ansichten in seinem Kommentar als Argumentationshilfen verwenden.

II. Heinrich Karl Jaup

Während sich *Grolman* wissenschaftlich mit dem Code Napoleon erst im Zusammenhang mit seiner Tätigkeit in der Gesetzgebungskommission auseinandersetzte, hatte *Jaup* schon vor dieser Tätigkeit seine Ansichten über den Code Napoleon öffentlich geäußert.

1. Pro-napoleonische Ansichten in der Zeitschrift „Germanien"

Vor seiner Beteiligung an der Gesetzgebungskommission war *Jaup* zusammen mit den Kameralisten *Crome* – dem „Nationalökonom des Rheinbundes"[1033] – Mitherausgeber der Zeitschrift „Germanien", die in vier Bänden von 1808 bis 1811 erschien. In dieser Zeitschrift wurde für die Idee einer umfassenden Gesetzesreform durch Einführung eines modifizierten Code Napoleons in mehreren Rheinstaaten plädiert.[1034] Hierin beteiligte sich *Jaup* an der in den Rheinbundstaaten zum Teil heftig geführten Diskussion, ob der Code Napoleon überhaupt in den Staaten des Rheinbundes einzuführen sei und wenn ja, wie und zu welchem Zeitpunkt, modifiziert oder nicht.[1035]

Jaup stand der Einführung des Code Napoleon nicht nur in Hessen-Darmstadt, sondern in allen Rheinbundstaaten, positiv gegenüber. In Heft eins des ersten Bandes (1808) der Zeitschrift „Germanien" veröffentlichte *Jaup* eine Nachschrift zu dem Aufsatz „Gedanken eines Patrioten über die etwaige Einführung

---

[1033] Moraw, Geschichte der Universität Gießen, S. 99; Dölemeyer, Iura et cameralia, S. 153f.

[1034] Dölemeyer, Iura et cameralia, S. 154; Haaser, Spätaufklärung und Gegenaufklärung, S. 179.

[1035] Vgl. Dölemeyer, Kodifikationen und Projekte, in: Handbuch III/2, S. 1461.

des Code Napoleon in unserm Vaterlande". Bereits zu Beginn der Nachschrift zeigt sich die pro-napoleonische Einstellung *Jaups*. Er bewertete es als positiv, dass der Code civil im Jahre 1807 in den Code Napoleon umbenannt wurde, da er mit Napoleons ausgezeichneter persönlicher Anteilnahme entstanden sei.[1036] *Jaup* zeigte sich erfreut, öffentliche Äußerungen für die Einführung des Code Napoleon in Deutschland zu hören: „Wohl thut es, über die Einführung des Code Napoléon in unserem geliebten Vaterlande die Stimmen einsichtsvoller Männer zu vernehmen. (...) und doppelt Noth ist es, da so viele unreife Urtheile über jenes Gesetzbuch und seine einzelnen Vorschriften in dem Publikum verbreitet werden"[1037]. Die Einführung des Code Napoleon war für *Jaup* wünschenswert, da dieses Gesetzbuch eine – im Verhältnis zum bestehenden Rechtszustand – einfachere Legislation darstelle und es zudem keiner langen Vorbereitung zu seiner Einführung bedürfe.[1038] Daneben sei die Einführung erforderlich, da das römische Recht unmittelbare Mängel aufweise. Insofern zitierte er *Gönner*, der das römische Recht als vernunftwidrig und unvollständig bezeichnet hatte.[1039]

Allerdings forderte *Jaup* nicht unkritisch die Übernahme des französischen Rechts. Er erkannte die Problematik um die Verschiedenheit der deutschen Feudalverfassung und der antifeudalen Vorschriften des Code Napoleon und suchte nach einer juristischen Lösung. Diese sah er in der subsidiären Weitergeltung des römischen Rechts und der Partikularrechte. Dass in den deutschen Territorien eigentumsbeeinträchtigende Rechte galten, die das französische Recht nicht kannte, hinderte seiner Ansicht nach nicht die Einführung des Code Napoleon. Die im französischen Recht nicht vorkommenden deutschen Rechtsinstitute wie das Lehen, der Adel, die Stammgüter, die Erbverträge, viele Arten deutscher Bauerngüter, das Retrakt und den Zehnten würden durch die Einführung des Code Napoleon nicht berührt und bestünden unverändert fort.[1040] Durch die Einführung des Code Napoleon würden nur die deutschen Rechtsnormen aufgehoben, über welche der Code Napoleon Verfügungen enthalte. Alle anderen Materien, über die der Code Napoleon keine Regelungen enthalte, behielten ihre Gültigkeit.[1041] Zu diesen Materien gehörten die Reichsgesetze, die Territorialge-

---

[1036] Jaup, Nachschrift, in: Germanien 1, S. 90f.
[1037] Jaup, Nachschrift, in: Germanien 1, S. 92f.
[1038] Jaup, Nachschrift, in: Germanien 1, S. 98f.
[1039] Jaup, Nachschrift, in: Germanien 1, S. 98.
[1040] Jaup, Nachschrift, in: Germanien 1, S. 99.
[1041] Jaup, Nachschrift, in: Germanien 1, S. 99f.

setze, die Provinzial- und statutarischen Rechte und die Gewohnheiten.[1042] Insofern sah er das Argument, dass die Aufhebung dieser Rechte durch die Einführung des Code Napoleon zu einem Zustand der Rechtsunsicherheit hinsichtlich des Eigentums führen würde, als widerlegt an.[1043] Abgeändert würden damit lediglich die Gegenstände, die in Frankreich und in Deutschland unterschiedlich geregelt seien. Insofern müssten die Deutschen darauf vertrauen, dass die Abänderungen des römischen Rechts zu Verbesserungen führten.[1044] Obwohl der Code Napoleon unstreitig eine Kodifikation im engeren Sinne darstellte, sollte er nach der Ansicht *Jaups* keine ausschließliche Geltung haben, mithin die bestehenden Rechte nicht aufheben. Bei der Einführung des Code Napoleon sollten das römische und jedes andere bisherige Recht beibehalten werden.[1045] Allerdings sollten diese bisherigen Rechte nur subsidiär gelten.

Den Weg der Einführung des Code Napoleon sah *Jaup* in der Errichtung einer Kommission, die – neben der seines Erachtens erforderlichen Übersetzung – den Code Napoleon dem Vaterland anpassen sollte.[1046]

2. Das Lehensrecht

Als Professor, der an der Ludoviciana das Lehensrecht las, setzte sich *Jaup* in einem Aufsatz in der pro-napoleonischen Zeitschrift „Germanien“ auch mit der Frage nach der in verschiedenen Rheinbundstaaten bereits vollzogenen Allodifikation der Lehen auseinander.[1047] Nachdem *Jaup* ein Jahr zuvor lediglich dargestellt hatte, dass die Einführung des Code Napoleon die deutsche Feudalverfassung nicht berühre,[1048] erschien ihm die Aufhebung der Lehen nunmehr unter den verstärkten Bemühungen der Rheinbundstaaten, den Code Napoleon einzuführen, wünschenswert. Zu Beginn seines Aufsatzes stellte *Jaup* seinen Ausgangspunkt dar, wonach das Lehensrecht unter den großen Reformen der Zeit, durch die sich insbesondere auch die Gesetzgebung nach dem Muster Frankreichs bilde, verschwinden werde.[1049] Das Institut der Lehen passe nicht mehr in die „Tendenz unserer Tage“[1050]. Darüber hinaus sei die aus dem Übergang der

---

1042 Jaup, Nachschrift, in: Germanien 1, S. 100.
1043 Jaup, Nachschrift, in: Germanien 1, S. 99.
1044 Jaup, Nachschrift, in: Germanien 1, S. 101.
1045 Jaup, Nachschrift, in: Germanien 1, S. 102.
1046 Jaup, Nachschrift, in: Germanien 1, S. 104.
1047 Jaup, Allodifikation der Lehen, in: Germanien 2, S. 509ff.
1048 Siehe oben Dritter Teil § 7 C. II. 1.
1049 Jaup, Allodifikation der Lehen, in: Germanien 2, S. 509.
1050 Jaup, Allodifikation der Lehen, in: Germanien 2, S. 509.

Lehensgüter in freies Eigentum entstehende Beförderung des „National-Wohlstandes" zu auffallend, als dass die Aufhebung des Lehenswesen nicht auch für diejenigen Staaten wünschenswert sein sollte, in denen dies noch nicht gesetzlich geschehen sei.[1051] Nach einer Darstellung der europäischen Länder, die die Feudalrechte bereits aufgehoben hatten, stellte *Jaup* die Entwicklung der Loslösung von der Lehensverfassung in den Rheinbundstaaten dar.[1052] Im Einzelnen beschrieb *Jaup*, wie in den Königreichen Bayern und Westphalen sowie in dem Großherzogthum Berg die Allodifikation der Lehen vollzogen wurde. Dabei erfolgte keine kritische Auseinandersetzung mit den einzelnen Modellen.

3. Die Folgen der Auflösung des Rheinbundes für die Standesherren

Kurz nach dem Sturz Napoleons – im Jahre 1814 – veröffentlichte *Jaup* eine Schrift über die Auflösung des Rheinbundes und die Folgen dieser Auflösung, insbesondere für die Standesherren.[1053] Dies war eine Reaktion auf die aufgekommene Kritik hinsichtlich der Behandlung der Standesherren in den einzelnen deutschen Staaten, insbesondere auch durch die hessische Regierung.[1054] Auch nach der Auflösung des Rheinischen Bundes blieben die Rechte der Standesherren beschränkt. *Jaup* betonte, dass seine Schrift allein juristischen Inhalts sei und keinerlei politische Ansichten enthalte.[1055] Dennoch trat hier die monarchische Gesinnung *Jaups* deutlich hervor. *Jaup* versuchte, den Beweis zu führen, dass die Behandlung des Standesherren durch ihre Regenten keine ungerechte sei, wenngleich er die Ansicht seiner Gegner akzeptierte, dass die Standesherren ohne „eigene Schuld das zufällige Opfer großer, durch sie nicht herbeigeführter Staatsumwälzungen" geworden seien.[1056] Nach der Führung des Beweises, dass die Behandlung der Standesherren durch die Regenten keine ungerechte sei, erfolgte eine entsprechende Beweisführung explizit für die Behandlungen der Standesherren in Hessen-Darmstadt.[1057] *Jaup* hob hervor, dass die Standesherren in Hessen-Darmstadt noch Rechte besäßen, die in anderen ehemaligen Rheinbundstaaten abgeschafft seien. Er verwies dabei auf die besondere Zivilgerichts-

---

1051 Jaup, Allodifikation der Lehen, in: Germanien 2, S. 509.
1052 Jaup, Allodifikation der Lehen, in: Germanien 2, S. 510ff.
1053 Jaup, Ueber die Auflösung des Rheinischen Bundes und der Schweizerischen Vermittlungs-Akte.
1054 Jaup, Auflösung des Rheinischen Bunde, Vorrede S. IX; Jaup, B., Aufzeichnungen des Ministerpräsidenten H.K. Jaup, in: AGH NF 15, S. 650.
1055 Jaup, Auflösung des Rheinischen Bundes, Vorrede S. VII.
1056 Jaup, Auflösung des Rheinischen Bundes, Vorrede S. VIIIf.
1057 Jaup, Auflösung des Rheinischen Bundes, §§ 19-20, S. 64ff.

barkeit der Standesherren. Auch gebe es in Hessen-Darmstadt lediglich zwei Gesetze, durch welche bisher bestandene Rechte wesentlich abgeändert oder aufgehoben seien und damit in standesherrliche Befugnisse eingegriffen worden wäre.[1058] Das eine Gesetz würde es gestatten, Dienste und Zinsen der Bauerngüter in jährlich bestimmte Grundrenten zu verwandeln; das zweite gebiete die allmähliche Auflösung der Leibeigenschaft gegen Entschädigung der Standesherren. Bereits aus den wohltätigen Folgen dieser Gesetze lasse sich der Schluss ziehen, dass eine Gesetzgebung unzweckmäßig sei, die dem Staat die Befugnis entziehen würde, durch wesentliche Abänderung oder Aufhebung zwecklos oder gar zweckwidrig gewordener Rechte auf eine für den Untertan erfreuliche Weise mit dem Geiste der Zeit fortzuschreiten.[1059] Mit der Veränderbarkeit von Gesetzen zur Erreichung eines Staatszweckes hatten Jaup und *Grolman* auch auf der Gießener Konferenz argumentiert.

4. Zwischenfazit

Jaup hatte sich in der Rheinbundzeit als ein Verehrer Napoleons gezeigt. Nach der Beendigung seiner Karriere rechtfertigte *Jaup* seine frühere „eifrige“ Verehrung Napoleons damit, dass dieser überall, wo er auf neue Staatsformen einwirkte, nur Repräsentativverfassungen gegründet habe.[1060] Er habe geglaubt, dass Napoleon die wohltätigen Folgen der Französischen Revolution für ganz Europa habe sichern und aufrechterhalten wollen.[1061]

Trotz seiner Beteiligung an einem hessischen Gesetzgebungsvorhaben, muss die Behauptung *Büttners*, *Jaup* sei bundesfeindlich gewesen und habe einen hessischen Partikularpatriotismus gepflegt,[1062] modifiziert werden. Zwar gestand *Jaup* selbst ein, dass der ihm gemachte Vorwurf eines hessischen Partikularpatriotismus, „doch nicht ganz“ unbegründet gewesen sei.[1063] Im Rückblick hob *Jaup* selbst seinen deutschen Sinn hervor und rechtfertigt sein ihm vorgeworfenes „nichtdeutsches“ Verhalten damit, dass es damals nicht möglich gewesen

---

[1058] Jaup, Auflösung des Rheinischen Bundes, § 20, S. 74f.

[1059] Jaup, Auflösung des Rheinischen Bundes, § 20, S. 75.

[1060] Jaup, B., Aufzeichnungen des Ministerpräsidenten H.K. Jaup, in: AHG NF 15, 648. Diese Aufzeichnungen wurden nach ihrem Fund in den Unterlagen *Heinrich Karl Jaups* von dessen Enkel *Bernhard Jaup* veröffentlicht. Die Aufzeichnungen sind nach *Bernhard Jaup* frühestens 1852 eigenhändig von *Heinrich Karl Jaup* verfasst worden und sollten wohl für ein biographisches oder ähnliches Werk bestimmt gewesen sein.

[1061] Vgl. Scriba, Lexikon hessischer Schriftsteller I, S. 165.

[1062] Büttner, Anfänge des Parlamentarismus in Hessen-Darmstadt, S. 111.

[1063] Jaup, B., Aufzeichnungen des Ministerpräsidenten H.K. Jaup, in: AGH NF 15, S. 650.

sei, Vereinbarungen mehrerer deutscher Staaten über politische Verhältnisse und Interessen zu bewirken.[1064] Mit den veränderten politischen Verhältnissen unterlag *Jaup* einem Wandel. Während er Anfang des 19. Jahrhunderts in Kodifikationsbestrebungen des Großherzogtums Hessen-Darmstadt involviert war, forderte er Mitte dieses Jahrhunderts auf dem Germanistentag in Frankfurt im Jahre 1846 die Einführung eines nationalen bürgerlichen Gesetzbuchs und eines Kriminalgesetzbuches.[1065] Dies tat er nach eigenem Bekunden, „um Deutschlands Macht, Eintracht und geistige Freiheit zu fördern"[1066]. Dabei darf auch nicht unberücksichtigt bleiben, dass *Jaup* die Einführung des Code Napoleons in mehreren Rheinbundstaaten als Möglichkeit der Schaffung eines einheitlichen Rechts angesehen hatte und die Gießener Konferenz das Ziel der einheitlichen Einführung des Code Napoleons in Nassau, Frankfurt und Hessen-Darmstadt zum Ziel gehabt hatte.

D. Die Reaktion der Universität auf die Gesetzgebungsarbeiten

Das Ziel vieler deutscher Einzelstaaten, den Code Napoleon als Zivilgesetzbuch einzuführen, führte dazu, dass auch die deutschen Universitätsprofessoren begannen, sich mit demselben wissenschaftlich auseinander zu setzten. Dies war zum einen darin begründet, dass in fast allen Rheinbundstaaten Vorlesungen im französischen Recht angeordnet wurden.[1067] Zum anderen standen viele deutsche Juristen dem Code Napoleon positiv gegenüber,[1068] obwohl durch den Code Napoleon die wissenschaftliche Rechtsfortbildung eingeengt und die richterliches Auslegung an die Legislative gebunden wurde.[1069]

I. Auswirkungen auf die Lehre

In Hessen-Darmstadt war neben der Errichtung einer Gesetzgebungskommission zur Einführung des Code Napoleon ein wesentlicher Teil der Rheinbundpolitik Großherzog Ludwigs I. die Unterrichtung der künftigen Beamten im französischen Recht. In dem Edikt vom 1. August 1808 wurde – wie oben bereits dargestellt[1070] – gleichzeitig mit der Einführung des Code Napoleon in Hessen-

[1064] Jaup, B., Aufzeichnungen des Ministerpräsidenten H.K. Jaup, in: AHG NF 15, 650.
[1065] Reyscher, Bericht über die Germanistenversammlung, in: Zt. dt. R. 10, S. 511.
[1066] Jaup, B., Aufzeichnungen des Ministerpräsidenten H.K. Jaup, in: AHG NF 15, 651.
[1067] Fehrenbach, Traditionale Gesellschaft, S. 29.
[1068] Schubert, Französisches Recht in Deutschland, S. 312.
[1069] Wieacker, Privatrechtsgeschichte, S. 348.
[1070] Siehe oben Dritter Teil § 7 A.

Darmstadt die Unterrichtung im französischen Recht angeordnet. Damit war klar definiert, welche Anforderungen Ludwig I. in der Rheinbundzeit an seine Landesuniversität stellte. Sie diente ihm zur Durchsetzung seiner Interessen. Da er beschlossen hatte, den Code Napoleon als Zivilgesetzbuch in seinem Land einzuführen, sollten die künftigen Beamten frühzeitig mit demselben vertraut werden.

Welche Auswirkungen dieses Edikt und die Gesetzgebungsarbeiten auf die Lehrtätigkeit an der Ludovicana hatten, lässt sich vor allem den Vorlesungsverzeichnissen[1071] der Ludovicana zu Beginn des 19. Jahrhundert entnehmen. Diese dokumentieren, welche Rechtsgebiete von welchen Professoren gelesen wurden. Insbesondere die an den Gesetzgebungsarbeiten beteiligten Rechtsprofessoren *Grolman* und *Jaup* setzten die Forderung des Großherzogs um und hielten Vorlesungen im französischen Recht. Bereits im Sommersemester 1808 las der Öffentlichrechtler *Jaup* das Staatsrecht des Rheinischen Bundes (jus publicum foederis Rhenani). Auch die erste Vorlesung über den Code Napoleon fand – ebenfalls gehalten von *Jaup* – im Sommersemester 1808 statt (codicem Napoleonis interpretabitur). Ab dem Wintersemester 1808/1809 wurde das französische bürgerliche Recht verstärkt gelehrt. In diesem Semester hielt *Grolman* erstmals eine Vorlesung im französischen Recht. Er erläuterte den Code Napoleon dogmatisch exegetisch allein unter Zugrundelegung der 1809 erschienenen Übersetzung des Hofgerichtsadvokaten *Gerhardi*,[1072] welche als offizielle Übersetzung im Hinblick auf die geplante Rezeption des Code Napoleon im Großherzogtum bestimmt war.[1073] Im Sommersemester 1809 fanden gleich zwei Vorlesungen über den Code Napoleon statt. *Jaup* erklärte in einer zweimal täglich stattfindenden Vorlesung den Code Napoleon. Diese Erklärung setzte *Grolman* fort und vollendete sie. Seiner Vorlesung über die Institutionen des Französischen Zivilrechts legte *Jaup* die zweite Ausgabe von *Bauers*[1074] Lehrbuch des Napoleonischen Civilrechts zu Grunde. Diese Vorlesung bot *Jaup* jedes folgende Semester an, bis er sie im Sommersemester 1813 beendete. *Grolman* beendete seine Vorlesungen über den Code Napoleon im Wintersemester 1813/1814. Während der

---

1071 Abgedruckt bei Köbler, Gießener juristische Vorlesungen.

1072 Gerhardi, Gesetzbuch Napoleons nach der officiellen Ausgabe, Darmstadt u. Gießen 1809.

1073 Dölemeyer, Kodifikationen und Projekte, in: Handbuch III/2, S. 1455.

1074 Bauer, Anton, Lehrbuch des Napoleonischen Civilrechts, Marburg 1809, 2. Aufl. Marburg 1811.

Rheinbundzeit gab *Grolman* seine Vorlesungen im römischen Recht völlig auf und ersetzte sie durch Vorlesungen im französischen Zivilrecht. Seine Vorlesungen im Zivil- und Kriminalprozessrecht hielt er dagegen weiter aufrecht.
Es waren aber nicht nur die direkt mit der Einführung des Code Napoleon befassten Gesetzgebungskommissare *Grolman* und *Jaup*, die ihre zivilrechtlichen Vorlesungen am französischen Recht orientierten. Auch andere Professoren passten ihre Vorlesungen dem französischem Recht an. *Musäus*[1075] erweiterte im Sommersemester 1810 seine Vorlesung des Handels- und Wechselrechts um die Berücksichtigung des französischen Handelsgesetzbuchs (Code de commerce). Diese Vorlesung bot er durchgehend bis zum Wintersemester 1811/1812 an. Dies ist insofern interessant, da unter den im Edikt vom 1. August 1808 angeordneten Vorlesungen über Code Napoleon auch nur der Code civil zu verstehen war. Der Code d`instruction criminelle und der Code pénal traten erst nach dem 1. August 1808 in Frankreich in Kraft und konnten insofern nicht berücksichtigt sein.[1076] Zudem war die Übernahme des Code de commerce und des Code de procédure civile von der Regierung nicht in Erwägung gezogen worden,[1077] so dass Vorlesungen in diesen Fächern nicht zur Umsetzung des Ediktes erforderlich gewesen wären. Im Wintersemester 1813 las *Musäus* die Vorlesung wieder ohne den Bezug zum französischen Handelsrecht. *Arens*[1078] fügte im Sommersemester 1811 seiner Vorlesung über das katholische und protestantische Kirchenrecht die Bezugnahme auf den Code Napoleon an. Diese Vorlesung bot er auch noch im folgenden Wintersemester 1811/1812 an. Das rege Interesse der Professoren an dem französischen Recht, lässt auf ihre Nähe zu Napoleon und dem Rheinbund und eine entsprechend positive Einstellung demgegenüber schließen.

Die vermehrten Vorlesungen im französischen Recht dürfen aber nicht darüber hinwegtäuschen, dass auch weiterhin römisches Recht an der Ludoviciana gelehrt wurde. Zwar hatte der an den Arbeiten zur Einführung des Code Napoleon

---

[1075] *Johann Daniel Heinrich Musäus* (1740-1821); studierte Jura in Göttingen und Kiel, 1782 Ernennung zum ordentlichen Professor an der Ludoviciana.

[1076] Breidenbach, Commentar I, Einleitung, S. 11.

[1077] Breidenbach, Commentar I, Einleitung, S. 11.

[1078] *Franz Joseph Arens* (1779-1855), Studium der Rechtswissenschaften in Marburg und Gießen, seit 1806 ordentlicher Professor für kanonisches Recht an der Ludoviciana, 1821-1833 Kanzler der Universität, zugleich seit 1821 Direktor der Mainzer Zentraluntersuchungskommission, die auf Grund der Karlsbader Beschlüsse bundesweit staatsgefährdende Umtriebe untersuchen sollte.

beteiligte Professor *Grolman* seine Vorlesungen im römischen Recht zu Gunsten des Code Napoleon aufgegeben und einige Professoren ihre Vorlesungen dem französischen Recht angepasst. Im Gegensatz zu den französischen Ecoles de droit, an denen römisches Recht zunächst allein ein Nebenfach war,[1079] nahmen die Vorlesungen im römischen Recht an der Ludoviciana auch in der Rheinbundzeit großen Raum ein. Allerdings überwogen an der Ludoviciana die Vorlesungen im römischen Recht die im französischen nicht so stark, wie an den im französischen Rechtskreis lehrenden Universitäten. An diesen überwog der Unterricht im römischen Recht den im französischen Recht weit.[1080] Pandekten wurden an der Ludoviciana täglich mehrstündig gelesen; Institutionenvorlesungen wurden zumindest zweistündig täglich abgehalten.[1081] Der Code Napoleon wurde in der Regel täglich zweistündig gelesen.

Daneben fanden, obwohl der Code Napoleon in Hessen-Darmstadt eingeführt werden sollte, weiterhin Vorlesungen über das im französischen Recht unbekannte Lehensrecht statt. Im Sommersemester 1809 – mithin bevor die Kommissare auf der Gießener Konferenz sich für eine Abschaffung der Lehnsverfassung aussprachen – las *Jaup* Lehensrecht nach *Böhmer*. Aber auch während und nach der Gießener Konferenz, hielt *Jaup* abwechselnd mit *Musäus* in jedem folgenden Sommersemester Vorlesungen im Lehensrecht. Ab dem Sommersemester 1815 las *Jaup* die Lehre von den Stammgütern und Majoraten. Diese Vorlesungen entsprachen der weiterhin in Hessen-Darmstadt bestehenden Feudalverfassung. Damit entsprach *Jaup* mit seinen Vorlesungen der geltenden Rechtslage. Dagegen wandte sich *Jaup* außerhalb der Universität gegen die bestehende Feudalverfassung. Während *Jaup* vor den Gesetzgebungsarbeiten die Ansicht geäußert hatte, dass der Code Napoleon keinen Einfluss auf die typisch deutschen Rechtsinstitute habe und sie somit fortbestünden, vertrat er während seiner Beteiligung an den Arbeiten zur Einführung des Code Napoleon die Ansicht, dass die Lehen zu allodifizieren seien. Diese Ansicht behielt er bei. In den drei-

---

[1079] Neumayer, Wissenschaftliche Behandlung des kodifizierten franz. ZivilR, S. 175.

[1080] Vgl. Neumayer, Wissenschaftliche Behandlung des kodifizierten Privatrechtsstoffes in Baden, S. 204f.

[1081] Vgl. die Vorlesungsverzeichnisse ab dem SS 1808, abgedruckt bei Köbler, Gießener juristische Vorlesungen, S. 145ff.

ßiger Jahren des 19. Jahrhunderts sprach sich *Jaup* als Politiker für die Beseitigung der Feudallasten aus.[1082]

Die Vorlesungen im französischen Recht spiegeln die politische Situation in Hessen-Darmstadt wider. Nachdem zunächst vermehrt Vorlesungen im französischen Recht gehalten wurden, lies das Angebot bereits ab 1811 an französischrechtlichen Vorlesungen nach. In diesem Zeitraum hatte das Interesse Großherzog Ludwigs I., den Code Napoleon im Großherzogtum einzuführen, nachgelassen. Unmittelbar nach dem Sieg über Napoleon wurden schließlich keine Vorlesungen im französischen Recht mehr angeboten. Bereits ab dem Sommersemester 1814 fanden keine Vorlesungen im französischen Recht mehr statt. Sie wurden zunächst auch nicht wieder aufgenommen, nachdem Hessen-Darmstadt auf dem Wiener Kongress Gebiete, in denen der Code civil galt, zugesprochen wurden. Vereinzelte Vorlesungen im französischen Recht wurden erst wieder im Wintersemester 1817/1818 angeboten. Professor *Stickel*, der an der Gießener Konferenz für das Großherzogtum Frankfurt teilgenommen hatte, las täglich und zusätzlich an drei weiteren Tagen der Woche zweistündig das französische bürgerliche Recht nach dem Text des Code civil. Ab dem Sommersemester 1822 hielt der Frankfurter Jurist *Johann Friedrich Bender* zudem Vorlesungen im französischen Handels- und Wechselrecht. Ein Teil seiner Vorlesung über das gemeine deutsche Kriminalrecht war die Vergleichung des gemeinen deutschen Kriminalrechts mit dem Code penal. Diese Vorlesungen waren in dem Interesse der Studenten aus der Provinz Rheinhessen begründet.[1083] In den 1830er wurden die Vorlesungen im französischen Recht wieder regelmäßiger Bestandteil der Vorlesungen an der Ludoviciana. Im Jahre 1831 wurde *Wilhelm Müller* sogar zum außerordentlichen Professor für französisches Recht ernannt. Nachdem er bereits als Privatdozent im Sommer 1830 begonnen hatte, das französische Zivilrecht (Code civil) zu lesen, las *Müller* als außerordentlicher Professor für französisches Recht in den folgenden Jahren zudem den französischen Zivilprozess (Code de procédure civile), die Theorie des französischen Strafprozesses sowie das französische Kriminalrecht. Von dem Lehrprogramm der französischen Universitäten hob sich *Müller* mit seiner Vorlesung über die Hermeneutik

---

[1082] Vgl. Jaup, B., Aufzeichnungen des Ministerpräsidenten H.K. Jaup, in: AGH NF 15, S. 649.

[1083] So auch Dölemeyer, Iura et cameralia, S. 159.

des römischen und französischen Rechts ab.[1084] Im Studienplan der Ludoviciana aus dem Jahre 1842 wurde schließlich festgelegt, dass ab dem vierten Semester – also erst gegen Ende der grundsätzlich sechssemestrigen Ausbildung – Vorlesungen im französischen Recht gehalten werden sollten.[1085] Dies entsprach dem Programm der im französischen Rechtskreis lehrenden Rechtsfakultäten Bonn, Freiburg und Heidelberg, erst in einer späteren Phase des Studiums, mithin aufbauend auf den Lehren des römischen Rechts, Vorlesungen im französischen Recht abzuhalten.[1086] Ab den 1850er Jahren nahmen die Vorlesungen im französischen Recht wieder ab. Die vereinzelten Vorlesungen im französischen Recht fanden an der Ludoviciana aber erst im Jahre 1896 ihr Ende, nachdem das Bürgerliche Gesetzbuch für das Deutsche Reich verabschiedet worden war.[1087]

II. Auswirkungen der Gesetzgebungsarbeiten auf die Lehrtätigkeit der Professoren

Am 16. Juli 1810, also gegen Ende der Gießener Konferenz, übersandten *Grolman* und *Jaup* einen Bericht an das hessen-darmstädtische Staatsministerium, in dem sie erklärten, dass es ihnen zeitlich nicht möglich sei, alle Instruktionen auszuführen.[1088] *Grolman* begründete dies mit seinen beruflichen Pflichten an der Universität. Er müsse an mehreren Tagen der Woche jeweils vier Stunden Vorlesungen halten, was ihn zeitlich sechs Stunden pro Tag einnehme. Zudem sei er Dekan der juristischen Fakultät und im September würde er Rektor der Universität werden, zwei Funktionen, die beträchtliche Zeit in Anspruch nähmen. Schließlich empfinde er es als seine Pflicht, literarisch tätig zu sein, insbesondere seine Lehrbücher neu aufzulegen. Man werde „zugeben müssen, daß schon eine dauerhafte Gesundheit dazu gehöre, um nur diesen Arbeiten nicht zu unterliegen“[1089]. Nach *Esselborn* argumentierte *Jaup* in ähnlicher Weise.[1090] Es ist zu vermuten, dass beide, insbesondere nachdem sie sich mit *Almendingen* zerstritten und Frankfurt den Code Napoleon eingeführt hatte, von dem Schei-

---

1084 Vgl. insofern Neumayer, Wissenschaftliche Behandlung des kodifizierten Privatrechtsstoffes in Baden, S. 205.

1085 Anlage zu Prof. *Birnbaums* Entwurf eines Plans für die Studien auf der Landesuniversität vom 4. April 1841, UAGi jur N1.

1086 Vgl. Neumayer, Wissenschaftliche Behandlung des kodifizierten Privatrechtsstoffes in Baden, S. 204f.

1087 Dölemeyer, Iura et cameralia, S. 159.

1088 Esselborn, Grolman, S. 437f.

1089 Zitiert nach Esselborn, Grolman, S. 438.

1090 Esselborn, Grolman, S. 438.

tern des Gesetzgebungsversuchs ausgingen. Zudem entsprach die Instruktion ihres Landesherrn nicht den Ansichten, die *Grolman* und *Jaup* auf der Gießener Konferenz geäußert hatten. Schließlich war auch der Großherzog nicht mehr an der Übernahme des Code Napoleon interessiert. Dass die Lehrtätigkeit gegenüber ihrer Gesetzgebungstätigkeit tatsächlich im Vordergrund stand, erscheint dagegen unwahrscheinlich. Beide hatten sich gerade für ihre Beteiligung an den Gesetzgebungsarbeiten eingesetzt.

E. Resümee

Die Gesetzgebungsarbeiten in der Rheinbundzeit stellten in der partikularstaatlichen Gesetzgebung eine Besonderheit dar. Sie wurden zum einen auf äußeren Druck Frankreichs durchgeführt und waren damit nicht das Ergebnis eines innerstaatlichen Prozesses. Zum anderen fiel die Ernennung der beiden Gießener Professoren als Kommissionsmitglieder in eine Zeit, als – mit Blick auf den Code Napoleon als nationales Gesetzbuch – in vielen Gebieten des Reiches Forderungen nach einem einheitlichen Gesetzbuch für den gesamten Rheinbund aufkamen. Einige Autoren weiteten die Forderung auf ein Gesetzbuch für den „deutschen" Bund aus.[1091] Dieser Gedanke einer Rechtsvereinheitlichung, die nicht allein ein Territorium, sondern zumindest mehrere Territorien betraf, hatte seine Grundlage unter anderen auch in der Tatsache, dass die Einführung eines nationalen Gesetzbuches nach dem Zusammenbruch des Reiches schwerlich erreichbar schien. Die Einigung mehrerer souveräner Rheinbundfürsten über die Einführung des Code Napoleon in ihren Territorien bot eine Möglichkeit zur Schaffung eines in mehreren Territorien einheitlich geltenden Gesetzbuches.[1092] Der erneute Rückgriff auf eine bestehende Naturrechtskodifikation war ebenfalls Folge des äußeren Drucks Napoleons und keine freie Entscheidung.

Beide Professoren wurden in ihrer Eigenschaft als Wissenschaftler auf Grund ihrer allgemeinen Kenntnisse der Rechtswissenschaft und im speziellen des Code Napoleon zu Mitgliedern der Gesetzgebungskommission ernannt. Diese Rechtskenntnisse förderten den Fortgang der Gießener Konferenz.

Während sich *Jaup* schon vor seiner Mitgliedschaft in der Gesetzgebungskommission positiv bezüglich der Einführung des Code Napoleon in Deutschland

---

[1091] Dölemeyer, Einflüsse von ALR, C.c. und ABGB, in: Ius commune VII, S. 185.
[1092] Vgl. Dölemeyer, Einflüsse von ALR, C.c. und ABGB, in: Ius commune VII, S. 185.

geäußert hatte, hatte sich *Grolman* vor dieser Mitgliedschaft nicht mit dem Code Napoleon beschäftigt. Allerdings hielt er bereits vor Beginn der Konferenzen Vorlesungen über den Code Napoleon, so dass auch er sich wissenschaftlich mit diesem auseinandergesetzt hatte. *Jaup* konnte seine Ansichten nicht auf der Gießener Konferenz vertreten. In nahezu allen wesentlichen Punkten vertraten die hessen-darmstädtischen Kommissäre andere Ansichten als *Jaup* sie ein Jahr zuvor in der Zeitschrift „Germanien" geäußert hatte. Hinsichtlich der Feudalverfassung modifizierte *Jaup* dagegen in dem Jahr, in dem auch die Gießener Konferenz statt fand, seine Ansicht. Während sich *Jaup* im Jahre 1808 für die Möglichkeit der Beibehaltung der „ursprünglich deutschen Rechtsinstitute", wie das Lehen, die Stammgüter, der Zehnte, etc. bei der Übernahme des Code Napoleon ausgesprochen hatte, trat er 1809 für die Allodifikation der Lehen ein. Die hessische Kommission sprach sich auf der Gießener Konferenz explizit für die Abschaffung aller die Freiheit des Eigentums beeinträchtigender Rechtsinstitute, zu denen auch die oben genannten zählten, aus. Die von den Kommissaren auf der Konferenz dargelegten Ansichten scheinen diejenigen *Grolmans* gewesen sein. *Grolman* verwendete eben diese von den hessischen Kommissaren vertretenen Ansichten in seinem nach der Gießener Konferenz erschienenem „Ausführlichen Handbuch über den Code Napoleon".

Die Gießener Konferenz diente *Jaup*, der sich zuvor für die Einführung des Code Napoleon in mehreren Staaten ausgesprochen hatte, zur praktischen Umsetzung seiner theoretischen Forderung. Auch *Grolman* war an den Gesetzgebungsarbeiten sehr interessiert. Als Naturrechtler war er auch ein Vertreter der naturrechtlich-rechtsphilosophischen Gesetzgebungswissenschaft. Die Gesetzgebung sah er als Möglichkeit, seine naturrechtliche Lehre in positives Recht umzusetzen. So könne das Naturrecht nur in positiven Gesetzgebungen dargestellt werden.[1093] Dass der Code eine Naturrechtskodifikation war, entsprach seinen Ansichten. Der Wille des Großherzogs zur Einführung des Code Napoleon in Hessen-Darmstadt bot *Grolman* mithin die Möglichkeit, ein Gesetz zu erarbeiten, welches naturrechtliche Ansichten der damaligen Zeit bereits in positives Recht umgesetzt hatte.[1094] In seinem Handbuch über den Code Napoleon argumentierte er naturrechtlich. So sei die Ordnung, die der Code gewählt habe

---

1093 Grolman, Handbuch des Code Napoleon II, S. 6.
1094 So auch Röger, Karl Ludwig Wilhelm von Grolman, S. 110.

„ziemlich natürlich".[1095] Auffällig ist die durchgängige Bezugnahme in dem Kommentar auf die Natur der Sache.

In der Rheinbundzeit wurde die Ludoviciana unter dem Kameralisten *Crome* zu einer oder gar der Rheinbunduniversität.[1096] An der Ludoviciana wurden die geänderten politischen Verhältnissen beachtet. Eine Vielzahl der Professoren verehrte Napoleon und stand dem Rheinbund auf Grund dessen angeblicher Erneuerungsfunktion bezüglich der staatlichen und gesellschaftlichen Zustände positiv gegenüber.[1097] In Erfüllung des Ediktes vom 1. August 1808 wurden an der Ludoviciana vermehrt Vorlesungen im französischen Recht gehalten. Das nachlassende Interesse Ludwigs I. an der Einführung des Code Napoleons in Hessen-Darmstadt und das Scheitern der Gießener Konferenz korrespondiert mit einer Verringerung der Vorlesungen im französischen Recht. Die meisten französisch-rechtlichen Vorlesungen endeten vor dem Sturz Napoleons, zumeist in den Jahren 1812 und 1813. Auch erschien der letzte Band von *Grolmans* Handbuch bereits im Jahre 1812. Die Zeitschrift Germanien erschien letztmalig 1811.

1095 Grolman, Handbuch des Code Napoleon II, S. 11.
1096 Moraw, Geschichte der Universität Gießen, S. 99.
1097 Dölemeyer, Iura et cameralia, S. 153.

§ 8 Die Zeit nach dem Wiener Kongress

Bereits vor dem Sieg über Napoleon waren die hessen-darmstädtischen Gesetzgebungsarbeiten ins Stocken geraten.[1098] Nachdem sich die politischen Verhältnisse in Folge des Sieges über Napoleon geändert hatten, wurde mit Verfügung vom 4. November 1816[1099] schließlich auch offiziell der Plan aufgegeben, den Code Napoleon in Hessen-Darmstadt einzuführen. Dagegen gab Großherzog Ludwig I. nicht das Ziel auf, das Recht durch die Schaffung einheitlicher Gesetzbücher zu vereinheitlichen. Nunmehr wollte der Großherzog das österreichische ABGB als Zivilgesetzbuch sowie eine Zivilprozessordnung in seinem Territorium einführen. Schließlich sollte auch ein Strafgesetzbuch und eine Strafprozessordnung geschaffen werden.

A. Das Gesetzgebungsprojekt

Nach dem Wiener Kongress erwies sich insbesondere der territoriale Zugewinn des ehemals französischen Departements Donnersberg mit dem dort geltenden französischen Recht als problematisch. Nachdem die rechtsrheinischen Gebiete mit dem Besitzergreifungspatent vom 8. Juli 1816[1100] von Hessen-Darmstadt in Besitz genommen waren, galten in dem Territorium zwei Rechtsordnungen. Neben das reformbedürftige Rechtssystem der alten hessen-darmstädtischen Provinzen war kodifiziertes französisches Recht getreten und hatte zu dem Zustand geführt, dass in der neuen Provinz Rheinhessen ein Recht galt, welches erheblich von dem Recht der beiden älteren, rechtsrheinischen Provinzen abwich.[1101] Die hessische Regierung erkannte diese Problematik. Zur vorläufigen Verwaltung Rheinhessens ernannte sie eine Generalkommission, die den Zustand der neu erworbenen Gebietsteile und die Wünsche der Einwohner erforschen sollte.[1102] Obwohl in späteren Diskussionen über die Einführung einheitlicher Gesetze in Hessen-Darmstadt immer wieder von rheinhessischen Abgeordneten auf die Vorzüge des französischen Rechts hingewiesen wurde, teilte die Generalkommission der Regierung im Jahre 1816 mit, die rheinhessischen Bürger wür-

---

[1098] Siehe oben Dritter Teil § 7 B. II. 5.
[1099] Edikt v. 4. November 1816, abgedruckt in Breidenbach, Commentar I, Einleitung S. 18.
[1100] Zum Teil abgedruckt bei Breidenbach, Commentar I, Einleitung S. 14.
[1101] Siehe oben Zweiter Teil § 3 A. II. 1.
[1102] Breidenbach, Commentar I, Einleitung S. 15.

den sich über die Weitläufigkeit und Kostspieligkeit des Verfahrens beklagen.[1103]

I. Das Gutachten Wernhers

Daneben wandte sich auch ein offizieller Vertreter Rheinhessens gegen den Code Napoleon als einheitliches Gesetzbuch für Hessen-Darmstadt. Der Vorsitzende einer Kommission, die Ansprüche Privater gegen Frankreich geltend machen sollte, und Kreisgerichtspräsident in Mainz *Johann Wilhelm Wernher*[1104] reichte eine Denkschrift bei der Regierung in Darmstadt ein.[1105]

In dieser Denkschrift vom 28. September 1816[1106] sprach sich *Wernher* für eine einheitliche Gesetzgebung in Hessen-Darmstadt aus, um die alten und neuen Landesteile zu vereinen.
Während sich die an den Gesetzgebungsarbeiten beteiligten Gießener Professoren nicht öffentlich zu dem Kodifikationsstreit zwischen *Savigny* und *Thibaut* äußerten, verteidigte *Wernher* in dieser Denkschrift seine Forderung nach einem einheitlichen Zivilgesetzbuch für Hessen-Darmstadt im Hinblick auf die Ansicht *Savignys*, das Jahrhundert sei zu der Hervorbringung eines vollkommenen Gesetzbuches nicht reif. Für ihn stand die Überwindung der Rechtszersplitterung im Vordergrund. Diese sei in Hessen-Darmstadt so immens, dass auch ein nicht vollkommenes Gesetzbuch ein großer Gewinn sei.[1107] In einem Land müssten einheitliche Gesetze gelten.[1108]
Wernher war sich zudem der Problematik um die territoriale Gesetzgebung in Anbetracht der Forderungen nach einem nationalen Gesetzbuch für Deutschland bewusst. Die territorialen Gesetzgebungsarbeiten in Hessen-Darmstadt rechtfertigte er mit dem Argument, dass Preußen und Österreich bereits über eigene Gesetzbücher verfügten, so dass keine Hoffnung auf ein allgemeines Gesetzbuch

---

1103 Breidenbach, Commentar I, Einleitung S. 15.
1104 *Johann Wilhelm Wernher*, (1767-1827), Großherzoglich hessischer Geheimer Staatsrat, 1816 Mitglied der hessischen Gesetzgebungskommission, 1818 Ernennung zum Generalstaatsanwalt des provisorischen Kassation- und Revisionsgerichtshofs in Mainz, zugleich Ernennung zum Mitglied des Ministeriums mit dem Titel Geheimer Referendar, später Staatsrat, 1820 Ernennung zum Geheimen Staatsrat und Präsidenten des Kassationsgerichtshofs; vgl. Wernher, Wernher, in: ADB, Bd. 42, S. 81ff.
1105 Breidenbach, Commentar I, Einleitung S. 15.
1106 Denkschrift vom 28.9.1816, abgedruckt bei Seitz, Rheinhessische Rechtsinstitutionen, S. 170-173; zum Teil abgedruckt bei Breidenbach, Commentar I, Einleitung S. 15ff.
1107 Wernher, Denkschrift, abgedruckt bei Seitz, Rheinhessische Rechtsinstitutionen, S. 171.
1108 Wernher, Denkschrift, zitiert nach Breidenbach, Commentar I, Einleitung S. 15.

für ganz Deutschland bestünde und damit die Einzelstaaten für sich selbst sorgen und sich eigene Gesetzbücher schaffen müssten.[1109] Allerdings sollte seiner Ansicht nach keine eigene, neue Kodifikation geschaffen werden. Da es leichter sei „Fehler zu verbessern, als Fehler zu vermeiden“, solle dem hessen-darmstädtischen Gesetzbuch eine bereits vorhandene Kodifikation zu Grunde gelegt werden. Dabei setzte sich *Wernher* mit den drei großen Naturrechtskodifikationen auseinander. Der Rheinhesse *Wernher* sprach sich gegen die Einführung des Code civil aus. Zwar spräche für den Code civil seine Bestimmtheit und Präzision, sein privatrechtlicher Charakter sowie die Tatsache, dass er in Rheinhessen bereits geltendes Recht sei.[1110] Gegen den Code civil als Vorbild für ein hessisches Gesetzbuch spräche aber unter anderem dessen enger Zusammenhang mit der französischen Staatsverfassung und die Verschiedenheit wichtiger materieller Regelungen, wie z.B. im Ehe- und Hypothekenrecht. Einen Grund für die Ablehnung des Code civil sah *Wernher* zudem in der politischen Situation kurz nach dem Sturz Napoleons. Er argumentierte mit der Geschichte des französischen Rechts in Deutschland gegen den Code civil: „Außerdem hat dieses Gesetz den Makel seines Ursprungs, es dürfte eine üble Sensation in Deutschland machen, wenn man seine Gesetzeskraft noch weiter, als solche besteht, ausdehnen wollte“[1111]. Schließlich spräche gegen den Code civil, dass er in französischer Sprache abgefasst sei und somit erst einer Übersetzung bedürfe. Das ALR zog *Wernher* nicht ernsthaft als Vorlage für eine hessisches Gesetzbuch in Betracht. Er bemerkte nur kurz, dass das ALR zu weitläufig sei. *Wernher* schlug die Einführung des ABGB als Zivilgesetzbuch in Hessen-Darmstadt vor. Dieses habe den Vorteil, dass es sehr kurz gefasst sei. Für das ABGB sprächen zudem sein deutscher Ursprung, seine Beschränkung auf den Kreis des reinen Privatrechts, seine Bestimmtheit und die für es sprechende Erfahrung.[1112] Im Gegensatz zum Code civil regele das ABGB auch die Vererblichkeit von Bauerngütern. Dennoch sei bei der letzten Redaktion des ABGB von anderen Gesetzbücher, namentlich von dem französischen, Gebrauch gemacht worden, so dass viele materielle Vorschriften des französischen Gesetzbuchs Eingang in das ABGB gefunden hätten. Auf Grund dieser Nähe könnte das ABGB mit einigen

---

[1109] Wernher, Denkschrift, abgedruckt bei Seitz, Rheinhessische Rechtsinstitutionen, S. 171.
[1110] Wernher, Denkschrift, zitiert nach Breidenbach, Commentar I, Einleitung S. 16f.
[1111] Wernher, Denkschrift, abgedruckt bei Seitz, Rheinhessische Rechtsinstitutionen, S. 172; Breidenbach, Commentar I, Einleitung S. 17.
[1112] Esselborn, Grolman, S. 455f.

Modifikationen auch in Rheinhessen eingeführt werden könnte.[1113] Damit könnte auch der Gefahr des Widerstandes der Rheinhessen entgegengewirkt werden.[1114]

Das Gutachten *Wernhers* wurde im Staatsministerium einer gründlichen Prüfung unterworfen.[1115] Im Ministerium sprach sich für die Einführung des ABGB an Stelle des Code civil auch ein entsprechendes Votum *Jaups* aus.[1116] Dieser wies auf die allzu enge Verknüpfung von französischer Gesetzgebung und Verwaltungseinrichtung hin.[1117]

Wernher wie auch *Jaup* sind als Vertreter Rheinhessens anzusehen, so dass die Ablehnung des Code civils bemerkenswert ist.[1118] *Jaup* war Mitglied der Kommission gewesen, deren Ziel die Einführung des Code Napoleons in Hessen-Darmstadt war. Auch die „Garantie der rheinhessischen Institutionen" war größtenteils die Folge der Bestrebungen *Jaups*.[1119] Der Rheinhesse *Wernher* war Präsident des Kreisgerichts in Mainz. Nach dem Ende der Herrschaft Napoleons war die Einführung dessen Zivilgesetzbuches aber politisch nicht mehr zu vertreten, was sich auch aus der Aussage *Wernhers* („Makel seines Ursprungs") ergibt. Zudem entsprach das österreichische ABGB eher den ständisch geprägten Verhältnissen in Hessen-Darmstadt als der Code civil, in dem die ständischen Privilegien abgeschafft waren. Auch hieran ist zu erkennen, dass der Wille zur Einführung des dem deutschen Recht fremden Code civil allein auf den Druck Napoleons zurückzuführen war.

II. Die Verfügung vom 4. November 1816

Vor allem das Gutachten *Wernhers*, aber auch die Äußerungen *Jaups* gaben wahrscheinlich den Anstoß für den Rückgriff auf das ABGB als Vorlage für ein

---

[1113] Wernher, Denkschrift, abgedruckt bei Seitz, Rheinhessische Rechtsinstitutionen, S. 172.
[1114] Wernher, Denkschrift, zitiert nach Breidenbach, Commentar I, Einleitung S. 17.
[1115] Breidenbach, Commentar I, Einleitung S. 18.
[1116] Büttner, Anfänge des Parlamentarismus in Hessen-Darmstadt, S. 207; Dölemeyer, Einflüsse von ALR, C.c. und ABGB, in: Ius commune VII, S. 208.
[1117] Büttner, Anfänge des Parlamentarismus in Hessen-Darmstadt, S. 207.
[1118] So auch Dölemeyer, Einflüsse von ALR, C.c. und ABGB, in: Ius commune VII, S. 208; Büttner, Anfänge des Parlamentarismus in Hessen-Darmstadt, S. 207.
[1119] Jaup, B., Aufzeichnungen des Ministerpräsidenten H.K. Jaup, in: AGH NF 15, S. 646.

hessisches Zivilgesetzbuch.[1120] Bereits am 4. November 1816 gab der Großherzog in einem Edikt bekannt, dass das bürgerliche Gesetzbuch der Erbländer der österreichischen Monarchie zur wesentlichen und allgemeinen Grundlage eines neuen zivilrechtlichen Gesetzbuches werden sollte. Daneben sollte eine Zivilprozessordnung entworfen werden. Nicht erwähnt wurde die Ausarbeitung eines neuen Strafgesetzbuches und einer Strafprozessordnung. In seiner Begründung zur Abfassung der Gesetzbücher wurde deutlich, dass Ludwig I. die Schaffung eines einheitlichen Gesetzbuches als Mittel der Vereinheitlichung der alten und der neuen Landesteile diente. Ludwig I. war überzeugt davon, dass der unvollkommene Zustand der bürgerlichen Gesetzgebung und die große Verschiedenheit der geltenden Zivilgesetze in seinem Großherzogtum für dieses nur nachteilig waren. Auf Grund des geringen Zeitraumes bis zum geplanten Inkrafttreten des Gesetzgebungswerkes konnte kein neues Gesetzbuch geschaffen werden, so dass erneut ein bereits bestehendes Gesetzeswerk – nunmehr das ABGB – zur Überarbeitung herangezogen werden sollte. Diese Ziele wurden in das Edikt vom 4. November 1816[1121] aufgenommen: „Ludwig etc. Ueberzeugt von dem Nachtheile, welchen der unvollkommene Zustand der bürgerlichen Gesetzgebung und die große Verschiedenheit der geltenden Civilgesetze in dem Großherzogthum veranlaßt, haben Wir schon früher Unsere Landesväterliche Fürsorge diesem wichtigen Gegenstande gewidmet. Die eingetretene Ruhe nach den politischen Stürmen gestattet es nunmehr, auch diesen Zweig der Verwaltung einer durchgreifenden Verbesserung zu unterwerfen und Wir finden um so mehr Uns hierzu bewogen, da es Unser Wunsch ist, durch Gleichförmigkeit der Gesetzgebung das Band zwischen Unseren alten und neuen Unterthanen auf beiden Seiten des Rheins fester zu knüpfen. Wir haben daher gnädigst befohlen, ein neues Civilgesetzbuch fuer das gesammte Großherzogthum statt aller jetzigen privatrechtlichen Normen, und eine neue Civilprozeßordnung zu entwerfen. Da bei jenem das bürgerliche Gesetzbuch für die Erbländer der Oesterreichischen Monarchie zur wesentlichen und allgemeinen Grundlage angenommen werden soll, und die zur Bearbeitung der neuen Gesetzbücher berufenen Staatsdiener unverzüglich dahier sich vereinigen werden, so hegen Wir die Zuversicht, daß Unsere geliebten Unterthanen bereits im Jahr 1818 die Wohlthat einer gleichförmigen,

---

1120 Breidenbach, Commentar I, Einleitung S. 18; Büttner, Anfänge des Parlamentarismus in Hessen-Darmstadt, S. 207; Dölemeyer, Einflüsse von ALR, C.c. und ABGB, in: Ius commune VII, S. 208; zu dem Einfluss *Wernhers* vgl. Seitz, Rheinhessische Rechtsinstitutionen, S. 168.

1121 Edikt v. 4. November 1816, abgedruckt in Breidenbach, Commentar I, Einleitung S. 18.

ihren Bedürfnissen und dem Zustande der Cultur angemessene Civilgesetzgebung werden genießen können". Zur Erreichung der Ziele aus der Verfügung vom 4. November 1816, insbesondere der politischen Einigung der neuen und der alten Landesteile, musste das Gesetzesvorhaben schnellstens vorangetrieben werden. Als Zeitpunkt des Inkrafttretens dieser Gesetzgebungswerke wurde daher der 1. Januar 1818 festgesetzt.

III. Die Rechtfertigung des territorialen Gesetzgebungsvorhabens

Nachdem *Wernher* die territoriale Gesetzgebung vor dem Hintergrund einer gesamtdeutschen Gesetzgebung gerechtfertigt hatte, griff auch das hessische Ministerium im Jahre 1816 diese Problematik auf. Mit der Ausarbeitung eines hessischen Gesetzbuches wollte sich Hessen-Darmstadt nicht gegen eine nationale Kodifikation wenden. Dass der Großherzog ein ausschließlich in seinem Territorium geltendes Gesetzgebungswerk schaffen wollte, war vor allem eine Reaktion auf die eigenen Gesetzbücher Preußens und Österreichs. Aus deren Schaffung wurde der Schluss gezogen, dass es kein allgemeines Gesetzbuch für Deutschland geben würde. Rückblickend rechtfertigte der Ministerialrat *Breidenbach* 1842 das einzelstaatliche Gesetzgebungsvorhaben damit, dass „also den Föderativstaaten nicht anderes übrig (blieb), als für sich selbst zu sorgen"[1122]. Trotz des territorialen Charakters sollte sich das Projekt von vornherein nicht gegen ein einheitliches Recht in mehreren deutschen Territorien richten. Zwar war oberstes Ziel der Gesetzgebungsarbeiten die Verbesserung des Zustandes der Zivilgesetzgebung in Hessen-Darmstadt. In der Übernahme des ABGB sah das Ministerium aber auch die Möglichkeit der Schaffung eines einheitlichen Zivilrechts in mehreren Territorien. Die Kommission sollte daher nur dort Abänderungen des ABGB vorschlagen, wo es notwendig und offensichtlich nützlich wäre.[1123] In einer vorläufigen Instruktion an die Kommission wurde aus dem Großherzoglichen Ministerium des Inneren und der Justiz hervorgehoben, „daß je geringer die Anzahl der Abänderungen in dem österreichischen Zivilgesetzbuch sein werde, desto größer die Möglichkeit der nicht ganz unbegründeten Erwartung sein werde, daß das Beispiel seiner Königlichen Hoheit bei manchem Nachbarstaat Nachahmung finden, mithin Veranlassung zu einer demnächsten

---

[1122] Breidenbach, Commentar I, Einleitung, S. 16.
[1123] Esselborn, Grolman, S. 456.

größeren oder geringeren Gleichförmigkeit in der Gesetzgebung mehrerer deutschen Staaten geben könne".[1124]

IV. Die ersten Arbeiten der Gesetzgebungskommission

1. Die Gesetzgebungskommission

Zu der Umsetzung des Edikts vom 4. November 1816 wurde durch Verordnung vom gleichen Tag[1125] eine eigene Gesetzgebungskommission ernannt, in der jede Provinz durch ein eigenes Kommissionsmitglied vertreten war. Mitglieder der zur Ausarbeitung der Gesetzbücher beauftragten Gesetzgebungskommission – die „eigentliche" Kommission – waren der damaligen Kanzler der Ludoviciana *Karl Ludwig Wilhelm von Grolman* für die Provinz Oberhessen, der Oberappellationsgerichtsrat *Josef Peter Floret*[1126] für die Provinz Starkenburg und der Präsident des Kreisgerichts Mainz und spätere Geheime Staatsrat *Johann Wilhelm Wernher* für die Provinz Rheinhessen, der sich bereits in seiner Denkschrift vom 28. September 1816 für die Einführung des ABGB ausgesprochen hatte. Beratende Funktion in der Kommission kam dem Oberappellationsgerichtsrat *Peter Josef Freiherr von Gruben*[1127] und dem Oberforstrat und späteren Geheimen Staatsrat *Karl Christian Eigenbrodt*[1128] zu.[1129] Die beiden letzteren

---

1124 Zitiert nach Esselborn, Grolman, S. 456. Das Original der vorläufigen Instruktion der Kommission, die ursprünglich in den Akten des Großherzoglich Ministeriums des Inneren und der Justiz vorhanden war, ist nicht mehr auffindbar.

1125 Esselborn, Grolman, S. 456.

1126 *Josef Peter Floret* (1776-1836), studierte Recht in Münster und Göttingen; 1803 Mitglied des Hofgerichts Gießen; 1810 Oberappellationsgerichtsrat in Darmstadt; 1816 Mitglied einer Gesetzgebungskommission zur Einführung des ABGB und einer Zivilprozessordnung in Hessen-Darmstadt, Herausgeber der Motive zur hessen-darmstädtischen Zivilprozessordnung; 1821 Auftrag zur Bearbeitung der Zivil- und Kriminalgesetzgebung; vgl. Dölemeyer, Kodifikationen und Projekte, in: Handbuch III/2, S. 1535.

1127 *Peter Joseph Freiherr von Gruben* (1772-1851), Jurist, 1803 Eintritt in den hessischen Staatsdienst, Oberappellationsgerichtsrat, beratendes 1816 Mitglied einer Gesetzgebungskommission zur Einführung des ABGB und einer Zivilprozessordnung in Hessen-Darmstadt; 1820 Ernennung zum Geheimen Staatsrat; vgl. Dölemeyer, Kodifikationen und Projekte, in: Handbuch III/2, S. 1535.

1128 *Karl Christian von Eigenbrodt* (1769-1839), studierte von 1784-1788 Jura an der hessenkasselschen Universität Rinteln; um in hessen-darmstädtische Dienste zu gelangen, musste er sein Juraexamen 1791 in Gießen wiederholen; ab 1792 Studium der Kameral- und Finanzwirtschaften in Gießen und Marburg; 1803 Ruf in das westphälische Arnsberg als Kammerrat und Mitglied der Hofkammer; 1806 Regierungsrat in der westphälischen Regierung, 1809 Oberforstrat in Darmstadt; 1816 Mitglied der Gesetzgebungskommission zur Schaffung eines Zivilgesetzbuchs und einer Zivilprozessordnung; 1818 Mitglied der Appellationsommission in Administrativ-Justizsachen; 1821 Geheimer Staatsrat im Finanzministerium; 1830 Übertritt in das Ministerium des Inneren und Beschäftigung mit sollten vor allem an Beratungen über die einzelnen Hauptteile teilnehmen, konnten aber auch während der Ausarbeitung derselben zur Hilfe hinzugezogen werden.[1130] Damit bestand die Gesetzgebungskommission aus einem das Naturrecht und den gemeinen Zivilprozess lehrenden Professor und vier im gemeinen Recht ausgebildeten Praktikern.

Die eigentliche Kommission sollte sich bis zum 2. Dezember 1816 in Darmstadt zusammenfinden, um über die Art und Weise und die Verteilung der Arbeiten zu beraten.[1131] Nachdem die Kommission ihre Arbeit aufgenommen hatte, erkannten ihre Mitglieder frühzeitig, dass der Zweck der Verordnung von 1816 nicht erreicht werden konnte, wenn nicht zunächst die Grundzüge einer künftigen, gleichförmigen Justizverfassung für das Großherzogtum festgelegt würden. Der Zusammenhang, in dem viele Bestimmungen des Zivilrechts, vor allem aber die Ordnung des gerichtlichen Verfahrens mit der Verfassung der Justizbehörden stünden, setze eine gleichförmige Justizverfassung voraus, um überhaupt ein gleichförmiges Recht und gerichtliches Verfahren einführen zu können.[1132] Auf der Grundlage einer gleichförmigen Justizorganisation könne sodann die eigentliche – durch das Edikt übertragene – Arbeit ausgeführt werden: „Diesem wichtigen Gegenstande mußten daher die ersten Arbeiten der durch jene Verordnung angeordneten Gesetzgebungs-Commission gewidmet werden"[1133]. Daher versuchten die Mitglieder der Kommission darauf hinzuwirken, dass gleichzeitig mit der allgemeinen Zivil- und Kriminalgesetzgebung für Hessen-Darmstadt, eine gleichförmige Gerichtsorganisation und gleichförmige Grundlagen für das Verfahren bestimmt würden.[1134] Damit zielten die ersten Arbeiten der Kommission auf eine Verständigung der Kommissionsmitglieder über die organisatorische Gestaltung des gesamten Justizwesens sowie über die Hauptmaximen einer zu schaffenden Prozessordnung.[1135] Obwohl das Edikt vom 4. November 1816 weder das Strafrecht noch das Strafprozessrecht erwähnte, arbeitete die Gesetzgebungskommission mit der Festlegung der Grundzüge der künftigen Justizver-

---

der Gesetzgebung; *Eigenbrodt* war Herausgeber einer der bedeutendsten Verordnungssammlungen Hessen-Darmstadts; vgl. Heß, Eigenbrodt, in: ADB, Bd. 5, S. 747ff.

1129 Linde, Über die legislative Thätigkeit im Großherzogtum Hessen, in: AcP 20, S. 291.

1130 Esselborn, Grolman, S. 456.

1131 Esselborn, Grolman, S. 456.

1132 Floret, Motive I, Einleitung S. 2f.

1133 Edikt vom 1. Dezember 1817, zitiert nach Breidenbach, Commentar I, Einleitung, S. 20.

1134 Linde, Über die legislative Thätigkeit im Großherzogthum Hessen, in: AcP 20, S. 291.

1135 Weber, Verhandlungen über die Stadt- und LandgerichtsO, S. 2.

fassung auch eine Neuorganisation der Strafjustiz aus.[1136] Bei der Ausarbeitung der Grundsätze für die künftige Justizverfassung und das gerichtliche Verfahren versuchte die Kommission die erheblich voneinander abweichenden Verfassungen Rheinhessens und der alten hessischen Lande in Einklang zu bringen.[1137] Insbesondere bei den links- und rechtsrheinisch vorhandenen Einrichtungen wollten die Kommissionsmitglieder die jeweils bessere als gemeinsame Einrichtung vorschlagen.[1138]

2. Die Verordnung vom 1. Dezember 1817

Die erarbeiteten Grundsätze wurden dem Großherzog – nach vorheriger Begutachtung durch die Kommission und darüber gehaltenem Vortrag – zur Genehmigung vorgelegt. Dieser setzte durch die Verordnung vom 1. Dezember 1817[1139] die „Grundzüge der künftigen Justizverfassung und des gerichtlichen Verfahrens für das gesamte Großherzogthum Hessen" fest und machte sie der Öffentlichkeit bekannt. Die Verordnung wurde neben anderen auch von *Jaup* als Mitglied des Geheimen Staatsministeriums unterzeichnet. Als Inhaber des Ministerialreferats hatte *Jaup* erheblichen Einfluss auf die Annahme der Grundsätze gehabt.[1140] Insofern trat hier eine weitere Möglichkeit der Einflussnahme der (ehemaligen) Rechtsprofessoren auf Gesetzgebungsarbeiten hervor: als Mitglieder des Ministeriums. Als solches war *Jaup* nicht unmittelbar mit der Ausarbeitung der Grundsätze betraut, konnte aber nach der Vorlage der Entwürfe beim Ministerium Einfluss auf ihre Genehmigung nehmen.
Einleitend wurde in der Verordnung erläutert, dass die in dem Edikt vom 4. November 1816 gesetzten Ziele der Verbesserung der Rechtszustandes im bürgerlichen Recht und der Verbindung der alten und neuen Landesteile nur durch eine gleichförmige Justizverfassung und gleichförmige Grundlagen für das gerichtliche Verfahren erreicht werden könnten.[1141] Die Verordnung regelte die Organisation der Zivil- und Strafjustiz. In Zivilsachen sollten in der untersten Instanz die Justizämter, die die linksrheinisch vorhandenen Friedensrichter ersetzten, in der zweiten Instanz die Hofgerichte und Justizkanzleien und in der dritten In-

---

1136 Amrhein, Entwicklung des hessischen Strafprozessrechts, S. 36.
1137 Floret, Motive I, Einleitung S. 3.
1138 Floret, Motive I, Einleitung S. 4.
1139 Verordnung vom 1. Dezember 1817, abgedruckt in: Verordnungssammlung 1817, S. 103.
1140 Büttner, Anfänge des Parlamentarismus in Hessen-Darmstadt, S. 207.
1141 VO v. 31.12.1817, abgedruckt Breidenbach, Commentar I, Einleitung, S. 20ff.; Einleitung der Verordnung abgedruckt bei Blass, Strafverfahren in Hessen-Darmstadt, S. 75.

stanz das Oberappellationsgericht in Darmstadt zuständig sein. Die Regelungen der Organisation der Staatsaufsicht über die Justiz verkündeten im Ergebnis den Grundsatz der gänzlichen Trennung der Justiz von der Verwaltung. Insofern kam es zu einer Angleichung mit der in Rheinhessen bereits bestehenden Organisationsform.

Zudem wurden die Grundlagen des künftigen gerichtlichen Verfahrens festgesetzt.[1142] Das Zivilverfahren sollte grundsätzlich öffentlich sein, wobei sich diese Öffentlichkeit nur auf die Parteien bezog. Sie sollten von keiner Verhandlung, auch nicht von Zeugenvernehmungen, ausgeschlossen werden können. Am Verfahren unbeteiligte Personen sollten dagegen nur in zwei Ausnahmefällen der Verhandlung beiwohnen können. Erstens, wenn beide Parteien die Anwesenheit dieser Personen verlangten und aus Sicht des Richters keine Gründe der öffentlichen Ordnung dagegen sprächen und zweitens, wenn nur ein Teil die Anwesenheit begehrte und nach Ansicht des Richters erhebliche Gründe für die Öffentlichkeit sprächen. Eine wichtige Neuerung war die Festlegung der Einführung des Grundsatzes der Mündlichkeit im zivilprozessualen Verfahren. Bei den Stadt- und Landgerichten und bei den Hofgerichten erster Instanz sollte grundsätzlich mündlich verhandelt werden. Nur in sehr schwierigen Fällen sollte dem Richter durch die Prozessordnung die Möglichkeit gegeben werden, ein schriftliches Verfahren durchzuführen. Nach dem Urteil sollten den Parteien die Entscheidungsgründe mitgeteilt werden. Ebenso sollte bei den Mittelgerichten, sofern sie als erste Instanz zuständig waren, mündlich verhandelt werden. In der zweiten Instanz vor den Mittelgerichten war dagegen grundsätzlich das schriftliche Verfahren vorgesehen, in Ausnahmefällen konnte auch mündlich verhandelt werden. Schließlich war vor dem Oberappellationsgericht ausnahmslos ein schriftliches Verfahren vorgesehen.

Die Grundsätze der Mündlichkeit und der Öffentlichkeit sollten auch in das Strafverfahren[1143] Eingang finden. Nur die einfachen Polizeistraffälle und grundsätzlich auch die Zuchtpolizeivergehen sollten auf Grund des Ehrschutzes ohne Öffentlichkeit verhandelt werden.

1142 Siehe dazu Floret, Motive I, Einleitung S. 11ff.

1143 Vgl. zu dem Mündlichkeits- und dem Öffentlichkeitsprinzip als bedeutsame Reformideen des Inquisitionsprozesses im 19. Jahrhundert Ignor, Geschichte des Strafprozesses, S. 237ff., S. 242ff.

Das Edikt führte zu keiner unmittelbaren Änderung des geltenden Rechts, sondern enthielt vielmehr mehrere Richtlinien für die noch zu schaffenden Gesetzbücher, insbesondere die Verfahrensordnungen.[1144]

3. Bewertung des Edikts vom 1. Dezember 1817

Das Edikt vom 1. Dezember 1817 wurde von Zeitgenossen nicht nur in Hessen-Darmstadt positiv bewertet. Der Heidelberger Jurist *Johann Caspar Gensler* veröffentlichte 1818 einen „Beitrag zu der Gesetzgebung für die Verfassung der teutschen Gerichte und des Verfahrens vor denselben (...)". Dabei diente ihm das großherzoglich-hessische Edikt als Grundlage einzelner Bemerkungen, die nicht nur Hessen-Darmstadt, sondern gerade auch sein Vaterland Baden beträfen, da dieses Edikt ein „bedeutendes Product teutscher Gesetzgebung" sei.[1145] Das Edikt bewertete *Gensler* als eine „umfängliche und folgereiche Grundidee der Gerichtsverfassung eines ganzen nicht unbedeutenden teutschen Landes"[1146]. Auch die Gesetzgebungskommission bewertete er positiv. Das Edikt sei ein „Product des Gutachtens solcher von der Regierung weise vereinigter Männer, welchen man die Eigenschaft legitimierter, ernstlich besonnener und erfahrner, Sachkundigen eben so vergeblich streitig machen würde, als sich derselben uneigennütziger Wille bezweifeln" ließe.[1147] Unter den Kommissionsmitgliedern hob *Gensler* allein *Grolman* hervor, den er als „wissenschaftlichen Forscher und Aufklärer des teutschen Prozesses" bezeichnete.[1148] Die Kommissionsmitglieder hätten, obwohl sie alle über Kenntnis der französischen Gesetzgebung verfügten, die Rechtsinstitute „unserer teutschen Ahnen" wiederaufleben lassen und diese entsprechend verbessert. Insbesondere der in dem Edikt angeregten Trennung der Justiz von der Verwaltung sollten alle Regenten folgen.[1149]

B. Die Beteiligung Grolmans

Auf der Grundlage der in der Verordnung vom 1. Dezember 1817 festgesetzten Richtlinien begann die Gesetzgebungskommission mit den Gesetzgebungsarbeiten. Die Kommissionsmitglieder teilten die einzelnen Materien unter sich

---

1144 Breidenbach, Commentar I, Einleitung S. 19; Amrhein, Entwicklung des hessischen Strafprozessrecht, S. 36.
1145 Gensler, Beitrag zu der Gesetzgebung, S. 8.
1146 Gensler, Beitrag zu der Gesetzgebung, S. 3.
1147 Gensler, Beitrag zu der Gesetzgebung, S. 3.
1148 Gensler, Beitrag zu der Gesetzgebung, S. 3.
1149 Gensler, Beitrag zu der Gesetzgebung, S. 21.

auf.[1150] *Grolman* wurde die Redaktion der Zivilprozessordnung als alleinige Aufgabe übertragen.

I. Die Gesetzgebungsarbeiten Grolmans

Seinem Entwurf nach sollte die Zivilprozessordnung zwei Teile haben, einen Allgemeinen und einen Besonderen. Der erste Teil sollte als Allgemeiner Teil die Lehre von den Gerichten, Gerichtspersonen, Parteien, Prokuratoren und Advokaten, die allgemeinen Verfügungen über den Prozess und die Lehre von den Beweisen behandeln.[1151] Der zweite – Besondere Teil – sollte in verschiedene Abschnitte aufgeteilt werden. Der Entwurf *Grolmans* sah vor, dass der erste Abschnitt des zweiten Teiles das gewöhnliche Verfahren bei den Landgerichten und der zweite Abschnitt das gewöhnliche Verfahren bei den Mittelgerichten in erster und in zweiter Instanz regelte. Im dritten und vierten Abschnitt sollte das gewöhnliche Verfahren bei den Oberappellationsgerichten erster und zweiter Instanz und die Arten des außerordentlichen Verfahrens geregelt werden. Der fünfte Abschnitt sollte schließlich die außerordentlichen Rechtsmittel gegen Urteile behandeln.

Ziel war es, die einzelnen Abschnitte bereits nach ihrer Fertigstellung einzeln und nicht erst in ihrer Gesamtheit nach dem Abschluss der Arbeiten zu einer Zivilprozessordnung zu veröffentlichen. Grund der Veröffentlichung der Entwürfe der einzelnen Abschnitte war, dass die Justizbeamten das neue Gesetz nach und nach kennenlernen konnten und sollten.[1152] Darüber hinaus wünschte der Großherzog die Veröffentlichung der Motive jedes Teilabschnittes des Gesetzbuches.[1153] Das „Publikum“ sollte sich dadurch schon mit den Gründen der neuen Gesetzgebung bekannt machen und den Geist derselben studieren können, bevor das Gesetzbuch im Ganzen in Kraft treten sollte.[1154]

[1150] Vgl. Floret, Motive I, Einleitung S. 18.

[1151] Zitiert nach Weber, Verhandlungen über die Stadt- und LandgerichtsO, S. 3; vgl. Esselborn, Grolman, S. 460.

[1152] Esselborn, Grolman, S. 460; vgl. Verordnung vom 21. August 1818, abgedruckt bei Weber, Verhandlungen über die Stadt- und LandgerichtsO, S. 5.

[1153] Veröffentlicht wurden aber nur die Motive zum ersten und zweiten Abschnitt des Besonderen Teils von: Floret, Motive zu dem Gesetzbuche für das Großherzogthum Hessen, über das Verfahren in bürgerlichen Rechtssachen, Heft 1, Ordnung des gewöhnlichen Verfahrens bey Land- und Stadtgerichten, Darmstadt 1818; Heft 2, Ordnung des gewöhnlichen Verfahrens bey den Mittelgerichten, Darmstadt 1819.

[1154] Floret, Motive I, Einleitung S. 16.

Im Hinblick auf die Art der Bearbeitung entschied sich die Kommission dafür, zunächst den besonderen vor dem allgemeinen Teil der Prozessordnung zu bearbeiten. Der allgemeine Teil sollte zuletzt bearbeitet und bekannt gemacht werden, da „darin im Ganzen von den bisher geltenden Grundsätzen ausgegangen wird, eine lebendige Ansicht des nothwendigen Einzelnen aber ohne Kenntniß der Formen des Verfahrens nicht möglich ist"[1155].

1. Die Ordnung des gewöhnlichen Verfahrens bei den Land- und Stadtgerichten

Auf der Basis der in der Verordnung von 1817 bekannt gemachten Grundsätze und entsprechend der Kommissionsvorgaben entwarf *Grolman* zuerst die Ordnung des gewöhnlichen Verfahrens bei den Land- und Stadtgerichten in bürgerlichen Rechtsstreitigkeiten. Die Landgerichtsordnung sollte der erste Abschnitt des Besonderen Teils der hessischen Zivilprozessordnung werden.[1156] Dieser Teil der Zivilprozessordnung bestand aus 74 Artikeln. Die wichtigsten Neuerungen finden sich in den ersten Artikeln. In Art. 1 der Zivilprozessordnung wurde festgelegt, dass in erster Instanz kein Anwaltszwang herrsche. Jede Partei sollte frei und unabhängig von der anderen entscheiden können, ob sie sich durch einen Bevollmächtigten oder einen öffentlich anerkannten Rechtsbeistand vertreten lasse. In Art. 2 der Ordnung wurde die Forderung nach der Mündlichkeit des Verfahrens umgesetzt. Durch diesen Art. 2 sollte der Grundsatz der Mündlichkeit im zivilprozessrechtlichen Verfahren in Hessen-Darmstadt eingeführt werden. Grundsätzlich war ein mündliches Verfahren bei den Landgerichten vorgesehen. Nur auf beidseitiges Verlangen der Parteien konnte der Richter nach seinem Ermessen ein schriftliches Verfahren durchführen: „Die Vorträge der Parteien bei den Landgerichten geschehen mündlich zu Protokoll. Die Protokolle sollen sich aber auf die Verzeichnung der faktischen Verhältnisse und der Gesuche beschränken. (...) Wenn indessen beide Theile selbst erklären, dass sie in ihrer Sache ein schriftliches Verfahren wünschen, so soll es dem Ermessen der Landrichter überlassen sein, diesem Begehren Statt zu geben, und bündige Zusammenstellung der faktischen Verhältnisse im Protokoll zu ersetzen"[1157]. Den Protokollen sollte die in dem mündlichen Verfahren erforderliche Kontrollfunk-

---

1155 Verordnung vom 21. August 1818, abgedruckt in: Verordnungssammlung 1818, S. 114.
1156 Vgl. Floret, Motive I, Einleitung S. 17.
1157 Art. 2 der Landgerichtsordnung, abgedruckt in: Verordnungssammlung 1818, S. 114f.

tion zukommen.[1158] Dass das schriftliche Verfahren nur dann zugelassen werden sollte, wenn beide Parteien ihm zustimmten, sollte die Umgehung des Grundsatzes der Mündlichkeit durch den Prozess verschleppende Anwaltsschriften verhindern.[1159] Die in der Verordnung von 1817 als Begrenzung des Grundsatzes der Mündlichkeit vorgesehene Möglichkeit des Richters, in schwierigen Fällen ohne Zustimmung der Parteien auf das schriftliche Verfahren zurückzugreifen, scheiterte an einer klaren Definition der „verwickelten Sache".[1160] Dass die Parteien aber übereinstimmend von dem Grundsatz der Mündlichkeit abweichen konnten, begründete *Grolman* mit der Natur der Zivilrechtsstreitigkeiten. Ihrer Natur nach könne eine Prozessordnung, die in der Regel allein im Interesse der Parteien gemacht wurde, diese Regeln den Parteien nicht aufzwingen.[1161] Hielten die Parteien in ihrem Fall eine andere Form des Prozesses geeigneter, so habe der Staat kein Gründe, ihnen diese Form nicht zu gestatten.[1162] An der für die Vernunftrechtler typischen Argumentation mit der Natur der Sache, hier der Natur der Zivilrechtsstreitigkeiten, ist der Einfluss des Naturrechts auf den Gesetzgebungsentwurf durch den Naturrechtler *Grolmans* zu erkennen. Trotz der Aufnahme des Mündlichkeitsgrundsatzes enthielt die Stadt- und Landgerichtsordnung – entgegen der Festlegung der Grundsätze des gerichtlichen Verfahrens in dem Edikt vom 1. Dezember 1817 – keine Regelungen über die Frage der Öffentlichkeit des Verfahrens. Art. 3 der Ordnung regelte die Einreichung der Klage. Dazu musste der Kläger dem Richter den Zweck und die Gründe der Klage erläutern. Es gab kein Verfahren von Amts wegen. In der Veranlassung des Verfahrens allein durch eine Partei ist auch die Verhandlungsmaxime als Grundprinzip der Stadt- und Landgerichtsordnung zu erkennen.[1163]

Grolman allein hatte die Ordnung entworfen, die übrigen Mitglieder hatten über den Entwurf schriftlich votiert und schließlich in einer Kommissionssitzung darüber debattiert. Nach ihrer Redigierung wurde die Ordnung der höchsten Staatsbehörde zur Genehmigung vorgelegt. Diese modifizierte die Ordnung in geringem Umfang durch Ministerialreskript vom 6. Mai 1818, bevor der erste Gesetzentwurf mittels Verordnung vom 21. August 1818 veröffentlicht wur-

---

1158 Motive zu Art. 2, herausgegeben von Floret, Motive I, S. 30.
1159 Motive zu Art. 2, herausgegeben von Floret, Motive I, S. 33, 34.
1160 Motive zu Art. 2, herausgegeben von Floret, Motive I, S. 35.
1161 Motive zu Art. 2, herausgegeben von Floret, Motive I, S. 43.
1162 Motive zu Art. 2, herausgegeben von Floret, Motive I, S. 43.
1163 Vgl. auch Weber, Verhandlungen über die Stadt- und LandgerichtsO, S. 53, Fn. *).

de.[1164] In dieser Verordnung erläuterte die Staatsregierung, dass durch die vorläufige Veröffentlichung der einzelnen Teile der Zivilprozessordnung die Nachteile entfernt würden, die mit einer plötzlich eintretenden neuen Gesetzgebung verbunden wären. Die frühe Kenntnisnahme des neuen Gesetzes erleichtere und beschleunige eine sichere Anwendung.[1165]

2. Die Ordnung des gewöhnlichen Verfahrens bei den Mittelgerichten

Der zweite Gesetzentwurf *Grolmans* betraf das gewöhnliche Verfahren bei den Mittelgerichten. Die „Ordnung des gewöhnlichen Verfahrens bey den Mittelgerichten" bestand aus 135 Artikeln und war in drei Abschnitte geteilt. Der erste Abschnitt regelte das Verfahren vor den Mittelgerichten in erster Instanz, der zweite das Verfahren in der zweiten Instanz und der dritte schließlich die Rechtsmittel gegen Urteile der Mittelinstanz.

Entsprechend dem Edikt vom 1. Dezember 1817 schrieb *Grolman* den Grundsatz der Mündlichkeit bei Verfahren bei den Mittelgerichten fest, wenn diese als erste Instanz tätig wurden. Mit dem Argument, dass Kollegialgerichte geordnete Vorträge erforderten, sollten – der französischen Zivilprozessordnung entsprechend – bei Mittelgerichten in der ersten Instanz keine gerichtlichen Protokolle geführt werden. Vielmehr sollten die Parteien Parteischriften, als der mündlichen Verhandlung vorausgehenden Bestandteil des Prozesses, einreichen.[1166] Gegenüber den Gegnern des französischen Rechts wurde dies damit gerechtfertigt, dass die dem französischen Verfahren vorausgehende Korrespondenz zwischen den Anwälten mit dem im römischen Prozess dem Handeln vor dem Richter vorausgehenden Editionsverfahren identisch sei.[1167] Insofern rühre dieses Verfahrensprinzip von denjenigen her, „die wir als unsre Lehrer in dem Rechte zu verehren gewohnt sind"[1168]. War das Mittelgericht als zweite Instanz zuständig, sollte nach Art. 109 der Ordnung der Präsident nach seinem Ermessen entscheiden, ob in einem mündlichen oder einem schriftlichen Verfahren zu entscheiden sei.[1169]

1164 Weber, Verhandlungen über die Stadt- und LandgerichtsO, S. 4.

1165 Verordnung vom 21. August 1818, abgedruckt bei Weber, Verhandlungen über die Stadt- und LandgerichtsO, S. 5.

1166 Vgl. Floret, Motive II, Einleitung, S. 3f.

1167 Vgl. Floret, Motive II, Einleitung, S. 4f.

1168 Floret, Motive II, Einleitung, S. 5.

1169 Art. 109 der Zivilprozessordnung bei den Mittelgerichten, abgedruckt bei Floret, Motive II, S. 154.

Auch dieser Gesetzesentwurf wurde schon vor seinem Inkrafttreten veröffentlicht. Am 14. Mai 1819 erfolgte die Bekanntmachung. Im selben Jahr erschienen zudem die Motive zu der Ordnung des gewöhnlichen Verfahrens bei den Mittelgerichten.

3. Das Scheitern der Gesetzgebungsarbeiten

a. In der Zeit des Absolutismus

Nach der Veröffentlichung der beiden ersten Abschnitte des Besonderen Teils wurden die Arbeiten der Kommission ausgesetzt. Nicht mehr ausgeführt wurden der dritte und vierte Abschnitt der Prozessordnung sowie der Allgemeine Teil. Auch das von den anderen Kommissionsmitgliedern bearbeitete Zivilgesetzbuch wurde nicht vollendet. Hinsichtlich des bürgerlichen Rechts hatte die Kommission lediglich die ehelichen und elterlichen Verhältnisse, Tutel (Vormundschaft) und Curatel (Vormundschaft, Pflegschaft) und das Hypothekenrecht bearbeitet. Letztlich kamen damit weder eine Zivilprozessordnung noch ein bürgerliches Gesetzbuch zustande. Arbeiten zur Schaffung eines Strafgesetzbuchs und der entsprechenden Prozessordnung waren erst gar nicht aufgenommen worden.

Dieses Scheitern der Gesetzgebungsarbeiten hatte seinen Grund nicht – wie zuvor – in Kriegsunruhen, sondern in den fortschreitenden Karrieren der Kommissionsmitglieder. Die Berufung *Grolmans* im Jahre 1819 in das Staatsministerium führte zunächst zu einer Aussetzung der Arbeiten und letztendlich nach seiner Ernennung zum Staatsminister im Jahre 1820 zum gänzlichen Erlöschen der Kommission.[1170] Daneben wurden *Wernher* und *von Gruben* Mitglieder seines Ministeriums.[1171]

Der spätere Staatsminister *du Thil* sah den Grund für das Misslingen der Einführung des ABGB in Hessen-Darmstadt darin, dass die Kommissionsmitglieder, nachdem sie die Materien unter sich verteilt und mit ihren Arbeiten begonnen hatten, auf Grund ihrer „Gelehrteneitelkeit" es für ruhm- und ehrenvoller befunden hätten, etwas Selbstständiges abzuliefern, als lediglich Vorhandenes zu überarbeiten.[1172] Daher hätten sie den eigentlichen Auftrag aus den Augen verlo-

---

1170 Bopp, Civil- und Criminalgesetzgebung des Großherzogthums Hessen, in: Archiv für die neueste Gesetzgebung aller Deutschen Staaten 3, S. 81; Linde, Über die legislative Thätigkeit im Großherzogthum Hessen, in: AcP 20, S. 292; Esselborn, Hessische Lebensläufe: Grolman, S. 135.

1171 Büttner, Anfänge des Parlamentarismus in Hessen-Darmstadt, S. 208.

1172 Du Thil, Aus dem Dienstleben des Staatsministers du Thil, S. 225.

ren und sich mit ihren eigenen Entwürfen beschäftigt, für deren Ausarbeitung sie viel Zeit benötigten. Der damalige Staatsminister *von Lichtenberg* sei weder in der Lage gewesen, die Arbeit der Kommission zu überblicken, noch diese in ihre Schranken zu verweisen.[1173] Während der absolutistischen Herrschaft Ludwig I. wurde damit keines der Kodifikationsvorhaben beendet.

b. Die Verhandlungen der Landstände über die Prozessordnung

Das Gesetzgebungsvorhaben wurde nach der Einführung der hessischen Verfassung 1820 weitergeführt. Aber auch unter der Beteiligung der Stände scheiterte das Gesetzgebungsvorhaben zur Schaffung einer Zivilprozessordnung.
Auf dem ersten Landtag von 1820/21 wurde die Untergerichtsordnung *Grolmans* als einzige Arbeit der Gesetzgebungskommission den Ständen vorgelegt. Auf den Antrag des Abgeordneten der ersten Kammer Professor *Arens* hin beschloss die erste Kammer in ihrer Sitzung vom 6. Oktober 1820, „die Großherzogliche Staatsregierung zu ersuchen, daß die zum Theil bereits publicierte neue bürgerliche Proceßordnung sobald als möglich vollendet, und provisorisch eingeführt werden möge, und mit diesem Gesuch den weiteren Antrag zu verbinden, daß von der Staatsregierung bei der Einführung zugleich dasjenige verfügt werden möge, was für die Erhaltung der in der Provinz Rheinhessen bestehenden (...) Institutionen notwendig erscheint“[1174]. Diesen Erlass legte der Präsident der zweiten Kammer der Landstände denselben in der 48. Sitzung am 10. Oktober 1820 vor. In dem daraufhin erfolgten Vortrag des Abgeordneten der zweiten Kammer *Wieger* lehnte dieser die Zustimmung zu dem Erlass der ersten Kammer ab, da er den geforderten provisorischen Vollzug des Gesetzes durch die Staatsregierung als „offenbare Verletzung der Verfassung“ ansah.[1175] Nach der neuen Verfassung könnten Gesetzbücher nur mit der Zustimmung der Stände eingeführt werden. Den Ausführungen *Wiegers* schlossen sich alle Abgeordneten der zweiten Kammer an. Die Frage des Präsidenten, ob die zweite Kammer dem Beschluss der ersten hinsichtlich der provisorischen Einführung der Zivil-

---

1173 Du Thil, Aus dem Dienstleben des Staatsministers du Thil, S. 225.

1174 Zitiert nach Verhandlungen der zweiten Kammer der Landstände auf dem Landtag 1820/21,Heft VI, Prot. 48, S. 23f.

1175 Vortrag des zweiten Ausschusses über den Erlaß der ersten Kammer, die Vollendung und provisorische Einführung er neuen Civilprozessordnung betreffend, erstattet von dem Abgeordneten *Wieger* in: Verhandlungen der zweiten Kammer der Landstände auf dem Landtag 1820/21, Heft XII, Beilage 215, S. 81; siehe auch oben Zweiter Teil B. I.

prozessordnung beitrete, verneinten die Abgeordneten einstimmig.[1176] Zu weiteren Verhandlungen über die Einführung der bereits fertiggestellten Teile der Zivilprozessordnung kam es auf dem Landtag von 1826. Am 18. September 1826 lies die Staatsregierung der zweiten Kammer der Landstände den „Gesetzentwurf wodurch die wirkliche Einführung der, von der GgC [Gesetzgebungskommission] entworfenen und bereits vor Eintritt der ständischen Verfassung allerhöchsten Ortes genehmigten Ordnung des gewöhnlichen Verfahrens bei den Stadt- und Landgerichten für das gesamte Großherzogthum verfügt wird" sowie den „Gesetzentwurf über das Verfahren bei den Mittel- und Obergerichten in bürgerlichen Rechtsstreitigkeiten" vorlegen.[1177] Der Überbringer der Gesetzentwürfe *Knapp* betonte in seiner Rede vor der zweiten Kammer die Notwendigkeit und Dringlichkeit der Einführung der Prozessordnung. Die Rheinhessen würden bald nach der Einführung der Landgerichtsordnung die Vorteile derselben, die nur die notwendigsten Formen die Erlangung des materiellen Rechts auf dem Wege eines gerichtlichen Verfahrens sichere, gegenüber dem Code de procédure erkennen.[1178] Für die Bewohner der alten Provinzen habe die neue Landgerichtsordnung den Vorteil, dass sie die an vielen Stellen veraltete Prozessordnung von 1724 ersetze. Auf Grund der Berücksichtigung der neuesten Gesetzeswerke und der theoretischen Forschung bei der Abfassung des Gesetzbuchs, sei ein zeitgemäßes Regelwerk entstanden.[1179] Die daraufhin erfolgte Beteiligung der zweiten Kammer der Stände führte allerdings auch nicht zu einer Einführung der Prozessordnung. Die Angst der rheinhessischen Abgeordneten, dass dadurch die rheinischen Institutionen verändert werden könnten, und eine entsprechende Solidarisierung der rechtsrheinischen Abgeordneten führte zum Ende des Gesetzes. Auf Grund der drohenden Abstimmungsniederlage im Landtag rieten einige Abgeordnete, insbesondere der Abgeordnete *Knapp*, dem Minister *Grolman*, er möge dem Kammerpräsidenten gestatten, nach der Frage hinsichtlich der Inkraftsetzung des Gesetzes im gesamten Großherzogtum die Frage nach einer Inkraftsetzung allein in den beiden rechtsrheinischen Provinzen zu

---

1176 Verhandlungen der zweiten Kammer der Landstände 1820/21, Heft XIV, Protokoll 114, S. 36.

1177 Verhandlungen der zweiten Kammer der Landstände aus dem Jahre 1826, abgedruckt bei Weber, Verhandlungen über die Stadt- und LandgerichtsO, S. 13.

1178 Verhandlungen der zweiten Kammer der Landstände aus dem Jahre 1826, abgedruckt bei Weber, Verhandlungen über die Stadt- und LandgerichtsO, S. 16f.

1179 Verhandlungen der zweiten Kammer der Landstände aus dem Jahre 1826, abgedruckt bei Weber, Verhandlungen über die Stadt- und LandgerichtsO, S. 17.

stellen.[1180] Obwohl sich die Abgeordneten dafür verbürgten, dass diese Frage mit großer Majorität bejaht würde, zog *Grolman* das Gesetz zurück. Hieraus ist zu schließen, dass er seinen Auftrag, eine Rechtsvereinheitlichung in allen Landesteilen herzustellen, nachkommen wollte. Er wollte kein Provinzialgesetz schaffen.[1181]

4. Das Schreiben des württembergischen Ministers Maucler

Schon die laufenden hessischen Gesetzgebungsarbeiten, und dabei vor allem die Arbeiten *Grolmans*, waren für andere Regierungen von Interesse. So bat der württembergische Justizminister *Freiherr von Maucler* mit Schreiben vom 28. Mai 1818 den Kanzler *Grolman* um die Mitteilung des Plans, nach welchem in Hessen-Darmstadt die neue Gesetzgebung bearbeitet werde.[1182] Zwar habe Württemberg ein Zivilgesetzbuch, aber eine Zivilprozeßordnung und ein vollständiger Kriminalrecht seien ein dringendes Bedürfnis.[1183] Für ihn war es daher interessant, ob in Hessen-Darmstadt bei den Gesetzgebungsarbeiten allgemein bereits bestehende Gesetzbücher zu Grunde gelegt oder völlig neue geschaffen würden. Auch war entscheidend, ob *Grolman* die Arbeit alleine, oder mit anderen verrichte. Darüber hinaus versuchte der württembergische König, sich die Leistungen *Grolmans* für seine eigenen territorialen Gesetzgebungsarbeiten zu Nutze zu machen. Mit Schreiben vom 16. Mai 1818 hatte *Maucler Grolman* mitgeteilt, dass ihn „der König von Württemberg für seinen Dienst und insbesondere für die Revision und Bildung der Civil- und Kriminalgesetzgebung zu gewinnen" gewünscht habe.[1184] Dieses Angebot lehnte *Grolman* ab.[1185]

II. Die Stellung Grolmans in Hessen-Darmstadt

Während seiner Gesetzgebungstätigkeit war *Grolman* offiziell weiterhin Mitglied der Juristischen Fakultät der Ludoviciana. In Darmstadt versuchte das Mi-

---

1180 Du Thil, Aus dem Dienstleben des Staatsministers du Thil, S. 228.

1181 So auch die Einschätzung *du Thils* in du Thil, Aus dem Dienstleben des Staatsministers du Thil, S. 228.

1182 Schreiben des württembergischen Justizministers *Freiherr von Maucler* vom 28. Mai 1818 an den Kanzler *Grolman*, StADa D 12 Nr. 14/16, fol 21.

1183 Schreiben des württembergischen Justizministers *Freiherr von Maucler* vom 28. Mai 1818 an den Kanzler *Grolman*, StADa D 12 Nr. 14/16, fol 21.

1184 Schreiben des württembergischen Justizministers *Freiherr von Maucler* vom 16. Mai 1818 an den Kanzler *Grolman*, StADa D 12 Nr. 14/16, fol 21; vgl. auch Esselborn, Grolman, S. 431.

1185 Esselborn, Grolman, S. 431; siehe oben Dritter Teil § 6 B. III.

nisterium zunächst die Tätigkeit *Grolmans* an der Universität mit seiner Tätigkeit in der Gesetzgebungskommission zu vereinbaren. In Anerkennung des Interesses, welches die Anwesenheit *Grolmans* für die Landesuniversität habe, erklärte das Ministerium in einer vorläufigen Instruktion an die Kommission, dass *Grolman* während der Dauer der Gesetzgebungsarbeiten nicht permanent in Darmstadt anwesend sein müsse.[1186] Sollte *Grolman* die Redaktion der Zivilprozessordnung allein übernehmen, könnte auf diese Weise das Interesse der Regierung an den legislativen Arbeiten mit dem der Landesuniversität vereinbart werden.[1187] Tatsächlich ließen sich diese Interessen nicht miteinander vereinbaren. *Grolman* wurde durch den Großherzog insoweit von seinen „gewöhnlichen Berufungsgeschäften“ befreit, als dies die Arbeiten zu dem Entwurf eines Zivilgesetzbuches und einer Zivilprozessordnung erforderlich machten. Dies teilte das Ministerium der Universität mit Schreiben vom 13. November 1816 mit.[1188] Die gesamte Gesetzgebungskommission sollte in Darmstadt arbeiten. Daher zog *Grolman* nach Darmstadt und beendete faktisch seine Tätigkeit als Professor an der Ludoviciana.

C. Die Lehre Grolmans zum Zivilprozessrecht

Nachdem sich die Einflüsse des älteren Naturrechts der deutschen Aufklärung teilweise in zivilprozessualen Gesetzen, wie der Preußischen Allgemeinen Gerichtsordnung von 1793, konkretisiert hatten, begannen auch die Vertreter der jüngeren Naturrechtslehre Anfang des 19. Jahrhunderts die Materie systematisch zu bearbeiten und konkrete Entwürfe zu erstellen.[1189] In diesem Kontext ist auch das Werk *Grolmans* zu betrachten. *Grolman* gehörte mit *Gönner* und *Almendingen* zu einer Gruppe von Prozessualisten, durch die es zu einem Wendepunkt in der Prozessrechtswissenschaft kam.[1190]

I. Zivilprozessrechtliche Vorlesungen

Bereits zu Beginn seiner Tätigkeit als ordentlicher Professor im Jahre 1800 las *Grolman* die Theorie des Zivilprozesses nach seinem Lehrbuch „Theorie des gerichtlichen Verfahrens in bürgerlichen Rechtsstreitigkeiten“. Die Vorlesung

---

1186 Zitiert nach Esselborn, Grolman, S. 457.
1187 Zitiert nach Esselborn, Grolman, S. 457.
1188 Schreiben vom 13. November 1816, UAGi jur. K 7 (Personalakte Karl von Grolman).
1189 Dölemeyer, Theorie eines natürlichen Zivilprozeßrechts, S. 251.
1190 Nörr, Naturrecht und Zivilprozeß, S. 41.

wurde über den gemeinen deutschen Zivilprozess gehalten. Obwohl das Prozessrecht als eigener Unterrichtsgegenstand bereits in den Statuten von 1629 erwähnt wurde, wurde der Prozess zumeist als Teil anderer Veranstaltungen erklärt.[1191] Mit *Grolman* begannen an der Ludoviciana regelmäßige Vorlesungen im gemeinen, auf neuen wissenschaftlichen Erkenntnissen beruhenden Zivilprozess. Auch in der Rheinbundzeit setzte *Grolman* seine Vorlesung über die „Theorie des Civilprocesses“ nach seinem Lehrbuch fort. Den französischen Code de procédure civile berücksichtigte er nicht und entsprach damit der Intention Großherzog Ludwigs I., zunächst nur den Code Napoleon, nicht aber den Code de procédure civile in Hessen-Darmstadt einzuführen. Die Vorlesung setzte *Grolman* bis zu seinem Wechsel nach Darmstadt im Jahre 1816 fort. Zwar wurde die Vorlesung „Die Theorie des Civil-Prozesses“ noch für das Wintersemester 1816/1817 angekündigt. Die Arbeiten *Grolmans* an der Zivilprozessordnung für Hessen-Darmstadt hinderten diesen aber, die Vorlesung zu halten.

II. Zivilprozessrechtliche Literatur

Neben der Strafrechtswissenschaft war *Grolman* auch auf dem Gebiet der Zivilprozessrechts literarisch tätig. Im Gegensatz zu *Gönner*, der seine nicht Gesetz gewordene Ausarbeitung eines Prozessgesetzes für Bayern als privaten Entwurf publizierte,[1192] liegt eine solche private Ausarbeitung eines Gesetzentwurfes von *Grolman* nicht vor. Als Vergleichsgrundlage zu dem von *Grolman* ausgearbeiteten Teil der hessischen Prozessordnung ist *Grolmans* Lehrbuch heranzuziehen. Seine „Theorie des gerichtlichen Verfahrens in bürgerlichen Rechtsstreitigkeiten“ war eine der ersten „wissenschaftlichen“ Bearbeitungen des Zivilprozessrechts.[1193] Neben einer anregenden Darstellung unterschied sich dieses Werk von älteren Lehrbüchern dadurch, dass es allgemeine Betrachtungen den besonderen voranstellte. Zudem war eine Anleitung zur Anfertigung prozessualer Arbeiten enthalten. Eine weitere Besonderheit dieses gemeinrechtlichen Lehrbuchs des Zivilprozesses war, dass *Grolman* seinem Werk einen vernunftrechtlichen Denkansatz zu Grunde legte, in dem er bei seinen Erörterungen den Zweck des Prozesses berücksichtigte.[1194] Insgesamt war dieses zivilprozessrechtliche Lehrbuch durch naturrechtliches Denken geprägt.[1195] *Grolman* rechtfertigte die „von

[1191] Köbler, Gießener juristische Vorlesungen, S. XCI.
[1192] Nörr, Das bernische Zivilprozessgesetzbuch, in: FS Elsener, S. 209.
[1193] Kleinheyer/ Schröder, Deutsche und Europäische Juristen, S. 175.
[1194] So auch Röger, Karl Ludwig Wilhelm von Grolman, S. 87.
[1195] So auch Nörr, Naturrecht und Zivilprozeß, S. 42.

dem bisherigen, so sehr abweichende Behandlungsart" der Zivilprozesslehre damit, dass die Theorie des gerichtlichen Verfahrens in bürgerlichen Rechtsstreitigkeiten noch sehr unvollkommen und ungenügend bearbeitet worden sei.[1196] Kein anderes Rechtsgebiet sei bis dato in der Wissenschaft so wenig behandelt worden.[1197] Dies war eine Kritik an den bisherigen erfolglosen Versuchen der Wissenschaft, aus der Natur der Sache ein System allgemeiner Regeln für das gerichtliche Verfahren aufzubauen.[1198] Die Neuartigkeit der Bearbeitungsweise führte allerdings zu einem Verzicht auf eine Auseinandersetzung mit der Literatur und der Rechtsprechung.[1199]
Obwohl *Grolman* ab 1803 in die hessischen Gesetzgebungsarbeiten involviert war und ihm 1817 die Ausarbeitung einer hessischen Zivilprozessordnung übertragen war, verfasste *Grolman* sein Lehrbuch über das gemeine – letztlich in ganz Deutschland Anwendung findende – Zivilprozessrecht. Zwar gebe es in Deutschland keine völlige Übereinstimmung im Verfahren in bürgerlichen Rechtsstreitigkeiten. Die Verfassung Deutschlands „als eines Staates" erfordere es aber, allgemeine, in ganz Deutschland und bei jedem deutschen Gericht geltende Regeln für das gerichtliche Verfahren aufzustellen.[1200] Nicht von der Darstellung umfasst wurde daher der „besondere deutsche Prozeß", unter den *Grolman* die sich aus den durch Landesgesetze, Ordnungen und Observanzen der einzelnen Gerichte begründeten Besonderheiten und den Reichsgerichtsprozess als spezielle Unterart fasste.[1201] Damit lehrte er die an den deutschen Universitäten vorherrschende Theorie des gemeinen Zivilprozesses. Trotz seiner partikularen Arbeiten war es auf der wissenschaftlichen Ebene *Grolmans* Anliegen, allgemeine Regeln für das gerichtliche Verfahren bei den deutschen Gerichten aufzustellen.[1202] Auch nach der Auflösung des Reiches war für ihn die Darstellung des gemeinen Rechts insofern gerechtfertigt, als der gemeine Prozess zwar formell nicht mehr bestünde, aber materiell in all den deutschen Territorien weitergelte, in denen keine Partikularrechte der Geltung entgegenstünden.[1203] *Grolman* stellte das gemeine Recht dar, ordnete den Stoff aber nicht mehr streng

---

1196 Grolman, Theorie des gerichtlichen Verfahrens 1, Vorrede S. VIf., VIII.
1197 Grolman, Theorie des gerichtlichen Verfahrens 1, Vorrede, S. VIII.
1198 Vgl. Bomsdorf, Prozeßmaximen und Rechtswirklichkeit, S. 108.
1199 Grolman, Theorie des gerichtlichen Verfahrens 1, Vorrede S. IXf.; vgl. auch Nörr, Naturrecht und Zivilprozeß, S. 43.
1200 Grolman, Theorie des gerichtlichen Verfahrens 2, § 7, S. 7f.
1201 Grolman, Theorie des gerichtlichen Verfahrens 2, § 7, S. 8.
1202 Grolman, Theorie des gerichtlichen Verfahrens 2, § 7, S. 8.
1203 Grolman, Theorie des gerichtlichen Verfahrens 4, § 7, S. 6f.

nach dem gemeinrechtlichen Lehrbestand, sondern berücksichtigte naturrechtliche Gesichtspunkte.[1204] Das Werk war so erfolgreich, dass es bis 1826, und damit auch nach der Aufgabe der Lehrtätigkeit durch *Grolman*, vier weitere Male aufgelegt wurde.

Grolman teilte sein Buch in drei Teile, die Einleitung, das erste und das zweite Buch, ein.
In der Einleitung besprach er zunächst den Begriff des gemeinen deutschen Zivilprozesses. Daran anschließend folgte eine Darstellung der Quellen und Hilfsmittel des Zivilprozesses. Quelle des gemeinen deutschen Zivilprozesses sei alles, woraus eine Lehre geschöpft werden müsse, letztlich der Wille des Gesetzgebers, also das Gesetz.[1205] Unmittelbare Rechtsquelle war für *Grolman* das positive Gesetz in Form der Reichsgesetze und der subsidiär geltenden kanonischen und römisch-Justinianischen Gesetzessammlung.[1206] Daneben erkannte *Grolman* aber auch die Natur der Sache als mittelbare gesetzliche Quelle an und eröffnete damit eine Möglichkeit des Einflusses des Naturrechts auf das positive Recht.[1207] Die Philosophie der Prozessgebungswissenschaft war für den Naturrechtler *Grolman* ein Hilfsmittel für die Anwendung der Lehre auf die praktischen Fälle.[1208] In der Einleitung definierte *Grolman* den Gegenstand des Zivilprozesses in Abgrenzung zum Strafprozess als Geltendmachung der Privatrechte des Bürgers gegen den Bürger („des Mein und Dein").[1209]

Das erste Buch enthielt in der ersten Abteilung die Präliminarlehre von den Personen und in der zweiten Abteilung die Präliminarlehre von den Gegenständen des Prozesses. Das erste Kapitel der ersten Abteilung handelte von den Gerichten; als Unterpunkte wurden im ersten Titel die Gerichtspersonen und im zweiten Titel die Zuständigkeiten der Gerichte und der Instanzen behandelt.[1210] In dem zweiten Kapitel stellte er die Personen, die vor Gericht auftreten (die „streitenden Theile"), d.h. die Parteien, die Prokuratoren und die Advokaten, dar.[1211] In der zweiten Abteilung erfolgte eine kurze Erklärung über den Gegen-

---

1204 Röger, Karl Ludwig Wilhelm von Grolman, S. 82.
1205 Grolman, Theorie des gerichtlichen Verfahrens 4, § 9, S. 8.
1206 Grolman, Theorie des gerichtlichen Verfahrens 2, § 10, S. 10.
1207 So auch Röger, Karl Ludwig Wilhelm von Grolman, S. 82.
1208 Grolman, Theorie des gerichtlichen Verfahrens 2, § 13, § 15, S. 12ff.
1209 Grolman, Theorie des gerichtlichen Verfahrens 2, § 8, S. 8.
1210 Grolman, Theorie des gerichtlichen Verfahrens 2, §§ 27ff., S. 25ff., §§ 34ff., S. 39ff.
1211 Grolman, Theorie des gerichtlichen Verfahrens 2, §§ 54-69, S. 72ff.

stand der Gerichtsverhandlung. Die Voranstellung einer Präliminarlehre als solche war dabei keine Neuerung.[1212]

Die naturrechtlichen Besonderheiten finden sich im zweiten Buch. Neu in der prozessualen Lehre war die Schaffung eines Allgemeinen Teils.[1213] *Grolman* differenzierte in diesem zweiten Buch bereits im Jahre 1800 zwischen einem Allgemeinen und einem Besonderen Teil des Prozessrechts.[1214] Der erste Teil des zweiten Buches behandelte die Ordnung und die Einrichtung des Verfahrens im Allgemeinen. Im zweiten Teil besprach *Grolman* die Ordnung und die Art des Verfahrens, untergliedert nach den einzelnen Prozessarten. Die Differenzierung erläuterte *Grolman* in der Einleitung seines Werkes. In § 25 enthielt sein Lehrbuch einen Abschnitt, in dem er aus der Annahme heraus, dass es aus den positiven Gesetzen und der Natur der Sache abzuleitende prozessuale Grundregeln gebe, die Notwendigkeit eines für alle Prozessarten geltenden, diesen vorangestellten allgemeinen Teil entwickelte.[1215] So begründete *Grolman* diese Notwendigkeit eines Allgemeinen Teils in einem Prozessrechtslehrbuch mit der Tatsache, dass es „aus unseren Gesetzen und der Natur der Sache abzuleitende proceßualische Grundregeln gebe, welche in jeder Proceßart ihre Anwendung finden müßen und deren Kenntniß demnach vieles beytragen muß, um die Natur der einzelnen verschiedenen Proceßarten ganz verstehen und richtig beurtheilen zu lernen; - wenn es gewiß ist, daß sich allgemeine Regeln über die Einrichtung sowohl aller möglichen prozeßualischen Handlungen, als auch jeder bestimmten Art dieser Handlungen müssen aufstellen lassen, durch deren Erörterung die Lehre von der Errichtung jeder einzelnen Handlung nicht nur ungemein an Deutlichkeit gewinnen muß, sondern auch alle unnöthige Wiederholungen vermieden werden können; (...)“[1216]. Aus seiner Annahme, dass es Handlungen gebe, die bei jeder Art des Prozesses vorkommen, die aber in keinem Prozess zwingend an einer Stelle geordnet sein müssten, folgerte *Grolman*, dass ein allgemeiner Teil zu entwickeln und den besonderen Regelungen voranzustellen sei.[1217] Über diesen Ansatzpunkt gelang es *Grolman*, seine naturrechtlichen Gedanken in die Theorie des gemeinen Zivilprozessrechts einfließen zu lassen.

[1212] So auch Röger, Karl Ludwig Wilhelm von Grolman, S. 92.
[1213] Nörr, Naturrecht und Zivilprozeß, S. 42.
[1214] So auch Dölemeyer, Theorie eines natürlichen Zivilprozeßrechts, S. 256f.
[1215] So auch Bomsdorf, Prozeßmaximen und Rechtswirklichkeit, S. 109.
[1216] Grolman, Theorie des gerichtlichen Verfahrens 2, § 25, S. 23.
[1217] Grolman, Theorie des gerichtlichen Verfahrens 2, § 25, S. 23.

In dem zweiten Buch finden sich als weitere naturrechtliche Neuheiten Erläuterungen zu dem Prozesszweck und erste Ansätze zu der Formulierung der später so genannten Verhandlungsmaxime. Zu Beginn des zweiten Buches warf *Grolman* – wie viele naturrechtliche Autoren[1218] – die Frage nach dem Prozesszweck auf. Diesen sah er in der Verwirklichung der Rechte des einzelnen. Endzweck eines jeden gerichtlichen Verfahrens sei der Schutz der durch den Staat garantierten Rechte des einzelnen durch richterliche Hilfe.[1219] Zuvor war unproblematisch angenommen worden, dass der Zivilprozess sowohl dem Einzelnen wie auch dem Staat diene.[1220] In § 78 seines Lehrbuches entwickelte *Grolman* neue, dem gemeinen Recht fremde Grundlagen hinsichtlich der Verhandlung. Ausgehend von der Annahme, dass jeder Bürger über die Geltendmachung seiner Rechte frei entscheiden könne, folgerte *Grolman*, dass der Staat auch nur dasjenige Recht des Bürgers schützen dürfe, das der Bürger vom Staat geschützt zu werden verlange.[1221] Daher könne es kein Verfahren von Amts wegen im Zivilprozess geben. Ein zivilrechtliches Verfahren würde allein durch die Erklärung des Fordernden veranlasst. *Grolman* bereitete damit in seinem Lehrbuch die letztendlich von *Gönner* aufgestellte Verhandlungsmaxime vor.[1222] Ein Jahr nach dem Erscheinen von *Grolmans* Lehrbuch (1801) leitete *Gönner* in seinem „Handbuch des deutschen gemeinen Prozesses" die Prozessmaximen ab.[1223] Den von *Gönner* entwickelten Begriff der Verhandlungsmaxime griff *Grolman* bereits in der zweiten Auflage seines Lehrbuchs von 1803 auf. In einer Fußnote zu seiner Darstellung der Hauptbestandteile der Verhandlung bezeichnete *Grolman* den von *Gönner* gewählten Begriff der Verhandlungsmaxime als zutreffend.[1224]

Grolman sprach sich in seinem Buch nicht für die Einführung des mündlichen Verfahrens im Zivilprozess aus. Er schrieb ein Buch über den gemeinen Prozess und stellte das dort übliche schriftliche Verfahren dar. Im zweiten Kapitel des zweiten Buches besprach er die Regeln über die Errichtung prozessualer Arbeiten. Ausführlich legte er dar, wie und in welcher Form Prozessschriften („De-

---

1218 Vgl. Dölemeyer, Theorie eines natürlichen Zivilprozeßrechts, S. 263.

1219 Grolman, Theorie des gerichtlichen Verfahrens 2, § 74, S. 117.

1220 Bomsdorf, Prozeßmaximen und Rechtswirklichkeit, S. 109.

1221 Grolman, Theorie des gerichtlichen Verfahrens 1, § 78, S. 103f.

1222 So auch Kleinheyer/ Schröder, Deutsche und Europäische Juristen, S. 175; Bomsdorf, Prozeßmaximen und Rechtswirklichkeit, S. 122ff.; Röger, Karl Ludwig Wilhelm von Grolman, S. 93.

1223 Nörr, Naturrecht und Zivilprozeß, S. 42.

1224 Grolman, Theorie des gerichtlichen Verfahrens 2, § 78, S. 127, Fn. (b).

ductionen") zu verfassen seien.[1225] Allein einen kurzen Abschnitt widmete *Grolman* dem mündlichen Vortrag („Recessiren"), da die Vorträge der Parteien nicht immer schriftlich übergeben werden könnten.[1226] Insbesondere bei unteren Gerichten sei es üblich, dass die Parteien mündlich vortrügen.[1227] Auch die Frage nach der Öffentlichkeit des Verfahrens behandelte Grolman in seinem Lehrbuch nicht.

III. Ansicht zur Zivilprozessgesetzgebung

Die Schaffung einer Prozessordnung erschien *Grolman* besonders wichtig. Die Art und Weise des gerichtlichen Verfahrens sei ein wichtiger Gegenstand der Gesetze und viele zur Errichtung des Verfahrens wesentliche Punkte könnten nicht anders als durch positive Gesetze (hier durch Prozessordnungen) bestimmt werden.[1228] Seine Ansicht begründete er mit einer Pflicht des Staates gegenüber seinen Bürgern und den Interessen der Gesellschaft.[1229] Der Staat müsse den Bürger vor der individuellen Willkür der Richter schützen. Das Interesse der bürgerlichen Gesellschaft erfordere einen gleichförmigen und schleunigen Gang der Justiz. Diese Ansicht hatte *Grolman* bereits vor seiner Beteiligung an den Gesetzgebungsarbeiten in seinem Lehrbuch geäußert und in den Folgeauflagen nahezu unverändert beibehalten.[1230]

Um die Theorie des gerichtlichen Verfahren eines bestimmten Staates zu entwickeln, sei es zudem erforderlich, den „Geist der Gesetze" des bestimmten Staates über das gerichtliche Verfahren darzustellen. Hieraus würde dann die Theorie des in diesem Staate geltenden Prozesses entwickelt werden.[1231]

D. Die Reaktion der Universität

I. Die Reaktion auf den Verlust Grolmans als Professor

Im November 1816 teilte das Ministerium in Darmstadt der Universität seine Hoffnung mit, dass die bei der Beauftragung *Grolmans* zur Ausarbeitung eines neuen Zivilgesetzbuches und einer neuen Zivilprozessordnung ausgesprochene

---

[1225] Grolman, Theorie des gerichtlichen Verfahrens 2, §§ 102-120, S. 196-222.
[1226] Grolman, Theorie des gerichtlichen Verfahrens 2, § 121, S. 222.
[1227] Grolman, Theorie des gerichtlichen Verfahrens 2, § 121, S. 222.
[1228] Grolman, Theorie des gerichtlichen Verfahrens 5, § 3, S. 3f.
[1229] Grolman, Theorie des gerichtlichen Verfahrens 5, § 3, S. 3.
[1230] Vgl. Grolman, Theorie des gerichtlichen Verfahrens 2, § 3, S. 4f und Theorie des gerichtlichen Verfahrens 5, § 3, S. 3f.
[1231] Grolman, Theorie des gerichtlichen Verfahrens 2, § 3, S. 5.

Befreiung desselben von seinen universitären Pflichten nicht das ganze laufende Semester andauern werde: „ (...) man hoffe, das Kanzler v. Grolman (...) nicht für das ganze laufende Semester entzogen seye“[1232]. Dennoch war der Wechsel *Grolmans* nach Darmstadt im Jahre 1816 ein endgültiger Abschied von seiner Professorentätigkeit. *Grolman* hielt in dem Wintersemester 1816/1817 keine Vorlesung. Auch im nächsten Semester las *Grolman* nicht.

Da *Grolman* gerade auch auf Grund seiner im wesentlichen frei gehaltenen Vorlesungen sowie seines fachlichen Wissens einer der populärsten Professoren der Juristischen Fakultät gewesen war, kam bei den Studenten Unmut auf. Die Studenten richteten daher im Januar 1817 eine Bitte an den Rektor der Universität, sich in Darmstadt für die baldige Rückkehr *Grolmans* an die Universität einzusetzen.[1233] Im Ergebnis vergeblich bat der Rektor der Ludoviciana mit Schreiben vom 8. Januar 1817 – unter Beifügung der Bitte der Studenten – das Darmstädter Ministerium um die Rückkehr *Grolmans*, wobei er die unausbleiblichen Folgen des Verlustes *Grolmans* für die Universität hervorhob.[1234] Zu der Beendigung der Misere schlug der Rektor vor, die Gesetzgebungskommission nach Gießen zu verlegen, damit sich *Grolman* täglich eine oder zwei Stunden der Lehre widmen könne.[1235] Dieser Wunsch wurde nicht erfüllt. Allerdings hoffte die Universität weiter auf eine Rückkehr *Grolmans*. Noch in den Vorlesungsverzeichnissen des Sommersemester 1818 bis einschließlich des Sommersemesters 1819 wurde darauf hingewiesen, dass „der Kanzler der Universität, Dr. von Grolman, seine Vorlesungen nach Beendigung des ihm übertragenen vorübergehenden Geschäfts anzeigen“ werde.[1236] Dies ließen seine Darmstädter Geschäfte aber nicht mehr zu.

II. Die Reaktion auf die neuen Gesetzgebungsarbeiten

1. Auswirkungen auf die eigene Lehre

Wie bereits oben festgestellt,[1237] kehrte *Grolman* nach seinem Wechsel nach Darmstadt nicht mehr als Rechtslehrer an die Ludoviciana zurück. Auf seine eigene Lehrtätigkeit hatte seine Beteiligung an den Gesetzgebungsarbeiten inso-

---

1232 Schreiben vom 13. November 1816, UAGi jur. K 7 (Personalakte Karl von Grolman).
1233 Schreiben vom 8. Januar 1817, UAGi jur. K 7 (Personalakte Karl von Grolman).
1234 Esselborn, Hessische Lebensläufe: Grolman, S. 129f.
1235 Vgl. Esselborn, Grolman, S. 458.
1236 Vorlesungsverzeichnisse ab SS 1819, abgedruckt bei Köbler, Gießener juristische Vorlesungen, S. 157ff.
1237 Siehe oben Dritter Teil § 8 D. I.

fern keine Auswirkung. Aber auch auf sein gemeinrechtliches Lehrbuch, welches *Grolman* noch bis 1819 in mehreren Auflagen fortsetzte, hatten die Arbeiten keine Auswirkungen. Er schrieb weiterhin ein Lehrbuch des gemeinen Zivilrechts, wobei er auch nach wie vor alle partikularen Besonderheiten bewusst ausklammerte.

Allerdings wollte *Grolman* – was sich aus dem Vorwort zur vierten Auflage seiner „Theorie des gerichtlichen Verfahrens in bürgerlichen Rechtsstreitigkeiten" ergibt – die Gesetzgebungsarbeiten der deutschen Einzelstaaten in sein Werk einfließen lassen.[1238] Da er von der Wahrscheinlichkeit ausging, dass in machen deutschen Einzelstaaten das öffentliche und mündliche Verfahren eingeführt würde, wollte er diese Verfahrensform in seinem Lehrbuch behandeln.[1239] Seine „überhäuften" Amtsgeschäfte verhinderten aber eine entsprechende Bearbeitung dieser Verfahrensform in seinem Lehrbuch.[1240] Daher ist ein Einfluss der Gesetzgebungsarbeiten auf *Grolmans* Lehre insofern zu bejahen, als die aus den Gesetzgebungsarbeiten folgende starke Beanspruchung zur Folge hatte, dass Innovationen keine Berücksichtigung finden konnten. In den Neuauflagen seiner bereits vergriffenen Bücher musste sich *Grolman* auf die Korrektur von Formfehlern beschränken. Deutlich wird dies an *Grolmans* Theorie des gerichtlichen Verfahrens in bürgerlichen Rechtsstreitigkeiten. Bereits die dritte Auflage seiner Theorie des gerichtlichen Verfahrens aus dem Jahre 1810 konnte *Grolman* auf Grund der Bearbeitung des Napoleonischen Zivilrechts nicht vollständig revidieren.[1241] Bei der Bearbeitung der vierten und fünften Auflage von 1819 und 1825 war *Grolman* nicht mehr Professor an der Ludoviciana. Seine Amtsgeschäfte führten dazu, dass letztlich nur noch Formfehler verbessert wurden.

2. Auswirkungen auf den Rechtsunterricht an der Ludoviciana

Die von *Grolman* ausgearbeitete Zivilprozessordnung erlangte nie Gesetzeskraft und wurde folglich nicht Teil des Lehrplans. Obwohl die Abschnitte über das gewöhnliche Verfahren bei den Stadt- und Landgerichten sowie bei den Mittelgerichten veröffentlicht wurden, damit die Justizbeamten sich bereits mit den neuen Gesetzen vertraut machen konnten,[1242] wurden diese nicht in die zivilpro-

---

[1238] Grolman, Theorie des gerichtlichen Verfahrens 4, Vorrede, S. XVI.
[1239] Grolman, Theorie des gerichtlichen Verfahrens 4, Vorrede, S. XVI.
[1240] Grolman, Theorie des gerichtlichen Verfahrens 4, Vorrede, S. XVI.
[1241] Vorrede zur dritten Aufl. in Grolman, Theorie des gerichtlichen Verfahrens 5, Vorrede, S. XIIf.
[1242] Vgl. Esselborn, Grolman, S. 460.

zessualen Vorlesungen der Ludoviciana eingegliedert. Es wurde weiterhin der gemeine bürgerliche Prozess gelesen. Im Gegensatz zu dem Code Napoleon wurde das ABGB, welches durch die Verfügung vom 4. November 1816 in Hessen-Darmstadt eingeführt werden sollte, nie an der Ludoviciana gelesen.

Die Lehre *Grolmans* beherrschte allerdings weiter den Lehrplan der Landesuniversität. In der Zeit seiner Abwesenheit übernahm Professor *Stickel* die Vorlesung „Theorie des Civilprocesses" und trug dieselbe nach dem *Grolmanschen* Lehrbuch vor. Auch nach dem endgültigen Wechsel *Grolmans* nach Darmstadt im Jahre 1819 wurde an der Ludoviciana nach seinen Ansichten gelehrt, in dem den Vorlesungen seine Lehrbücher zu Grunde gelegt wurden. So wurde das gemeine Zivilprozessrecht weiterhin nach seinem Lehrbuch gelesen, ebenso das Strafprozessrecht und das Strafrecht. Erst die Ernennungen *Lindelofs* und *Lindes* zu ordentlichen Professoren an der Ludoviciana beendeten die Vorlesungen im Zivilprozessrecht nach *Grolman*. Diese lehrten ab dem Sommersemester 1824 den „gemeinen teutschen bürgerlichen Prozeß" nach *Martin* bzw. legte *Linde* seinen Vorlesungen sein eigenes Lehrbuch zu Grunde.

III. Wechselwirkung zwischen Lehre und Gesetzgebungsarbeiten

Bei seinen Arbeiten zu einer hessisch-darmstädtischen Prozessordnung sind gewisse Auswirkungen der Lehre *Grolmans* auf seine Gesetzgebungsarbeiten zu erkennen. Gemeinsam mit *Gönner* und *Almendingen* gehörte *Grolman* zu den Prozessualisten, durch die es im gemeinrechtlichen 19. Jahrhundert zu einen Wendepunkt der Prozessrechtswissenschaft kam.[1243] Es war zu einer Weiterentwicklung des Prozessrechts gekommen. *Grolman* hatte ein gemeinrechtliches Lehrbuch zum Zivilprozess geschrieben. Durch das Herausarbeiten eines Allgemeinen Teils, die Erarbeitung des Prozesszwecks und die Entwicklung von Prozessmaximen verknüpfte der Vertreter des jüngeren Naturrechts *Grolman* seine naturrechtlichen Ansichten mit dem gemeinen Recht.

Die Ergebnisse seiner wissenschaftlichen Arbeit konnte *Grolman* durch die Ausarbeitung des Entwurfs einer hessischen Zivilprozessordnung in der Praxis umsetzen. Dabei waren es zunächst seine naturrechtlichen Ansichten, die er in positives Recht umsetzte. *Grolmans* Gesetzentwurf ist aber nicht allein aus der

---

[1243] Nörr, Naturrecht und Zivilprozeß, S. 41.

bloßen Vernunft abgeleitet. Vielmehr entwickelte *Grolman* ihn auf der Grundlage des vorherrschenden gemeinen Prozesses.

Grolman verwirklichte in den Gerichtsordnungen seine Ansicht über die Erforderlichkeit eines Allgemeinen Teils einer Prozessordnung, den er bereits in seinem Lehrbuch „Theorie des gerichtlichen Verfahrens“ (1800) entwickelt hatte. Zwar wurden die Gesetzgebungsarbeiten beendet, bevor *Grolman* den Entwurf eines Allgemeinen Teils vorgelegt hatte. Fest steht aber, dass eine solcher Allgemeiner Teil geschaffen werden sollte. Er sollte nach der Beendigung des Besonderen Teils ausgearbeitet werden. Dabei entsprach der geplante Aufbau des Allgemeinen Teils der Zivilprozessordnung in seiner Reihenfolge der Darstellung der Präliminarlehre in *Grolmans* gemeinrechtlichem Lehrbuch.

Die von *Grolman* bereits auf der Gießener Konferenz erhobene Forderung nach der Einführung des Mündlichkeitsgrundsatzes im Zivilprozess, war in die Verordnung vom 1. Dezember 1817 aufgenommen worden. *Grolman* setzte die theoretische Forderung in Art. 2 seines Entwurfs einer Ordnung des gewöhnlichen Verfahrens bei den Stadt- und Landgerichten um. Dass die naturrechtlichen Aspekte unmittelbaren Eingang in den Gesetzentwurf fanden, zeigen hierbei gerade auch *Grolmans* Erläuterungen zu diesem Art. 2 mit der Natur der Sache, die sich in seinen Motiven wieder findet. Hatte *Grolman* in seinem Lehrbuch nicht den Begriff „Verhandlungsmaxime“ verwendet, so hatte er dennoch die Grundzüge, die die Verhandlungsmaxime ausmachen, beschrieben. Auch der Gesetzentwurf zu einer Zivilprozessordnung geht von der Verhandlungsmaxime als Grundprinzip aus. Insofern verwirklichte *Grolman* die aus dem jüngeren Naturrecht stammenden Forderungen.

E. Resümee

Die nach dem Wiener Kongress begonnenen Gesetzgebungsarbeiten waren Kodifikationsarbeiten im engeren Sinne. Das vorderste Ziel war die Vereinheitlichung des bestehenden Rechtszustandes, um die alten und neuen Landesteile zu vereinigen. Dazu sollten laut der Verfügung vom 4. November 1816 einheitliche Gesetzbücher zunächst auf dem Gebiet des Zivilrechts und des Zivilprozessrechts geschaffen werden. Dass zu einer Vereinheitlichung des Rechtszustandes auch Kodifikationen auf den Gebieten des Strafrecht und des Strafprozessrechts erforderlich waren, wurde in der Verordnung vom 1. Dezember 1817 berücksichtigt.

In der Zeit nach dem Wiener Kongress kam es in vielen deutschen Territorien zu Gesetzgebungsarbeiten auf dem Gebiet des Zivilprozessrechts. Diese veranlassten wiederum wissenschaftliche Schriften, z.B. über die Einführung der Öffentlichkeit.[1244] Bei den legislativen Arbeiten gab es in den deutschen Territorien verschiedene Ansätze.[1245] In Hessen-Darmstadt war das Ziel, eine Gesetzgebung zu schaffen, die die links- wie auch die rechtsrheinisch geltenden Besonderheiten berücksichtigte.[1246] Bereits in der Verordnung vom 1. Dezember 1817, die die Grundzüge für die künftigen Gesetze festlegte, hatte die Gesetzgebungskommission versucht, die Verschiedenartigkeit der Verfassungen links und rechts des Rheins in Einklang zu bringen. Bei den Einrichtungen sollte die bessere als gemeinsame Einrichtung vorgeschlagen werden. Dies zeigt sich bei der Einführung des Grundsatzes der Mündlichkeit. Während bei der ersten Instanz an den Stadt- und Landgerichten eine gewisse Kontrolle des mündlichen Prozesses durch gerichtliche Protokolle erreicht werden sollte, schlug *Grolman* für die erste Instanz an den kollegial besetzten Mittelgerichten das nach dem Code de procédure vorhandene schriftliche Vorverfahren vor.

Die Gesetzgebungsarbeiten wurden nicht einer Person, sondern einer Gesetzgebungskommission übertragen. Bei der Auswahl der Kommissionsmitglieder wurde nicht ausschließlich auf Professoren der Landesuniversität zurückgegriffen. Dem Professor der Rechte *Grolman*, der zum Vorsitzenden der Kommission ernannt wurde, stellte das Ministerium vier Praktiker zur Seite. Allerdings teilte die Kommission ihre Arbeit so auf, dass *Grolman* die Ausarbeitung einer Zivilprozessordnung allein übertragen wurde. Alle Mitglieder der Gesetzgebungskommission waren Landesbeamte. Erstmals wurden sie zur Erledigung ihrer Arbeiten von ihren sonstigen Berufungsgeschäften freigestellt.

Grolman konnte seine naturrechtlichen Ansichten in dem Gesetzentwurf umsetzen. Naturrechtliche Auswirkungen zeigen sich in der Einführung eines Allgemeinen Teils, des Grundsatzes der Mündlichkeit sowie der Verhandlungsmaxi-

---

[1244] Vgl. Mittermaier, Der deutsche Proceß, in: AcP 12 , S. 366, S. 369ff.
[1245] Vgl. hierzu Mittermaier, Der deutsche Proceß, in: AcP 12, S. 367f.
[1246] So auch Mittermaier, Der deutsche Proceß, in: AcP 12, S. 368.

me. Der Grundsatz der Öffentlichkeit findet sich in der Verordnung vom 1. Dezember 1817.

Die Gesetzgebungsarbeiten hatten keinen erkennbaren Einfluss auf die Lehre. Weder wurden sie Vorlesungsgegenstand, noch fanden sie in dem Lehrbuch *Grolmans* Erwähnung. Allerdings wollte *Grolman* die Ergebnisse legislativer Arbeiten der deutschen Einzelstaaten berücksichtigen, was sich aus dem Vorwort zur vierten Auflage seiner „Theorie des gerichtlichen Verfahrens in bürgerlichen Rechtsstreitigkeiten" ergibt. Da er davon ausging, dass das mündliche und öffentliche Verfahren in deutschen Einzelstaaten eingeführt würde, wollte er diese Verfahrensform in seinem Lehrbuch behandeln. Dies scheiterte an seinen umfangreichen Berufungsgeschäften. Insofern führte die Beteiligung an den Gesetzgebungsarbeiten dazu, dass *Grolman* seine schriftstellerischen Arbeiten vernachlässigen musste. Die Annahme *Grolmans*, dass deutsche Einzelstaaten den Grundsatz der Öffentlichkeit und der Mündlichkeit einführen würden, war auch in den hessischen Arbeiten begründet. *Grolman* schrieb das Vorwort im Jahre 1819. Zu diesem Zeitpunkt waren die ersten Teile von *Grolmans* Entwurf zu einer Zivilprozessordnung bereits veröffentlicht, so dass *Grolman* davon ausgehen konnte, dass die Zivilprozessordnung in naher Zukunft in Hessen-Darmstadt in Kraft treten würde. Insofern ist festzustellen, dass die aktuellen Gesetzgebungsarbeiten Einfluss auf *Grolmans* Lehrbuch haben sollten. Die Einarbeitung scheiterte aber gerade an den umfangreichen Berufsgeschäften.

Vierter Teil

Zusammenfassung und Schlussbetrachtung

Bereits Anfang des 19. Jahrhunderts waren die Gesetzgebungsversuche in Hessen-Darmstadt so zahlreich, dass von einer beginnenden partikularen Gesetzgebungswelle gesprochen werden kann. Auf den Gebieten des Zivilrechts, des Strafrechts und der Prozessrechte wurden Gesetzesentwürfe ausgearbeitet. Diese Arbeiten entstanden im beginnenden 19. Jahrhundert, welches durch erhebliche politische, soziale und wirtschaftliche Umwälzungen, durch Veränderungen im Denken der Rechtswissenschaftler sowie durch ein Drängen, den Rechtsstoff durch Gesetze auf vielen Gebieten neu zu fassen gekennzeichnet ist.[1247] Auch in Hessen-Darmstadt finden sich diese typischen Charakteristika wieder und stehen dabei in einem engen Zusammenhang zueinander.
Die territorialen und politischen Veränderungen bis 1820 führten zu einem Zustand, in dem die Forderung nach einheitlichen Gesetzen, die in allen Teilen des Landes Geltung haben sollten, erhoben wurde. Die Gesetzgebung wurde als ein Mittel zur Überwindung der Rechtsunsicherheit und der Rechtszersplitterung angesehen. Zudem konnte durch neue Gesetze das Zivilrecht, das Strafrecht und das Prozessrecht modernisiert werden. Diese Rechtsgebiete waren von Grundsätzen gekennzeichnet, die in einer stark im Wandel befindlichen Zeit als veraltet und überholt verstanden wurden. Die Forderung nach einheitlichen Gesetzen ging folglich aus praktischen Bedürfnissen hervor.

An jeder Ausarbeitung der Gesetzesentwürfe beteiligte die Staatsregierung in Darmstadt Professoren der Landesuniversität. Dies zeigt zum einen, welche Anforderungen die Staatsregierung an die Professoren der Landesuniversität stellte. Zum anderen zeigt sich hierbei, dass die Professoren nicht allein auf die Lehre beschränkt waren, sondern in einer Umbruchzeit ein Bindeglied zwischen Theorie und Praxis waren. Der Grund für die Beteiligung der Professoren an den Gesetzgebungsarbeiten lag in den besonderen Rechtskenntnisse der Professoren, die sich der Staat zu Nutze machte. Bei der Beteiligung der Professoren an Gesetzgebungsarbeiten ist eine Besonderheit darin zu sehen, dass in der Zeit bis 1820 vor allem Naturrechtler – die Professoren *Höpfner* und *Grolman* – mit den Gesetzgebungsarbeiten beauftragt wurden. Beide setzten sich als Vertreter der Gesetzgebungswissenschaft theoretisch mit der Entstehung von Gesetzen aus-

[1247] Schröder, R., Kodifikationsgeschichte Strafrecht, S. 5.

einander. An diesen Professoren lässt sich der Wandel in der Naturrechtslehre aufzeigen. Während sich bei *Höpfner* als einem Vertreter des älteren Naturrechts keine Anhaltspunkte dafür finden, dass er die Gesetzgebungsarbeiten nutzte, um seine Lehre in positive Gesetze umzusetzen, war das wissenschaftliche Werk *Grolmans* nicht auf die Theorie beschränkt. *Grolman* versuchte den Beweis zu führen, dass seine Strafrechtstheorie in die Praxis umgesetzt werden könnte. Mit der Beteiligung an den Gesetzgebungsarbeiten wurde *Grolman* und auch *Jaup* die Möglichkeit gegeben, ihre theoretischen Erkenntnisse in positives Recht umzusetzen. Geht man mit *Schwarz* davon aus, dass die „schöpferischen Kräfte des Rechts" die Gesetzgebung, die Rechtsprechung und die Rechtswissenschaft sind, die sich im Idealfall in einem gesunden Gleichgewicht gegenseitig ergänzen sollten,[1248] so ist in Hessen-Darmstadt auf Grund der direkten Beteiligung der Professoren an der Ausarbeitung der Gesetze der Fall gegeben, dass die Professoren aus ihrer akademischen Sphäre heraustraten und in der Sphäre der Gesetzgebung erhöhte Bedeutung erlangten.[1249] Allerdings mussten immer auch die Interessen des Landesherrn berücksichtigt werden.

Die Gesetzgebungsarbeiten dienten den Professoren aber nicht nur dazu, ihre theoretischen Ansichten in positives Recht umzusetzen. Die Beteiligung an Gesetzgebungsarbeiten war für sie der Ausgangspunkt für einen Aufstieg in hohe Beamtenpositionen in Darmstadt. Trotz des – auch theoretischen – Interesses der Professoren an der Gesetzgebung wurde das partikulare Recht nicht in den Vorlesungen behandelt. Allein in der Rheinbundzeit wurden Vorlesungen über den Code Napoleon gehalten, allerdings auf Grund eines Eingriffs des Landesherrn in den Lehrplan. Interessanterweise hatte auch der Kodifikationsstreit keine Auswirkung auf die partikularen Gesetzgebungsarbeiten bis 1820. Die Arbeiten wurden nicht deswegen eingestellt. Zu dem Kodifikationsstreit zwischen *Savigny* und *Thibaut* bezog auch weder *Grolman* noch *Jaup* Stellung.

[1248] Schwarz, Professoren und Rechtsentwicklung, S. 198.

[1249] Vgl. Schwarz, Professoren und Rechtsentwicklung, S. 199.

§ 9 Bewertung der Kodifikationsversuche

Wie in vielen deutschen Einzelstaaten wurden in Hessen-Darmstadt seit Ende des 18. Jahrhunderts zahlreiche Versuche unternommen, den Rechtszustand zu vereinheitlichen und zu vereinfachen. Während die erste Gesetzgebungsarbeit, die im Rahmen von *Mosers* Reformprogramm begonnen wurde, noch nicht als Kodifikation bezeichnet werden kann, waren die folgenden Gesetzgebungsarbeiten auf Grund ihrer (nahezu) abschließenden Regelungen, ihrem Anspruch auf Verständlichkeit und ihres systematischen Aufbaus, Kodifikationsarbeiten im engeren Sinn. Zunächst stand kein Rechtsgebiet im Vordergrund. Alle partikularen Gesetzgebungsversuche des beginnenden 19. Jahrhunderts waren – ausgenommen der Versuch der Einführung des Code Napoleon – darauf gerichtet, das Zivilrecht, das Strafrecht und die Prozessrechte zu kodifizieren. Bedingt waren die Kodifikationsarbeiten dabei in der innenpolitischen Situation Hessen-Darmstadts. Sie standen zumeist im Kontext mit den territorialen Veränderungen.

A. Die einzelnen Gesetzgebungsvorhaben

I. Die Einführung eines Landrechts

Dem ersten Gesetzgebungsversuch lag ein Reformprogramm zu Grunde, mit dem die Verbesserung der Rechtssicherheit sowie die bessere Verständlichkeit des Rechts erreicht werden sollte. Dieses war in der schlechten innenpolitischen Lage Hessen-Darmstadts begründet. Geplant war, in einem ersten Schritt das bestehende Recht zu sammeln und in einem zweiten Schritt, unter Berücksichtigung der preußischen Kodifikationsarbeiten, ein Landrecht auszuarbeiten. Bei diesen Arbeiten wurde noch nicht der Anspruch auf ein vollständiges und systematisches Gesetzbuch erhoben. Allerdings leiteten die Arbeiten mit den Forderungen nach Verständlichkeit und Rechtssicherheit in eine Epoche partikularer Kodifikationsarbeiten in Hessen-Darmstadt über. Letztlich wurden die Arbeiten durch den Tod des Bearbeiters *Höpfners* beendet.

II. Die Gesetzgebungsarbeiten nach dem Reichsdeputationshauptschluss

Die erheblichen Gebietsveränderungen in Hessen-Darmstadt in Folge des Reichsdeputationshauptschlusses machten eine staatliche Neuordnung erforderlich. Die Rechtsvereinheitlichung auf den Gebieten des Zivilrechts, des Strafrechts und des Prozessrechts diente dem Regenten als Mittel zur Verbindung der alten und der neuen Landesteile. In § 5 des ersten Organisationsedikts vom 12. Oktober 1803 wurde die Ausarbeitung eines Zivil- und eines Kriminalgesetzbuchs festgeschrieben. In der Oberappellationsgerichtsordnung vom 5. August 1804 wurde eine allgemeine Gerichts- und Prozessordnung in Aussicht gestellt. Kriegerische Auseinandersetzungen verhinderten aber, dass die Gesetzgebungsarbeiten zu Ende geführt werden konnten. Es war allein ein Entwurf zu einem hessischen Strafgesetzbuchs vorgelegt worden. In § 1 des Entwurfes war das Verhältnis des neuen Gesetzes zum bisher geltenden Recht insofern geregelt, als alle landesgesetzlichen Bestimmungen in Bezug auf das Strafverfahren aufgehoben werden sollten. Mit Ausnahme der subsidiären Weitergeltung einiger Vorschriften der Carolina sollte das Gesetz abschließend sein.

III. Das Gesetzgebungsvorhaben in der Rheinbundzeit

In der Rheinbundzeit kam es ebenfalls zu Kodifikationsarbeiten, allerdings allein auf dem Gebiet des Zivilrechts. Der Code Napoleon sollte als Zivilgesetzbuch in Hessen-Darmstadt eingeführt werden. Diese Arbeiten waren keine typischen partikularen Gesetzgebungsarbeiten, die vom Landesherrn auf Grund der inneren Situation des Landes und zum Wohle der Bürger angeordnet wurden. Sie weisen insofern Besonderheiten auf, als sie zum einen auf äußeren Druck, genauer auf Drängen Napoleons hin, durchgeführt wurden. Zum anderen war die Aufgabe der Gesetzgebungskommission nicht allein darauf beschränkt, das französische Zivilrecht unter Berücksichtigung der einheimischen Verhältnisse in Hessen-Darmstadt einzuführen. Die Arbeiten waren eingegliedert in das Projekt einer territorienübergreifenden Einführung des Code Napoleon in mehreren Rheinbundstaaten. Da auch Nassau und das Großherzogtum Frankfurt unter dem Druck Napoleons das französische Zivilgesetzbuch einführen wollten, versuchten die drei Territorien durch eine einheitliche Einführung des Code Napoleon zu einer Vereinheitlichung des Zivilrecht in ihren Territorien zu gelangen. Damit konnten nicht allein die Interessen Hessen-Darmstadts berücksichtigt werden. Vielmehr mussten Kompromisse eingegangen werden. Dennoch hatten auch die Arbeiten zur Einführung des Code Napoleon das Ziel, eine einheitliche und abschließende Regelung im Bereich des Zivilrechts herbeizuführen. Auf der Gießener Konferenz sprachen sich die Professoren *Grolman* und *Jaup* gegen eine subsidiäre Weitergeltung des römischen Rechts sowie eine Weitergeltung der Partikularrechte aus. Nachdem Napoleon 1810 bekanntgegeben hatte, dass er sich hinsichtlich der Einführung des Code Napoleons nicht in die inneren

Verhältnisse der Einzelstaaten einmischen wollte, ließ Großherzog Ludwig I. die Gesetzgebungsarbeiten auslaufen. Der Code Napoleon wurde nicht als Zivilgesetzbuch in Hessen-Darmstadt eingeführt.

IV. Die Gesetzgebungsarbeiten nach dem Wiener Kongress

Auch nach dem Wiener Kongress sollten einheitliche Gesetze dem Zweck dienen, die alten und die erworbenen neuen Landesteile zu vereinigen. Nachdem zunächst laut der Verfügung vom 4. November 1816 allein einheitliche Gesetzbücher auf dem Gebiet des Zivilrechts und des Zivilprozessrechts geschaffen werden sollten, erkannten die Gesetzgebungskommissare, dass zu einer Vereinheitlichung des Rechtszustandes auch Kodifikationen auf den Gebieten des Strafrecht und des Strafprozessrechts erforderlich waren, was die Staatsregierung in der Verordnung vom 1. Dezember 1817 berücksichtigte. Die Arbeiten zu einem Zivilgesetzbuch sollten sich am ABGB orientieren. Dagegen arbeitete *Grolman* eine eigenständige Zivilprozessordnung aus. Die Arbeiten scheiterten vor allem an dem Übertritt der Gesetzgebungskommissare in hohe Stellungen in Darmstadt. Dass auch nach der Verfassungsgebung die vollendeten Teile der Zivilprozessordnung nicht in Kraft traten, lag an dem Widerstand der rheinhessischen Abgeordneten der zweiten Kammer der Landstände, die in Rheinhessen das französische Prozessrecht erhalten wollte.

B. Rückgriff auf fremde Gesetzgebungsarbeiten

Auffällig ist, dass bei den verschiedenen Gesetzgebungsversuchen bis 1820 auf dem Gebiet des Zivilrechts auf fremde Gesetzgebungsarbeiten zurückgegriffen wurde und keine eigenständigen Entwürfe ausgearbeitet werden sollten. Als Grundlage kamen letztlich alle drei großen Naturrechtskodifikationen in Betracht. Bei den ersten Gesetzgebungsversuchen auf dem Gebiet des Zivilrechts sollte ein Rückgriff auf das ALR erfolgen. In der Rheinbundzeit wurde der Code Napoleon als Grundlage für ein hessisches Zivilgesetzbuch verwendet. Nach der Rheinbundzeit wurde schließlich die Schaffung eines Gesetzgebungswerkes unter Berücksichtigung des ABGB geplant. Auch im Strafrecht sollte zunächst ein Rückgriff auf fremdes Recht, nämlich auf das badische Organisationsedikt vom 4. April 1803, erfolgen.

Abgesehen von der Einführung des Code Napoleon, die auf Druck Frankreichs erfolgte, zeigt sich hierbei, dass die hessen-darmstädtischen Regenten fremden

Gesetzen den Vorrang vor der Ausarbeitung eigener Entwürfe gaben. In der Übernahme der bereits vorhandenen Kodifikationen lag der Vorteil, dass diese in kürzerer Zeit eingeführt werden konnten, da sich die Gesetzgebungsarbeiten allein auf die Modifikationen, durch die die heimischen Besonderheiten Berücksichtigung finden sollten, beschränken konnten. Damit wurde letztlich der Qualität dieser Gesetzbücher der Vorrang vor eigenen Gesetzbüchern gegeben. Allerdings sollten immer die heimischen Besonderheiten berücksichtigt werden. Dennoch bedurfte die Verwendung fremden Rechts der Legitimation. Der Rückgriff auf fremde Gesetzbücher wurde mit jeweils der Zeit entsprechenden Begründungen versucht zu rechtfertigen. Um den Vorwurf des mangelnden Patriotismus zuvorzukommen, erklärte *Grolman* hinsichtlich der Einführung des Code Napoleon, dass die Tatsache, dass er als Deutscher das französische Recht dem einheimischen vorziehe, nicht bedeute, dass er nicht das Vorzügliche seiner Nation achte. Die Zugrundelegung des ABGB rechtfertigte *Wernher* mit dessen deutschen Ursprungs.

C. Das Scheitern der Gesetzgebungsarbeiten

Es ist festzuhalten, dass bis zum Inkrafttreten der hessischen Verfassung im Jahre 1820 keiner der wiederholten Versuche, Gesetzbücher auf den Gebieten des Zivilrecht, des Strafrecht und der Prozessrechte in Hessen-Darmstadt zu schaffen, über die Entwürfe hinausgelangte. Zum einen verhinderten innen- wie außenpolitische Veränderungen das Entstehen neuer Gesetzbücher. Zum anderen schien Hessen-Darmstadt noch nicht für eine neue Gesetzgebung bereit zu sein. Gerade in der Zeit des Absolutismus hätte der Großherzog die Gesetzgebungsvorhaben ohne die Mitwirkung Landstände nach seinem Willen zu Ende bringen können. Nach der Verabschiedung der Verfassung scheiterte das Inkrafttreten der bis dahin von *Grolman* vorgelegten Entwürfe der Ordnung des gewöhnlichen Verfahrens bei den Land- und Stadtgerichten sowie der Ordnung des gewöhnlichen Verfahrens bei den Mittelgerichten in der Ständeversammlung vor allem an den Interessen der rheinhessischen Abgeordneten.
Daneben waren die Arbeiten zumeist zu stark mit den an den Gesetzgebungsarbeiten beteiligten Personen verknüpft. Nach dem Tod *Höpfners* führte niemand dessen Gesetzgebungsarbeiten zu Ende. Der Wechsel *Grolmans* in das Geheime Staatsministerium beendete die Gesetzgebungsarbeiten zur Einführung des ABGB und einer Zivilprozessordnung.

Auch ohne ihre Fertigstellung zeigen aber bereits diese Gesetzgebungsarbeiten der vorkonstitutionellen Zeit, dass insofern nicht von einem „Wellental" bei den Kodifikationsarbeiten gesprochen werden kann, als es um partikulare Gesetzgebungsarbeiten geht. Vielmehr kann bereits zu Beginn des 19. Jahrhunderts von dem Beginn einer eigenständigen partikularen Gesetzgebungswelle gesprochen werden. Die Wichtigkeit der Gesetzgebungsarbeiten zeigt sich auch darin, dass die Gesetzgebungsarbeiten, obwohl sie im Ergebnis erfolglos waren, für andere Staaten von Interesse waren. So bat der württembergische Justizminister *Freiherr von Maucler* mit Schreiben vom 28. Mai 1818 den Kanzler *Grolman* um die Mitteilung des Plans, nach welchem in Hessen-Darmstadt die neue Gesetzgebung bearbeitet werde.[1250] Zudem hatte der König von Württemberg versucht, *Grolman* „für seinen Dienst und insbesondere für die Revision und Bildung der Civil- und Kriminalgesetzgebung zu gewinnen".[1251]

D. Partikulare Gesetzgebungsarbeiten im Verhältnis zur nationalen Kodifikation

Die territorialen Gesetzgebungsarbeiten waren von den nationalen Gesetzgebungsideen losgelöst, können aber nicht als Gegenstück hierzu betrachtet werden. Obwohl eine überterritoriale Gesetzgebung – mit Ausnahme der unter Druck Napoleons begonnenen Gesetzgebungsarbeiten in der Rheinbundzeit – nicht als Primärziel der Kodifikationsarbeiten angesehen werden kann, sollten die Arbeiten gesamtdeutschen Kodifikationen nicht entgegenstehen. Die Beteiligung an den partikularen Gesetzgebungsprojekten schloss eine Zustimmung zur deutschen Rechtseinheit nicht aus.

Die partikularen Kodifikationen waren aus praktischen Erwägungen erwachsen. Sie wurden in Hessen-Darmstadt zur Rechtsvereinheitlichung, insbesondere als Mittel, um die nach dem Wiener Kongress erworbenen links- und rechtsrheinischen Landesteile zu vereinigen, benötigt. Da das hessische Ministerium es auf Grund der vorhandenen Gesetzbücher Preußens und Österreichs für unwahrscheinlich hielt, dass es ein einheitliches nationales Gesetzbuch für Deutschland geben könnte, mussten folglich zur Lösung der innenpolitischen Probleme eigene Gesetzbücher ausgearbeitet werden. Dennoch wandte sich Hessen-Darmstadt

---

[1250] Schreiben des württembergischen Justizministers *Freiherr von Maucler* vom 28. Mai 1818 an den Kanzler *Grolman*, StADa D 12 Nr. 14/16, fol 21.

[1251] Schreiben des württembergischen Justizministers *Freiherr von Maucler* vom 16. Mai 1818 an den Kanzler *Grolman*, StADa D 12 Nr. 14/16, fol 21; vgl. auch Esselborn, Grolman, S. 431.

mit seiner Entscheidung nicht gegen ein nationales Gesetzbuch. Als Großherzog Ludwig I. das ABGB seiner Zivilgesetzgebung zu Grund legen wollte, ging er davon aus, dass auch andere Staaten seinem Beispiel folgten und das ABGB übernähmen, wodurch eine Rechtsvereinheitlichung entstanden wäre, die auch von dem Verfahren des Deutschen Bundes gedeckt gewesen wäre.

§ 10 Die an den Gesetzgebungsarbeiten beteiligten Professoren

Die hessen-darmstädtische Staatsregierung übertrug gerade in der Zeit des territorialen Umbruchs die Gesetzgebungsarbeiten auf die Professoren der Landesuniversität. An allen Gesetzgebungsarbeiten wurden Gießener Professoren unmittelbar beteiligt. Sie arbeiteten allein oder unter Beteiligung juristischer Praktiker die Entwürfe aus.

Nachdem es Ende des 18. Jahrhunderts Praktikern nicht gelungen war, *Moser* einen erfolgversprechenden Plan vorzulegen, wie ein Landrecht ausgearbeitet werden sollte, wurde die Schaffung eines Landrechts dem Professor der Rechte *Höpfner* übertragen. Nach dem Reichsdeputationshauptschluss sollte Professor *Grolman* gemeinsam mit dem Praktiker *Schwabe* ein Strafgesetzbuch, das die strafprozessualen Vorschriften einschloss, ausarbeiten. Im Jahre 1803 wurde *Grolman* zudem zum Vorsitzenden einer Gesetzgebungskommission ernannt, deren Ziel die Anfertigung eines Zivilgesetzbuches auf der Grundlage des Preußischen Allgemeinen Landrechts sowie eines Strafgesetzbuches war. Auf der Gießener Konferenz verhandelten die Rechtsprofessoren *Grolman* und *Jaup* für Hessen-Darmstadt über die Einführung des Code Napoleon. Schließlich wurde *Grolman* nach dem Wiener Kongress Mitglied einer Gesetzgebungskommission, die ein Zivilgesetzbuch unter Berücksichtigung des ABGB einführen sollte. Im Rahmen dieser Tätigkeit schuf *Grolman* Teilentwürfe zu einer hessischen Zivilprozessordnung.

A. Doppelbelastung der Professoren

Wie viele deutsche Regierungen übertrug die hessen-darmstädtische Regierung in der „Sattelzeit" die Ausarbeitung von Gesetzen auf Beamte und dabei vorwiegend auf Rechtsprofessoren der Landesuniversität. Diese Art des Vorgehens bemängelte der eingangs zitierte *Mittermaier* im Jahre 1829: „Die übel verstandene Oekonomie mancher Regierung, welche die legislativen Arbeiten ihren, mit andern Geschäften oft schon schwer beladenen, Beamten aufträgt, und sie nöthigt, in Nebenstunden die Legislation zu treiben, oder die Eile, mit der man oft mit Extrapost die Gesetzes-Entwürfe arbeiten läßt, kann keine großen Resultate hervorbringen."[1252]

[1252] Mittermaier, Der deutsche Proceß, in: AcP 12, S. 370.

Auch wenn der Vorwurf der kurzen Ausarbeitungsfristen nicht auf alle hessischen Gesetzgebungsprojekte zutrifft, charakterisiert die hessen-darmstädtischen Gesetzgebungsarbeiten, dass die Beamten von ihrer übrigen Tätigkeit zunächst nicht befreit waren.

Der mit Gesetzgebungsarbeiten in Hessen-Darmstadt Ende des 18. Jahrhunderts beauftragte *Höpfner* beendete für die Gesetzgebungsarbeiten seine Professorentätigkeit, war aber während der Gesetzgebungsarbeiten zugleich als Oberappellationsgerichtsrat tätig. Ihm scheint allerdings keine Frist zur Fertigstellung seiner Arbeit gesetzt worden zu sein. Der Ausspruch *Mittermaiers* passt dagegen vollständig auf die Gesetzgebungsarbeiten, die infolge des Reichsdeputationshauptschlusses vorgenommen wurden. In kurzer Zeit sollte im Jahre 1803 der Entwurf eines Strafgesetzbuchs ausgearbeitet werden. Für diesen Entwurf wurde *Grolman* und *Schwabe* eine Frist von zunächst vier Wochen gesetzt, die diese nicht einhalten konnten. Dabei waren beide zumeist nicht von ihren sonstigen Tätigkeiten befreit. Auch bei den Arbeiten zur Einführung des Code Napoleon lehrten die beteiligten Professoren *Grolman* und *Jaup* weiterhin an der Universität. Gießen war gerade deswegen als Konferenzort ausgewählt worden, damit die Professoren weiterhin Vorlesungen halten konnten. Dass sich diese doppelte Belastung – entsprechend dem Vorwurf *Mittermaiers* – negativ auf die Gesetzesentwürfe auswirkte, ist nicht festzustellen. Vielmehr wirkte sich diese doppelte Belastung vor allem negativ auf die schriftstellerische Tätigkeit *Grolmans* aus. Dieser bemängelte, keine Zeit mehr für die genauere Überarbeitung der Neuauflagen seiner Lehrbücher zu haben. Die Gesetzgebungsarbeiten nach dem Wiener Kongress lassen eine Veränderung in der Organisation erkennen. Die Gesetzgebungskommission bestand nunmehr aus mehreren Personen und hatte einen festen Sitz in Darmstadt. Die Kommissionsmitglieder wurden von ihren Berufungsgeschäften befreit.

B. Gesetzgebungsarbeiten als Ausgangspunkt für eine Beamtenkarriere

Für alle an den Gesetzgebungsarbeiten bis 1820 beteiligten Professoren war ihre Professorenstelle der Ausgangspunkt für eine Beamtenkarriere in Darmstadt.

Die Entscheidung für eine Beteiligung an Gesetzgebungsarbeiten war nicht nur in dem wissenschaftlichen Interesse an der Gesetzgebung begründet, sondern auch in dem Willen zur sozialen Besserstellung. Eine hohe Beamtenstellung in den Darmstädter Ministerien brachte größeres Ansehen ein als eine Universitätsprofessur.[1253] *Höpfners* Ernennung zum Oberappellationsgerichtsrat war mit der Verpflichtung verknüpft, ein Landrecht für Hessen-Darmstadt auszuarbeiten. Nach seiner Beteiligung an den Arbeiten zur Einführung des Code Napoleon verließ *Jaup* 1815 die Universität, nachdem er in das Darmstädter Staatsministerium berufen worden war. Dort wurde *Jaup* im gleichen Jahr zum Geheimen Referendar beim Staatsministerium ernannt und erhielt 1820 den Titel des Geheimes Staatsrates. Nach einer in *Jaups* liberalen Ansichten begründeten Zwangspensionierung kehrte er nach den Ereignissen von 1848 wieder in das politische Leben zurück. Am 16. Juli 1848 wurde er zum hessendarmstädtischen Minister des Inneren mit dem Vorsitz im Gesamtministerium ernannt. Besonders hervorzuheben ist die Karriere *Grolmans*. Auch für ihn war die Professorenstelle der Ausgangspunkt für eine Karriere in Darmstadt. Obwohl die Universität – insbesondere seine Studenten – ihn nicht als Hochschullehrer verlieren wollten, entschied er sich für eine Karriere in Darmstadt. Sein juristisches Fachwissen, sein juristischer Sachverstand und seine schriftstellerischen Erfolge auf juristischem Gebiet prädestinierten ihn für die Mitgliedschaft in einer Gesetzgebungskommission. Die Mitarbeit in verschiedenen Gesetzgebungskommissionen führte über eine Stellung als Oberappellationsgerichtsrat schließlich zur Ernennung zum hessen-darmstädtischen Staatsminister.

An der Auswahl der Professoren zeigt sich, dass in der Zeit bis 1820 in Hessen-Darmstadt noch immer die familiäre Herkunft aus dem Territorium ein entscheidender Faktor für eine Beamtenkarriere war. Es ist festzustellen, dass für die Gesetzgebungsarbeiten nur solche Professoren ausgewählt wurden, die im Land selbst verwurzelt waren. Obwohl Landgraf Ludwig IX. unter dem Einfluss *Mosers* versuchte, die starren hessischen Beamtenstrukturen, in denen einzelne Ämter oft mehrere Generationen hinweg in einem Haus verblieben, durch die Ernennung des Sachsen *Christian Hartmann Samuel Gatzert* zum hessischen Staatsminister zu lockern,[1254] setzte sich diese Politik zunächst nicht durch. Der unter Landgraf Ludwig IX. an den Gesetzgebungsarbeiten beteiligte Professor *Höpfner* stammte ebenso aus einer Gießener Universitäts- bzw. Beamtenfamilie wie die unter Landgraf Ludwig X. (dem späteren Großherzog Ludwig I.) ernannten Professoren *Grolman* und *Jaup*. Die Väter *Höpfners* und *Jaups* waren

---

[1253] Baumgarten, Vom Gelehrten zum Wissenschaftler, S. 60.
[1254] Vgl. Dieterich, Ein Gießener Professor als Staatsminister, S. 462ff.

bereits Professoren des Rechts an der Ludoviciana gewesen. Auch hatten *Höpfner*, *Grolman* und *Jaup* als Landeskinder zumindest ihr Hauptstudium an der Ludoviciana abgeschlossen und in Gießen promoviert.[1255]

1255 Bzgl. *Grolman* und *Jaup* vgl. auch Köbler, Herkunft Gießener Rechtslehrer, in: FS Stein, S. 130, 134.

§ 11 Die Kodifikationsbestrebungen und die Wissenschaft

A. Auswirkung der Gesetzgebungsarbeiten auf die Vorlesungen

Keiner der Gesetzesentwürfe erlangte Gesetzeskraft und konnte insofern Teil des Lehrplans werden. Aber auch im Vorgriff auf die einzuführenden Gesetzgebungswerke wurde von Seiten des Regenten grundsätzlich nicht in den Lehrplan eingegriffen.

In einer Zeit der partikularen Gesetzgebung blieben an der Universität gemeinrechtliche Vorlesungen vorherrschend. Es wurde ein „gesamtdeutsches" Lehrprogramm aufrechterhalten. Obwohl die Ludoviciana eine kleinere Landesuniversität war, deren Hauptzweck in der Ausbildung künftiger Beamter lag, wurde auf dem Gebiet des Zivilrechts weder das ALR noch das ABGB, die beide als Grundlage für ein hessisches Zivilgesetzbuch dienen sollten, zur Vorbereitung dieser Beamten auf die neue Gesetzeslage an der Universität gelehrt. Die künftigen Beamten wurden vielmehr weiterhin im römischen Recht ausgebildet. Auch die strafrechtlichen Entwürfe fanden keinen Eingang in die Vorlesungen. Es wurde der gemeine Strafprozess gelesen. Obwohl *Grolmans* Entwürfe der einzelnen Teile einer Prozessordnung gerade im Hinblick darauf, dass sich die Beamten bereits frühzeitig auf das neue Gesetz einstellen konnten, direkt nach ihrer Ausarbeitung veröffentlicht wurden, wurden sie kein Lehrgegenstand an der Universität. Auch hier wurde weiterhin der gemeine deutsche Zivilprozess gelehrt. Damit hatten die ersten hessen-darmstädtischen Gesetzgebungsarbeiten keine Auswirkungen auf den Lehrplan. Bereits vor Beginn der partikularen Gesetzgebungsarbeiten hatten an der Ludoviciana nur vereinzelte Vorlesungen über das im Territorium geltende partikulare Recht stattgefunden.

Ein anderes Bild zeigt sich allein in der Rheinbundzeit. Hier griff Großherzog Ludwig I. auf Grund eines Gesetzgebungsvorhabens in den Lehrplan der Universität ein. Mit der Bekanntgabe der Einführung des Code Napoleon im Großherzogtum trug er der Universität auf, Vorlesungen über den Code Napoleon abzuhalten. Die an den entsprechenden Gesetzgebungsarbeiten beteiligten Professoren *Grolman* und *Jaup* kamen dieser Verfügung nach. Aber auch andere Professoren berücksichtigten das französische Recht in ihren Vorlesungen. Einen Einfluss auf die Universität hatten somit allein die auf äußeren Druck Napoleons durchgeführten Arbeiten zur Einführung des modifizierten Code Napoleons in Hessen-Darmstadt.

B. Auswirkungen der Historischen Rechtsschule und des Naturrechts auf die Gesetzgebungsarbeiten

Die hessen-darmstädtischen Gesetzgebungsarbeiten bestätigen, dass die naturrechtliche Lehre nicht um 1800 mit der Schaffung der Naturrechtskodifikationen unterging und die Historische Rechtsschule nicht sofort die Naturrechtslehre ablöste.[1256] Vielmehr waren gerade die nach 1814 begonnenen Gesetzgebungsarbeiten noch vom jüngeren Naturrecht geprägt. Auch an der Universität wurden trotz des zu erkennenden Einflusses der Historischen Rechtsschule auf die universitäre Lehre weiterhin naturrechtliche Vorlesungen gehalten. Diese hatten noch immer einen hohen Stellenwert. Mit dem Übergang von den in Latein verfassten Vorlesungsverzeichnissen zu deutschsprachigen im Jahre 1809 wurden die Vorlesungsverzeichnisse nicht mehr nach den einzelnen Professoren, sondern nach Lehrveranstaltungen geordnet. An erster Stelle wurde das Naturrecht aufgeführt. Auch weit über das Jahr 1820 hinaus wurde „Naturrecht oder die Philosophie des Rechts" gelehrt.[1257]

I. Historische Rechtsschule und partikulare Kodifikationsarbeiten

Ausgehend von der allgemeinen Meinung, dass *Savigny* sich im Kodifikationsstreit gegen *Thibaut* durchsetzte und dies ein Grund für das Scheitern einer nationalen (Zivilrechts-)Kodifikation war, wäre zu vermuten, dass sich dies auch auf die Kodifikationsarbeiten in Hessen-Darmstadt auswirkte. Dies insbesondere, da in Hessen-Darmstadt an allen Gesetzgebungsarbeiten Rechtsprofessoren beteiligt waren. Tatsächlich ist das Gegenteil der Fall. Die partikularen Gesetzgebungsarbeiten bis 1820 fanden nahezu losgelöst von dem Kodifikationsstreit statt. Sie wurden nicht unter Berufung auf *Thibaut* gerechtfertigt, sondern allein mit dem praktischen Bedürfnis der Vereinigung der alten und der neuen Landesteile. Einheitliche Gesetze sollten dies bewerkstelligen. Auch im Hinblick auf die Ansichten *Savignys* wurde von Seiten der Universitätsprofessoren nicht versucht, die Gesetzgebungsarbeiten zu rechtfertigen.

[1256] Vgl. allgemein hierzu Klippel, Die Philosophie der Gesetzgebung, S. 229; vgl. auch Schröder Kodifikationsgeschichte Strafrecht, S. 11.

[1257] Vgl. die Vorlesungsverzeichnisse der Ludoviciana von 1809-1861, abgedruckt bei Köbler, Gießener juristische Vorlesungen, S. 145-224.

1. Die Kommissionsmitglieder und die Historische Rechtsschule

Bei den Gesetzgebungsarbeiten bis 1820 stand das praktische Bedürfnis der Verbesserung des Rechtszustandes im Vordergrund. Es ging vor allem um die Überwindung der Rechtszersplitterung im Großherzogtum.

Die an den Gesetzgebungsarbeiten beteiligten Rechtsprofessoren bezogen keine Stellung zu dem Kodifikationsstreit zwischen *Thibaut* und *Savigny*. Obwohl *Jaup* sich in der Rheinbundzeit für die Vereinheitlichung des Rechts in Deutschland in Form einer einheitlichen Übernahme des Code Napoleon in den Rheinbundstaaten ausgesprochen hatte, findet sich bei ihm keine Stellungnahme zu dem Kodifikationsstreit. Während sein Mitherausgeber der Zeitschrift „Germanien", der Kameralist *Crome*, im Jahre 1817 vehement für die Forderungen *Thibauts* eintrat,[1258] fehlt eine entsprechende Stellungnahme *Jaups*. Trotz seiner vielen Veröffentlichungen finden sich auch bei *Grolman* keine Aussagen über die Historische Rechtsschule. Die partikularen Gesetzgebungsarbeiten wurden von den Professoren unabhängig von dem Theorienstreit um eine nationale Gesetzgebung behandelt. Gerade für *Grolman* stand die Schaffung partikularen Rechts im Vordergrund.

Dagegen setzte sich der Praktiker *Wernher* im Rahmen der partikularen Gesetzgebungsarbeiten mit *Savigny* auseinander. *Wernher* rechtfertigte bei den Vorarbeiten zur Einführung des ABGB in Hessen-Darmstadt in seiner Denkschrift vom 28. September 1816 die Einführung eines einheitlichen Gesetzbuches gegenüber der Ansicht *Savignys* aus praktischen Gründen. Zu der notwendigen Überwindung der Rechtszersplitterung sei auch ein nicht vollkommenes Gesetzbuch ein großer Gewinn. Die praktischen Erfordernisse überwogen folglich die theoretischen Ansatzpunkte der Historischen Rechtsschule.

Die vorstehend dargestellten Gesetzgebungsarbeiten in Hessen-Darmstadt lassen erkennen, dass die Regierung in Darmstadt bis zur Verfassungsgebung nicht vom Kodifikationsstreit beeinflusst war. Nachdem es bereits vor Beginn des Kodifikationsstreits erste Gesetzgebungsvorhaben gegeben hatte, führte die Schrift *Savignys* nicht zu einem Stillstand der Arbeiten. Auch nach 1814 wurde weiterhin versucht, abschließende Gesetze auf dem Gebiet des Zivilrechts, des

---

[1258] Crome, Deutschlands Staats- und Nationalinteresse, S. 68ff.; vgl. auch Dölemeyer, Iura et cameralia, S. 154.

Strafrechts und der Prozessrechte zu schaffen. Auch wurde der Rückgriff auf das naturrechtlich geprägte ABGB im Zeitalter der aufkommenden Historischen Rechtsschule unter diesem Gesichtspunkt nicht problematisiert. Dass diese Projekte nicht erfolgreich waren, lag nicht daran, dass die Regierung sich der Ansicht *Savignys* angeschlossen hätte. Vielmehr war das Ende der Gesetzgebungsarbeiten zumeist außen- oder innenpolitisch bedingt. Durch das Scheitern eines Gesetzgebungsvorhabens wurde nicht das Ziel der Schaffung von Rechtseinheit und Rechtssicherheit aufgegeben. Nach einer gewissen Zeit wurden neue Gesetzgebungsvorhaben begonnen. Die Gesetzgebungsarbeiten in Hessen-Darmstadt waren in dem praktischen Bedürfnis begründet, durch einheitliche Gesetzbücher das geltende Recht zu vereinheitlichen und damit Rechtssicherheit zu schaffen.

2. Historische Vorlesungen an der Ludoviciana

Auch finden sich bei *Grolman*, dem einzigen nach 1814 an den Gesetzgebungsarbeiten beteiligten Professor, insofern keine Ansätze der Historischen Rechtsschule, als dieser keine rechtsgeschichtlichen Vorlesungen hielt.

Dabei ergibt sich aus den angebotenen Vorlesungen, dass zu Beginn des 19. Jahrhunderts auch an der Ludoviciana die Geschichtlichkeit des Rechts in den Vordergrund trat. An der Ludoviciana wurden vermehrt und regelmäßig Vorlesungen in der für die Historische Rechtsschule entscheidenden römischen, aber auch der deutschen Rechtsgeschichte angeboten. Neben die rechtsgeschichtliche Vorlesungen nach *Selchow* und *Pütter*, die täglich zweistündig abgehalten wurden, trat ab dem Sommersemester 1813 die – ebenfalls täglich zweistündig sowie zusätzlich zweistündig an drei Wochentagen stattfindende – Vorlesung über die Geschichte und Altertümer des römischen Rechts nach dem in Göttingen lehrenden *Hugo*. *Hugo* wird insofern als Vorläufer *Savignys* gesehen, als sich einiges von dem, was die Rechtstheorie der Historischen Rechtsschule beherrschte, bei ihm findet, wie die Hervorhebung der Tatsache, dass das Privatrecht im wesentlichen Juristen- und nicht Gesetzesrecht sei.[1259] Im Wintersemester 1813/14 las der Privatdozent *Welcker* die deutschen Rechtsaltertümer in Verbindung mit der Deutschen Reichsgeschichte. Hinzu kann die Vorlesung über die „Geschichte der in Teutschland geltenden fremden und einheimischen Rechte".

[1259] Kleinheyer/ Schröder, Deutsche und Europäische Juristen, S. 210.

Dennoch war *Grolman* diesem Einfluss nicht ausgesetzt. Er hielt keine dieser historischen Vorlesungen. *Grolmans* Arbeit war vielmehr naturrechtlich geprägt. Indem *Grolman* weiterhin Naturrecht lehrte, teilte er nicht die Abneigung *Savignys* und der Anhänger der Historischen Rechtsschule gegen die Philosophie des Naturrechts.

3. Römisch-rechtliche Vorlesungen an der Ludoviciana

Die Vorlesungen im römischen Recht behielten an der Ludoviciana während einer Zeit der partikularen Gesetzgebungsversuche den ersten Platz. Diesen stellten auch die an den Gesetzgebungsarbeiten beteiligten Professoren nicht in Frage.

Bei den Vorlesungen im römischen Recht wurde vor allem auf die Werke Göttinger Professoren zurückgegriffen. Ende des 18. und zu Beginn des 19. Jahrhunderts wurden Institutionen nach *Heineccius* gelesen, Pandekten nach *Hellfeld*. Auch in der Rheinbundzeit blieben die Vorlesungen im römischen Recht vorherrschend, obwohl nach Anweisung des Landesherrn auf dem Gebiet des Zivilrechts Vorlesungen über den französischen Code Napoleon erfolgen sollte. *Büchner* las Pandekten nach *Hellfeld*, *Arens* die Institutionen nach *Waldeck*. Ab dem Wintersemester 1809/10 hielt *Arens* die Pandektenvorlesung nach *Thibaut*. Der an den Arbeiten zur Einführung des Code Napoleon beteiligte *Grolman* hatte dagegen in der Rheinbundzeit seine zivilrechtlichen Vorlesungen allein auf den Code Napoleon ausgerichtet. Diese ersetzten seine vormals nach *Hellfeld* gehaltene Pandektenvorlesung. Zugleich kam es zu Beginn des 19. Jahrhunderts unter Beibehaltung der Institutionen- und Pandektenvorlesungen zu einer ersten Ausgliederung einzelner Teilgebiete des römischen Rechts. *Arens* hielt im Sommersemester 1808 die Vorlesung über die Vormundschaft nach dem römischen Recht. Im Wintersemester 1813/14 lehrte *Löhr* das römische Erbrecht als eigenständige Unterrichtseinheiten.

Diesen verstärkten Vorlesungen im römischen Recht standen *Grolman* und *Jaup* nicht entgegen. Auf der Gießener Konferenz erklärten beide, dass durch die Einführung des Code Napoleons in Hessen-Darmstadt der Aufschwung, den das Studium des römischen Rechts genommen hatte, nicht gefährdet sei, da der Code Napoleon im römischen Recht seine Grundlage habe. Obwohl der Kommentar zum Code Napoleon für Praktiker gedacht war, hob *Grolman* in diesem

Kommentar hervor, dass das Studium des römischen Rechts, „welches nicht ohne Grund als die Basis aller soliden Rechtswissenschaft betrachtet werde, nicht untergehen werde“[1260]. *Grolman* selbst bezeichnete sich als einen Verehrer des römischen Rechts.

II. Naturrecht und Gesetzgebungswissenschaft

Die Gesetzgebungsarbeiten bis 1820 sind vor allem durch Naturrechtler geprägt. In der Lehre der an den Gesetzgebungsarbeiten beteiligten Professoren *Höpfner* und *Grolman* zeigt sich der Wandel von der älteren Naturrechtslehre zu der jüngeren. Zudem ist festzuhalten, dass beide Naturrechtler sich mit der Gesetzgebungswissenschaft, der Philosophie der Gesetzgebung, befassten. Die Gesetzgebungswissenschaft wurde das Bindeglied zwischen Theorie und Praxis. Während *Höpfner* als Vertreter der älteren Naturrechtslehre noch nicht versuchte, durch die Gesetzgebungsarbeiten seine Ansichten in positives Recht umzusetzen, kam es unter *Grolman* und *Jaup* zu einer Verzahnung von Politik und Wissenschaft. Durch die Beteiligung der Wissenschaftler konnten die von diesen aus dem Naturrecht gefolgerten Ziele im Staat umgesetzt werden.

1. Ludwig Julius Friedrich Höpfner

Für *Höpfner* hatte der Regent die Gesetzgebungskompetenz, da zu den Majestätsrechten des Regenten auch die gesetzgebende Gewalt gehöre. Daher könne der Regent bestimmen, welche Handlungen der Untertan tun oder unterlassen solle. Kraft seines Majestätsrechts könne der Gesetzgeber neue Gesetze schaffen, aber auch Gewohnheiten durch entsprechende Erklärung zum Gesetz erheben. Unter der Einschränkung, dass eine erhebliche Ursache vorlag, könne der Regent Privilegien, Dispensationen und andere persönliche Verordnungen erteilen. Hinsichtlich schon bestehender Gesetze stünde dem Regenten das Recht zu, diese zu erklären, wobei aber eine Doktrinalerklärung nicht ganz verboten sei. Schließlich korrespondiere mit dem Recht der Gesetzgebung das Recht des Regenten, Gesetze aufzuheben, auch wenn er bei Erlass eines Gesetzes erklärt habe, dass das Gesetz ewig gelten solle. Zwar war die Gesetzgebungskompetenz des Herrschers aus *Höpfners* Sicht im Naturrecht begründet und legitimiert, die Tätigkeit des Herrschers sollte aber nicht durch die Bindung an bestimmte Inhalte beschränkt werden. Auch wenn sich bei *Höpfner* keine Anhaltspunkte da-

---

[1260] Grolman, Handbuch über den Code Napoleon I, S. 59.

für finden, dass ihm die Beteiligung an den Gesetzgebungsarbeiten dazu diente, seine naturrechtlichen Ansichten in positives Recht umzusetzen, standen diese Ansichten seinen Gesetzgebungsarbeiten auch nicht entgegen. Als Beamter sah er es als seine Pflicht an, für seinen Landesherrn tätig zu werden.

2. Karl Ludwig Wilhelm von Grolman

Grolman war zu Beginn des 19. Jahrhunderts bereits ein Vertreter des jüngeren Naturrechts. Er setzte sich intensiv mit der Philosophie der Gesetzgebung auseinander.

Bereits in *Grolmans* strafrechtlichen wissenschaftlichen Werken sind naturrechtliche Aspekte einschließlich der gesetzgebungswissenschaftlichen Ansätze zu erkennen. In strafrechtlicher Hinsicht vertrat *Grolman* die Ansicht, dass das Strafrecht nur durch den Staat realisiert werden könne. Damit lag die Strafgewalt nach *Grolman* beim Staat. Eine Aufgabe des Staates war dabei die Strafgesetzgebung. Den Pflichten des Gesetzgebers bei der Abfassung eines Strafgesetzbuches widmete *Grolman* in seinen „Grundsätzen der Criminalwissenschaft" ein eigenes Kapitel. Demnach müsse der Gesetzgeber, um seinen Pflichten vollständig nachzukommen, die Strafen im Voraus in einem Gesetz bekannt machen. Damit die Strafe eine gerechte Strafe werde, müsse der Gesetzgeber sie so festsetzen, dass sie ihren rechtmäßigen Zweck erreiche. Insofern dürfe das Zwangsmittel allein den Zweck haben, das Hindernis der Freiheit zu beseitigen und den gesicherten Zustand wiederherzustellen. Daher sei eine Strafe nur dann gerecht, wenn sie verhältnismäßig, d.h. notwendig, zweckmäßig und nicht grausam sei. Anknüpfend an die Festsetzung der Strafe durch den Gesetzgeber forderte *Grolman*, dass in dem Gesetz auch der Maßstab festgelegt werden müsse, nach welchem der Grad der Strafe zu bestimmen sei.

Als Vertreter der Gesetzgebungswissenschaft versuchte *Grolman* darüber hinaus zu beweisen, dass seine theoretisch begründete Spezialpräventionstheorie in ein positives Gesetz umgesetzt werden könnte. Innerhalb dieser Lehre finden sich Forderungen, die allgemein für die Schaffung von Kodifikationen im Sinne von vollständigen, bestimmten und verständigen Gesetzen erforderlich sind. Gerade auch strafrechtliche Kodifikationen setzten eine Gesetzessprache voraus, die nicht wie im Mittelalter eine Vielzahl von Beispielen aufzählte, sondern die vom

Besonderen aus abstrahierte und den Stoff systematisierte.[1261] *Grolman* versuchte mit seinem Werk „Über die Begründung des Strafrechts und der Strafgesetzgebung (...)" gerade den Beweis zu führen, dass es eine Möglichkeit gebe, alle denkbaren Straffälle abstrakt zu erfassen. Auch der Wille, das Ermessen des Richters möglichst zu beschränken, entspricht den Vorstellungen der damaligen Zeit, durch eine absolute Gesetzesbindung des Richters primär den Willen des absoluten Herrschers unbedingt durchzusetzen.[1262] Der Aufbau des Tatbestandes bei *Grolman* entspricht schließlich der allgemeinen Lehre der ersten Hälfte des 19. Jahrhunderts, die sich bei der Strafbarkeit allein auf den „Tatbestand" als Zusammenfassung aller Umstände, die ein Verhalten zu einem Delikt qualifizieren, gründet.[1263] Die Beteiligung an den Gesetzgebungsarbeiten war die logische Fortsetzung seiner theoretischen Arbeiten.

Grolmans Interesse an der Gesetzgebung war auch der Grund für seine Beschäftigung mit dem französischen Code Napoleon. In diesem Zusammenhang wird deutlich, dass *Grolman* die Gesetzgebung als Möglichkeit ansah, seine naturrechtlichen Forderungen in positives Recht umzusetzen. In seinem Kommentar erklärte er, dass nur so das Naturrecht in positiven Gesetzen dargestellt werden könne.

Schließlich erschien *Grolman* die Schaffung einer Prozessordnung besonders wichtig. Die Art und Weise des gerichtlichen Verfahrens sei ein wichtiger Gegenstand der Gesetze und viele zur Errichtung des Verfahrens wesentliche Punkte könnten nicht anders als durch positive Gesetze bestimmt werden. Der Staat habe gegenüber seinen Bürgern und den Interessen der Gesellschaft eine Pflicht, entsprechende Gesetze zu schaffen.

C. Wechselwirkungen

Zwar ist es schwierig, einen direkten Einfluss der Lehre der einzelnen Professoren auf das entstehende Recht nachzuweisen. Dennoch ermöglichte die „Sattelzeit" wie keine andere Zeit den Professoren, ihre theoretischen Erkenntnisse durch die Beteiligung an Gesetzgebungsarbeiten in positives Recht umzusetzen. Bei dieser Möglichkeit der Professoren, insbesondere ihre naturrechtlich ge-

---

[1261] Rüping/ Jerouschek, Grundriß der Strafrechtsgeschichte, Rn. 184.
[1262] Vgl. Rüping/ Jerouschek, Grundriß der Strafrechtsgeschichte, Rn. 185.
[1263] Vgl. Rüping/ Jerouschek, Grundriß der Strafrechtsgeschichte, Rn. 226.

prägte Lehre in positive Gesetze umzusetzen, darf allerdings nicht übersehen werden, dass die Professoren auch der Politik ihres Landesherrn unterworfen waren und damit auch dessen Willen bei den Gesetzgebungsarbeiten berücksichtigten mussten. Insofern mussten sie Kompromisse eingehen. Allerdings hatte unter Großherzog Ludwig I. in dem hier betrachteten Zeitraum noch weitgehende Meinungsfreiheit geherrscht. So gelang es insbesondere *Grolman,* seine Interessen durchzusetzen. Obwohl dem Strafgesetzentwurf von 1803 das badische Organisationsedikt vom 4. April 1803 zu Grunde gelegt werden sollte, legten *Grolman* und *Schwabe* einen eigenen Entwurf vor. Insofern waren Freiräume möglich. Bei den Arbeiten zur Einführung des Code Napoleon vertraten *Grolman* und *Jaup* ihre eigenen Ansichten auf der Gießener Konferenz. Großherzog Ludwig I. hatte beiden keine inhaltlichen Vorgaben gemacht. Schließlich arbeitete *Grolman* einen eigenständigen Entwurf einer Prozessordnung aus, in den er seine naturrechtliche Ideen einfließen lies.

I. Ludwig Julius Friedrich Höpfner

Da die Arbeiten *Höpfners* vornehmlich in der Zusammenstellung der vorhandenen hessischen Gesetze bestanden, können Auswirkungen seiner Lehre auf einen konkreten Gesetzesentwurf nicht untersucht werden. Allerdings wirkten sich die Gesetzgebungsarbeiten auf die Lehre *Höpfners* aus. Aus den Werken *Höpfners* ergibt sich, dass *Höpfner* während der Ausarbeitung eines Landrechtsentwurfs seine Ansichten zu dem Verhältnis zwischen Naturrecht und positivem Recht änderte. Der Regent sollte vom Naturrecht abweichendes positives Recht setzen können. *Höpfner* wechselte seine Ansicht in einer Zeit, als die Naturrechtslehre sich dahingehend veränderte, dass positives Recht nicht gegen das Naturrecht verstoßen sollte. Insofern kann die Veränderung der Lehre *Höpfners* nicht im Zusammenhang mit der Weiterentwicklung der naturrechtlichen Lehre gesehen werden, sondern hatte ihren Grund in *Höpfners* Gesetzgebungstätigkeit für den Landesherrn.

II. Karl Ludwig Wilhelm von Grolman

Anhand der Lehre und Gesetzgebungstätigkeit *Grolmans* lässt sich die Bedeutung der Gesetzgebungswissenschaft als Bindeglied zwischen Theorie und Praxis dokumentieren. Seine Gesetzgebungsarbeiten zeigen auch den Einfluss, den die naturrechtliche Lehre noch nach der Schaffung der Naturrechtskodifikationen auf die Gesetzgebungsarbeiten hatte. *Grolmans* Gesetzesentwürfe sind vom jüngeren Naturrecht geprägt.

Die erste Arbeit *Grolmans* – die Ausarbeitung eines Strafgesetzbuchs für Hessen-Darmstadt – scheint noch sehr von den Vorgaben des Landesherrn geprägt gewesen zu sein. Zwar hatte *Grolman* entgegen den Vorgaben des Landesherrn zusammen mit *Schwabe* einen eigenständigen Entwurf ausgearbeitet. Dennoch zeigt dieser Entwurf, dass die Ziele des Landesherrn umgesetzt wurden. Obwohl *Grolman* in seinem Lehrbuch die Anwendung jeglicher Zwangsmittel ablehnte, waren Zwangsmittel in seinem Entwurf, wenn auch nur ausnahmsweise, zulässig. Dem Willen der Regierung wurde des Weiteren insofern entsprochen, als der Inquisitionsprozess eingeführt werden sollte.

Da *Grolman* sich vor seiner Beteiligung an den Einführungsarbeiten zum Code Napoleon nicht mit demselben auseinandergesetzt hatte, findet sich hierbei keine direkte Übernahme der Lehre in den Gesetzentwurf. Allerdings entsprach der Code Napoleon als Naturrechtskodifikation den Ansichten des Naturrechtlers *Grolman*. Die auf der Gießener Konferenz vertretenen Ansichten übernahm *Grolman* wiederum in sein Handbuch.

Starken Einfluss hatte die zivilprozessuale Lehre *Grolmans* auf seinen Entwurf zur hessen-darmstädtischen Zivilprozessordnung. Unter *Grolman*, *Gönner* und *Almendingen* war es zu einem Wendepunkt in der Prozesswissenschaft gekommen. Obwohl *Grolman* ein gemeinrechtliches Werk veröffentlichte, wies dieses Werk naturrechtliche Besonderheiten auf, die sich in dem Entwurf der Zivilprozessordnung wieder finden. Durch das Herausarbeiten eines Allgemeinen Teils, die Erarbeitung des Prozesszwecks und die Entwicklung von Prozessmaximen verknüpfte der Vertreter des jüngeren Naturrechts *Grolman* seine naturrechtlichen Ansichten mit dem gemeinen Recht. Die Ergebnisse seiner wissenschaftlichen Arbeit finden sich in *Grolmans* Entwurf zur Zivilprozessordnung wieder. In dieser verwirklichte *Grolman* seine Ansicht zur Erforderlichkeit eines Allgemeinen Teils – ein solcher sollte der Prozessordnung vorangestellt werden. Des Weiteren wurde in ihr die Verhandlungsmaxime sowie der Grundsatz der Mündlichkeit verwirklicht.

Insofern ist abschließend festzustellen, dass das am Anfang der Arbeit stehende Zitat *Mittermaiers* gerade auch auf *Grolman* zutrifft. Sein wissenschaftliches

Interesse an der Gesetzgebung wollte er zur Schaffung positiven – partikularen – Rechts nutzen.

III. Heinrich Karl Jaup

Heinrich Karl Jaup kommt eine Sonderstellung zu. *Jaup* war kein Naturrechtler. Er war Staatsrechtler, in dessen Werken sich keine für Naturrechtler typische Argumentationen wieder finden. Seine Beteiligung an den Gesetzgebungsarbeiten bis 1820 beschränkte sich auf die Arbeiten zur Einführung des Code Napoleon. In der Rheinbundzeit war *Jaup* ein großer Verehrer Napoleons. Bereits vor seiner Beteiligung an den Gesetzgebungsarbeiten hatte *Jaup* die Einführung des Code Napoleon in mehreren Rheinbundstaaten für wünschenswert erachtet. Insofern bot auch ihm die Beteiligung an der Gießener Konferenz die Möglichkeit, seine theoretische Forderung zu verwirklichen. Mit seinen konkreten Ansichten zur Übernahme des Code Napoleon konnte sich *Jaup* dagegen nicht durchsetzen. Die auf der Gießener Konferenz von *Grolman* und *Jaup* vorgetragenen Ansichten standen im Gegensatz zu denjenigen, die *Jaup* 1808 in einem Aufsatz in der Zeitschrift „Germanien“ veröffentlicht hatte.

Literaturverzeichnis

I. Quellen

1. Ungedruckte Quellen

a. Aus dem Staatsarchiv Darmstadt (zit.: StADa)

Abteilung D 4 (Großherzogl. Haus; Hausarchiv Abt. IV):	Nr. 551/11 Nr. 526/4
Abteilung D 12 (Kabinettsregistratur):	Nr. 14/16
Abteilung G 26 A (Hofgericht Gießen):	Nr. 86/1 Nr. 86/2 Nr. 837/11

Abteilung R 1 A (Verordnungs-Sammlung Höpfner).

b. Aus dem Universitätsarchiv Gießen (zit.: UAGi)

Allgemeines A	Nr. 9 Fasz. 10
Jur. K (Personal/ Dozenten)	Nr. 7
Jur. N (Studium)	Nr. 1

c. Aus dem Hauptstaatsarchiv Stuttgart (zit.: HStA Stuttgart)
E 302 Bü 554.

2. Gedruckte Quellen

Correspondance de Napoléon Ier, publiée par ordre de l`empereur Napoléon III. Tome 16, Paris 1864.

Das Großherzoglich badische Straf-Edikt mit seinen Erläuterungen und Zusätzen, hrsg. v. Rhenanus, Mannheim 1823.

Entwurf eines bürgerlichen Gesetzbuchs für das Großherzogthum Hessen nebst Motiven. Band 1: Erste Abtheilung, enthaltend die Titel: von der Beurkundung des Personenstandes, von dem Ehe-, Eltern- und Vormundschaftsrechte, und von dem Curatel. 1. Theil: Entwürfe. 2. Theil: Motive., Darmstadt 1842; Nachdruck Bd. 1, hrsg. v. Werner Schubert, Frankfurt a.M. 1986 (zit.: Entwurf Personenrecht I).

Entwurf der ersten Abtheilung des bürgerlichen Gesetzbuchs für das Großherzogthum Hessen, Darmstadt 1844; Nachdruck Bd. 1 hrsg. v. Werner Schubert, Frankfurt a.M. 1986 (zit.: Entwurf Personenrecht II).

Entwurf eines bürgerlichen Gesetzbuchs für das Großherzogthum Hessen, nebst Motiven. Zweite Abtheilung, enthaltend: die Titel von den Vermögensgegenständen und deren Eintheilung, von dem Besitze, von dem Eigenthume, von den Dienstbarkeiten, von der Verjährung und Ersitzung, Darmstadt 1845; Nachdruck Bd. 3, hrsg. v. Werner Schubert, Frankfurt a.M. 1986 (zit.: Entwurf Sachenrecht).

Entwurf eines bürgerlichen Gesetzbuchs für das Großherzogthum Hessen, nebst Motiven. Dritte Abtheilung: von der Erbfolge. 1. Theil: Gesetzesentwurf; 2. Theil: Motive, Darmstadt 1845; Nachdruck Bd. 4, hrsg. v. Werner Schubert, Frankfurt a.M. 1986 (zit.: Entwurf Erbfolge).

Entwurf eines bürgerlichen Gesetzbuchs für das Großherzogthum Hessen, nebst Motiven. Vierte Abtheilung. Von den Verbindlichkeiten. Erstes Buch: von den Verbindlichkeiten im Allgemeinen. 1. Theil: Gesetzesentwurf; 2. Theil: Motive und zweites Buch: Von den Verbindlichkeiten im Besonderen. 1. Theil: Gesetzesentwurf; 2. Theil: Motive, Darmstadt 1853; Nachdruck Bd. 5, hrsg. v. Werner Schubert, Frankfurt a.M. 1986 (zit.: Entwurf Schuldrecht).

Entwurf eines Strafgesetzbuches für das Großherzogthum Hessen. Uebergeben an die zweite Kammer der Stände des Großherzogthums Hessen, Darmstadt 1839.

Entwürfe zu einem Strafgesetzbuch für das Großherzogtum Hessen 1831 und 1836 mit einem Vortrag von Friedrich von Lindelof und Bemerkungen von Johann Friedrich Knapp, hrsg. v. Werner Schubert, Goldbach 1993.

Gesetzbuch Napoleons nach der officiellen Ausgabe übersetzt, nebst Angabe der wichtigsten Abweichungen der Übersetzung von Daniels, Erhard, Lassaulx, Müller und Spielmann und einem vollständigen Sachregister, von H.F.D. Gerhardi, 1. Band, Darmstadt und Gießen 1809.

Gesetz-Sammlung für das Grossherzogtum Hessen 1819 bis 1905, enthaltend sämtliche hessische Gesetze und Verordnungen in der zeitlichen Abfolge und dem geltenden Wortlaut, hrsg. v. Reh/ Heyer/ Gros, Erster Band 1819-1874, Mainz 1904 (zit.: Reh/ Heyer/ Gros, Gesetz-Sammlung des GHT Hessen, Bd. 1).

Großherzoglich Hessische Verordnungen. Erstes Heft. Vom August 1806 bis Ende des Jahres 1808, Darmstadt 1811 (zit.: Großherzoglich Hessische Verordnungen I).

Großherzoglich Hessisches Regierungsblatt, Darmstadt 1820, 1821 und 1836 (zit.: Großh. Hess. Reg.Bl. Nr. Datum).

Sammlung der in der Großherzoglich hessischen Zeitung vom Jahr 1817 und 1818 publizierten Verordnungen und höheren Verfügungen, Darmstadt 1818 und 1819 (zit.: Verordnungssammlung Jahr).

Strafgesetzbuch für das Großherzogthum Hessen, nebst den damit zusammenhängenden Gesetzen, Darmstadt 1841.

Verhandlungen der zweiten Kammer der hessischen Landstände aus den Jahren 1820/21

- Heft VI, Prot. 48, S. 23-24: Erlaß der ersten Kammer, die Staatsregierung zu ersuchen, die neue bürgerliche Proceßordnung sobald wie möglich einzuführen.

- Heft XII, Beil. 215, S. 80-82: Vortrag des zweiten Ausschusses über den Erlaß der ersten Kammer, die Vollendung und provisorische Einführung der neuen Civilproceßordnung betreffend, erstattet von dem Abgeordneten Wieger.

- Heft XV, Prot. 132, S. 118 f.: Antrag des Abgeordneten Kröncke, den Art. 103 der Verfassung betreffend.

- Heft XIV, Prot. 115, S. 36: Ueber den Beschluß der ersten Kammer, die Vollendung und provisorische Einführung der Civil-Proceßordnung betreffend.

- Heft XVII, Beil. 273, S. 22-25: Vortrag des zweiten Ausschusses, den Antrag des Abgeordneten Kröncke über den Art. 103 der Verfassungsurkunde betreffend, erstattet von dem Abgeordneten Floret.

II. Literatur

Acker, Karl Heinz: Verwaltungskontrolle in Hessen-Darmstadt, 1770-1835, Zur Organisation der Kontrolle des Verwaltungshandelns in einem kleineren deutschen Staat, Diss., Univ., Frankfurt a.M. 1983 (zit.: Verwaltungskontrolle in Hessen-Darmstadt).

Ahcin, Christian: Zur Entstehung des Bürgerlichen Gesetzbuchs für das Königreich Sachsen von 1863/65. Zugleich ein Beitrag zur Rolle des römischen Rechts im 19. Jahrhundert, Diss., Freie Univ., Berlin 1993.

Almendingen, Harscher von: Gesichtspunkt für die von teutschen Regenten zur Bearbeitung des Kodex Napoleon niedergesetzten Kommissionen, in: Rheinischer Bund 12 (1809), S. 142-148 (zit. Bearbeitung des Kodex Napoleon).

ders.: Ansichten über die Art der Aufnahme des Napoleonischen Gesetzbuchs in den Staaten des Rheinbundes, in: Allgemeine Bibliothek für Staatskunst, Rechtswissenschaften und Critik, Heft 9, Gießen 1809, S. 3-41 (zit.: Ansichten).

ders.: Hauptbericht über die die Einführung des Code Napoléon betreffenden Conferenzen in Giesen und über die Resultate derselben vom 29. Juni 1810, in: Allgemeine Bibliothek für Staatskunst, Rechtswissenschaften und Critik, Heft 11-13, Gießen 1811 (zit.: Hauptbericht).

Amrhein, Fritz: Die Entwicklung des hessischen Strafprozessrechts im 18. und 19. Jahrhundert, Diss., Univ., Würzburg 1955 (zit.: Entwicklung des hessischen Strafprozessrechts).

Arndts von Arnesberg, Karl Ludwig: Entwürfe bürgerlicher Gesetzbücher für Hessen-Darmstadt und Zürich, in: Gesammelte Civilistische Schriften von Dr. Ludwig Arndts von Arnesberg, Dritter Band, Stuttgart 1874, S. 280-349 (zit.: Arndts, Entwürfe bürgerlicher Gesetzbücher für Hessen-Darmstadt und Zürich, in: Gesammelte Schriften III).

ders.: Des hessischen Entwurfs zweite Abtheilung, in: Gesammelte Civilistische Schriften von Dr. Ludwig Arndts von Arnesberg, Dritter Band, Stuttgart 1874, S. 349-389 (zit.: Arndts, Des hessischen Entwurfs zweite Abtheilung, in: Gesammelte Schriften III).

Baumgarten, Marita: Vom Gelehrten zum Wissenschaftler. Studien zum Lehrkörper einer kleinen Universität am Beispiel der Ludoviciana Giessen (1815-1914), Giessen 1988 (zit.: Vom Gelehrten zum Wissenschaftler).

dies.: Die klassische Universität in Reich, Regionen und Europa in Mittelalter und Neuzeit, in: Festschrift für Peter Moraw, hrsg. v. Paul Joachim Heinig/ Sigrid Jahns/ Hans-Joachim Schmidt, Berlin 2000, S. 619-634 (zit.: Die klassische Universität, in: FS Moraw).

Becker, Hans-Jürgen: Das Rheinische Recht und seine Bedeutung für die Rechtsentwicklung in Deutschland im 19. Jahrhundert, in: JuS 1985, S. 338-345 (zit.: Das Rheinische Recht).

Bergbohm, Karl: Jurisprudenz und Rechtsphilosophie, 1. Einleitung. 1. Abhandlung: Das Naturrecht der Gegenwart, Leipzig 1892 (Nachdruck Glashütten i. Ts. 1973).

Berner, Albert Friedrich: Die Strafgesetzgebung in Deutschland vom Jahre 1751 bis zur Gegenwart, Leipzig 1867 (zit.: Strafgesetzgebung in Deutschland).

Biermer, Magnus: Die Rechtsverhältnisse der deutschen Universitätsprofessoren, Gießen 1903.

Blass, Hugo: Die Entwicklung des Strafverfahrens in Hessen-Darmstadt im 19. Jahrhundert, Breslau-Neukirch 1934 (zit.: Strafverfahren in Hessen-Darmstadt).

Boehmer, Gustav: Der Einfluß des Code Civil auf die Rechtsentwicklung in Deutschland, in: AcP 151 (1950/1951), S. 289-310.

Bomsdorf, Falk: Prozeßmaximen und Rechtswirklichkeit. Verhandlungs- und Untersuchungsmaxime im deutschen Zivilprozeß. Vom gemeinen Recht bis zur ZPO, Berlin 1971 (zit.: Prozeßmaximen und Rechtswirklichkeit).

Bopp, Philipp: Die Ständeversammlung im Großherzogthum Hessen in dem Jahre 1833 und die Gesetzbücher. Beitrag zur Geschichte der Codification. Erstes Heft: Der Antrag der zweiten Kammer der Ständeversammlung des Großherzogthums Hessen im Jahre 1833 wegen Erfüllung des Art. 103 der Verfassungsurkunde durch eine umfassende Gesetzgebung und der darüber von dem Abgeordneten Geh. Staatsrath Jaup Namens des Ausschusses erstattete Bericht, Darmstadt 1833 (zit.: Ständeversammlung 1833).

ders.: Der Hessische Rechtsfreund. Ein gemeinnütziges Handbuch zur Kunde des Rechts und der Verwaltung im Großherzogthum Hessen, Darmstadt 1837 (zit.: Hessischer Rechtsfreund).

ders.: Uebersicht der Rechtsgesetzgebung des Großherzogthums Hessen unter dem Großherzoge Ludwig I. von den Jahren 1790-1830, in: Jahrbücher der gesammten deutschen juristischen Literatur, Band 19 (1831), S. 183-214 u. S. 308-332 und Band 20 (1832), S. 79-105 (zit.: Rechtsgesetzgebung des GHT Hessen).

(*ders.*): Großherzogthum Hessen. Einiges über die Gerichts-Verfassung und das Verfahren in Strafsachen im Großherzogthum Hessen nebst Mittheilungen aus der Criminalpraxis eines Gerichtshofes des Großherzogthums Hessen, in: Annalen der deutschen und ausländischen Criminal-Rechts-Pflege, Heft 18, Berlin 1831 (zit.: (Bopp), Verfahren in Strafsachen im GHT, in: Annalen der dt. Criminal-Rechts-Pflege).

ders.: Die Civil- und Criminalgesetzgebung des Großherzogthums Hessen seit der Zeit, da dasselbe zu den constitutionellen Staaten gehört, in: Archiv für die neueste Gesetzgebung aller Deutschen Staaten, hrsg. v. Alexander Müller, Band 3, Mainz 1832, S. 60-98 und S. 327-498 (zit.: Civil- und Criminalgesetzgebung des Großherzogthums Hessen).

ders.: Artikel „Hessen-Darmstadt, Großherzogthum", in: Rechtslexikon für Juristen aller teutschen Staaten enthaltend die gesamte Rechtswissenschaft, hrsg. v. Julius Weiske, Band 5, Leipzig 1844, S. 281-315 (Hessen-Darmstadt, Großherzogthum, in: Weiskes Rechtslexikon).

Brandt, Christian: Die Entstehung des Code pénal von 1810 und sein Einfluß auf die Strafgesetzgebung der deutschen Partikularstaaten des 19. Jahrhunderts am Beispiel Bayerns und Preußens (Allgemeiner Teil), Frankfurt a.M. 2002 (zit.: Entstehung des Code pénal).

Breidenbach, Moritz Wilhelm August: Commentar über das Großherzoglich Hessische Strafgesetzbuch und die damit in Verbindung stehenden Gesetze und Verordnungen, nach authentischen Quellen, mit besonderer Berücksichtigung der Gesetzgebungswerke anderer Staaten, namentlich des Königreichs Württemberg und des Großherzogthums Baden, Erster Band, Erste Abtheilung, Darmstadt 1842 (zit.: Commentar I).

Buschmann, Arno: Das Sächsische Bürgerliche Gesetzbuch von 1863/65 - Vorläufer und Muster des BGB, in: JuS 1980, S. 553-559.

Büttner, Siegfried: Die Anfänge des Parlamentarismus in Hessen-Darmstadt und das du Thilsche System, Darmstadt 1969 (zit.: Anfänge des Parlamentarismus in Hessen-Darmstadt).

Calker, Wilhelm van: Das Staatsrecht des Großherzogthums Hessen, Tübingen 1913.

Caroni, Pio: Abschnitt „Kodifikation“ in Handwörterbuch zur deutschen Rechtsgeschichte, 2. Band: Haustür-Lippe, hrsg. v. Adalbert Erler, Ekkehard Kaufmann, mitbegr. v. Wolfgang Stammler, 1. Aufl. Berlin 1978, Sp. 907-925 (zit.: Abschnitt „Kodifikation“).

ders.: Privatrecht: Eine sozialhistorische Einführung, Basel, Frankfurt a.M. 1988 (zit.: Privatrecht).

Christ, Heinrich: Entstehung und Grundgedanken des Strafgesetzbuches für das Großherzogtum Hessen vom 1. April 1842,Diss., Univ., Marburg 1968 (zit.: Entstehung des Strafgesetzbuches für das GHT Hessen).

Coing, Helmut: Allgemeine Züge der privatrechtlichen Gesetzgebung im 19. Jahrhundert, in: Handbuch der Quellen und Literatur der neueren europäischen Privatrechtsgeschichte. Dritter Band: Das 19. Jahrhundert. Erster Teilband: Gesetzgebung zum allgemeinen Privatrecht, hrsg. v. Helmut Coing, München 1982, S. 3-16 (zit.: Zur Privatrechtsgesetzgebung, in: Handbuch III/1).

ders.: Europäisches Privatrecht, Band I: Älteres Gemeines Recht (1500-1800), München 1985 (zit.: Europäisches PrivatR I) und Europäisches Privatrecht, Band II: 19. Jahrhundert, Überblick über die Entwicklung des Privatrechts in den ehemaligen gemeinrechtlichen Ländern (1800-1914), München 1989 (zit.: Europäisches PrivatR II).

Cosack, Konrad: Das Staatsrecht des Großherzogthums Hessen, Freiburg i. Br. und Leipzig 1894 (zit.: Staatsrecht des GHT Hessen).

Crome, August Friedrich Wilhelm: Deutschlands und Europens Staats- und National-Interesse, vorzüglich in Betreff des germanischen Staaten-Bundes, und der in Deutschland allgemein einzuführenden Landständischen Verfassung, 2. Aufl., Gießen 1817 (zit.: Deutschlands Staats- und Nationalinteresse).

Demandt, Karl E.: Geschichte des Landes Hessen, 2. Aufl., Kassel und Basel 1972.

ders.: Die Mittelrheinlande (Hessen und Mainz), in: Geschichte der deutschen Länder. „Territorien-Ploetz". Erster Band: Die Territorien bis zum Ende des alten Reiches, hrsg. v. Georg Wilhelm Sante und Ploetz-Verlag, Würzburg 1964, Nachdruck Freiburg 1978 (zit.: Die Mittelrheinlande, in: Territorien-Ploetz I).

Demel, Walter: Vom aufgeklärten Reformstaat zum bürokratischen Staatsabsolutismus, München 1993.

Dernburg, Heinrich: Das bürgerliche Recht des Deutschen Reiches und Preußens, Ergänzungsband VII: Hessisches Landesprivatrecht, bearbeitet von Ludwig Gauf, Ludwig Fuchs, hrsg. v. Paul Wolf, Halle 1910 (zit.: Dernburg/ Wolf, Hessisches Landesprivatrecht).

Dette, Thorsten/ Schneider, Lutz: Studentische Disziplin und akademische Gerichtsbarkeit in der 1. Hälfte des 19. Jahrhunderts, Gießen 1997 (zit.: Studentische Disziplin).

Deurer, Ernst Ferdinand Friedrich Wilhelm: Ueber Dr. Ludwig Julius Friedrich Höpfner. Akademische Festrede zur Feier des hohen Geburtsfestes Sr. Königlichen Hoheit des Großherzogs Ludwigs III. am 9. Juni 1859 in der großen Universitätsaula, Gießen 1859 (zit.: Ueber Dr. L.J.F. Höpfner).

Dieffenbach, Philipp: Geschichte von Hessen mit besonderer Berücksichtigung des Großherzogthums, Darmstadt 1831 (zit.: Geschichte von Hessen).

Dieterich, Julius Reinhard: Ein Gießener Professor als hessischer Staatsminister, in: Archiv für hessische Geschichte und Altertumskunde N.F., Band 5 (Beiträge zur Geschichte der Universitäten Mainz und Giessen), Darmstadt 1907, S. 462-514 (zit.: Ein Gießener Professor als Staatsminister).

Dilcher, Gerhard: Gesetzgebungswissenschaft und Naturrecht, in: JZ 1969, S. 1-7.

Döhring, Erich, Geschichte der deutschen Rechtspflege seit 1500, Berlin 1953 (zit.: Deutsche Rechtspflege).

Dölemeyer, Barbara: Kodifikationen und Projekte, in: Handbuch der Quellen und Literatur der neueren europäischen Privatrechtsgeschichte, Dritter Band: Das 19. Jahrhundert. Zweiter Teilband: Gesetzgebung zum allgemeinen Privatrecht und zum Verfassungsrecht, hrsg. v. Helmut Coing, Band III/2, München 1982, S. 1440-1625 (zit.: Kodifikationen und Projekte, in: Handbuch III/2).

dies.: Kodifikationsbewegung, in: Handbuch der Quellen und Literatur der neueren europäischen Privatrechtsgeschichte, Dritter Band: Das 19. Jahrhundert. Zweiter Teilband: Gesetzgebung zum allgemeinen Privatrecht und zum Verfassungsrecht, hrsg. v. Helmut Coing, Band III/2, München 1982, S. 1421-1439 (zit.: Kodifikationsbewegung, in: Handbuch III/2).

dies.: Die bayerischen Kodifikationsbestrebungen, in: Ius commune V (1975), S. 138-177.

dies.: Einflüsse von ALR, Code civil und ABGB auf Kodifikationsdiskussionen und -projekte in Deutschland, in: Ius commune VII (1978), S. 179-225 (zit.: Einflüsse von ALR, C.c. und ABGB).

dies.: Die Theorie eines natürlichen Zivilprozeßrechts zu Beginn des 19. Jahrhunderts, in: Naturrecht im 19. Jahrhundert. Kontinuität - Inhalt - Funktion - Wirkung hrsg. v. Diethelm Klippel, Goldbach 1997, S. 251-266 (zit.: Theorie eines natürlichen Zivilprozeßrechts).

dies.: Kodifikationspläne in deutschen Territorien des 18. Jahrhunderts, in: Gesetz und Gesetzgebung im Europa der Frühen Neuzeit, hrsg. v. Barbara Dölemeyer/ Diethelm Klippel, Berlin 1998, S. 201-223 (zit.: Kodifikationspläne in deutschen Territorien).

dies.: Iura et cameralia: Gießener Professoren zwischen Reformabsolutismus und Frühliberalismus, in: Excerptiones iuris. Studies in Honor of André Gouron, hrsg. v. Bernard Durand/ Laurent Mayali, Berkely/ California 2000, S. 147-161 (zit.: Iura et cameralia).

dies.: Die Universität als „gelehrte Manufactur". Reformideen des aufgeklärten Absolutismus in Hessen-Darmstadt und Hessen-Kassel, in: Reich, Regionen und Europa in Mittelalter und Neuzeit, Festschrift für Peter Moraw, hrsg. v. Paul Joachim Heinig Sigrid Jahns / Hans-Joachim Schmidt, Berlin 2000, S. 565-581 (zit.: Die Universität als „gelehrte Manufactur, in: FS Moraw).

Ebel, Wilhelm: Geschichte der Gesetzgebung in Deutschland, 2. Aufl. Göttingen 1958 (zit.: Gesetzgebung).

Eckert, Jörn: Gesetzesbegriff und Rechtsanwendung im späten Naturrecht. Die Spruchpraxis preußischer Gerichte unter dem Allgemeinen Landrecht, in: Der Staat. Zeitschrift für Staatslehre, Öffentliches Recht und Verfassungsgeschichte 37 (1998), S. 571-590 (zit.: Gesetzesbegriff, in: Der Staat).

Eigenbrodt, Karl Christian: Handbuch der Großherzoglich Hessischen Verordnungen vom Jahre 1803 an, Erster Band, Darmstadt 1816; Dritter Band, Darmstadt 1817 (zit.: Hessische Verordnungen I und III).

Eisenhart, August von: Wächter, Carl Joseph Georg Sigismund von, in: Allgemeine Deutsche Biographie, Band 40, Leipzig 1896, S. 435-440.

ders.: Höpfner, Ludwig Julius Friedrich, in: Allgemeine Deutsche Biographie, Band 13, Leipzig 1881, S. 109-112.

Elsener, Ferdinand: Carl Georg von Wächter (1797-1880) und die Bemühungen Württembergs um eine Vereinheitlichung des Privat- und Prozessrechtes in der Zeit des Deutschen Bundes (1847/1847), in: Festschrift Hermann Baltl zum 60. Geburtstag dargebracht von Fachkollegen und Freunden, hrsg. von Kurt Ebert, Innsbruck 1978, S. 193-209 (zit.: C.G.v. Wächter und die Rechtsvereinheitlichung, in: FS Baltl).

Esselborn, Karl: Karl Ludwig Wilhelm von Grolman in Gießen, in: Archiv für hessische Geschichte und Altertumskunde N.F., Band 5 (Beiträge zur Geschichte der Universitäten Mainz und Giessen), Darmstadt 1907, S. 406-461 (zit.: Esselborn, Grolman).

ders.: Hessische Lebensläufe. Von Karl Esselborn. Zum 100. Geburtstag neu herausgegeben von Knöpp, Friedrich Darmstadt 1978 (zit.: Hessische Lebensläufe: Grolman).

Euler, Friedrich Wilhelm: Die Geheimen Räte und ihre Söhne in Hessen-Darmstadt um 1790, in: 50 Jahre Hessische familiengeschichtliche Vereinigung e.V. Darmstadt. Festschrift. Mit Beiträgen zur hessen-darmstädtischen Genealogie, Darmstadt 1971, S. 69-96 (zit.: Geheime Räte in Hessen-DA, in: FS familienrechtliche Vereinigung Darmstadt).

Ewald, Ludwig: Historische Uebersicht der Territorial-Veraenderungen der Landgrafschaft Hessen-Darmstadt und des Großherzogthums Hessen, Darmstadt 1862 (zit.: Territorialveränderungen in Hessen-Darmstadt).

Fehrenbach, Elisabeth: Traditionale Gesellschaft und revolutionäres Recht. Die Einführung des Code Napoleon in den Rheinbundstaaten, 3. Aufl., Göttingen 1983 (zit.: Traditionale Gesellschaft).

Felschow, Eva-Marie: Immer mehr Geld für die Landesuniversität? Die Gießener Ludoviciana in den Debatten der beiden Kammern der Landstände des Großherzogtums Hessen von 1820 bis 1848, in: Festschrift für Eckhart G. Franz zum 65. Geburtstag, hrsg. v. Christof Dipper, Darmstadt 1996, S. 190-215 (zit.: Geld für die Landesuniversität, in: FS Franz).

dies.: Reformbestrebungen an deutschen protestantischen Universitäten im 18. Jahrhundert – die Beispiele Marburg und Gießen, in: Reich, Regionen und Europa in Mittelalter und Neuzeit, Festschrift für Peter Moraw, hrsg. v. Paul Joachim Heinig/ Sigrid Jahns/ Hans-Joachim Schmidt, Berlin 2000, S. 599-618 (zit.: Reformbestrebungen an deutschen Universitäten, in: FS Moraw).

Felschow, Eva-Marie/ Heuser, Emil: Universität und Ministerium im Vormärz. Justus Liebigs Briefwechsel mit Justin von Linde, 1. Auflage, Gießen 1992 (zit.: Universität und Ministerium im Vormärz).

Fleck, Peter: Agrarreformen in Hessen-Darmstadt. Agrarverfassung, Reformdiskussion und Grundlastenablösung (1770-1860), Darmstadt und Marburg 1982 (zit.: Agrarreform).

ders.: Der lange Ludwig in Darmstadt. Fürst und Verfassung im Vormärz, in: Hessen: Geschichte und Politik, hrsg. v. Bernd Heidenreich und Klaus Böhme, Stuttgart 2000 (zit.: Fürst und Verfassung im Vormärz, in: Hessen: Geschichte und Politik).

Floret, Peter Josef: Motive zu dem Gesetzbuche für das Großherzogthum Hessen, über das Verfahren in bürgerlichen Rechtssachen, Heft 1, Ordnung des gewöhnlichen Verfahrens bey Land- und Stadtgerichten, Darmstadt 1818; Heft 2, Ordnung des gewöhnlichen Verfahrens bey den Mittelgerichten, Darmstadt 1819 (zit. Motive I und II).

ders.: Historisch kritische Darstellung der Stände-Versammlung des Großherzogthums Hessen im Jahre 1820 und 1821. Mit besonderer Beziehung auf die Verfassungsurkunde des Großherzogthums und vorzüglicher Berücksichtigung der Gegenstände von allgemeinem Interesse, Gießen 1822 (zit.: Ständeversammlung von 1820/21).

Franz, Eckhart G.: Der Staat der Großherzöge von Hessen und bei Rhein 1806-1918, in: Das Werden Hessens, hrsg. v. Walter Heinemeyer, Marburg, 1986, S. 481-515 (zit.: Der Staat der Großherzöge von Hessen, in: Das Werden Hessens).

ders.: Karl Ludwig von Grolman (1775-1829), in: Persönlichkeiten der Verwaltung. Biographien zur deutschen Verwaltungsgeschichte 1648-1945, hrsg. v. G.A. Jerserich und Helmut Neuhaus, Stuttgart, Berlin, Köln 1991, S. 121-126 (zit.: Karl Ludwig von Grolman, in: Persönlichkeiten der Verwaltung).

Gareis, *Carl*: Joh. Michael Franz Birnbaum, geb. 19. Sept. 1792 zu Bamberg, gest. 14. Dez. 1877 zu Gießen, weiland Universitätsprofessor der Rechte zu Löwen, Bonn, Freiburg, Utrecht und Gießen, Kanzler der Universität Gießen. Ein Cultur- und Lebensbild, Gießen 1878 (zit.: J. M. F. Birnbaum – ein Lebensbild).

Gensler, *Johann Caspar*: Beitrag zu der Gesetzgebung für die Verfassung der teutschen Gerichte und des Verfahrens vor und von denselben in Bemerkungen zu dem Großherzogl. Hessischen, die Organisation der Civil- und Strafjustiz, so wie der Staatsaufsicht über beide, und die Grundlagen des künftigen gerichtlichen Verfahrens betreffenden Edict vom 1. Dezember 1817, Heidelberg 1818 (zit.: Beitrag zu der Gesetzgebung).

Germann, *Uta*: Die Entschädigungsverhandlungen Hessen-Darmstadts in den Jahren 1798-1815. Diplomatie im Zeichen des revolutionären Umbruchs, Darmstadt und Marburg 1998 (zit.: Entschädigungsverhandlungen).

Getz, *Heinrich*: Die deutsche Rechtseinheit im 19. Jahrhundert als rechtspolitisches Problem, Bonn 1966 (zit.: Rechtseinheit).

Goldmann, *Wilhelm*: Die Gesetzgebung des Großherzogthums Hessen in Beziehung auf Befreiung des Grundeigenthums und der Person von alten drückenden Beschränkungen und Lasten, Darmstadt 1831 (zit.: Gesetzgebung des GHT Hessen).

Göppert, *Heinrich*: Almendingen, Ludwig Harscher von, in: Allgemeine Deutsche Biographie, 1. Band, Leipzig 1875, S. 351-352.

Grawert, *Rolf*: Gesetzgebung im Wirkungszusammenhang konstitutioneller Regierung, in: Der Staat. Zeitschrift für Staatslehre, Öffentliches Recht und Verfassungsgeschichte, Beiheft 7: Gesetzgebung als Faktor der Staatsentwicklung, Berlin 1984, S. 113-160 (zit.: Gesetzgebung im Wirkungszusammenhang konstitutioneller Regierung, in: Der Staat/ Beiheft 7).

Grolman, *Karl Ludwig Wilhelm*: Grundsätze der Criminalrechtswissenschaft nebst einer systematischen Darstellung des Geistes der deutschen Criminalgesetze, Gießen 1798, Neudruck, Glashütten im Taunus 1970 (zit.: Criminalrechtswissenschaft).

ders.: Ueber die Begründung des Strafrechts und der Strafgesetzgebung nebst einer Entwicklung der Lehre von dem Maasstabe der Strafen und der juridischen Impuation, Gießen 1799 (zit.: Strafrecht und Strafgesetzgebung).

ders.: Theorie des gerichtlichen Verfahrens in bürgerlichen Rechtsstreitigkeiten nach den gemeinen deutschen Gesetzen, 1. Aufl. Gießen u. Darmstadt 1800; 2. Aufl., Gießen u. Darmstadt 1803; 4. Aufl. Gießen u. Darmstadt 1819; 5. Aufl., Gießen 1826 (zit.: Theorie des gerichtlichen Verfahrens mit Auflagenbezeichnung 1/ 2/ 4/ 5).

ders.: Ausführliches Handbuch über den Code Napoleon, Erster Band, Giessen und Darmstadt 1810; Zweiter Band, Gießen 1811; Dritter Band, Gießen 1812 (zit.: Handbuch über den Code Napoleon I, II, III).

ders.: Rezension von Immanuel Kants „Metaphysischen Anfangsgründen der Rechtslehre", in: Bibliothek für die peinliche Rechtswissenschaft und Gesetzkunde, Bd. 1, Gießen 1797, S. 123-141.

ders.: Über den Grund der härteren Strafe des gefährlichen Diebstahls. Ein Beytrag zur richtigen Erklärung des Art. CLIX der P.G.O. Karls V., in: Bibliothek für die peinliche Rechtswissenschaft und Gesetzkunde, Bd. 1, Gießen 1797, S. 44-69.

ders.: Nachträge zu der ersten und vierten Abhandlung des ersten Stücks dieser Bibliothek. Über die Begriffe von Dolus und Culpa und über die Strafe des Raubes, in: Bibliothek für die peinliche Rechtswissenschaft und Gesetzkunde, Bd. 1.3, Giessen 1798, S. 71-94.

ders.: Ueber die Strafe der Bigamie nach dem Art. 121 der P.G.O. Karls V., in: Bibliothek für die peinliche Rechtswissenschaft und Gesetzkunde, Bd. 1.1, Herborn und Hadamar 1797, S. 81-95.

ders.: Ueber die Strafe des Raubes. Ein Beitrag zur richtigen Erklärung des Art. CXXVI der peinlichen Gerichtsordnung Karls V., in: Bibliothek für die peinliche Rechtswissenschaft und Gesetzkunde, Bd. 1.1, Herborn und Hadamar 1797, S. 96-120.

ders.: Rezension von Johann Gottlieb Fichtes „Grundlage des Naturrechts nach Principien der Wissenschaftslehre", in: Bibliothek für die peinliche Rechtswissenschaft und Gesetzkunde, Bd. 1.2 , Darmstadt 1798, S. 93-112.

ders.: Rezension von Paul Johann Anselm Feuerbachs „Antihobbes oder über die Grenzen der höchsten Gewalt und das Zwangsrecht der Bürger gegen den Oberherrn“, in: Bibliothek für die peinliche Rechtswissenschaft und Gesetzkunde, Bd. 1.2, Darmstadt 1798, S. 210-217.

ders.: Vorerinnerung, in: Magazin für die Philosophie des Rechts und der Gesetzgebung, hrsg. v. Karl Grolman, Band 1.1, Gießen 1798, S. 3-4.

ders.: Rezension von Johann Gottlieb Buhles „Lehrbuch des Naturrechts“, in: Allgemeine Bibliothek der neuesten philosophischen Literatur, Gießen 1799, S. 63ff.

Gundel, Hans Georg: Statuta Academiae Marpurgensis deinde Gissensis de anno 1629. Die Statuten der Hessen-Darmstädtischen Landesuniversität Marburg 1629-1650/ Gießen 1650-1879, Marburg 1982 (zit.: Statuten).

Haaser, Rolf: Spätaufklärung und Gegenaufklärung. Bedingungen und Auswirkungen der religiösen, politischen und ästhetischen Streitkultur in Gießen zwischen 1770 und 1830, Darmstadt und Marburg 1997 (zit.: Spätaufklärung und Gegenaufklärung).

Hammerstein, Notker: Zur Geschichte der deutschen Universität im Zeitalter der Aufklärung, in: Rössler, Hellmuth/ Franz, Günther (Hrsg.), Universität und Gelehrtenstand 1400-1800, Büdinger Vorträge 1966, Limburg/ Lahn 1970, S. 145-182 (zit.: Geschichte der deutschen Universität).

ders.: Die Naturrechtslehre an den deutschen, insbesondere den preußischen Universitäten, in: Reformabsolutismus und ständische Gesellschaft. Zweihundert Jahre Preußisches Allgemeines Landrecht, hrsg. von Günter Birtsch und Dietmar Willoweit, Berlin 1998, S. 3-19 (zit.: Naturrechtslehre an deutschen Universitäten).

ders.: Eine deutsche Universität im 18. Jahrhundert: Gießen, in: Gießen in Reich, Regionen und Europa in Mittelalter und Neuzeit, Festschrift für Peter Moraw, hrsg. v. Paul Joachim Heinig/ Sigrid Jahns / Hans-Joachim Schmidt, Berlin 2000, S. 583-597 (zit.: Eine deutsche Universität im 18. Jahrhundert, in: FS Moraw).

Härter, Karl: Reichstag und Revolution: 1789-1806. Die Auseinandersetzung des immerwährenden Reichstags zu Regensburg mit den Auswirkungen der Französischen Revolution auf das alte Reicht, Göttingen 1992 (zit.: Reichstag und Revolution: 1789-1806).

Hattenhauer, *Hans*: Die geistesgeschichtlichen Grundlagen des deutschen Rechts, 4. Aufl., Heidelberg 1996 (zit.: Grundlagen des deutschen Rechts).

Haupt, *Herman/ Lehnert*, *Georg* (Hrsg.): Chronik der Universität Gießen 1607-1907. Festschrift zur dritten Jahrhundertfeier, Gießen 1907.

Heidenheimer: Moser, Friedrich Karl von, in: Allgemeine Deutsche Biographie, 22. Band, Leipzig 1885, S. 765-783.

Henke, *Ernst*: Bouterwek, Friedrich, in: Allgemeine Deutsche Biographie, 3. Band, Leipzig 1876, S. 213-216.

Heß, *Richard*: Eigenbrodt, Karl Christian von, in: Allgemeine Deutsche Biographie, 5.Band, Leipzig 1877, S. 747-749.

Hesse, *Horst*: Gesetzgeber und Gesetzgebung in Bayern 1848-1870, Weilheim 1984 (zit.: Hesse, H., Gesetzgeber und Gesetzgebung in Bayern).

Hesse, *Wilhelm*: Rheinhessen in seiner Entwicklung von 1798 bis Ende 1834. Ein statistisch staatswirthschaftlicher Versuch, Mainz 1835 (zit.: Hesse, W., Rheinhessen).

Hesster, Ueber den Entwurf eines Strafgesetzbuchs für das Großherzogthum Baden. Nach den Berathungen der Großherzoglichen Gesetzgebungs-Commission. Karlsruhe 1836, in: Archiv des Criminalrechts N.F. 1837, S. 325-352 (zit.: Entwurf eines Strafgesetzbuchs für das GHT Baden).

Hofmann, *August Conrad*: Beiträge zur näheren Kenntniß der Gesetzgebung und Verwaltung des Großherzogthums Hessen zur Berichtigung der Urtheile des Publikums über den inneren Zustand, besonders über die Besteuerung dieses Staates, Giessen 1832 (zit.: Hofmann, A., Gesetzgebung und Verwaltung des GHT Hessen).

Hofmann, *Hanns Hubert*: Eliten und Elitentransformation in Deutschland zwischen der französischen und der deutschen Revolution, in: Deutsche Führungsschichten in der Neuzeit. Eine Zwischenbilanz, hrsg. v. Hans Huber Hofmann/ Günther Franz, Boppard am Rhein 1980, S. 143-171 (zit.: Hofmann, H., Eliten in Deutschland).

Holthöfer, *Ernst*: Zivilgesetzgebung nach dem Code civil. Schwerpunkte und Tendenzen, in: Ius commune Sonderheft 15: Vorträge zur Geschichte des Privatrechts in Europa, Frankfurt a.M. 1981, S. 123-149.

Höpfner, Ludwig Julius Friedrich: Naturrecht des einzelnen Menschen, der Gesellschaften und Völker, 1. Aufl., Gießen 1780 und 6. Aufl. Gießen 1795 (zit.: Naturrecht 1 und 6).

ders.: Theoretisch-practischer Commentar über die Heineccischen Institutionen nach deren neuesten Ausgabe, 4. Aufl., Frankfurt a.M. 1793 und 6. Aufl., Frankfurt a.M. 1798 (zit.: Commentar 4 und 6).

Huber, Ernst Rudolf: Dokumente zur deutschen Verfassungsgeschichte, Band 1: Deutsche Verfassungsdokumente 1803-1850, 3. Aufl., Stuttgart, Berlin, Köln, Mainz 1978 (zit.: Dokumente zur dt. Verfassungsgeschichte 1).

Hufeld, Ulrich (Hrsg.): Der Reichsdeputationshauptschluss von 1803. Eine Dokumentation zum Untergang des alten Reiches, Köln, Weimar, Wien 2003 (zit.: Reichsdeputationshauptschluss).

Ignor, Alexander: Geschichte des Strafprozesses in Deutschland 1532-1846. Von der Carolina Karls V. bis zu den Reformen des Vormärz, Paderborn, München, Wien, Zürich 2002 (zit. Geschichte des Strafprozesses).

Jakobs, Horst Heinrich: Wissenschaft und Gesetzgebung im bürgerlichen Recht nach der Rechtsquellenlehre des 19. Jahrhunderts, Paderborn, München, Wien, Zürich 1983 (zit.: Wissenschaft und Gesetzgebung).

Jaup, Bernhard: Aufzeichnungen des Großherzoglich hessischen Ministerpräsidenten Dr. Heinrich Karl Jaup über sein Wirken im öffentlichen Leben, in: AHG NF 15 (1928), S. 644-661 (zit.: Jaup, B., Aufzeichnungen des Ministerpräsidenten H.K. Jaup).

Jaup, Heinrich Karl: Ueber die Auflösung des Rheinischen Bundes und der Schweizerischen Vermittlungs-Akte. Versuch einer publicistischen Erörterung der Folgen dieser Auflösung, Erstes Heft: Betrachtungen über die Auflösung des Rheinischen Bundes im Allgemeinen, und über die staatsrechtlichen Verhältnisse der Standesherrn, Gießen 1814 (zit.: Auflösung des Rheinischen Bundes).

ders.: Nachschrift zu (anonym), Gedanken eines Patrioten über die Einführung des Code Napoléon, in: Germanien, Bd. 1 (1808), Erstes Heft, S. 90-104 (zit.: Nachschrift).

ders.: Die Allodifikation der Lehen in dem Königreich Westphalen und in dem Großherzogthum Berg, in: Germanien, Bd. 2 (1809), Drittes Heft, S. 509-522 (zit.: Allodifikation der Lehen).

Jung, Gisela: Die zivilrechtliche Stellung der Frau im Großherzogtum Hessen. Über die Geschlechtsvormundschaft im 19. Jahrhundert, Marburg 1997.

Kischkel, Thomas Cornelius: Das Naturrecht in der Rechtspraxis. Dargestellt am Beispiel der Spruchtätigkeit der Gießener Juristenfakultät, in: ZNR 2000, S. 124-147 (zit.: Das Naturrecht in der Rechtspraxis).

Kissel, Otto Rudolf: Neuere Territorial- und Rechtsgeschichte des Landes Hessen, Wiesbaden-Dotzheim 1961 (zit.: Territorialgeschichte Hessens).

Klein, Thomas: Hessische Staaten, in: Deutsche Verwaltungsgeschichte, Band 2: Vom Reichsdeputationshauptschluß bis zur Auflösung des Deutschen Bundes, hrsg. v. Kurt G. A. Jeserich/ Hans Pohl / Georg-Christoph von Unruh, Stuttgart 1983, S. 645-678.

Kleinheyer, Gerd/ Schröder, Jan: Deutsche und Europäische Juristen aus neun Jahrhunderten. Eine biographische Einführung in die Geschichte der Rechtswissenschaft, 4. Aufl., Heidelberg 1996 (zit.: Deutsche und Europäische Juristen).

Klippel, Diethelm: Naturrecht und Politik im Deutschland des 19. Jahrhunderts, in: Naturrecht und Politik hrsg. v. Karl Graf Ballestrem, Berlin 1993, S. 27-48 (zit.: Naturrecht und Politik).

ders.: Die Philosophie der Gesetzgebung. Naturrecht und Rechtsphilosophie als Gesetzgebungswissenschaft im 18. und 19. Jahrhundert, in: Gesetz und Gesetzgebung im Europa der Frühen Neuzeit, hrsg. v. Barbara Dölemeyer/ Diethelm Klippel, Berlin 1998, S. 225-247 (zit.: Die Philosophie der Gesetzgebung).

Klippel, Diethelm/ Kröger-Schrader, Cordelia: Rudolf von Jhering an der Juristischen Fakultät der Ludwigs-Universität Gießen (1852-1868), in: Rudolf von Jhering. Beiträge und Zeugnisse aus Anlaß der einhundertsten Wiederkehr seines Todestages am 17.9.1992, hrsg. v. Okko Behrends, Göttingen 1992, S. 31-37 (zit.: Jhering in Gießen).

Knöpp, Friedrich: Grolman, Carl Ludwig Wilhelm von, in: Neue Deutsche Biographie, Band 7, Berlin 1966, S. 122-123.

Knorr, L.: Das Exekutionsverfahren nach gemeinen Rechte vom gesetzgeberischen Gesichtspunkte aus betrachtet in Verbindung damit wie sich solches im Großherzogthum Hessen diesseits des Rheins ausgebildet hat, Gießen 1845 (zit.: Executionsverfahren).

Köbler, Gerhard: Gießener juristische Vorlesungen, Gießen 1982.

ders.: Zur Herkunft der Giessener Rechtslehrer des 19. Jahrhunderts, in: Festschrift für Erwin Stein zum 80. Geburtstag, hrsg. v. Hermann Avenarius/ Hanns Engelhardt/ Hermann Heussner/ Friedrich von Zezschwitz, Bad Homburg vor der Höhe 1983, S. 127-144 (zit.: Herkunft Gießener Rechtslehrer, in: FS Stein).

Koselleck, Reinhart: Einleitung, in: Geschichtliche Grundbegriffe. Historisches Lexikon zur politisch-sozialen Sprache in Deutschland, hrsg. von Otto Brunner/ Werner Conze/ Reinhart Koselleck, Bd. 1 A-D, Stuttgart 1972 (zit.: Geschichtliche Grundbegriffe).

Kraus, Alexander: Die Garantie der französischen Einrichtungen in der Provinz Rheinhessen im Verhältnis zu der allgemeinen Gesetzgebung des Großherzogthums vom staatsrechtlichen und politischen Standpunkt, Darmstadt 1847 (zit.: Die Garantie der französischen Einrichtungen in der Provinz Rheinhessen).

Krause, H.: Abschnitt „Gesetzgebung“, in: Handwörterbuch zur deutschen Rechtsgeschichte, 1. Band: Aachen-Haussuchung, hrsg. v. Adalbert Erler, Ekkehard Kaufmann, mitbegr. v. Wolfgang Stammler, Berlin 1971, Sp. 1606-1620 (zit.: Abschnitt „Gesetzgebung“).

Kroeschell, Karl: Rechtsgeschichte Deutschlands im 20. Jahrhundert, Göttingen 1992.

Krüger, Gustav: Denkschrift über die Stellung der Landesuniversität und ihrer Professoren im hessischen Staatswesen, (Gießen) 1916.

Kuechler, J.G.K.E.: Die Gesetzgebung des Großherzogthums Hessen, Darmstadt 1848.

Kunisch, Johannes: Die deutschen Führungsschichten im Zeitalter des Absolutismus, in: Deutsche Führungsschichten in der Neuzeit. Eine Zwischenbilanz, hrsg. v. Hans Hubert Hofmann/ Günther Franz, Boppard am Rhein 1980, S. 111 - 141 (zit.: Führungsschichten im Absolutismus).

Lassaulx, Franz von: Codex Napoleon dargestellt und kommentirt, Band 1-3, Koblenz 1809-1811 (zit.: Codex Napoleon).

Linde, Justin Timotheus Balthasar von: Lehrbuch des deutschen gemeinen Civilprocesses, 1.-7. Auflage, Bonn 1825-1850.

ders.: Uebersicht des gesammten Unterrichtswesens im Großherzogthum Hessen, besonders seit dem Jahre 1829, nebst gelegentlichen Bemerkungen über die neueste Beurtheilung desselben durch den Herrn Hofrat Thiersch in München, Gießen 1839 (zit.: Unterrichtswesen in Hessen).

ders.: Handbuch über die Lehre von den Rechtsmitteln nach Grundsätzen des deutschen gemeinen bürgerlichen Prozesses nebst einer ausführlichen Vergleichung der betreffenden in Deutschland geltenden particularrechtlichen Grundsätze, einer Prüfung der neuern Entwürfe, und motivierten Vorschläge für eine künftige Gesetzgebung, Erster Teil, Gießen 1831 und Zweiter Teil, Gießen 1840 (zit.: Lehre von den Rechtsmitteln I u. II).

ders.: Erwiederung auf die Bemerkungen des Herrn Geh. Raths Dr. A.A.E. Schleiermacher über der Studienplan für die Großh. Hessische Landesuniversität zu Gießen, Darmstadt 1843 (zit.: Erwiderung auf Schleiermacher).

ders.: Ueber den Gerichtsstand vertragsmäßig eingegangener Verbindlichkeiten, in: AcP 7 (1824), S. 59-79.

ders.: Ueber die Appellationssumme, in: AcP 11 (1828), S. 91-123 und S. 204-228.

ders.: Bemerkungen über die Zweckmäßigkeit der in Deutschland geltenden Grundsätze über das Armenrecht im Prozesse, in: AcP 16 (1833), S. 51-83.

ders.: Über den Standpunkt der Reformfrage der Justizverfassung, und die Ergebnisse der jüngsten legislativen Thätigkeit in Bezug auf Civilrecht und Civilprozeß im Großherzogthum Hessen, in: AcP 20 (1837), S. 290-333 (zit.: Linde, Über die legislative Thätigkeit im GHT Hessen).

Lindelof, Friedrich von: Vortrag über den Entwurf eines Strafgesetzbuchs für das Großherzogthum Hessen. Unterzeichnet auf der letzten (348.) Seite mit: „Oct.1837, Dr. v. Lindelof" (Darmstadt 1837).

Link, Christoph: Aufgeklärtes Naturrecht und Gesetzgebung – vom Systemgedanken zur Kodifikation, in: Reformabsolutismus und ständische Gesellschaft. Zweihundert Jahre Preußischen Allgemeines Landrecht, hrsg. v. Günter Birtsch, Dietmar Willoweit, Berlin 1998, S. 21-46 (zit.: Naturrecht und Gesetzgebung).

Lipp, Martin: Wächters Bemühungen um die Vereinheitlichung des Privatrechts in Deutschland, in: Zwischen Romanistik und Germanistik, Carl Georg von Waechter (1797-1880), hrsg. von Bernd-Rüdiger Kern, Berlin 2000, S. 65-87.

Löhr, Thomas M.: Die Geschichte des Landrechts der Obergrafschaft Katzenelnbogen, Diss., Univ., Bonn 1976 (zit.: Landrecht der Obergrafschaft Katzenelnbogen).

Lutz, Elmar: Gustav von Mandry. 1832-1902. Der Beitrag Württembergs zum Entwurf eines Bürgerlichen Gesetzbuchs, in: Lebensbilder zur Geschichte der Tübinger Juristenfakultät, hrsg. v. Ferdinand Elsener aus Anlaß des 500jährigen Bestehens der Fakultät, Tübingen 1977, S. 33-51 (zit.: Gustav von Mandry, in: Tübinger Juristenfakultät).

Mack, Rüdiger: Johann Christoph Friedrich Schulz und das Eindringen der Aufklärung in die Universität Gießen, in: Academia Gissensis. Beiträge zur älteren Gießener Universitätsgeschichte. Zum 375jährigen Jubiläum dargebracht vom Historischen Institut der Justus-Liebig-Universität Gießen, hrsg. v. Peter Moraw/ Volker Press, Marburg 1982, S. 379-408 (zit.: Eindringen der Aufklärung in die Universität Gießen, in: Academia Gissensis).

Marquardsen: Mittermaier, Karl Joseph Anton, in: Allgemeine Deutsche Biographie, 22. Band, Leipzig 1885, S. 25-33.

Merker, A.: Ludwig Harscher von Almendingen. Ein Rechtsgelehrter, Schriftsteller und Staatsmann des beginnenden neunzehnten Jahrhunderts, in: Nassauische Annalen, Band 43, Wiesbaden 1914-1915, S. 266-373 (zit.: Almendingen).

Mitteis, Heinrich/ Lieberich, Heinz: Deutsche Rechtsgeschichte. Ein Studienbuch, 19. Aufl., München 1992.

Mittermaier, Carl Josef Anton: Grundsätze des gemeinen deutschen Privatrechts mit Einschluß des Handels-, Wechsel- und Seerechts, Erster Band, 7. Aufl., Regensburg 1847 (zit.: Gemeines deutsches Privatrecht).

ders.: Die Gesetzgebung und Rechtsübung über das Strafverfahren nach ihrer neuesten Fortbildung, Erlangen 1856 (zit.: Strafverfahren).

ders.: Der neue Entwurf des Strafgesetzbuchs für das Königreich Baiern, in: Neues Archiv des Criminalrechts, Band 6 (1822), S. 173-227 (zit.: Entwurf des Strafgesetzbuchs für Baiern).

ders.: Der revidirte Entwurf des Strafgesetzbuchs für das Königreich Baiern, in: Neues Archiv des Criminalrechts, Band 10 (1828), S. 144-170 (zit.: Revidierter Entwurf des bayerischen Strafgesetzbuchs).

ders.: Was hat der deutsche Proceß im Ganzen und im Detail durch die neuere doktrinelle und legislative Behandlung gewonnen? insbesondere I. Resultate der Forschungen über die geschichtliche Ausbildung des gemeinen deutschen Processes. II. Ausbeute der Forschungen über die Gegenstände des Civilprocesses, in: AcP 12 (1829), S. 362-408 (zit.: Der deutsche Proceß).

ders.: Der Entwurf zu einem Criminalgesetzbuchs für das Königreich Sachsen, verglichen mit den neuesten Erscheinungen der Criminallegislationen, in: Archiv des Criminalrechts N.F. 1836, S. 395-429 (zit.: Entwurf eines Criminalgesetzbuchs für Sachsen).

ders.: Ueber die neuesten Fortschritte der Strafgesetzgebung, in: Archiv des Criminalrechts N.F. 1837, S. 537-560.

ders.: Ueber den neuesten Zustand der Strafgesetzgebung mit der besonderen Rücksicht auf das neue Strafgesetzbuch für das Großherzogthum Weimar, sowie die Entwürfe von Strafgesetzbüchern für England, für Indien, für Nordamerika, für das Großherzogtum Baden, für das Großherzogthum Hessen, für den Kanton Bern und Kanton Thurgau, in: Archiv des Criminalrechts N.F. 1839, S. 325-344 (zit.: Über den neuesten Zustand der Strafgesetzgebung).

ders.: Die neuesten Gesetzgebungsarbeiten auf dem Gebiete der Civilgesetzgebung mit besonderer Beziehung auf die neueren Civilgesetzbücher oder Entwürfe für das Königreich Sachsen, für das Großherzogthum Hessen, für das Herzogthum Modena und die Schweizer Gesetzbücher oder Entwürfe für Zürich, Solothurn, Freiburg, Thurgau, Wallis, Aargau, mit Entwicklung der Rücksichten, welche die Prüfung dieser neuen Werke leiten müssen, in: AcP 36 (1853), S. 94-119 (zit.: Die neusten Gesetzgebungsarbeiten auf dem Gebiete der Civilgesetzgebung).

Mohnhaupt, Heinz: Potestas legislatoria und Gesetzesbegriff im Ancien Régime, in: Ius commune IV, S. 188-239 (zit.: Potestas legislatoria).

Molitor, Karl: Die Straftheorie der Spezialprävention bei Karl von Grolman, Diss., Univ., Mainz 1950 (Straftheorie bei Grolman).

Moraw, Peter: Aspekte und Dimensionen älterer deutscher Universitätsgeschichte, in: Academia Gissensis. Beiträge zur älteren Gießener Universitätsgeschichte. Zum 375jährigen Jubiläum dargebracht vom Historischen Institut der Justus-Liebig-Universität Gießen, hrsg. v. Peter Moraw / Volker Press, Marburg 1982, S. 1-43 (zit.: Ältere deutsche Universitätsgeschichte, in: Academia Gissensis).

ders.: Kleine Geschichte der Universität Gießen 1607-1982, 2. Aufl. Gießen 1990 (zit.: Geschichte der Universität Gießen).

Müller, Adolf: Die Entstehung der hessischen Verfassung von 1820, Darmstadt 1931.

Murk, Karl: Einleitung, in: Hessen-Darmstädtische Landtagsabschiede 1648-1806, hrsg. v. Karl Murk, Darmstadt 2002.

Nahmer, Wilhelm von der: Handbuch des Rheinischen Particular-Rechts, Erster Band: enthaltend die Landrechte des Ober- und Mittel-Rheins, Frankfurt a.M. 1831 (zit.: Handbuch I); Zweiter Band: enthaltend die Landrechte des Ober- und Mittel-Rheins, Frankfurt a.M. 1831 (zit.: Handbuch II); Dritter Band: enthaltend die Entwickelung der früheren rheinischen Territorial- und Verfassungs-Verhältnisse, Frankfurt a.M. 1832 (zit.: Handbuch III).

Neumayer, Karl H.: Die wissenschaftliche Behandlung des kodifizierten Privatrechtsstoffes im Großherzogtum Baden und auf dem linken Rheinufer bis zum Beginn der Vorarbeiten zum BGB (1874), in: Wissenschaft und Kodifikation des Privatrechts im 19. Jh., hrsg. v. Helmut Coing und Walter Wilhelm, Band I, Frankfurt a.M. 1974, S. 197-216 (zit.: Wissenschaftliche Behandlung des kodifizierten Privatrechtsstoffes in Baden).

ders.: Die wissenschaftliche Behandlung des kodifizierten französischen Zivilrechts bis zur Dritten Republik, in: Wissenschaft und Kodifikation des Privatrechts im 19. Jh., hrsg. v. Helmut Coing und Walter Wilhelm, Band I, Frankfurt a.M. 1974, S. 173-195 (zit.: Wissenschaftliche Behandlung des kodifizierten franz. ZivilR).

Nipperdey, Thomas: Deutsche Geschichte 1800-1866. Bürgerwelt und starker Staat, Sonderausgabe, München 1998 (zit.: Deutsche Geschichte 1800-1866).

Nörr, Knut Wolfgang: Naturrecht und Zivilprozeß. Studien zur Geschichte des deutschen Zivilprozeßrechts während der Naturrechtsperiode bis zum beginnenden 19. Jahrhundert, Tübingen 1976 (zit.: Naturrecht und Zivilprozeß).

ders.: Das bernische Zivilprozessgesetzbuch 1821 unter dem Einfluß des „Entwurfs eines Gesetzbuchs über das gerichtliche Verfahren" von Gönner, in: Festschrift für Ferdinand Elsener zum 65. Geburtstag, hrsg. von Louis Carlen und Friedrich Ebel, Sigmaringen 1977, S. 207-213 (zit.: Das bernische Zivilprozessgesetzbuch, in: FS Elsener).

Oberkofler, Gerhard: Franz Anton Felix von Zeiller (1751-1828) in: Juristen in Österreich 1200-1980, hrsg. v. Wilhelm Brauneder, Wien 1987, S. 97-102 (zit.: Franz von Zeiller, in: Brauneder, Juristen in Österreich).

Paulsen, Friedrich: Geschichte des gelehrten Unterrichts auf den deutschen Schulen und Universitäten vom Ausgang des Mittelalters bis zur Gegenwart, Zweiter Band, 3. Auflage, Berlin, Leipzig 1921 (zit.: Geschichte des gelehrten Unterrichts II).

Planitz, Hans: Aus Rheinischer Vergangenheit und Gegenwart. Der Werdegang des rheinischen Rechts, in: Deutsche Juristen-Zeitung 31 (1926), Sp. 1215-1227 (zit.: Aus Rheinischer Vergangenheit und Gegenwart).

Plohmann, Michael: Ludwig Julius Friedrich Höpfner (1743-1797). Naturrecht und positives Privatrecht am Ende des 18. Jahrhunderts, Berlin 1992 (zit.: L.J.F. Höpfner).

Purgold, Friedrich: Die Gesetzgebungswissenschaft in Entwicklung der für den Entwurf eines neuen, namentlich deutschen, Gesetzbuchs sich ergebenden Grundsätze, Darmstadt 1840.

ders.: Praktische Bemerkungen zu dem Entwurf eines bürgerlichen Gesetzbuches für das Großherzogthum Hessen, Theil I, das Personenrecht enthaltend, in: Zeitschrift für deutsches Recht und deutsche Rechtswissenschaft, Band 7 (1842), S. 345-377 (zit.: Entwurf eines hessischen bürgerlichen Gesetzbuchs Teil 1).

Rehbein, H./ Reincke, O.: Allgemeines Landrecht für die Preußischen Staaten nebst den ergänzenden und abändernden Bestimmungen der Reichs- und Landesgesetzgebung. Erster Teil. Berlin 1880 (zit.: Allgemeines Landrecht).

Reyscher, August Ludwig: Bericht über die Germanisten-Versammlung zu Frankfurt a/M. vom 24.-26. September 1846, in: Zeitschrift für Deutsches Recht und Deutsche Rechtswissenschaft 10 (1846), S. 494-527 (zit.: Bericht über die Germanistenversammlung).

Rieger, Bernhard: Die hessen-darmstädtischen Landstände und der Absolutismus, Darmstadt 1894 (zit.: Landstände und Absolutismus).

Röger, Michael: Karl Ludwig Wilhelm von Grolman. Ein Leben zwischen Revolution und Reaktion, Diss., Univ., Gießen 1995 (zit.: Karl Ludwig Wilhelm von Grolman).

Rotteck, Carl von/ Welcker, Carl: Staats-Lexikon oder Encyklopädie der Staatswissenschaften, Band 7, Altona 1839 (zit.: Staatslexikon).

Rühl, Georg: Das gemeine (gemeingeltende) teutsche Privatrecht mit vorzüglicher Hinweisung auf die besonderen Privatrechtsquellen im Großherzogthum Hessen und mit Erläuterungen derselben, Darmstadt 1824 (zit. Gemeines teutsches Privatrecht).

Rüping, Hinrich/ Jerouschek, Günter, Grundriß der Strafrechtsgeschichte, 4. Auflage, München 2002.

Savigny, Friedrich Carl von: Der zehnte Mai 1788. Beytrag zur Geschichte der Rechtswissenschaft, in: Zeitschrift für geschichtliche Rechtswissenschaft, Band 9 (1838), S. 421-432.

Schleiermacher, A.A.E.: Bemerkungen über den Studienplan für die Großherzoglich Hessische Landesuniversität zu Gießen, Darmstadt 1843 (zit.: Studienplan der Landesuniversität).

Schlosser, Hans: Grundzüge der Neueren Privatrechtsgeschichte. Rechtsentwicklungen im europäischen Kontext, 9. Aufl., Heidelberg 2001 (zit.: Neuere Privatrechtsgeschichte).

Schmidt, Arthur Benno: Die geschichtlichen Grundlagen des bürgerlichen Rechts im Großherzogtum Hessen, Giessen 1893 (zit.: Bürgerliches Recht in Hessen).

Schöler, Claudia: Deutsche Rechtseinheit. Partikulare und nationale Gesetzgebung (1780-1866), Köln, Weimar, Wien 2004 (zit.: Deutsche Rechtseinheit).

Schröder, Jan: „Naturrecht bricht positives Recht" in der Rechtstheorie des 18. Jahrhunderts?, in: Staat, Kirche, Wissenschaft in einer pluralistischen Gesellschaft. Festschrift zum 65. Geburtstag von Paul Mikat, hrsg. von Dieter Schwab/ Dieter Giesen/ Joseph Listl/ Hans-Wolfgang Strätz, Berlin 1989, S. 419-433 (zit.: Schröder, J., Naturrecht bricht positives Recht?, in: FS Mikat).

Schröder, Rainer: Die Strafgesetzgebung in Deutschland in der ersten Hälfte des 19. Jahrhunderts, in: Die Bedeutung der Wörter. Studien zur europäischen Rechtsgeschichte. Festschrift für Sten Gagnér zum 70. Geburtstag, hrsg. v. Michael Stolleis, München 1991 (zit.: Schröder, R., Strafgesetzgebung in Deutschland, in: FS Gagnér).

ders.: Kodifikationsgeschichte Strafrecht. Königreich Württemberg, in: Kodifikationsgeschichte Strafrecht, hrsg. von Werner Schubert/ Jürgen Regge/ Werner Schmid/ Rainer Schröder, Bd. 1,1: Entwürfe des Strafgesetzbuchs für das Königreich Württemberg Stuttgart 1823 und 1832, hrsg. von Rainer Schröder, Frankfurt a.M. 1989 (zit.: Kodifikationsgeschichte Strafrecht).

Schubert, Werner: Französisches Recht in Deutschland zu Beginn des 19. Jahrhunderts. Zivilrecht, Gerichtsverfassungsrecht und Zivilprozeßrecht, Köln, Wien 1977 (zit.: Französisches Recht in Deutschland).

ders.: Einführung zu: Bürgerliches Gesetzbuch für das Großherzogthum Hessen. Entwürfe und Motive (1842-1853), Bd. 1: 1. Abtheilung (Personenrecht). Entwürfe und Motive von 1842 und 1844, hrsg. v. Werner Schubert, Frankfurt a.M. 1986, S. V-VI (zit.: Bürgerliches Gesetzbuch für das Großherzogthum Hessen, Einleitung, Bd. 1).

ders.: Das Strafgesetzbuch von Hessen-Darmstadt von 1841 und dessen Rezeption in Nassau und Frankfurt a.M., in: Entwürfe zu einem Strafgesetzbuch für das Großherzogtum Hessen 1831 und 1836, hrsg. von Werner Schubert, Goldbach 1993 (zit.: Strafgesetzbuch von Hessen-Darmstadt).

ders.: Der Code civil und die Personenrechtsentwürfe des Großherzogtums Hessen-Darmstadt von 1842 bis 1847, in: SZGerm. Abt. 88 (1971) S. 110-171 (zit.: Schubert, Personenrechtsentwürfe).

ders.: Das französische Recht in Deutschland zu Beginn der Restaurationszeit (1814-1820), in: SZGerm 94 (1977), S. 129-184 (zit.: Französisches Recht in Deutschland (1814-1820).

Schulz, Andreas: Herrschaft durch Verwaltung. Die Rheinbundreformen in Hessen-Darmstadt unter Napoleon (1803-1815), Stuttgart 1991 (zit.: Herrschaft durch Verwaltung).

Schulze, Reiner: Geschichte der neueren vorkonstitutionellen Gesetzgebung. Zu Forschungsstand und Methodenfragen eines rechtshistorischen Arbeitsgebietes, in: SZGerm 98 (1981), S. 157-235 (zit.: Vorkonstitutionelle Gesetzgebung).

Schwartz, E.: Die Geschichte der privatrechtlichen Kodifikationsbestrebungen in Deutschland und die Entstehungsgeschichte des Entwurfs eines bürgerlichen Gesetzbuches für das Deutsche Reich, in: Archiv für Bürgerliches Recht, Band 1 (1889), S. 1-189 (zit.: Privatrechtliche Kodifikationsbestrebungen, in: Archiv f. Bürgerl. Recht (1889).

Schwarz, Andreas B.: Der Einfluss der Professoren auf die Rechtsentwicklung im Laufe der Jahrhunderte, in: Rechtsgeschichte und Gegenwart. Gesammelte Schriften zur Neueren Privatrechtsgeschichte und Rechtsvergleichung von Dr. Andreas B. Schwarz, hrsg. v. Hans Thieme und Franz Wieacker, Karlsruhe 1960, S. 181-205 (zit.: Professoren und Rechtsentwicklung).

Scriba, Heinrich Eduard: Biographisch-literarisches Lexikon der Schriftsteller des Großherzogthums Hessen im ersten Viertel des neunzehnten Jahrhunderts. Erste Abtheilung, die im Jahre 1830 lebende Schriftsteller des Großherzogthums enthaltend, Darmstadt 1831 (zit.: Lexikon hessischer Schriftsteller I).

Seidensticker, Johann Anton Ludwig: Einleitung in den Codex Napoleon, Tübingen 1808.

Seitz, Erhard: Die Rheinhessischen Rechtsinstitutionen in ihrem Verhältnis zur allgemeinen Codification des Großherzogthums Hessen und die vermeintlichen landesherrlichen Garantien der Ersteren. Eine Beleuchtung der Schrift von des Herrn Heinrich von Gagern zu Monsheim: Rechtliche Erörterung über den Inhalt und Bestand der der Provinz Rheinhessen verliehenen Garantie ihrer Rechtsverfasssung bei Verwirklichung des Artikels 103 der Staatsverfassung, Regensburg 1847 (zit.: Rheinhessische Rechtsinstitutionen).

Sohm, Rudolph: Die deutsche Rechtsentwicklung und die Codificationsfrage, in: Zeitschrift für das Privat- und öffentliche Recht der Gegenwart, Erster Band 1874, S. 245-280 (zit.: Rechtsentwicklung und Kodifikationsfrage, in: Zs. für PrivatR der Gegenwart).

Söllner, Alfred: Ludwig Julius Friedrich Höpfner - ein Mitglied der Gießener Juristenfakultät im 18. Jahrhundert, in: Festschrift für Walter Mallmann em. o. ö. Professor des öffentlichen Rechts an der Justus Liebig-Universität Gießen zum 70. Geburtstag, hrsg. v. Otto Triffterer/ Friedrich von Zezschwitz Baden-Baden 1978, S. 281 - 292 (zit.: Höpfner an der Gießener Juristenfakultät, in: FS Mallmann).

Spangenberg, Ilse: Hessen-Darmstadt und der Deutsche Bund 1815-1848, Darmstadt 1969.

Steffenhagen: Danz, Johann Ernst Friedrich, in: Allgemeine Deutsche Biographie, 4. Band, Leipzig 1876, S. 751-752.

Stobbe, Otto: Handbuch des Deutschen Privatrechts, Erster Band, 2. Aufl. Berlin 1882.

Stintzing, Johann August Roderich v./ Landsberg, Ernst: Geschichte der Deutschen Rechtswissenschaft, Dritte Abteilung, Erster Halbband, München und Leipzig 1898, Zweiter Halbband, München, Berlin 1910 (zit.: Geschichte der Deutschen Rechtswissenschaft III/1 und III/2).

Stolleis, Michael: Geschichte des öffentlichen Rechts in Deutschland, Zweiter Band, Staatsrechtslehre und Verwaltungswissenschaft 1800-1914, München 1992 (zit.: Geschichte des öffentlichen Rechts II).

Strieder, Friedrich Wilhelm: Grundlage zu einer hessischen Gelehrten- und Schriftsteller-Geschichte. Von der Reformation bis 1806. 18. Band: Ergänzende Biographien und vollständiges Register alle 18 Bände, hrsg. v. Karl Wilhelm Justi, Marburg 1819 (zit.: Hessische Gelehrtengeschichte Bd. 18).

Teichmann: Lindelof, Friedrich Freiherr von, in: Allgemeine Deutsche Biographie, 18. Band, Leipzig 1883, S. 673-674.

Thibaut, Anton Friedrich Justus: Lehrbuch des französischen Civilrechts in steter Vergleichung mit dem römischen Civilrecht, nach des Verfassers Tode hrsg. v. Carl Julius Guyet, Berlin 1841 (zit.: Lehrbuch des französischen Zivilrechts).

Du Thil, Karl Heinrich Freiherr du Bos: Denkwürdigkeiten aus dem Dienstleben des Hessen-Darmstädtischen Staatsministers Freiherr du Thil 1803-1848, hrsg. v. Heinrich Ulmann, Stuttgart und Berlin 1921 (zit.: Aus dem Dienstleben des Staatsministers du Thil).

Trefurt: Beiträge zur Kritik des Entwurfs eines neuen Strafgesetzbuchs für Baden, in: Archiv des Criminalrechts N.F. 1838, S. 273-295, S. 405-430 (zit.: Entwurf eines Strafgesetzbuchs für das GHT Baden).

Turner, R. Steven: Universitäten, in: Jeismann, Karl Ernst/ Lundgreen, Peter (Hrsg.), Handbuch der deutschen Bildungsgeschichte, Band III: 1800-1870. Von der Neuordnung Deutschlands bis zur Gründung des Deutschen Reiches, München 1987, S. 221-249 (zit.: Universitäten, in: Handbuch deutsche Bildungsgeschichte III).

Ullmann, E.: Gönner, Nikolaus Thaddäus von, in: Allgemeine Deutsche Biographie, 9. Band, Leipzig 1879, S. 367-368.

Voppel, Reinhard: Der Einfluss des Naturrechts auf den Usus modernus: Eine Untersuchung anhand der Literatur zum geltenden Recht im 17. und 18. Jahrhundert, Köln, Berlin, Bonn, München 1996 (zit.: Der Einfluss des Naturrechts auf den Usus modernus).

Walther: Ludwig I., Großherzog von Hessen und bei Rhein, in: Allgemeine Deutsche Biographie, 19. Band, Leipzig 1884, S. 551-557.

Weber, Gottfried: Pragmatische Geschichte der Verhandlungen der Landstände des Großherzogthum Hessen im Jahre 1827 über die proponirte neue Stadt- und Landgerichtsordnung und die damit in Verbindung stehenden weiteren Gesetze nach officiellen Quellen, Darmstadt 1828 (zit.: Verhandlungen über die Stadt- und LandgerichtsO).

Wehler, Hans-Ulrich: Deutsche Gesellschaftsgeschichte, Erster Band, Vom Feudalismus des Alten Reichs bis zur Defensiven Modernisierung der Reformära 1700-1815, 2. Auflage, München 1989 (zit.: Dt. Gesellschaftsgeschichte I).

Welkoborsky, Gerhard: Das Solmser Landrecht, in: AHG NF 30 (1969/70), S.1-66.

Wenck, Helfrich Bernhard: Leben und Charakter der verstorbenen Hess. Darmstädt. Geheimen Tribunalraths D. Ludwig Julius Friedrich Höpfner, Frankfurt a.M. 1797 (zit.: Leben und Charakter Höpfners).

Wernher: Wernher, Johann Wilhelm, in: Allgemeine Deutsche Biographie, 42. Band, Leipzig 1897, S. 81-86.

Wesenberg, Gerhard/ Wesener, Gunter: Neuere deutsche Privatrechtsgeschichte, 4. Aufl., Wien, Köln, Graz, 1985.

Wieacker, Franz: Privatrechtsgeschichte der Neuzeit, 2. Aufl., Göttingen 1967 (zit.: Privatrechtsgeschichte).

ders.: Aufstieg, Blüte und Krisis der Kodifikationsidee, in: Festschrift für Gustav Boehmer. Dem Siebziger von Freunden und Kollegen dargebracht, Bonn 1954, S. 34-50.

Wierichs, Marion: Napoleon und das „Dritte Deutschland" 1805/1806. Die Entstehung der Großherzogtümer Baden, Berg und Hessen, Frankfurt a.M. 1978 (zit.: Napoleon und das Dritte Deutschland).

Wilhelm, Walter: Bemerkungen zur Rezeption ausländischen Rechts, in: Ius commune V, S. 122- 137 (zit.: Rezeption ausländischen Rechts).

Willoweit, Dietmar: Die Entwicklung des öffentlichen Dienstes, in: Deutsche Verwaltungsgeschichte, Band 1, Vom Spätmittelalter zum Ende des Reiches, hrsg. v. Kurt G.A Jeserich/ Hans Pohl / Georg-Christoph von Unruh, Stuttgart 1983, S. 346-360 (zit.: Öffentlicher Dienst, in: Deutsche Verwaltungsgeschichte).

Wippermann, Karl: Jaup, Heinrich Karl, in: Allgemeine Deutsche Biographie, 13. Band, Leipzig 1881, S. 733-736.

Wunder, Bernd: Privilegierung und Disziplinierung. Die Entstehung des Berufsbeamtentums in Bayern und Württemberg (1780-1825), München, Wien 1978.

Zachariä, Heinrich Albert: Mittheilungen aus den Verhandlungen der Hannoverschen Ständeversammlung über die neue Strafgesetzgebung für das Königreich Hannover, in: Archiv des Criminalrechts N.F. 1936, S. 430-462 (zit.: Zachariä, H.A., Strafgesetzgebung für Hannover).

Zachariä, Karl Salomo: Handbuch des französischen Zivilrechts, 1. Aufl., 2 Bände, Heidelberg 1808.

Zimmermann, Karl: Die Sonderrechte der Provinzen Starkenburg und Oberhessen des Großherzogthums Hessen nach authentischen Quellen, Darmstadt 1873 (zit.: Zimmermann, K., Sonderrechte).

Zimmermann, Roland: Die Bemühungen um eine Privatrechtskodifikation im Herzogtum Nassau 1806-1866, Frankfurt a.M. 1988 (zit.: Zimmermann, R., Privatrechtskodifikation im Herzogtum Nassau).

Zöpfl, Heinrich: Entwurf eines bürgerlichen Gesetzbuches für das Großherzogthum Hessen, mit Motiven. Erster Theil, erste Abtheilung: Gesetzentwürfe. Zweiter Teil, erste Abtheilung: Motive, Darmstadt 1842, in: Heidelberger Jahrbücher der Literatur 1843, S. 49-91 (zit.: Entwurf eines bürgerlichen Gesetzbuchs).

RECHTSHISTORISCHE REIHE

Band 1 Studien zu den germanischen Volksrechten. Gedächtnisschrift für Wilhelm Ebel. Vorträge gehalten auf dem Fest-Symposion anläßlich des 70. Geburtstages von Wilhelm Ebel am 16. Juni 1978 in Göttingen. Götz Landwehr (Hrsg.) 1982.

Band 2 Hans Poeschel: Die Statuten der Banken, Sparkassen und Kreditgenossenschaften in Hamburg und Altona von 1710 bis 1889. 1978.

Band 3 Thomas Kolbeck: Juristenschwemmen, Untersuchungen über den juristischen Arbeitsmarkt im 19. und 20. Jahrhundert. 1978.

Band 4 Norbert Hempel: Richterleitbilder in der Weimarer Republik. 1978.

Band 5 Rolf Stratmann: Die Scheinbußen im mittelalterlichen Recht. 1978.

Band 6 Martin C. Lockert: Die niedersächsischen Stadtrechte zwischen Aller und Weser. Vorkommen und Verflechtungen. Eine Bestandsaufnahme. 1979.

Band 7 Joachim Rückert/Wolfgang Friedrich: Betriebliche Arbeiterausschüsse in Deutschland, Großbritannien und Frankreich im späten 19. und frühen 20. Jahrhundert. Eine vergleichende Studie zur Entwicklung des kollektiven Arbeitsrechts. 1979.

Band 8 Peter Bender: Die Rezeption des römischen Rechts im Urteil der deutschen Rechtswissenschaft. 1979.

Band 9 Friedrich Karl Alsdorf: Untersuchungen zur Rechtsgestalt und Teilung deutscher Ganerbenburgen. 1980.

Band 10 Dietmar Willoweit/Winfried Schich (Hrsg.): Studien zur Geschichte des sächsisch-magdeburgischen Rechts in Deutschland und Polen (Sammelband). 1980.

Band 11 Brigitte Hempel: Der Entwurf einer Polizeiordnung für das Herzogtum Sachsen-Lauenburg aus dem Jahre 1591. 1980.

Band 12 Klaus-Detlev Godau-Schüttke: Rechtsverwalter des Reiches. Staatssekretär Dr. Curt Joël. 1981.

Band 13 Rainer Polley: Anton Friedrich Justus Thibaut (AD 1772-1840) in seinen Selbstzeugnissen und Briefen. Teil 1: Abhandlung. Teil 2: Briefwechsel. Teil 3: Register zum Briefwechsel. 1982.

Band 14 Michael Wettengel: Der Streit um die Vogtei Kelkheim 1275-1276. Ein kanonischer Prozeß.1981.

Band 15 Otto Wilhelm Krause: Naturrechtler des sechzehnten Jahrhunderts. Ihre Bedeutung für die Entwicklung eines natürlichen Privatrechts. 1982.

Band 16 Helga Spindler: Von der Genossenschaft zur Betriebsgemeinschaft. Kritische Darstellung der Sozialrechtslehre Otto von Gierkes. 1982.

Band 17 Holger Otte: Gustav Radbruchs Kieler Jahre 1919 - 1926. 1982.

Band 18 Rüdiger Teuner: Die fuldische Ritterschaft 1510 - 1656. 1982.

Band 19 Gerhard Dilcher/Rudolf Hoke/Gian Savino Pene Vidari/Hans Winterberg (Hrsg.): Grundrechte im 19. Jahrhundert. 1982.

Band 20 Karl-Hans Schloßstein: Die westfälischen Fabrikengerichtsdeputationen - Vorbilder, Werdegang und Scheitern. 1982.

Band 21 Birger Schulz: Der Republikanische Richterbund (1921-1933). 1982.

Band 22 Engelbert Krause: Die gegenseitigen Unterhaltsansprüche zwischen Eltern und Kindern in der deutschen Privatrechtsgeschichte. 1982.

Band 23 Meent W. Francksen: Staatsrat und Gesetzgebung im Großherzogtum Berg (1806-1813). 1982.

Band 24 Gerd von Sonnleithner: Bearbeitung des Handelsrechts durch Ignaz von Sonnleithner in seinem "Leitfaden über das österreichische Handels- und Wechselrecht". 1982.

Band 25 Rudolf Palme: Rechts-, Wirtschafts- und Sozialgeschichte der inneralpinen Salzwerke bis zu deren Monopolisierung. 1983.

Band 26 Helen Bosshard: Pestalozzis Staats- und Rechtsverständnis und seine Stellung in der Aufklärung. 1983.

Band 27 Jens Jessen: Die Selbstzeugnisse der deutschen Juristen. Erinnerungen, Tagebücher und Briefe. Eine Bibliographie. 1983.

Band 28 Günter Martin Jensen: Das Domanium Waldeck. Die rechtliche Zuordnung eines Fürstenvermögens. 1984.

Band 29 Johann Heinrich Kumpf: Petitionsrecht und öffentliche Meinung im Entstehungsprozeß der Paulskirchenverfassung 1848/49. 1983.

Band 30 Sabine Frey: Rechtsschutz der Juden gegen Ausweisungen im 16. Jahrhundert. 1983.

Band 31 Dietrich Joswig: Die germanische Grundstücksübertragung. 1984.

Band 32 Andreas Baryli: Konzessionssystem contra Gewerbefreiheit. Zur Diskussion der österreichischen Gewerberechtsreform 1835 bis 1860. 1984.

Band 33 Gerhard Oberkofler: Studien zur Geschichte der österreichischen Rechtswissenschaft. 1984.

Band 34 Rudolf Lauda: Kaufmännische Gewohnheit und Burgrecht bei Notker dem Deutschen. Zum Verhältnis von literarischer Tradition und zeitgenössischer Realität in der frühmittelalterlichen Rhetorik. 1984.

Band 35 Jens Jensen: Die Ehescheidung des Bischofs Hans von Lübeck von Prinzessin Julia Felicitas von Württemberg-Weiltingen AD 1648-1653. Ein Beitrag zum protestantischen Ehescheidungsrecht im Zeitalter des beginnenden Absolutismus. 1984.

Band 36 Horst Schröder: Friedrich Karl von Savigny. Geschichte und Rechtsdenken beim Übergang vom Feudalismus zum Kapitalismus in Deutschland. 1984.

Band 37 Andreas Hatzung: Dogmengeschichtliche Grundlagen und Entstehung des zivilrechtlichen Notstands. 1984.

Band 38 Matthias Klasen: Das Billwerder Landrecht. Landrecht und Landgericht in den Hamburger Elbmarschen. 1985.

Band 39 Rainer Jamin: Aufbau, Tätigkeit und Verfahren der Auseinandersetzungsbehörden bei der Durchführung der preußischen Agrarreformen. 1985.

Band 40 Henry Winter: Teilschuld, Gesamtschuld und unechte Gesamtschuld. Zur Konzeption der §§ 420 ff. BGB - Ein Beitrag zur Entstehungsgeschichte des BGB. 1985.

Band 41 Hermann Eichler: Verfassungsbewegung in Amerika und Europa. 1985.

Band 42 Dagmar Bandemer: Heinrich Albert Zachariae. Rechtsdenken zwischen Restauration und Reformation. 1985.

Band 43 Eva-Christine Frentz: Das Hamburgische Admiralitätsgericht (1623-1811). Prozeß und Rechtsprechung. 1985.

Band 44 Karl Lillig: Rechtsetzung im Herzogtum Pfalz-Zweibrücken während des 18. Jahrhunderts. Ein Beitrag zur Geschichte der territorialen Rechtsbildung. 1985.

Band 45 Walter Weber: Die Entwicklung der Sparkassen zu selbständigen Anstalten des öffentlichen Rechts. Ein Beitrag zur Entwicklung des Anstaltsbegriffs im 19. Jahrhundert. 1985.

Band 46 Bärbel Baum: Der Stabreim im Recht. Vorkommen und Bedeutung des Stabreims in Antike und Mittelalter. 1986.

Band 47 Hans Popp: Die nationalsozialistische Sicht einiger Institute des Zivilprozeß- und Gerichtsverfassungsrechts. 1986.

Band 48 John Karl-Heinz Montag: Die Lehrdarstellung des Handelsrechts von Georg Friedrich von Martens bis Meno Pöhls. Die Wissenschaft des Handelsrechts im ersten Drittel des 19. Jahrhunderts. 1986.

Band 49 Volker D. Anhäusser: Das internationale Obligationenrecht in der höchstrichterlichen Rechtsprechung des 19. Jahrhunderts. 1986.

Band 50 Udo Beer: Die Juden, das Recht und die Republik. Verbandswesen und Rechtsschutz 1919-1933. 1986.

Band 51 Herbert Grziwotz: Der moderne Verfassungsbegriff und die "Römische Verfassung" in der deutschen Forschung des 19. und 20. Jahrhunderts. 1986.

Band 52 Ralf Conradi: Karl Friedrich Eichhorn als Staatsrechtslehrer. Seine Göttinger Vorlesung über "Das Staatsrecht der deutschen Bundesstaaten" nach einer Kollegmitschrift aus dem Wintersemester 1821/22. 1987.

Band 53 Dieter Dannreuther: Der Zivilprozeß als Gegenstand der Rechtspolitik im Deutschen Reich 1871 - 1945. Ein Beitrag zur Geschichte des Zivilprozeßrechts in Deutschland. 1987.

Band 54 Stephan Felix Pauly: Organisation, Geschichte und Praxis der Gesetzesauslegung des (Königlich) Preußischen Oberverwaltungsgerichtes 1875 - 1933. 1987.

Band 55 Rüdiger Schulz: Die Entstehung des Seerechts des Allgemeinen Deutschen Handelsgesetzbuches unter besonderer Berücksichtigung der Bestimmungen über die Reederei, den Schiffer und die Schiffsmannschaft. 1987.

Band 56 Reinhold Reis: Deutsches Privatrecht in den Weistümern der Zenten Schriesheim und Kirchheim. 1987.

Band 57 Jürgen Christoph: Die politischen Reichsamnestien 1918 - 1933. 1987.

Band 58 Gerhard Oberkofler/Eduard Rabofsky: Hans Kelsen im Kriegseinsatz der k.u.k.-Wehrmacht. Eine kritische Würdigung seiner militärtheoretischen Angebote. 1988.

Band 59 Arne Wulff: Staatssekretär Prof. Dr. Dr. h.c. Franz Schlegelberger. 1876-1970. 1991.

Band 60 Gerhard Köbler (Hrsg.): Wege europäischer Rechtsgeschichte. Karl Kroeschell zum 60. Geburtstag. 1987.

Band 61 Rüdiger Hütte: Der Gemeinschaftsgedanke in den Erbrechtsreformen des Dritten Reichs. 1988.

Band 62 Markus Göldner: Politische Symbole der europäischen Integration. Fahne, Hymne, Hauptstadt, Paß, Briefmarke, Auszeichnungen. 1988.

Band 63 Wolfgang Kröner: Freiheitsstrafe und Strafvollzug in den Herzogtümern Schleswig, Holstein und Lauenburg von 1700 bis 1864. 1988.

Band 64 Werner Gaile: Die Norder Theelacht. 1988.

Band 65 Karl v. Kempis: Andreas Gaill (1526 - 1587). Zum Leben und Werk eines Juristen der frühen Neuzeit. 1988.

Band 66 Wolf-Rüdiger Osburg: Die Verwaltung Hamburgs in der Franzosenzeit. 1811-1814. 1988.

Band 67 Christian Schudnagies: Hans Frank. Aufstieg und Fall des NS-Juristen und Generalgouverneurs. 1988.

Band 68 Otmar Jung: Senatspräsident Freymuth. Richter, Sozialdemokrat und Pazifist in der Weimarer Republik. Eine politische Biographie. 1989.

Band 69 Joachim Lohner: Das landeshauptmannschaftliche Gericht in Oberösterreich zu Beginn der Neuzeit. Eine Darstellung des oberösterreichischen Prozeßrechts am obersten Territorialgericht des Landes anhand der oberösterreichischen Landtafel.1989.

Band 70 Bernd Klemann: Rudolf von Jhering und die Historische Rechtsschule. 1989.

Band 71 Adalbert Langer: Männer um die österreichische Zivilprozeßordnung 1895. Zusammenspiel / Soziales Ziel. 1990.

Band 72 Robert-Dieter Klee: Die Landessuperintendentur Lauenburg. Ursprung und Entwicklung sowie Ende der Sonderstellung des Kirchenkreises Herzogtum Lauenburg durch die nordelbische Kirchenvereinigung. 1989.

Band 73 Heinrich Herrmann: Die Gehöferschaften im Bezirk Trier. 1989.

Band 74 Wilhelm Brauneder, Franz Baltzarek (Hrsg.): Modell einer neuen Wirtschaftsordnung. Wirtschaftsverwaltung in Österreich 1914 - 1918. 1991.

Band 75 Thomas Dreyer: Die "Assecuranz- und Haverey-Ordnung" der Freien und Hansestadt Hamburg von 1731. 1990.

Band 76 Bernhard Sendler: Die Rechtssprache in den süddeutschen Stadtrechtsreformationen. 1990.

Band 77 Brigitte Lehmann: Ehevereinbarungen im 19. und 20. Jahrhundert. 1990.

Band 78 Michael Sunnus: Der NS-Rechtswahrerbund (1928-1945). Zur Geschichte der nationalsozialistischen Juristenorganisation. 1990.

Band 79 Stefan Schulz: Die historische Entwicklung des Rechts an Bienen. (§§ 961 - 964 BGB). 1990.

Band 80 Gerhard Lingelbach, Heiner Lück (Hrsg.): Deutsches Recht zwischen Sachsenspiegel und Aufklärung. Rolf Lieberwirth zum 70. Geburtstag dargebracht von Schülern, Freunden und Kollegen, herausgegeben von Gerhard Lingelbach und Heiner Lück. 1991.

Band 81 Manfred Krohn: Die deutsche Justiz im Urteil der Nationalsozialisten 1920 - 1933. 1991.

Band 82 Angelika Kühn: Privilegierung nationaler Minderheiten im Wahlrecht der Bundesrepublik Deutschland und Schleswig-Holsteins. 1991.

Band 83 Georg Brun: Leben und Werk des Rechtshistorikers Heinrich Mitteis unter besonderer Berücksichtigung seines Verhältnisses zum Nationalsozialismus. 1991.

Band 84 Wolfgang Simon: Claudius Freiherr von Schwerin. Rechtshistoriker während dreier Epochen deutscher Geschichte. 1991.

Band 85 Friedrich-Carl Wachs: Das Verordnungswerk des Reichsdemobilmachungsamtes. Stabilisierender Faktor zu Beginn der Weimarer Republik. 1991.

Band 86 Jens-Uwe Petersen: Die Vorgeschichte und die Entstehung des Mieterschutzgesetzes von 1923 nebst der Anordnung für das Verfahren vor dem Mieteinigungsamt und der Beschwerdestelle. 1991.

Band 87 Ulrike Haibach: Familienrecht in der Rechtssprache. Die historische Entwicklung zentraler Ausdrücke des geltenden Familienrechts. 1991.

Band 88 Joern Christian Nissen: Die Beratungen des Seeversicherungsausschusses der Akademie für Deutsches Recht zu einem neuen Seeversicherungsgesetz (1934-1939). Ein Beitrag zur Entwicklung der allgemeinen Lehren des Seeversicherungsrechts unter besonderer Berücksichtigung des Handelsgesetzbuchs und der Allgemeinen Deutschen Seeversicherungs-Bedingungen 1919. 1991.

Band 89 Diethard Bühler: Die Entstehung der allgemeinen Vertragsschluß-Vorschriften im Allgemeinen Deutschen Handelsgesetzbuch (ADHGB) von 1861. Ein Beitrag zur Kodifikationsgeschichte des Privatrechts im 19. Jahrhundert. 1991.

Band 90 Gerhard Oberkofler: Die Vertreter des Römischen Rechts mit deutscher Unterrichtssprache an der Karls-Universität in Prag. Vom Vormärz bis 1945. 1991.

Band 91 Ulrich Andermann: Ritterliche Gewalt und bürgerliche Selbstbehauptung. Untersuchungen zur Kriminalisierung und Bekämpfung des spätmittelalterlichen Raubrittertums am Beispiel norddeutscher Hansestädte. 1991.

Band 92 Heinz Marcus Hanke: Luftkrieg und Zivilbevölkerung. Der kriegsvölkerrechtliche Schutz der Zivilbevölkerung gegen Luftbombardements von den Anfängen bis zum Ausbruch des Zweiten Weltkrieges. 1991.

Band 93 Kirsten Kraglund: Familien- und Erbrecht. Materielles Recht und Methoden der Rechtsanwendung in der Rechtsprechung des Oberappellationsgerichts der vier Freien Städte Deutschlands zu Lübeck. 1991.

Band 94 Reinhard Lorenz: Die politische und rechtliche Stellung des Proletariats in Preußen in der Zeit zwischen den Reformen und der Revolution 1848/49. 1991.

Band 95 Eric Hilgendorf: Die Entwicklungsgeschichte der parlamentarischen Redefreiheit in Deutschland. 1991.

Band 96 Hans J. Reiter: Die Handelsgesellschaft Villeroy & Boch von der Gründung 1836 bis zum Jahr 1878. 1992.

Band 97 Martin Johannes Heller: Reform der deutschen Rechtssprache im 18. Jahrhundert. 1992.

Band 98 Michael Kotulla: Die Tragweite der Grundrechte der revidierten preußischen Verfassung vom 31.01.1850. 1992.

Band 99 Michael Siefener: Hexerei im Spiegel der Rechtstheorie. Das crimen magiae in der Literatur von 1574 bis 1608. 1992.

Band 100 Andreas Ebert-Weidenfeller: Hamburgisches Kaufmannsrecht im 17. und 18. Jahrhundert. Die Rechtsprechung des Rates und des Reichskammergerichtes. 1992.

Band 101 Enno Bommel: Die Entstehung der Verwirkungslehre in der Krise des Positivismus. 1992.

Band 102 Ralph Steppacher: Die Berücksichtigung der bäuerlichen Postulate bei der Entstehung des ZGB und der Revision des OR. Ein Beitrag zur schweizerischen Kodifikationsgeschichte (1893 - 1912). 1992.

Band 103 Martin Fleckenstein: Die Todesstrafe im Werk Carl Joseph Anton Mittermaiers (1787 - 1867). Zur Entwicklungsgeschichte eines Werkbereichs und seiner Bedeutung für Theorie- und Methodenbildung. 1992.

Band 104 Jörn Eckert: Der Kampf um die Familienfideikommisse in Deutschland. Studien zum Absterben eines Rechtsinstitutes. 1992.

Band 105 Jörg Grotkopp: Beamtentum und Staatsformwechsel. Die Auswirkungen der Staatsformwechsel von 1918, 1933 und 1945 auf das Beamtenrecht und die personelle Zusammensetzung der deutschen Beamtenschaft. 1992.

Band 106 Andreas Rohde: Die Garantiehaftung des Vermieters und ihr Verhältnis zum Unmöglichkeitsrecht in dogmengeschichtlicher und modernrechtlicher Sicht. 1992.

Band 107 Tjark Siefke Kunstreich: Gesamtvertretung. Eine historisch-systematische Darstellung. 1992.

Band 108 Jürgen Krüger: Blindheit und Königtum. Die Blindheit des Königs Georg V. von Hannover als verfassungsrechtliches Problem. 1992.

Band 109 Wolfgang Putschek: Ständische Verfassung und autoritäre Verfassungspraxis in Österreich 1933-1938 mit Dokumentenanhang. Verfassung und Verfassungswirklichkeit. Mit einem Anhang: Denkschriften von Rechtsanwalt Dr. Erich Führer 1936/37. 1993.

Band 110 Klaus Hofmann: Die Verdrängung der Juden aus öffentlichem Dienst und selbständigen Berufen in Regensburg 1933-1939. 1993.

Band 111 Franz Kilger: Die Entwicklung des Telegraphenrechts im 19. Jahrhundert mit besonderer Berücksichtigung der technischen Entwicklung. Telegraphenrecht im 19. Jahrhundert. 1993.

Band 112 Wilhelm Brauneder (Hrsg.): Heiliges Römisches Reich und moderne Staatlichkeit. 1993.

Band 113 Thomas Heinrich: Das preußische Nichtehelichenrecht: Von der Aufklärung zur Reaktion. 1993.

Band 114 Gerald Kohl: Jagd und Revolution. Das Jagdrecht in den Jahren 1848 und 1849. 1993.

Band 115 Christian Schudnagies: Der Kriegs- oder Belagerungszustand im Deutschen Reich während des Ersten Weltkrieges. Eine Studie zur Entwicklung und Handhabung des deutschen Ausnahmezustandsrechts bis 1918. 1994.

Band 116 Elisabeth Bellmann: Die Internationale Kriminalistische Vereinigung (1889-1933). 1994.

Band 117 Julia Pfannkuch: Volksrichterausbildung in Sachsen 1945-1950. 1993.

Band 118 Jörg Offen: Von der Verwaltungsgemeinschaft des BGB von 1896 zur Zugewinngemeinschaft des Gleichberechtigungsgesetzes von 1957. 1994.

Band 119 Dorothee Kohlhas-Müller: Untersuchungen zur Rechtsstellung Theoderichs des Großen. 1995.

Band 120 Monika Rose: Das Gerichtswesen des Herzogtums Pfalz-Zweibrücken im 18. Jahrhundert. Ein Beitrag zur territorialen Gerichtsbarkeit im Alten Reich. 1994.

Band 121 Jörn Eckert / Hans Hattenhauer (Hrsg.): Bibel und Recht. Rechtshistorisches Kolloquium 9. - 13. Juni 1992 an der Christian-Albrechts-Universität zu Kiel. 1994.

Band 122 Robert Martin Mizia: Der Rechtsbegriff der Autonomie und die Begründung des Privatfürstenrechts in der deutschen Rechtswissenschaft des 19. Jahrhunderts. 1995.

Band 123 Walther Graf von Plettenberg: Das Fortleben des Liber Iudiciorum in Asturien/León (8. - 13. Jh.). 1994.

Band 124 Wolfgang Schulz: Das deutsche Börsengesetz. Die Entstehungsgeschichte und wirtschaftlichen Auswirkungen des Börsengesetzes von 1896. 1994.

Band 125 Frank Hagemann: Der Untersuchungsausschuß Freiheitlicher Juristen. 1949 – 1969. 1994.

Band 126 Andreas Rethmeier: "Nürnberger Rassegesetze" und Entrechtung der Juden im Zivilrecht. 1995.

Band 127 Edith Grether: Die Poesie der Throne. Die Juristen in der Fruchtbringenden Gesellschaft. 1995.

Band 128 Anna Bartels-Ishikawa: Der Lippische Thronfolgestreit. Eine Studie zu verfassungsrechtlichen Problemen des Deutschen Kaiserreiches im Spiegel der zeitgenössischen Staats. 1995.

Band 129 Jörg Schmidt: Otto Koellreutter 1883-1972. Sein Leben, sein Werk, seine Zeit. 1995.

Band 130 Christian Hattenhauer: Wahl und Krönung Franz II. AD 1792. Das Heilige Reich krönt seinen letzten Kaiser - Das Tagebuch des Reichsquartiermeisters Hieronymus Gottfried von Müller und Anlagen. 1995.

Band 131 Jutta v. der Decken: Das Seearbeitsrecht im Hamburger Stadtrecht von 1301 bis 1603. 1995.

Band 132 Detlev Schmidt: Die Reform des Rechts der Handelsvertreter von 1953. 1995.

Band 133 Gabi Roßdeutscher: Privatautonomie im Scheidungsrecht. Scheidungsbezogene Vereinbarungen in den letzten 200 Jahren. 1995.

Band 134 Harald Kahlenberg: Leben und Werk des Rechtshistorikers Walther Merk. Ein Beispiel für das Verhältnis von Rechtsgeschichte und Nationalsozialismus. 1995.

Band 135 Michael Steitz: Adelbert Düringer am Reichsgericht (1902-1915). Seine aktienrechtlichen Entscheidungen und sein Einfluß auf das Aktienrecht in Deutschland. 1995.

Band 136 Christian Becker: Beata Justorum Translatio. Juristen in schleswig-holsteinischen Leichenpredigten. 1996.

Band 137 Christoph Seiler: Vom Allgemeinen Landrecht zum Bürgerlichen Gesetzbuch. Dargestellt am Beispiel der höchstrichterlichen Judikatur zum kaufrechtlichen Sachmängelgewährleistungsrecht. 1996.

Band 138 Bernd Mayer: Die Vertrauensmännerausschüsse auf den preußischen Steinkohlegruben an der Saar. Entstehung und Wirken. Eine rechtshistorische Untersuchung. 1996.

Band 139 Rochus Scholl: Juden und Judenrecht im Herzogtum Pfalz-Zweibrücken. Ein Beitrag zur Rechtsgeschichte eines deutschen Kleinstaates am Ende des alten Reiches. 1996.

Band 140 Meike Bursch: Judentaufe und frühneuzeitliches Strafrecht. Die Verfahren gegen Christian Treu aus Weener/Ostfriesland 1720-1728. 1996.

Band 141 Markus Hillenbrand: Fürstliche Eheverträge. Gottorfer Hausrecht 1544 - 1773. 1996.

Band 142 Ulf Häder: Das gemeinschaftliche Oberappellationsgericht thüringischer Staaten in Jena. Ein Beitrag zur Geschichte des Gerichtswesens im 19. Jahrhundert. 1996.

Band 143 Andreas Bauer: Das Gnadenbitten in der Strafrechtspflege des 15. und 16. Jahrhunderts. Dargestellt unter besonderer Berücksichtigung von Quellen der Vorarlberger Gerichtsbezirke Feldkirch und des Hinteren Bregenzerwaldes. 1996.

Band 144 Christian Wirth: Der Jurist Johann Andreas Georg Friedrich Rebmann zwischen Revolution und Restauration. 1996.

Band 145 Stefanie Müller: Die Rechtsprechung des Hanseatischen Oberlandesgerichts zum persönlichen Eherecht in Hamburgischen Gerichtsfällen von 1879 -1900. 1996.

Band 146 Jean-Nicolas Morisset: Der Frachtvertrag in der *Ordonnance de la marine* von 1681. 1996.

Band 147 Dirk Lentfer: Die Glogauer Landesprivilegien des Andreas Gryphius von 1653. 1996.

Band 148 Wencke Mull: Die Haftung für Einsturzschäden nach den §§ 836-838 BGB in der Rechtsprechung des Reichsgerichts. 1996.

Band 149 Renate Zelger: Teufelsverträge. Märchen, Sage, Schwank, Legende im Spiegel der Rechtsgeschichte. 1996.

Band 150 Guido Kraß: Das Arrestverfahren in Frankfurt am Main im Spätmittelalter. 1996.

Band 151 F. Benedict Heyn: Die Entwicklung des Eisenbahnfrachtrechts von den Anfängen bis zur Einführung des Allgemeinen Deutschen Handelsgesetzbuches (ADHGB). 1996.

Band 152 Thomas Lang: Die Staats- und Verfassungslehre Carl Salomo Zachariaes. 1996.

Band 153 Michael Hebeis: Karl Anton von Martini (1726-1800). Leben und Werk. 1996.

Band 154 Gerald Hubert: Die Diskussion um die rechtliche Natur der Bizone in den Jahren 1947-1949. 1996.

Band 155 Christof Horn: Die Rechtsprechung des Reichsgerichts in Ehescheidungssachen der Jahre 1900 bis 1905. 1996.

Band 156 Hermann Nehlsen / Georg Brun (Hrsg.): Münchener rechtshistorische Studien zum Nationalsozialismus. 1996.

Band 157 Jan Otto Clemens Kehrberg: Die Entwicklung des Elektrizitätsrechts in Deutschland. Der Weg zum Energiewirtschaftsgesetz von 1935. 1997.

Band 158 Johannes Tradt: Der Religionsprozeß gegen den Zopfschulzen (1791-1799). Ein Beitrag zur protestantischen Lehrpflicht und Lehrzucht in Brandenburg-Preußen gegen Ende des 18. Jahrhunderts. 1997.

Band 159 Dietmar Olsen: Das kaufrechtliche Sachmängelgewährleistungsrecht des Code civil in der Rechtsprechung deutscher Gerichte im 19. Jahrhundert. Ein Beitrag zur Ablösung der Partikularrechte durch das BGB. 1997.

Band 160 Ulrich Bernhardt: Die Deutsche Akademie für Staats- und Rechtswissenschaft „Walter Ulbricht" 1948-1971. 1997.

Band 161 Claudia Susan Hoppe: Die Bürgschaft im Rechtsleben Hamburgs von 1600 bis 1900. 1997.

Band 162 Franz-Rudolf Ecker: Die Entwicklung des Bergrechts im Saarbrücker Steinkohlenrevier bis zum Ende des 18. Jahrhunderts. Ein Vergleich mit dem älteren deutschen Bergrecht. 1997.

Band 163 Anne Katrin Rückert: Politik und Privatrecht in der „konservativen Revolution". 1997.

Band 164 Gisbert Laube: Der Reichskunstwart. Geschichte einer Kulturbehörde 1919-1933. 1997.

Band 165 Nicolas Lührig: Die Diskussion über die Reform der Juristenausbildung von 1945 bis 1995. 1997.

Band 166 Regula Gerber Jenni: Die Emanzipation der mehrjährigen Frauenzimmer. Frauen im bernischen Privatrecht des 19. Jahrhunderts. 1997.

Band 167 Mischa A. Färber: Das gemeinschaftliche Testament in der höchstrichterlichen Rechtsprechung zum Allgemeinen Preußischen Landrecht und zum BGB. Ein Beitrag zur Ablösung der Partikularrechte durch das BGB. 1997.

Band 168 Catherine Antoinette Gasser: Philipp Lotmar 1850-1922. Professor der Universität Bern. Sein Engagement für das Schweizerische Arbeitsrecht. 1997.

Band 169 Lars Immisch: Der sozialistische Richter in der DDR und seine Unabhängigkeit. Der Versuch eines Rechtsvergleiches zum Unabhängigkeitsbegriff in der bundesdeutschen Rechtsordnung. 1997.

Band 170 Jessica Jacobi: Besitzschutz vor dem Reichskammergericht. Die friedenssichernde Funktion der Besitzschutzklagen am Reichskammergericht im 16. Jahrhundert, dargestellt anhand von Kameralisten. 1998.

Band 171 Ewald Hügemann: Die Geschichte des öffentlichen und privaten Mietpreisrechts vom Ersten Weltkrieg bis zum Gesetz zur Regelung der Miethöhe von 1974. 1998.

Band 172 Lutz Rentzow: Die Entstehungs- und Wirkungsgeschichte der Vernewerten Landesordnung für das Königreich Böhmen von 1627. 1998.

Band 173 Sabine Stürmer: Mühlenrecht im Herzogtum Pfalz-Zweibrücken während des 18. Jahrhunderts. Ein Beitrag zum Wirtschaftsrecht eines deutschen Kleinstaates im Alten Reich. 1998.

Band 174 Mario Bogisch: *Nemo testis in re sua*. Das Problem der Zeugnisfähigkeit bei der Anwendung der deutschen Zivilprozeßordnung von 1877. 1998.

Band 175 Rainer Oßwald: Pactane sunt servanda? Freiwilligkeit, Zwang und Unverbindlichkeitserklärungen im islamischen Vertragsrecht malikitischer Schule. 1998.

Band 176 Bettina Kern: Der preußische BGB-Entwurf von 1842. 1998.

Band 177 Inken Fuhrmann: Die Diskussion über die Einführung der fakultativen Zivilehe in Deutschland und Österreich seit Mitte des 19. Jahrhunderts. 1998.

Band 178 Annette Rieck: Der Heilige Ivo von Hélory (1247-1303). Advocatus pauperum und Patron der Juristen. 1998.

Band 179 Frank Bottenberg: Die Hamburgische Strafprozeßordnung von 1869. 1998.

Band 180 Matthias Krauß: Das kursächsische Postrecht von seinen Anfängen bis zum Ende des Alten Reichs. 1998.

Band 181 Torsten Schmidt: Die Entmündigung von den Anfängen des BGB bis zu ihrer Ablösung durch das Institut der Betreuung. 1998.

Band 182 Christian Nunn: Rudolf Müller-Erzbach. 1874-1959. Von der realen Methode über die Interessenjurisprudenz zum kausalen Rechtsdenken (Leben und Werk). 1998.

Band 183 Christian Ortloff: Das staatskirchenrechtliche System Wilhelm Traugott Krugs. Glaubens- und Gewissensfreiheit – eine Forderung der Vernunft. 1998.

Band 184 Christian Hattenhauer: Schuldenregulierung nach dem Westfälischen Frieden. Der sog. § *de indaganda* und seine Umsetzung im Jüngsten Reichsabschied (AD 1648 und 1654). 1998.

Band 185 Werner Schubert: Preußen im Vormärz. Die Verhandlungen der Provinziallandtage von Brandenburg, Pommern, Posen, Sachsen und Schlesien sowie – im Anhang – von Ostpreußen, Westfalen und der Rheinprovinz (1841-1845). 1998.

Band 186 Silvia Schumacher: Das Rechtsverhältnis zwischen Eltern und Kindern in der Privatrechtsgeschichte. 1999.

Band 187 Kai Sommer: Die Strafbarkeit der Homosexualität von der Kaiserzeit bis zum Nationalsozialismus. Eine Analyse der Straftatbestände im Strafgesetzbuch und in den Reformentwürfen (1871-1945). 1998.

Band 188 Jan Erik Backhaus: Volksrichterkarrieren in der DDR. 1999.

Band 189 Ralf Ruhnau: Die Fürstlich Thurn und Taxissche Privatgerichtsbarkeit in Regensburg. Ein Kuriosum der deutschen Rechtsgeschichte. 1999.

Band 190 Antonio Grilli: Die französische Justizorganisation am linken Rheinufer 1797-1803. 1999.

Band 191 Stephanie Kammerloher-Lis: Die Entstehung des Gesetzes über die religiöse Kindererziehung vom 15. Juli 1921. 1999.

Band 192 Jan Telp: Ausmerzung und Verrat. Zur Diskussion um Strafzwecke und Verbrechensbegriffe im Dritten Reich. 1999.

Band 193 Kurt von Pannwitz: Die Entstehung der Allgemeinen Deutschen Wechselordnung. Ein Beitrag zur Geschichte der Vereinheitlichung des deutschen Zivilrechts im 19. Jahrhundert. 1999.

Band 194 Sylvia Busch: Die Entstehung der Allgemeinen Gerichtsordnung für die Preussischen Staaten von 1793/95. Ein Beitrag zur Geschichte der Kodifikationsbewegung und der Reform des Zivilprozesses in Preußen im 18. Jahrhundert. 1999.

Band 195 Dirk Bieresborn: Klage und Klageerwiderung im deutschen und englischen Zivilprozeß. Eine rechtshistorische und rechtsvergleichende Untersuchung unter besonderer Berücksichtigung der Beeinflussung durch das römisch-kanonische Verfahren. 1999.

Band 196 Andreas Thier / Guido Pfeifer / Philipp Grzimek (Hrsg.): Kontinuitäten und Zäsuren in der Europäischen Rechtsgeschichte. Europäisches Forum Junger Rechtshistorikerinnen und Rechtshistoriker München 22.-24. Juli 1998. 1999.

Band 197 Franz Smola: Die Fürstlich Liechtenstein'sche Kunstsammlung. Rechtsfragen zur Verbringung der Sammlung von Wien nach Vaduz in den Jahren 1944/45. 1999.

Band 198 Frank Martin Krauss: Das geteilte Eigentum im 19. und 20. Jahrhundert. Eine Untersuchung zum Fortbestand des Teilungsgedankens. 1999.

Band 199 Matthias Frey: Die spanische Aktiengesellschaft im 18. Jahrhundert und unter dem Código de Comercio von 1829. 1999.

Band 200 Alexandra Gilde: Die Stellung der Frau im Reichsstrafgesetzbuch von 1870/71 und in den Reformentwürfen bis 1919 im Urteil der bürgerlichen Frauenbewegung. Eine Analyse ausgewählter Straftatbestände. 1999.

Band 201 Malte Dießelhorst / Arne Duncker: Hans Kohlhase. Die Geschichte einer Fehde in Sachsen und Brandenburg zur Zeit der Reformation. 1999.

Band 202 Jörg Hillmann: Territorialrechtliche Auseinandersetzungen der Herzöge von Sachsen-Lauenburg vor dem Reichskammergericht im 16. Jahrhundert. 1999.

Band 203 Carsten Engler: Die Kommanditgesellschaft (KG) und die stille Gesellschaft im Allgemeinen Deutschen Handelsgesetzbuch (ADHGB) von 1861. 1999.

Band 204 Vesta Hoffmann-Steudner: Die Rechtsprechung des Reichsgerichts zu dem Scheidungsgrund des § 49 EheG (EheG 1938) in den Jahren 1938-1945. 1999.

Band 205 Michaela Thiele: Die Auflösung von Arbeitsverhältnissen aufgrund Anfechtung und außerordentlicher Kündigung nach der Rechtsprechung des Reichsarbeitsgerichts (1927-1945). 2000.

Band 206 Peter Landau / Hermann Nehlsen / Mathias Schmoeckel (Hrsg.): Karl von Amira zum Gedächtnis. 1999.

Band 207 Marcus Flinder: Die Entstehungsgeschichte des Zivilgesetzbuches der DDR. 1999.

Band 208 Boris Franz Leo Bromm: Die Entstehungsgeschichte des Berufs des Handelsvertreters. Unter besonderer Berücksichtigung der Sozialgesetzgebung in den Jahren von 1871-1933. 2000.

Band 209 Winfried C. J. Eberstein: Das Tierschutzrecht in Deutschland bis zum Erlaß des Reichs-Tierschutzgesetzes vom 24. November 1933. Unter Berücksichtigung der Entwicklung in England. 1999.

Band 210 Patrick Deller: Der „nach dem Vertrage" vorausgesetzte Gebrauch (§ 459 Absatz 1 Satz 1 BGB). Eine kaufrechtliche Untersuchung unter Berücksichtigung rechtshistorischer wie rechtsvergleichender Grundlagen. 2000.

Band 211 Eckard Freiherr von Bodenhausen: Haftung des Geschäftsherrn für Verrichtungsgehilfen im Straßen- und Schienenverkehr. Eine Analyse der Entscheidungen des Reichsgerichts zu § 831 BGB (1900-1945). 2000.

Band 212 Birte Gast: Der Allgemeine Teil und das Schuldrecht des Bürgerlichen Gesetzbuchs im Urteil von Raymond Saleilles (1855-1912). 2000.

Band 213 Hansjörg Michael Huber: Koloniale Selbstverwaltung in Deutsch-Südwestafrika. Entstehung, Kodifizierung und Umsetzung. 2000.

Band 214 Ulf Björner: Die Verfassungsgerichtsbarkeit im Norddeutschen Bund und Deutschen Reich (1867-1918). Eine rechtshistorische Untersuchung über Gerichtsbarkeit im Spannungsfeld von Politik und Recht innerhalb der von Bismarck geschaffenen deutschen Bundesstaaten. 2000.

Band 215 Mathias Freiherr von Rosenberg: Friedrich Carl von Savigny (1779-1861) im Urteil seiner Zeit. 2000.

Band 216 Reinhard Binder-Krieglstein: Österreichisches Adelsrecht 1868-1918/19. Von der Ausgestaltung des Adelsrechts der cisleithanischen Reichshälfte bis zum Adelsaufhebungsgesetz der Republik unter besonderer Berücksichtigung des adeligen Namensrechts. 2000.

Band 217 Claudia-Regine Nerius: Johannes Lehmann-Hohenberg (1851-1925). Eine Studie zur völkischen Rechts- und Justizkritik im Deutschen Kaiserreich. 2000.

Band 218 Ludger Meuten: Die Erbfolgeordnung des Sachsenspiegels und des Magdeburger Rechts. Ein Beitrag zur Geschichte des sächsisch-magdeburgischen Rechts. 2000.

Band 219 Christoph Alexander von Wilcken: Die Reformbestrebungen zum Genossenschaftsgesetz in der Frühzeit der Bundesrepublik. Die Beratungen der Sachverständigenkommission zur Überprüfung des Genossenschaftsrechts 1954 bis 1958 und der Referentenentwurf von 1962. 2000.

Band 220 Verein Junger RechtshistorikerInnen Zürich (Hrsg.): ¿Rechtsgeschichte(n)? ¿Histoire(s) du droit? ¿Storia/storie del diritto? ¿Legal Histori(es)? Europäisches Forum Junger Rechtshistorikerinnen und Rechtshistoriker Zürich 28.-30. Mai 1999. 2000.

Band 221 Hans Christian Schüler: Die Entstehungsgeschichte der Bundesnotarordnung vom 24. Februar 1961. 2000.

Band 222 Nils-Eberhard Schramm: Die Vereinigung demokratischer Juristen (1949-1999). 2000.

Band 223 Silke Anke Torp: Das Rechtsverhältnis zwischen den Eltern und ihren Kindern. Dienstleistungspflicht, Aussteuer und Ausstattung. Eine Analyse der Rechtsprechung des Reichsgerichts und des Reichsarbeitsgerichts zu den Vorschriften der §§ 1616 bis 1625 des Bürgerlichen Gesetzbuches in der Zeit von 1900 bis 1945. 2000.

Band 224 Martin Jürgen Maaß: Die Geschichte des Eigentumsvorbehalts, insbesondere im 18. und 19. Jahrhundert. 2000.

Band 225 Stefanie Langer: Rechtswissenschaftliche Itinerarien. Lebenswege namhafter europäischer Juristen vom 11. bis zum 18. Jahrhundert. 2000.

Band 226 Ulrich Schmitz: Der Unterhaltsanspruch des nichtehelichen Kindes gegen seinen Erzeuger. Die rechtsgeschichtliche und dogmatische Entwicklung im deutschen Recht. 2000.

Band 227 Sebastian Günther: Friedrich Carl von Savigny als Grundherr. 2000.

Band 228 Henning Ibs: Hermann J. Held (1890-1963). Ein Kieler Gelehrtenleben in den Fängen der Zeitläufe. 2000.

Band 229 Matthias Rücker: Wirtschaftswerbung unter dem Nationalsozialismus. Rechtliche Ausgestaltung der Werbung und Tätigkeit des Werberats der deutschen Wirtschaft. 2000.

Band 230 Hendrik Sandmann: Die Entwicklung von Begriff und Inhalt des Wirtschaftchsrechts durch die Rechtswissenschaft in der Weimarer Republik. 2000.

Band 231 Sibylle Müller: Gibt es Menschenrechte bei Samuel Pufendorf? 2000.

Band 232 Karin Olechowski-Hrdlicka: Die gemeinsamen Angelegenheiten der Österreichisch-Ungarischen Monarchie. Vorgeschichte – Ausgleich 1867 – Staatsrechtliche Kontroversen. 2001.

Band 233 Johannes Mierau: Die juristischen Abschluß- und Diplomprüfungen in der SBZ/DDR. Ein Einblick in die Juristenausbildung im Sozialismus. 2001.

Band 234 Jörg Wolff (Hrsg.): Stillstand, Erneuerung und Kontinuität. Einsprüche zur Preußenforschung. 2001.

Band 235 Friedo Schröder: Die anwaltliche Tätigkeit während der nationalsozialistischen Herrschaft. Eine Analyse der anwaltlichen Argumentation in Zivilprozessen anhand der vorhandenen Prozeßakten der Landgerichte Frankenthal, Wiesbaden, Limburg und Frankfurt und der Handakten der *jüdischen Konsulenten* des OLG-Bezirks Frankfurt. 2001.

Band 236 Der Code pénal des Königreichs Westphalen von 1813 mit dem Code pénal von 1810 im Original und in deutscher Übersetzung. Herausgegeben und mit einer Einleitung versehen von Werner Schubert. 2001.

Band 237 Klaus Richter: Deutsches Kolonialrecht in Ostafrika 1885-1891. 2001.

Band 238 Kai von Lewinski: Deutschrechtliche Systembildung im 19. Jahrhundert. 2001.

Band 239 Alexander Herzog: Sittenwidrige Rechtsgeschäfte in der höchstrichterlichen Rechtsprechung aus den Jahren 1948-1965. 2001.

Band 240 Claudia Rönnau: Die Beratungen des Wasserrechtsausschusses der Akademie für Deutsches Recht zu einem Reichswassergesetz (1934-1941). Ein Beitrag zur Dogmatik der Begriffe *Gemeingebrauch* und *Sondergebrauch* in der Zeit des Nationalsozialismus. 2001.

Band 241 Momme Rohlack: Kriegsgesellschaften (1914-1918). Arten, Rechtsformen und Funktionen in der Kriegswirtschaft des Ersten Weltkrieges. 2001.

Band 242 Rolf Geyer: Der Gedanke des Verbraucherschutzes im Reichsrecht des Kaiserreichs und der Weimarer Republik (1871-1933). Eine Studie zur Geschichte des Verbraucherrechts in Deutschland. 2001.

Band 243 Felix Lorenz Benjamin Lehmann: Der Rote Adlerorden. Entstehung und rechtliche Grundlagen (1705-1918). 2002.

Band 244 Marc Ludwig: Der Pfändungsschutz für Lohneinkommen. Die Entstehungs- und Entwicklungsgeschichte der Vorschriften zum Schutz vor Lohnpfändung in Deutschland. 2001.

Band 245 Alexander Wachter: Dorfschule zwischen Pastor und Schulmeister. Zur Säkularisierung des niederhessischen Schulwesens im 19. Jahrhundert. 2001.

Band 246 Richard Scholz: Analyse der Entstehungsbedingungen der reichsgerichtlichen Aufwertungsrechtsprechung. Untersuchung unter besonderer Berücksichtigung der konservativen Geldpolitik der Reichsbank und der Inflationspolitik der Reichsregierung. 2001.

Band 247 Judith Laeverenz: Märchen und Recht. Eine Darstellung verschiedener Ansätze zur Erfassung des rechtlichen Gehalts der Märchen. 2001.

Band 248 Christina Schenk: Bestrebungen zur einheitlichen Regelung des Strafvollzugs in Deutschland von 1870 bis 1923. 2001.

Band 249 Nils Werner: Die Prozesse gegen die Landvolkbewegung in Schleswig-Holstein 1929/32. Ein Beitrag zur Justizkritik in der späten Weimarer Republik. 2001.

Band 250 Wolfgang Walter: Das Duell in Bayern. Ein Beitrag zur bayerischen Strafrechtsgeschichte. 2002.

Band 251 Jörn Eckert / Kjell Å. Modéer (Hrsg.): Geschichte und Perspektiven des Rechts im Ostseeraum. Erster Rechtshistorikertag im Ostseeraum 8.–12. März 2000. 2001.

Band 252 Jan Könighaus: Die Inauguration der Christian-Albrechts-Universität zu Kiel 1665. Symbolgehalt und rechtliche Bedeutung des Universitätszeremoniells. 2002.

Band 253 Andreas Görgen: Rechtssprache in der Frühen Neuzeit. Eine vergleichende Untersuchung der Fremdwortverwendung in Gesetzen des 16. und 17. Jahrhunderts. 2002.

Band 254 Ralf Schäfer: Die Rechtsstellung der Haigerlocher Juden im Fürstentum Hohenzollern-Sigmaringen von 1634-1850. Eine rechtsgeschichtliche Untersuchung. 2002.

Band 255 Regine Schmalhorst: Die Tierhalterhaftung im BGB von 1896. Die Entstehung und Änderung des § 833 BGB sowie eine Analyse der Rechtsprechung des Reichsgerichts bis 1908. 2002.

Band 256 Thomas Hense: Konrad Beyerle. Sein Wirken für Wissenschaft und Politik in Kaiserreich und Weimarer Republik. 2002.

Band 257 Christian Mahlmann: Die Strafrechtswissenschaft der DDR. Klassenkampftheorie und Verbrechenslehre. 2002.

Band 258 Henning Kahmann: Die Bankiers von Jacquier & Securius 1933–1945. Eine rechtshistorische Fallstudie zur "Arisierung" eines Berliner Bankhauses. Mit einem Geleitwort von John Kornblum. 2002.

Band 259 Volker Friedrich Drecktrah: Die Gerichtsbarkeit in den Herzogtümern Bremen und Verden und in der preußischen Landdrostei Stade von 1715 bis 1879. 2002.

Band 260 Andreas Klass: Standes- oder Leistungselite? Eine Untersuchung der Karrieren der Wetzlarer Anwälte des Reichskammergerichts (1693-1806). 2002.

Band 261 Wolfgang Eder: Das italienische Tribunale Speciale per la Difesa dello Stato und der deutsche Volksgerichtshof. Ein Vergleich zwischen zwei politischen Gerichtshöfen. 2002.

Band 262 Albrecht Cordes / Bernd Kannowski (Hrsg.): Rechtsbegriffe im Mittelalter. 2002.

Band 263 Thomas Hildebrandt: Die Brandenburgischen Provinziallandtage von 1841, 1843, und 1845 anhand ausgewählter Verhandlungsgegenstände. 2002.

Band 264 Jan Finzel: Georg Adam Struve (1619–1692) als Zivilrechtler. 2003.

Band 265 Björn Carsten Frenzel: Das Selbstverständis der Justiz nach 1945. Analyse der Rolle der Justiz unter Berücksichtigung der Reden zur *Wiedereröffnung* der Bundes- und Oberlandesgerichte. 2003.

Band 266 Nils Reichhelm: Die marxistisch-leninistische Staats- und Rechtstheorie Karl Polaks. 2003.

Band 267 Raik Schneider: Altrechtliche Personenzusammenschlüsse. Ihre Entwicklung unter besonderer Berücksichtigung des Rechts des Großherzogtums Sachsen-Weimar-Eisenach sowie der Herzogtümer Sachsen-Meiningen und Sachsen-Gotha. 2003.

Band 268 Anke Meier: Die Geschichte des deutschen Konkursrechts, insbesondere die Entstehung der Reichskonkursordnung von 1877. 2003.

Band 269 Stefan Jens Jordan: Leben und Werk des Tübinger Rechtsprofessors Wilhelm Gottlieb Tafinger 1760–1813. 2003.

Band 270 Stefanie Hubig: Die historische Entwicklung des § 23 ZPO. Zum Ursprung und Fortleben des Vermögensgerichtsstandes im deutschen Prozeßrecht des 19. Jahrhunderts. 2003.

Band 271 Michael G. Perband: Der Grundsatz der freien Beweiswürdigung im Zivilprozeß (§ 286 ZPO) in der Rechtsprechung des Reichsgerichts. 2003.

Band 272 Mathias Bouveret: Die Stellung des Staatsoberhauptes in der parlamentarischen Diskussion und Staatsrechtslehre von 1848 bis 1918. 2003.

Band 273 Barbara Széchényi: Rechtliche Grundlagen bayerischer Zensur im 19. Jahrhundert. 2003.

Band 274 Sylvia Scharfenberg: Die Entstehungsgeschichte des Beurkundungsgesetzes vom 28. August 1969. 2003.

Band 275 Urte Nesemann: Die schwedische Familiengesetzgebung von 1734 bis zu den Reformgesetzen von 1915 bis 1920 und deren Einfluss auf die Gesetzgebungsprojekte der Weimarer Republik. Unter besonderer Berücksichtigung der Rechtsstellung der Frau und des unehelichen Kindes. 2003.

Band 276 Alexandra Brück: Die Polizeiordnung Herzog Christians von Braunschweig-Lüneburg vom 6. Oktober 1618. 2003.

Band 277 Torsten Landwehr: Das Kommissionsgeschäft in Rechtswissenschaft, Gesetzgebung und Rechtspraxis vom 16. bis zum Ende des 18. Jahrhunderts. 2003.

Band 278 Tassilo Wilhelm Maria Englert: Deutsche und italienische Zivilrechtsgesetzgebung von 1933–1945. Parallelen in der Rechtsetzung und gegenseitige Beeinflussung unter besonderer Berücksichtigung des Familien- und Erbrechts. 2003.

Band 279 Tobias Prang: Der Schutz der Versicherungsnehmer bei der Auslegung von Versicherungsbedingungen durch das Reichsgericht. 2003.

Band 280 Thorsten Lieb: Privileg und Verwaltungsakt. Handlungsformen der öffentlichen Gewalt im 18. und 19. Jahrhundert. 2004.

Band 281 Michael Rühling: Das Ladenschlussgesetz vom 28. November 1956. Vorgeschichte, Entstehung des Gesetzes und weitere Entwicklung. 2004.

Band 282 Kathrin Nawotki: Die schleswigsche Deichstavengerechtigkeit. Vom 17. Jahrundert bis in die Gegenwart. Eine gewohnheitsrechtliche Superfizies an nordfriesischen Deichgrundstücken und ihre Entwicklung. 2004.

Band 283 Erik Nils Voigt: Die Gesetzgebungsgeschichte der militärischen Ehrenstrafen und der Offizierehrengerichtsbarkeit im preußischen und deutschen Heer von 1806 bis 1918. 2004.

Band 284 Dorothea Riedi Hunold: Die Einführung der allgemeinen Wechselfähigkeit in der Schweiz in der zweiten Hälfte des 19. Jahrhunderts. Unter besonderer Berücksichtigung der politischen, wirtschaftlichen und sozialen Verhältnisse. 2004.

Band 285 Thomas Gergen: Pratique juridique de la paix et trêve de Dieu à partir du concile de Charroux (989–1250). Juristische Praxis der Pax und Treuga Dei ausgehend vom Konzil von Charroux (989–1250). 2004.

Band 286 Kathrin Bethkenhagen: Die Entwicklung des Luftrechts bis zum Luftverkehrsgesetz von 1922. 2004.

Band 287 Heiko Lüpkes: Die Verbrechen der Diener des Staats im Allgemeinen Landrecht für die Preußischen Staaten von 1794 und ihre Entwicklung zu den Vergehen und Verbrechen im Amte im Strafgesetzbuch für die Preußischen Staaten von 1851. 2004.

Band 288 Mirco Peter Hirsch: Von der Erbbescheinigung des Preußischen Rechts zum Erbschein des Bürgerlichen Gesetzbuchs. 2004.

Band 289 Bettina Günther: Die Behandlung der Sittlichkeitsdelikte in den Policeyordnungen und der Spruchpraxis der Reichsstädte Frankfurt am Main und Nürnberg im 15. bis 17. Jahrhundert. 2004.

Band 290 Seunghyeon Seong: Der Begriff der *nicht gehörigen Erfüllung* aus dogmengeschichtlicher und rechtsvergleichender Sicht. 2004.

Band 291 Steffen-Werner Meyer: Bemühungen um ein Reichsgesetz gegen den Büchernachdruck. Anläßlich der Wahlkapitulation Leopolds II. aus dem Jahre 1790. 2004.

Band 292 Ulrich Löffler: Instrumentalisierte Vergangenheit? Die nationalsozialistische Vergangenheit als Argumentationsfigur in der Rechtsprechung des Bundesverfassungsgerichts. 2004.

Band 293 Norbert Koch: Die Entwicklung des deutschen privaten Immissionsschutzrechts seit Beginn der Industrialisierung. Unter besonderer Berücksichtigung des Einflusses der höchstrichterlichen Rechtsprechung. 2004.

Band 294 Julius Ludwig Pfeiffer: Das Tierschutzgesetz vom 24. Juli 1972. Die Geschichte des deutschen Tierschutzrechts von 1950 bis 1972. 2004.

Band 295 Bert-Hagen Strodthoff: Die richterliche Frage- und Erörterungspflicht im deutschen Zivilprozeß in historischer Perspektive. 2004.

Band 296 Tim Kannewurf: Die Höfeordnung vom 24. April 1947. Entstehungsgeschichte und Einordnung in die Entwicklung des Anerbenrechts. 2004.

Band 297 Steffi Heine: Die Methodendiskussion nach Inkrafttreten des Bürgerlichen Gesetzbuches und die Gründung des Vereins *Recht und Wirtschaft*. 2004.

Band 298 Anne Marlene Simon-Holtorf: Geschichte des Familienwahlrechts in Frankreich (1871 bis 1945). 2004.

Band 299 Jürgen Busch: Das Germanenbild der deutschen Rechtsgeschichte. Zwischen Wissenschaft und Ideologie. Mit einem Vorwort von Herwig Wolfram. 2004.

Band 300 Jan Kohlmann: Der Marsch zu den Gräbern von Karl und Rosa. Geschichte eines Gedenktages. 2004.

Band 301 Christian Rainer Schlicht: Die kumulative Schuldübernahme in der Rechtsprechung des Reichsgerichts und in der zeitgenössischen Literatur. 2004.

Band 302 Hans Peter Glöckner: Positive Vertragsverletzung. Die Geburt eines Rechtsinstituts. 2004.

Band 303 João Manuel Azevedo Alexandrino Fernandes: Die Theorie der Interpretation des Gesetzes bei Francisco Suárez. 2005.

Band 304 René Funk: Die Wahlprüfung der volksgewählten Abgeordneten der Volksvertretungen im Frühkonstitutionalismus. Eine Untersuchung der Wahlprüfung in den Kammern der Abgeordneten des Großherzogtums Baden, des Königreichs Württemberg und des Großherzogtums Hessen. 2005.

Band 305 Carolin O'Sullivan. Die Ahndung von Rechtsbrüchen der Seeleute im mittelalterlichen hamburgischen und hansischen Seerecht (1301–1482). 2005.

Band 306 Martin Jürgens: Staat und Reich bei Ernst Rudolf Huber. Sein Leben und Werk bis 1945 aus rechtsgeschichtlicher Sicht. 2005.

Band 307 Florian G. Dürselen: Franz Beyerle (1885–1977). Leben, Ära und Werk eines Rechtshistorikers. 2005.

Band 308 Kai Bandilla: Urheberrecht im Kaiserreich. Der Weg zum Gesetz betreffend das Urheberrecht an Werken der Literatur und Tonkunst vom 19. Juni 1901. 2005.

Band 309 Stefan Mieth: Die Entwicklung des Denkmalrechts in Preußen 1701–1947. 2005.

Band 310 Catharina Lodemann: Die Geschichte des französischen *acte de gouvernement*. 2005.

Band 311 Christina Wicke: Kodifikationsbestrebungen und Wissenschaft in Hessen-Darmstadt im vorkonstitutionellen Zeitalter. Zu der Beteiligung der Gießener Rechtsprofessoren an den Gesetzgebungsarbeiten in Hessen-Darmstadt in der Zeit zwischen 1769 und 1820. 2005.

www.peterlang.de

Kolibri 360 GmbH
Ferdinand-Jühlke-Straße 7
99095 Erfurt, Deutschland
produktsicherheit@kolibri360.de

Druck:
CPI Druckdienstleistungen GmbH
im Auftrag der
Kolibri 360 GmbH
Ferdinand-Jühlke-Str. 7
99095 Erfurt